Os Meios de
Obtenção da Prova
em Processo Penal

Os Meios de Obtenção da Prova em Processo Penal

2019 • 2ª Edição, Revista, Actualizada e Ampliada

Francisco Marcolino de Jesus
Juiz Desembargador

Reimpressão da 2.ª edição de agosto de 2015

OS MEIOS DE OBTENÇÃO DA PROVA EM PROCESSO PENAL
AUTOR
Francisco Marcolino de Jesus

1ª edição: Setembro, 2011
EDITOR
EDIÇÕES ALMEDINA, S.A.
Rua Fernandes Tomás, nºs 76-80
3000-167 Coimbra
Tel.: 239 851 904 · Fax: 239 851 901
www.almedina.net · editora@almedina.net
DESIGN DE CAPA
FBA.
PRÉ-IMPRESSÃO
EDIÇÕES ALMEDINA, SA
IMPRESSÃO E ACABAMENTO
PAPELMUNDE

Março, 2019
DEPÓSITO LEGAL
389670/15

Apesar do cuidado e rigor colocados na elaboração da presente obra, devem os diplomas legais dela constantes ser sempre objeto de confirmação com as publicações oficiais.
Toda a reprodução desta obra, por fotocópia ou outro qualquer processo, sem prévia autorização escrita do Editor, é ilícita e passível de procedimento judicial contra o infrator.

 GRUPOALMEDINA

BIBLIOTECA NACIONAL DE PORTUGAL – CATALOGAÇÃO NA PUBLICAÇÃO
JESUS, Francisco Marcolino de
Os meios de obtenção de prova em processo
Penal. – 2ª ed. - (Monografias)
ISBN 978-972-40-5874-0
CDU   343

PREFÁCIO

O Dr. Francisco Marcolino de Jesus convidou-me para a honrosa tarefa de prefaciar esta obra, resultado da sua investigação de mestrado. Trata-se, por isso, da dissertação que apresentou na Universidade do Minho, no âmbito do Mestrado em Direito Judiciário. Este convite causou-me indisfarçada alegria por um punhado de razões.

Desde logo, por ter sido seu co-orientador, ao lado de um dos mais insignes penalistas contemporâneos – falo, naturalmente, do Sr. Professor Manuel Costa Andrade –, o que já por si foi motivo de honra, porque ao Senhor Desembargador, como terei oportunidade de realçar adiante, são assestados justíssimos méritos, tanto intelectuais como profissionais, ao que se juntam reconhecidas virtudes humanas.

Além disso, como director do referido Mestrado, tive o gosto de testemunhar o esforço, ainda assim gozoso, que o Autor despendeu, ao lado de estudantes mais jovens e exclusivamente dedicados aos estudos, mas sem baixar os braços, compatibilizando as exigências da investigação com as responsabilidades profissionais, levando a tarefa a bom termo.

De tal modo, e aqui entra uma terceira razão, que se sujeitou a um júri exigente – para além dos orientadores, contou ainda com a participação do Senhor Professor Germano Marques da Silva, como arguente, e do Senhor Professor Fernando Conde Monteiro –, tendo prestado provas de elevado nível, a que correspondeu a distinta classificação de dezoito valores.

Acresce a tudo isto que falamos de um trabalho científico, realizado por um profissional profundamente conhecedor das aporias e das virtudes do sistema judicial, numa área que é actualmente das mais controversas, não só entre académicos e profissionais forenses, mas também quando, servindo de jargão político, envolve o homem da rua, contagiando e confundindo a turba. Falamos do processo penal, em particular, do tema específico que é o dos meios de obtenção da prova.

Pois, o Autor, fazendo a análise dessa delicada questão e com ela tentando ligar a influência da doutrina e da jurisprudência na evolução legislativa, acabou por nos trazer um trabalho de inegável préstimo, tanto para práticos do direito como para mais teóricos ou a necessitar de realizar estudos científicos nesta temática.

Para além de um capítulo inicial em torno de conceitos relacionados com o direito penal substantivo, concedendo ao leitor elementos essências para compreender o conceito material de ilícito e a sua relação com o Estado de Direito democrático e os direitos fundamentais, onde a tutela penal joga um papel de relevo, entra em seguida no processo penal. Aqui, numa primeira parte, procura revisitar criticamente os princípios estruturantes do direito processual penal, particularizando a fase de inquérito, onde com maior acuidade se faz sentir a relação entre os órgãos de polícia criminal, o ministério público e o juiz de instrução, sobretudo quando se trata de um problema de difícil harmonização como vem a ser o da obtenção da prova e da garantia dos direitos individuais.

Em seguida, entra o Autor na abordagem do tema central: a prova. Começa por um rigoroso e sistematizado enunciado de conceitos relacionados com a prova, não só desta tout court, mas também dos vários tipos de prova e das diversas acepções que esta pode ter – perfeita e imperfeita, directa e indirecta, pessoal e real. É de salientar aqui uma nota muito importante. Apesar de ser um problema conceptual, o Autor não o reduz à pura semântica. Nota-se que existe uma preocupação de expor o tema com uma forte ligação à experiência profissional de quem se preocupa em conceptualizar, mas fazendo-o com um interesse inegavelmente prático.

Apresenta-se-nos, em seguida, um capítulo principiológico do direito probatório, onde o Autor procura sistematizar criticamente os princípios que regulam a prova em processo penal, sobretudo a partir da Constituição, mas tendo em conta também os contributos doutrinais mais relevantes e a sua ligação com a jurisprudência.

Finalmente, o Autor enfrenta o tema crucial. Para além da distinção que se impõe entre meios de prova e meios de obtenção de prova, o Autor entra em seguida num trabalho de análise sistemática dos principais meios de obtenção de prova: os exames, as revistas, as buscas, as apreensões e as escutas telefónicas. Não se trata aqui, contudo, de uma mera exposição descritiva destes meios. Trata-se de uma análise à luz da jurisprudência e da doutrina, com vista a compreender a evolução legislativa, não se afastando dos seus principais nós problemáticos.

A título exemplificativo, o Autor aborda com mestria, fruto não só do labor científico, mas certamente da experiência profissional, problemas relativos aos exames de ADN, no âmbito do tráfico de estupefacientes, para detecção de álcool, susceptíveis de ofender o pudor das pessoas. Mais adiante analisa os vários tipos de revistas e seus requisitos. Passa em seguida aos problemas sérios e intermináveis que as buscas, sobretudo as domiciliárias colocam, trazendo novidades interessantes quando se trata de buscas em escritório de advogado ou consultório médico, em estabelecimento oficial de saúde, em órgãos de comunicação social, que, como se pode imaginar, são tudo menos questões fáceis e consensuais. Igualmente, nas apreensões, não se coíbe de analisar os problemas postos por certos tipos de apreensão, como, por exemplo, as que ocorrem em escritório de advogado ou em consultório médico, em estabelecimento bancário, em poder de pessoas sujeitas e segredo, de cartões de telemóvel, para além, aqui, de tratar de questões relacionadas com a perda de objectos a favor do Estado, entre outras. O leitor encontrará aqui aspectos novos de temas já tratados, em alguns casos, mas, em outros, temas novos dentro da questão das apreensões, pelo menos na literatura portuguesa, postos com pertinência e com uma forte ligação à jurisprudência que seguramente virá a ser de muita utilidade para quem venha a defrontar-se com a necessidade de tratar estas questões no foro. E, finalmente, nesta panorâmica exemplificativa, convocamos alguns dos aspectos mais interessantes que o Autor trata dentro do tema sempre tão controverso que é o das escutas: para além dos requisitos de admissibilidade das escutas, a análise de questões difíceis relacionadas com escutas com restrições ou impedimentos – com o defensor, pessoas a coberto de segredo, de titulares de cargos políticos, com familiares e afins –, bem como a não menos relevante questão dos conhecimentos fortuitos e de investigação.

O Autor não se inibe de ir expressando ao longo do texto as suas convicções que muito contribuem para o enriquecer. Fazer aqui um levantamento dessas ideias tornaria este prefácio muito denso, quando verdadeiramente não é isso que se pretende.

Pode, no entanto, dizer-se que o Autor não deixa de se assumir como crítico de algumas soluções legais que têm sido encontradas, ainda que se reveja nas principais linhas de força que nortearam o CPP de 1987, ao mesmo tempo que, embora considerando a jurisprudência um elemento essencial para a compreensão do tema, não deixa de exercer uma análise crítica, seja quando releva os aspectos positivos, seja quando enuncia os menos positivos. E não o faz apenas em relação à jurisprudência nacional. Convoca sempre que pode, em particular, a jurisprudência do Tribunal Europeu dos Direitos do Homem, o que mais ainda ajuda a compreender a profundidade da matéria.

Se a tudo isto juntarmos o facto de ter trazido as principais referências bibliográficas que ao trabalho se impunha, pressupondo que se trata de uma Tese de mestrado, onde não se torna obrigatório ir a um nível mais elevado de trabalho de oficina ou de investigação bibliográfica, diremos que estamos em presença de um trabalho que, mais do que valer a pena prefaciar, valerá a pena utilizar sempre que tivermos de nos confrontar com uma das temáticas mais complexas do processo penal que é a dos meios de (obtenção de) prova.

Muito mais importante que as palavras que aqui modestamente posso deixar, o que objectivamente atestará da inegável qualidade da presente obra é o facto de ela ter sido apreciada em provas públicas por um júri exigente e ter obtido uma classificação que, como já se referiu, é de grande relevo. Não é caso para menos se tivermos em conta o curriculum vitae do Autor, de aqui deixamos algumas notas.

Na verdade, o Mestre Francisco Marcolino de Jesus é um prestigiado Juiz-Desembargador em Comissão de Serviço no CSM. Licenciado em Direito pela Universidade Clássica de Lisboa, Pós-graduado em Direito Judiciário pela Universidade do Minho é agora Mestre em Direito Judiciário pela mesma Universidade. Nos primeiros anos de vida profissional, ainda chegou a exercer funções de professor no ensino secundário, para além de gestor no sector privado e de representante do Ministério Público. Depois, ingressou na carreira da magistratura judicial, carreira que tem vindo a fazer em crescendo constante. Começou como Auditor no Centro de Estudos Judiciários, em 1980, para passar a exercer o cargo de Juiz de Direito em diversas comarcas, como Bragança e Macedo de Cavaleiros, vindo a ser Juiz-Presidente do Círculo Judicial de Bragança em 1992, Juiz de Direito destacado como Juiz-Auxiliar no Tribunal da Relação de Lisboa em 1998 e Juiz-Desembargador no Tribunal da Relação do Porto em 2000, no Tribunal da Relação de Guimarães em 2003, e novamente no Tribunal da Relação do Porto a partir de 2006. Desde Junho de 2010 é Inspector Judicial. As classificações de serviço do Autor, como Magistrado, oscilam entre Bom, no início da sua carreira, e o Muito

Bom, ainda como Juiz de Direito no Tribunal Judicial de Bragança, classificação que tem vindo a manter sucessivamente.

Foi ainda Magistrado Formador nos anos de 1996 a 1998, coordenador e palestrante de um conjunto de sessões de estudo sobre temas diversificados da actividade policial relacionados com o Código Penal e o Código de Processo Penal, desde Janeiro a Junho de 2001, no Comando da PSP de Bragança, especialmente dirigido a oficiais e chefes dessa Corporação. Valorizando constantemente a sua formação profissional e científica, participou em inúmeras sessões de estudo.

Por fim, mas não em último, é de salientar, ainda no âmbito do Mestrado que concluiu, o facto de o Sr. Desembargador Francisco Marcolino de Jesus, ter realizado trabalhos classificados com elevados valores em áreas tão diversas como a Teoria da Jurisdição e Organização Judiciária, o Direito Processual Civil, o Direito Processual Penal, o Direito Processual Constitucional e Internacional, o Direito Processual Administrativo e Processual Comunitário, o Direito das Crianças e dos Jovens, o Direito Processual do Trabalho e o Direito das Contra-Ordenações.

Para além do tudo quanto aqui ficou dito, impõe-se ainda uma reflexão conclusiva. O Senhor Desembargador é um exemplo de como se pode e deve fazer a ligação entre o saber académico e o saber prático, entre a universidade e o foro, não só porque se aventurou, depois de ter deixado os bancos da universidade há mais de duas décadas, a voltar à academia e a enfrentar o desafio de fazer uma tese que, só por si, para além da ocupação profissional que tem, não é fácil, mas também porque soube fazer a síntese perfeita do diálogo entre esses dois mundos, aparentemente distantes, mas que não podem deixar de estar unidos na realização do direito, o que o mesmo é dizer, na resolução dos casos concretos. Ora, o curso de Mestrado em Direito Judiciário foi pensado, entre outras coisas, para juntar académicos e profissionais do foro, com vista a uma discussão, por ambos, de questões do direito judiciário. O trabalho que aqui se apresenta é um bom exemplo de como isso, mais que possível, é desejável e de grande utilidade.

Braga, 15 de Novembro de 2010.

Mário Ferreira Monte
Professor na Escola de Direito da Universidade do Minho

1. O direito penal

1.1 O Conceito material de Direito Penal

O Direito Penal anda umbilicalmente ligado à ideia de violência, seja porque os casos de que se ocupa são violentos, seja porque as reacções institucionais à prática desses casos, as penas[1], são também elas violentas; são um mal infligido por Órgãos do Estado. Por isso, o crime não pode ser o mero produto nem da consciência social acrítica nem da lei autoritária, antes reflexo de questão ética[2].

Formalmente, crime é aquilo que o legislador considera como tal, o conjunto de acções humanas que a Lei pune com uma sanção criminal. Assim, toda a acção que seja típica, ilícita e culposa (para além de punível) integra o conceito de crime, em termos formais.

Procuramos, porém, o seu conceito material[3], o que dá uma *"resposta, antes de tudo, à questão da legitimação material do direito penal, isto é, à ques-*

---

[1] Segundo Muñoz Conde/García Aran; *Derecho Penal, Parte General*, 6ª ed., Valência 2004, p. 46, "A pena é um mal que impõe o legislador pela prática de um crime ao culpado ou culpados do mesmo". "Impor uma pena não é um processo metafísico, mas uma amarga necessidade em uma comunidade de seres imperfeitos como são os homens", como se lê no AE de 1966, Apud Rodrigues, Anabela Miranda, *A Determinação da Medida da Pena Privativa da Liberdade*, Coimbra Editora, 1995, p. 208, nota 151; na p. 258 acrescenta: esta amarga necessidade fica restrita à prevenção – geral e especial – de cometimento de novos crimes.

[2] Palma, Maria Fernanda, O Problema Penal do Processo Penal, *Jornadas de Direito Processual Penal e Direitos Fundamentais*, Almedina, 2004, p. 50.

[3] "O conceito material de crime posiciona-se antes do respectivo direito penal codificado e pergunta pelos critérios materiais da conduta punível" – Roxin, Claus, *Derecho Penal, Parte General*, tomo I, p. 51.

tão de saber qual a fonte de onde promana a legitimidade para considerar certos comportamentos humanos como crimes e aplicar aos infractores sanções de espécie particular"[4], o que justificará a aludida eticidade.

E. DE GREEF[5], no II Congresso Internacional de Criminologia, realizado em Paris, em 1950, face à multiplicidade de conceitos apresentados, afirmou: *"Renuncio, por isso, à definição do crime*[6]*. (...) Os relatórios que ouvimos forneceram-nos múltiplas definições, todas tão excelentes que eu não me atreveria a rejeitar qualquer delas".*

Devemos, por isso, ater-nos à questão da legitimação material do direito penal, para, de seguida, o tentarmos colocar numa relação dialéctica com o direito processual penal.

"O conceito material de crime é, neste sentido, previamente dado ao legislador e constitui-se em padrão crítico tanto do direito vigente, como do direito a constituir, indicando ao legislador aquilo que ele pode e deve criminalizar e aquilo que ele pode e deve deixar de fora do âmbito penal".[7]

Figueiredo Dias indica como critério legitimador o *"teleológico-funcional e racional. De teleológico-funcional, na medida em que se reconheceu definitivamente que o conceito material de crime não podia ser deduzido das ideias vigentes a se em qualquer ordem extra-jurídica e extra-penal, mas tinha de ser encontrado no horizonte de compreensão imposto ou permitido pela própria função que ao direito penal se adscrevesse no sistema jurídico-social. De racional, na medida em que o conceito material de crime vem assim a resultar da função atribuída ao direito penal de tutela subsidiária (ou de última ratio) de bens jurídicos dotados de dignidade penal (de «bens jurídico-penais») (...) cuja lesão se revela digna de pena"*[8].

O critério tem a sua génese na Constituição, nos seus princípios, sendo, pois, ela quem indica quais os bens que devem ser elevados à categoria de bens jurídico-penal, ou seja, é nela que o direito penal encontra o seu fundamento e limites[9].

---

[4] FIGUEIREDO DIAS, Jorge, *Direito Penal, Parte Geral*, I, Coimbra Editora 2004, p. 102.
[5] Apud FIGUEIREDO DIAS, Jorge/COSTA ANDRADE, Manuel, *Criminologia, o Homem Delinquente e a Sociedade Criminógena*, Coimbra Editora, 1997, 2ª Reimpressão, p. 62, nota 1.
[6] Do que não há dúvida é que, como afirma Amelung, "o crime constitui, apenas, um caso especial de fenómenos disfuncionais, geralmente o mais perigoso" (apud Ac do STJ de 25/3/2009, CJ, Acs do STJ, XVII, I, p. 237).
[7] FIGUEIREDO DIAS, Jorge, *Direito Penal, Parte Geral*, I, p. 103.
[8] Idem, p. 109.
[9] "O direito penal só tem que assegurar determinados «bens» que lhe são previamente indicados, como a vida, a integridade física, a honra, a administração da justiça, etc., e dessa

1. O DIREITO PENAL

Segundo o nº 1 do artigo 40º do C. Penal (redacção do DL 48/95, de 15/03), *"a aplicação de penas e de medidas de segurança visa a protecção de bens jurídicos e a reintegração do agente na sociedade"*. O preceito espelha a doutrina de Figueiredo Dias: *"Num Estado de Direito material deve caber ao direito penal uma função exclusiva de protecção de bens fundamentais da comunidade, das condições básicas necessárias à livre realização da personalidade de cada homem e cuja violação constitui o crime"*[10].

Foi Birnbaum[11] quem primeiramente falou em bem jurídico protegido.

Von Liszt[12] afirma que *"todos os bens jurídicos são interesses humanos, ou do indivíduo ou da colectividade. É a vida, e não o direito, que produz o interesse; mas só a protecção jurídica converte o interesse em bem jurídico"*.

Costa Andrade[13] historia o conceito[14] de "bem jurídico-penal", e, aceitando a fórmula de Figueiredo Dias, afirma: o bem jurídico é uma *"unidade de aspectos ônticos, e axiológicos, através do qual se exprime o interesse, da pessoa ou da comunidade, na manutenção ou integridade de um certo estado, objecto ou bem, em si mesmo socialmente relevante e por isso valioso"*.

---

posição se deduz a exigência de uma substancial redução da punibilidade em duplo sentido" – ROXIN, Claus, *Derecho Penal, Parte General*, tomo I, p. 52.

[10] Direito Penal e Estado-de-Direito Material, *Revista de Direito Penal*, 1982, p. 43, Apud COSTA ANDRADE, Manuel, *Direito Penal Económico, Ciclo de Estudos*, CEJ, Coimbra 1985, p. 75.

[11] MIR PUIG, Santiago, *Derecho Penal, Parte General*, Editorial Reppertor, Barcelona 2006, 7ª edição, p. 129, afirma que o conceito de bem jurídico é atribuído a Birnbaum, em meados do séc. XX. Assim também JESCHECK, *Tratado de Derecho Penal, Parte General*, Volumen Primero, Bosch, p. 350.

[12] *Tratado*, pp [93-94], apud DOTTI, René Ariel, *Curso de Direito Penal, Parte Geral*, Editora Forense, Rio de Janeiro 2002, p. 5.

[13] *Direito Penal Económico, Ciclo de Estudos*, CEJ, Coimbra 1985, p. 76 e segs.

[14] Para ROXIN, op. cit., p. 54, "um conceito de bem jurídico preconcebido é dificilmente praticável. (...) A perspectiva do denominado conceito «metodológico» de bem jurídico [defendido por JESCHECK, adiantamos nós: Os bens jurídicos são «especiais bens vitais para a comunidade tutelados juridicamente" (op. cit. pg. 71), "O bem jurídico há-de entender--se como valor ideal da ordem social juridicamente protegido, em cuja manutenção tem interesse a comunidade e que pode atribuir-se, como seu titular, tanto ao particular como à colectividade» (p. 371), ou seja, o bem jurídico, neste entendimento, serve para limitar a aplicação do direito penal às condutas socialmente nocivas, e não apenas às «chocantes»], que entende por bem jurídico só uma forma sintética de pensamento a respeito do «sentido e fim das concretas normas de direito penal», uma «abreviatura da ideia de fim» e com ele a «ratio legis» dos diversos tipos penais (...) só tem uma função como meio de interpretação teleológica («segundo o bem jurídico protegido») e para a estruturação sistemática da Parte especial, mas carece de importância político-criminal".

O bem jurídico é *"a expressão de um interesse*[15]*, da pessoa ou da comunidade, na manutenção ou integridade de um certo estado, objecto ou bem em si mesmo socialmente relevante e por isso juridicamente reconhecido como valioso"*[16].

Para Roxin[17] *"os bens jurídicos são circunstâncias ou finalidades que são úteis para o indivíduo e o seu livre desenvolvimento no marco do sistema social global estruturado sobre a base da concepção dos fins ou para funcionamento do próprio sistema. Esta definição, ao atender a «circunstâncias dadas e finalidades» em vez de «interesses» de modo geral, quer expressar que este conceito de bem jurídico abarca tanto os estados previamente fornecidos ao direito como os deveres de cumprimentos de normas por ele criadas, ou seja, não se limita à primeira alternativa".*

Segundo Mir Puig[18], o princípio de exclusiva protecção de bens jurídicos possui um fundamento plural, que procede dos três aspectos da fórmula «Estado social e democrático de direito». Com efeito, *"um Estado social e democrático só deve proteger como bens jurídicos condições da vida social na medida em que afectem a possibilidade de participação dos indivíduos no sistema social (...), que tenham uma importância fundamental. (...) As condições sociais a proteger devem servir de base à possibilidade de participação dos indivíduos no sistema social (...) sendo os próprios cidadãos quem decide o objecto das condições requeridas para constituir bens jurídico-penais. Por último, o Estado de Direito, e o princípio da legalidade material que impõe, aconselham a que os distintos objectos cuja lesão possa determinar a intervenção penal se concretizem em forma bem diferenciada num catálogo de bens jurídicos específicos correspondentes aos diferentes tipos de delitos, sem que baste uma referência a cláusulas gerais".*

Do que vem de ser dito se conclui que bem jurídico é tudo o que a pessoa necessita para a sua auto-realização e para o livre desenvolvimento da personalidade, tudo o que é vital para a manutenção da sociedade. *"O conceito de bem jurídico é, pois, expressão de uma relação dialéctica entre realidade e valor. Um Direito penal protector de bens jurídicos*[19] não tutela puros valores em si mesmos, mas apenas realidades concretas: nenhuma protecção

---

[15] Von Liszt distinguia "interesse" e "valor", considerando bem jurídico tanto o interesse como o valor. O conceito de "bem" é distinto do de "coisa" (entendida esta como "toda a realidade existencial com independência do seu carácter material ou imaterial" – Mir Puig, op. cit., p. 168), e vai para além desta: deve considerar-se como "coisa valiosa".
[16] Figueiredo Dias, Jorge, *Temas Básicos da Doutrina Penal*, Coimbra Editora, 2001, p. 43.
[17] Op. cit., p. 56.
[18] *Derecho Penal, Parte General*, Editorial Reppertor, Barcelona 2006, 7ª edição, pp. (129, 130].
[19] Nº 1 do artº 40º do C. Penal.

jurídico-penal mereceria o «valor vida» se não se encarnasse na vida de uma pessoa real. O Direito penal não há-de proteger o «valor vida» enquanto tal valor, mas apenas as vidas concretas dos cidadãos"[20].

A teoria do bem jurídico é uma verdadeira conquista de cidadania, uma limitação ao poder punitivo do Estado. São bens jurídicos, por ex., a vida, a integridade física, a saúde, a honra, a liberdade. A estes bens jurídicos, individuais, acrescem os bens jurídicos colectivos, que *"afectam mais a sociedade, enquanto tal, o sistema social que constitui o agrupamento de várias pessoas individuais e supõe uma certa ordem social ou estatal"*[21].

O Direito Penal, que anda associado ao conceito de violência, protege os bens jurídicos essenciais, e só esses[22], prevenindo, pela via da intimidação contida na previsão legal, a violação das normas jurídicas; incumbe-lhe ainda impor contrafacticamente a validade das normas violadas.

Não reage o Direito Penal contra toda e qualquer violência, apenas contra aquela que, sendo grave, viola bens jurídicos essenciais, merecedores da tutela do Direito Penal, os denominados bens jurídico-penais (critério da necessidade ou da carência de tutela).

Como bem refere Faria da Costa[23], *"A legitimação da intervenção do direito penal encontra a sua ratio essendi e fundante quando o agente pratica um comportamento revelador de uma ilicitude penal material estribada em um desvalor de resultado. Dito de outro jeito: quando a actuação do agente seja a de provocar uma ruptura definitiva e total – verificação da destruição do bem jurídico, isto é, quando estamos perante um dano-violação – ou uma ruptura parcial – quando estejamos perante a afectação do halo de protecção do bem jurídico violado, sem ter sido beliscado o seu núcleo essencial, ocorrendo apenas a verificação de um resultado de perigo-violação – da relação de cuidado-de-perigo.*

O rompimento, de modo insustentável, da relação de cuidado-de-perigo pelo agente é a fonte de legitimação da intervenção do direito penal, atenta a representação e compreensão do desvalor de resultado indiciado na norma penal, isto é, no ilícito-típico".

A CRP[24], no nº 2 do artigo 18º, prescreve: *"A lei só pode restringir os direitos, liberdades e garantias nos casos expressamente previstos na Constituição,*

---

[20] MIR PUIG, *Derecho Penal, Parte General*, p. 168.
[21] MUÑOZ CONDE/GARCÍA ARAN, *Derecho...*, p. 59.
[22] Daí o seu carácter fragmentário.
[23] RLJ 141º-61.
[24] Constituição da República Portuguesa.

devendo as restrições limitar-se ao necessário para salvaguardar outros direitos ou interesses constitucionalmente protegidos".

O preceito consagra *"o pressuposto da dignidade penal (dimensão axiológica) do bem jurídico. Isto porque, traduzindo-se as sanções penais na restrição de direitos fundamentais (a liberdade, a propriedade, o exercício de funções ou actividades), então tais sanções pressupõem que as condutas, a que se apliquem, lesem direitos pessoais ou interesses sociais com dignidade constitucional. Não basta, porém, a dignidade constitucional-penal de um bem jurídico para que este possa transformar-se, por decisão legislativa ordinária, num bem jurídico-penal",* (...) *"exige-se que tais restrições dos direitos, liberdades e garantias sejam consideradas necessárias para salvaguardar os bens com dignidade penal.*

Esta exigência pragmática da necessidade penal desdobra-se em três dimensões: inexistência ou insuficiência de outros meios sociais ou jurídicos (...) para uma protecção eficaz destes bens jurídicos com dignidade penal[25]*; adequação das sanções criminais-penais a uma tutela eficaz desses bens; proporcionalidade entre a gravidade das sanções penais e a relevância pessoal e/ou social dos bens jurídicos lesados (ou postos em perigo) pelas condutas ilícitas, o que significa, por outras palavras, proibição de excesso punitivo"*[26] [27].

Também os artigos 8º e 11º da Convenção Europeia dos Direitos do Homem, que é direito interno por força do nº 1 do artº 8º da CRP, aludem ao referido princípio.

O princípio da proporcionalidade ou proibição de excesso desdobra-se em três sub-princípios:

(1) O princípio da conformidade ou adequação, que *"impõe que a medida adoptada para a realização do interesse público deve ser apropriada à prossecução do fim ou fins a ele subjacentes"*[28], i. e., *"as medidas restritivas de direitos, liberda-*

---

[25] Por isso se diz que o Direito Penal é subsidiário, não no sentido de que está dependente dos demais ramos do direito, mas antes que apenas intervém quando os outros ramos se mostrem incapazes de proteger bens jurídicos fundamentais. Constitui, destarte, a última ratio da política social. Consagra-se no preceito o princípio da proibição de excesso.

[26] TAIPA DE CARVALHO, Américo, *Direito Penal, Parte Geral, Questões Fundamentais*, Porto 2006, p. 70.

[27] Sobre o preceito, GOMES CANOTILHO, JJ/MOREIRA, Vital, *Constituição da República Portuguesa, Anotada*, Coimbra Editora, 2007, I vol., pp. [383-387].

[28] GOMES CANOTILHO, JJ, *Direito Constitucional e Teoria da Constituição*, Almedina, 7ª edição, p. 269.

des e garantias devem revelar-se como um meio para a prossecução dos fins visados, com salvaguarda de outros direitos ou bens constitucionalmente protegidos"[29];

(2) O princípio da exigibilidade ou da necessidade, *"também conhecido como «princípio da necessidade» ou da «menor ingerência possível»[30], segundo o qual, "As medidas restritivas têm de ser exigidas para alcançar os fins em vista, por o legislador não dispor de outros meios menos restritivos para alcançar o mesmo desiderato"[31];*

(3) O princípio da proporcionalidade em sentido restrito, *"entendido como princípio da «justa medida»"[32] "ou proporcionalidade em sentido estrito (não poderão adoptar-se medidas excessivas, desproporcionadas para alcançar os fins pretendidos)"[33]*.

Do que vem de ser dito fácil é entender que nem todos os estados, objectos ou bens podem ser elevados à categoria de bem jurídico-penal mas apenas aqueles em que *"uma instância mediadora que, anunciando-se como matriz axiológica transcendente em relação ao sistema jurídico-penal"[34]*, os considere como tal, tendo presente o conteúdo do princípio e bem assim "um qualquer outro critério". Tal instância é a Constituição[35] que *"contém já as decisões valorativas fundamentais para a elaboração de um conceito de bem jurídico anterior à legislação penal, mas, ao mesmo tempo obrigatório para esta, segundo o qual os actos que relevam da pura imoralidade caem fora do objecto das ameaças penais. Formulado positivamente: só podem ser objecto das proibições penais aqueles comportamentos que lesam ou põem em perigo os pressupostos de uma vida social próspera, apoiada na liberdade e responsabilidade do indivíduo"[36]*. *"O que significa, no fim, que o conceito material de crime é essencialmente constituído pela noção de bem jurídico dotado de dignidade penal; mas que a esta noção*

---

[29] Ac TC 187/2001.
[30] GOMES CANOTILHO, JJ, *Direito Constitucional e Teoria da Constituição*, Almedina, 7ª edição, p. 270.
[31] Ac TC 187/2001.
[32] GOMES CANOTILHO, JJ, *Direito Constitucional* ..., p. 270.
[33] Ac TC 187/2001.
[34] COSTA ANDRADE, Manuel, *Direito Penal Económico, Ciclo de Estudos*, CEJ, Coimbra 1985, p. 83.
[35] Ou antes os princípios que enformam a Constituição, como refere ROXIN, op. cit., p. 55, que acrescenta: "um conceito de bem jurídico vinculante político criminalmente só pode derivar dos contidos, plasmados na Lei Fundamental, do nosso Estado de Direito baseado na liberdade do indivíduo, através dos quais se marcam os limites ao poder punitivo do Estado".
[36] Idem, p. 84, citando RUDOLPHI.

tem de acrescer um qualquer outro critério que torne a criminalização legítima. Este critério adicional é (...) o da necessidade (carência) de tutela penal"[37].

Só podem ser objecto de incriminação as condutas que violem bens jurídicos carecidos de tutela jurídico-penal. O Direito Penal só deve intervir quando a sua protecção se revele imprescindível à salvaguarda dos bens jurídicos que sejam fundamentais à defesa do Estado de Direito. Só intervém se e quando os outros ramos do Ordenamento jurídico se revelem incapazes de os defender eficazmente, o que vale por dizer que o Direito penal constitui a última ratio. E fá-lo sempre e tão-só a coberto de Lei anterior como decorre dos artigos 29º da CRP e 1º do C. Penal (princípio da legalidade).

"As categorias da dignidade punitiva e da carência de pena dão vida e conteúdo à função do direito penal de tutela subsidiária de bens jurídicos: a primeira reduzindo os bens penalmente tuteláveis àqueles que encontram refracção jurídico-constitucional e tornando-os, assim, de meros bens jurídicos, em bens jurídico-penais; a segunda introduzindo o critério básico da necessidade sem alternativa da sua protecção através dos instrumentos sancionatórios próprios do direito penal"[38].

É neste sentido que se afirma que o Direito Penal é subsidiário dos outros ramos de direito: o que é adequadamente tratado pelos outros ramos do Direito, não deve ser objecto de tutela penal.

Também o Direito Penal tem carácter fragmentário[39] pois que, *"de toda a gama de acções proibidas e bens jurídicos protegidos pelo Ordenamento Jurídico, o Direito Penal só se ocupa de uma parte ou fragmento, se bem que da maior importância.*

Este carácter fragmentário do Direito Penal aparece numa tripla forma em todas as actuais legislações penais: em primeiro lugar, defendendo o bem jurídico só contra ataques de especial gravidade, exigindo determinadas intenções e tendên-

---

[37] Idem, p. 84. Há violação da proibição de excesso (artº 18º da CRP) sempre que o direito penal intervenha em situações em que outros ramos de direito possam proteger o bem jurídico com a mesma ou superior eficácia.

[38] FIGUEIREDO DIAS, Jorge, *Direito Penal ...*, p. 248. Importa sublinhar que a ideia de subsidiariedade deixa ao legislador uma ampla margem de actuação. Daí que, afirma Roxin (op. cit., p. 67), "haja que negar a inconstitucionalidade sempre que o legislador disponibilize para as infracções de escassa gravidade penas correlativamente benignas. E ainda se não há certeza se outros meios mais leves (como as meras sanções civis) prometem ou não um êxito suficiente, caso em que ao legislador é atribuída uma prerrogativa de apreciação".

[39] A expressão é de BINDING.

cias, excluindo a punição da comissão negligente nalguns casos, etc.; em segundo lugar, tipificando só uma parte do que nos demais ramos do Ordenamento Jurídico se considera como antijurídico; e, por último, deixando sem castigo, em princípio, as acções meramente imorais"[40].

O carácter fragmentário deriva do princípio da proporcionalidade consagrado no artº 18º da CRP e significa que *"se reduz a punição aquelas acções que, pela sua perigosidade e reprovabilidade, exigem e merecem no interesse da protecção social inequivocamente a intervenção da pena pública"*[41].

Afirma o STJ[42]: "«O direito penal tem (...) uma inevitável âncora constitucional, na medida em que as suas sanções são restrições fortíssimas dos direitos fundamentais e, por isso, têm de ser justificadas pela defesa necessária, adequada e proporcionada de bens fundamentais. É esse o comando que resulta do artigo 18º, nº 2, da Constituição Portuguesa, no qual se ampara o princípio da necessidade da pena ou da intervenção mínima do direito penal (...) que implica alguns corolários que têm relevância nesta matéria:

a) O corolário de que há um espaço intangível em que o direito penal não pode intervir sob pena de impedir o livre exercício dos direitos fundamentais (...);

b) Um outro corolário é o de que certos valores sociais não podem nunca justificar a intervenção penal, porque não podem justificar a restrição de direitos fundamentais implicada no direito penal (...);

c) A área das relações da pessoa consigo mesma não faz parte do campo do direito, mas apenas da moralidade, não suportando, em geral, intervenções legais restritivas de direitos (...);

d) Finalmente, também não se justifica a utilização meramente simbólica do direito penal para atingir indirectamente fins de coesão social ou uma mera pacificação da sociedade, sem que esteja em causa uma necessidade efectiva de protecção de bens jurídicos (...)".

Já César Beccaria[43] afirmava que *"Toda a pena que não deriva da absoluta necessidade é tirânica; proposição que pode ser feita de forma mais geral: todo o acto de autoridade do homem para o homem, que não derive da sua absoluta necessidade, é tirânico. (...) Qualquer lei que deles se afaste encontrará sempre uma resistência que acabará sempre por a vencer".*

---

[40] MUÑOZ CONDE/GARCIA ARAN, *op. cit.*, p. 80.
[41] JESCHECK, *Tratado...*, I vol., p. 73.
[42] Ac. Uniformizador 8/08.
[43] *De los delitos e de las penas*, Fondo de Cultura Económica, México, 2006, p. 216.

Do princípio da proporcionalidade decorre, em síntese:
a) O bem jurídico essencial, com relevância axiológica emergente da CRP, aparece como limite punitivo do Estado[44];
b) São excluídas da protecção penal as meras divergências ideológicas, políticas ou religiosas, bem como os bens que são suficientemente acautelados pelos outros ramos de direito[45];
c) O legislador só está obrigado a tipificar as acções que atentem de forma mais grave contra os bens jurídicos essenciais[46];
d) Face a uma determinada conduta, considerada ilícita-típica, deve sempre dar-se preferência à sanção mais leve, em detrimento da mais grave, se com ela se estabilizam as expectativas comunitárias na validade da norma jurídica violada.

Do que expõe se pode concluir que o crime pressupõe a lesão ou colocação em perigo de bens jurídicos previstos num tipo legal, respeitado que seja o princípio da carência de tutela penal e a relevância axiológica decorrente da Constituição, *"imputável a uma conduta humana intersubjec-*

---

[44] Para além da função de limite ao poder legislativo, MIR PUIG, *Derecho Penal, Parte General*, p. 169, assinala ao bem jurídico três importantes e inegáveis funções dogmáticas: (1) Uma função sistemática – o Código Penal parte dos distintos bens jurídicos protegidos para a sua classificação e distinção (no caso português em distintos títulos do Livro II do Código Penal); (2) A função de guia de interpretação – uma vez identificado o bem jurídico protegido por um tipo, a interpretação (teleológica) poderá excluir do tipo respectivo as condutas que não lesem nem ponham em perigo o dito bem jurídico; (3) A função de critério de "medição" da pena – a maior ou menor gravidade de lesão do bem jurídico, a maior ou menor perigosidade do seu ataque, influem decisivamente na gravidade do facto.

[45] O Direito penal é a última das medidas protectoras, isto é, só pode intervir quando falhem os outros meios de tutela. Daí a sua subsidiariedade e fragmentariedade.

[46] Face às diversas questões suscitadas pela actual sociedade de risco, diversos autores vêm propondo soluções para o direito penal que vão para além da exclusiva protecção de bens jurídicos e que têm de ser discutidas. STRANTENWERTH, por exemplo, (apud ROXIN, op. cit., p. 62) própos uma «terceira via» para resolver a questão do "garantir o futuro com os meios do direito penal. (...) Por isso se propõe proteger juridico-penalmente «normas de condutas referidas ao futuro» sem «retro referência a interesses individuais»". Em sua opinião, diz Roxin, "a teoria jurídico penal da imputação, orientada ao bem jurídico, não se pode trasladar sem modificações a esse novo campo de problemas, no qual é necessário um novo trabalho nos detalhes, mas pode ligar-se a soluções materialmente defensáveis". Segundo STRANTENWERTH, só protegendo "contextos da vida como tais, sem que essa necessidade se possa reconduzir aos interesses reais de quaisquer participantes" se conseguirá "orientar a finalidade de lograr uma defesa o mais eficaz possível frente aos riscos que ameaçam o futuro".

tivamente perigosa ex ante, não justificada e pessoalmente proibida a um sujeito penalmente responsável"[47].

1.2 O Estado de Direito Democrático

Proclama o artigo 2º da CRP: *"A República Portuguesa é um Estado de direito democrático, baseado na soberania popular, no pluralismo de expressão e organização política democráticas, no respeito e na garantia da efectivação de direitos e liberdades fundamentais e na separação e interdependência de poderes, visando a realização da democracia económica, social e cultural e aprofundamento da democracia participativa".*

Por Estado de direito entende-se *"aquele que respeita e cumpre os direitos do homem consagrados nos grandes pactos internacionais (exemplo: Pacto Internacional de Direitos Pessoais, Civis e Políticos; Pacto Internacional dos Direitos Económicos, Sociais e Culturais), nas grandes declarações internacionais (exemplo: Declaração Universal dos Direitos do Homem) e noutras grandes convenções de direito internacional (exemplo: Convenção Europeia dos Direitos do Homem)"*[48].

O Tribunal Constitucional[49] entende que o princípio do Estado de direito democrático postula *"uma ideia de protecção da confiança dos cidadãos e da comunidade na ordem jurídica e na actuação do Estado, o que implica um mínimo de certeza e de segurança no direito das pessoas e nas expectativas que a elas são juridicamente criadas"*, conduzindo à consideração de que *"a normação que, por natureza, obvie de forma intolerável, arbitrária ou demasiado opressiva àqueles mínimos de certeza e segurança jurídica que as pessoas, a comunidade e o direito têm de respeitar, como dimensões essenciais do Estado de direito democrático, terá de ser entendida como não consentida pela lei básica".*

Estando associado à ideia de protecção ou garantia dos direitos humanos, dele decorre naturalmente a ideia de «direito justo», aplicado em processo justo e equitativo[50], sempre preservando a dignidade da pessoa humana. Nele, tudo e todos estão submetidos ao império da lei e da justiça.

---

[47] MIR PUIG, *op. cit*, p. 182.
[48] GOMES CANOTILHO, JJ, *Direito Constitucional ...*, p. 233.
[49] Ac 303/90.
[50] "O princípio do processo equitativo tem sido compreendido enquanto direito a um due process of law que deve compreender o direito à igualdade de armas ou direito à igualdade de posições no processo, com proibição de todas as discriminações ou diferenças de tratamento arbitrárias, o direito de defesa e de contraditório traduzido fundamentalmente na possibilidade de cada uma das partes invocar as razões de facto e de direito, oferecer provas, controlar as provas da outra parte, pronunciar-se sobre o valor e resultado dessas pro-

Segundo o TC⁵¹, *"A Constituição não enuncia expressamente, como acontece no domínio do processo penal, quaisquer princípios ou garantias a que deva subordinar-se o processo judicial em geral, salvo o consignado nos artigos 209º e 210º. É todavia, inquestionável que as regras do processo, em geral, não podem ser indiferentes ao texto constitucional (...). E neste domínio é particularmente significativo o direito à protecção jurídica consagrado no artigo 20º da Constituição, no qual se consagra o acesso ao direito e aos tribunais, que, para além de instrumentos da defesa dos direitos e interesses legítimos dos cidadãos, é também elemento integrante do princípio material da igualdade e do próprio princípio democrático, pois que este não pode deixar de exigir a democratização do direito.*

Para além do direito de acção, compreendem-se no direito de acesso aos tribunais, nomeadamente:

a) o direito a prazos razoáveis de acção ou de recurso;

b) o direito a uma decisão judicial sem dilações indevidas;

c) o direito a um processo justo baseado nos princípios da prioridade e da sumariedade no caso daqueles direitos cujo exercício pode ser aniquilado pela falta de medidas de defesa expeditas;

d) o direito a um processo de execução, ou seja, o direito a que, através do órgão jurisdicional se desenvolva e efective toda a actividade dirigida à execução da sentença proferida pelo tribunal.

O TC tem caracterizado o direito de acesso aos tribunais como sendo o direito a uma solução jurídica dos conflitos, a que se deve chegar em prazo razoável e com observância de garantias de imparcialidade e independência, possibilitando-se designadamente, um correcto funcionamento das regras do contraditório, em termos

vas, direito a prazos razoáveis de acção e de recurso, direito à fundamentação das decisões, direito à decisão em tempo razoável, direito ao conhecimento dos elementos processuais, «direito à apresentação de provas tendentes e aptas a demonstrar os factos alegados e o direito a um processo orientado para a justiça material sem demasiadas peias formalistas» (cfr. J. J. Gomes Canotilho, *Constituição da República Portuguesa Anotada*, Volume I, p. 415-416)" – Ac do TC 596/2009. Como se refere no Ac do STJ de 24/9/2003, citado pelo Ac Uniformizador 2/2011, "O processo equitativo, como «justo processo», supõe que os sujeitos do processo usem os direitos e cumpram os seus deveres processuais com lealdade, em vista da realização da justiça e da obtenção de uma decisão justa. Mas determina também, por correlação ou contraponto, que as autoridades que dirigem o processo, seja o Ministério Público seja o juiz, não pratiquem actos no exercício dos poderes processuais de ordenação que possam criar a aparência confiante de condições legais do exercício de direitos, com a posterior e não esperada projecção de efeitos processualmente desfavoráveis para os interessados que depositaram confiança no rigor e na regularidade legal de tais actos".

⁵¹ Ac do TC 1196/96.

de cada uma das partes poder deduzir as suas razões (de facto e de direito), oferecer as suas provas, controlar as provas do adversário e discretear sobre o valor e resultado de umas e outras".

É o que decorre do artigo 10º da DUDH[52]; do nº 1 do artigo 6º da CEDH[53]; e do nº 1 do artº 20º da CRP, onde se assegura a todos o acesso ao direito e aos tribunais, acrescentando o nº 4: *"Todos têm direito a que uma causa em que intervenham seja objecto de decisão em prazo razoável e mediante processo equitativo".*

O Estado de direito apenas se materializa se e quando, para além do direito a processo justo e equitativo, nele se respeitarem os direitos do homem consagrados em Declarações, Pactos e Convenções internacionais.

A CRP, além da solene proclamação do Estado de direito no seu artº 2º, concretiza-o no nº 1 do seu artº 8[54]. E vai ainda mais longe no nº 2 do artº 16º, ao impor que os preceitos constitucionais e legais relativos aos direitos fundamentais sejam interpretados e integrados de harmonia com a Declaração Universal dos Direitos do Homem.

O que vale por dizer que a República Portuguesa é um Estado de direito não só formal como também materialmente, tal como vem sendo entendido.

Para além de Estado de direito, Portugal é também um Estado democrático, no qual *"há uma democracia de Estado-de-direito, há um Estado-de-direito de democracia. Esta ligação material das duas componentes não impede a consideração específica de cada uma delas, mas o sentido de uma não pode deixar de ficar condicionado e de ser qualificado em função do sentido da outra. Aliás, ao fundir num único conceito essas duas componentes, a CRP arredou, ao mesmo tempo, toda e qualquer concepção que permitisse um entendimento do Estado de direito*

---

[52] Declaração Universal dos Direitos do Homem: "Toda a pessoa tem direito, em plena igualdade, a que a sua causa seja equitativa e publicamente julgada por um tribunal independente e imparcial que decida dos seus direitos e obrigações ou das razões de qualquer acusação em matéria penal que contra ela seja deduzida".

[53] Convenção Europeia dos Direitos do Homem: "Qualquer pessoa tem direito a que a sua causa seja examinada, equitativa e publicamente, num prazo razoável por um tribunal independente e imparcial estabelecido pela lei ...".

[54] "As normas e princípios de direito internacional geral ou comum fazem parte integrante do direito português". E logo acrescenta no nº 2: "As normas constantes de convenções internacionais regularmente ratificadas ou aprovadas vigoram na ordem interna após a sua publicação oficial e enquanto vincularem internacionalmente o Estado Português".

que fosse alheio a um corpo de regras sobre a formação e exercício do poder e sobre a posição subjectiva dos cidadãos perante os poderes públicos"[55].

Figueiredo Dias e Costa Andrade afirmam[56]: *"O étimo fundante do Estado de direito material, de cariz social e democrático – um Estado que mantém incólume a sua ligação ao direito, e mesmo a um esquema rígido de legalidade, bem como o seu respeito e o seu propósito de garantia dos direitos fundamentais; mas que se move, dentro daquele esquema, por considerações de justiça na promoção e realização de todas as condições (sociais, culturais e económicas) de livre desenvolvimento da personalidade de cada homem –, parece, porém, permitir ou postular uma nova síntese".*

O que implica que *"a função da dogmática vira-se do sistema para o problema*[57]*, isto é, passa a visar prioritariamente a justa resolução do problema posto por cada caso jurídico-penal e a posterior integração daquela no sistema, que assim se torna em «sistema aberto»"*[58].

O que faz com que o juiz também deva ter tarefa não mecanicista mas antes 'legiferante', interpretando teleologicamente os preceitos, sempre dentro dos limites do linguisticamente possível[59] para não invadir a esfera de competência do poder legislativo.

---

[55] GOMES CANOTILHO, JJ/MOREIRA, Vital, *Constituição...*, p. 204.

[56] *Criminologia...*, p. 95.

[57] JESCHECK, op. cit., I volume, p. 217, afirma: "o decisivo há-de ser sempre a solução da questão de facto, devendo as exigências sistemáticas permanecer em segundo plano". ROXIN, op. cit., pp [196-231] dá conta das diversas doutrinas elaboradas dentro da teoria geral do crime e defende o sistema teleológico-funcional, do qual tem uma visão própria alargando o conceito de culpabilidade pela adição da necessidade da pena, que, assim, dá lugar à "responsabilidade". Na sequência, afirma (p. 217): "quando as finalidades estruturantes ('rectoras') se convertem directamente em configuradoras do sistema, fica de antemão garantida a justiça do caso concreto na medida em que com isso o Direito se vincula à lei; já que toda a constelação de casos se reconduz ao fim da lei. Pela mesma razão, o sistema só pode descartar aquelas soluções de problemas que sejam incompatíveis com os seus fins. Também fica excluída a possibilidade de que as soluções se produzam como conclusões de necessidades sistemáticas axiologicamente cegas pois que em tal caso não estariam cobertas pelo ponto de partida sistemático".

[58] *Criminologia...*, p. 95.

[59] Assim, ROXIN, op. cit., p. 151. Como é sabido, o elemento base de toda a interpretação, seu ponto de partida e limite, é a letra da lei, o texto da norma. Todavia, a interpretação literal pode conduzir a resultados iníquos. Daí que, para evitar estes, a o sentido da lei tenha de ser encontrado com recurso aos chamados elementos lógicos: sistemático, histórico e racional ou teleológico. O elemento sistemático busca a interligação da norma com outras que formam o complexo normativo do instituto, seja, que regulam a mesma matéria. O elemento

A justa resolução do problema só pode fazer-se aplicando os princípios que subjazem aos preceitos legais. A interpretação transistemática é tarefa árdua, mas imprescindível, sendo aquela que tem em conta o papel primeiro que o homem desempenha na sociedade.

Dizia Gomes Canotilho em recente Conferência: *"Diz-me os princípios que aplicas, dir-te-ei a Jurisprudência que produzes".*

São princípios estruturantes do Estado Democrático de Direito, entre outros[60]:

a) Princípio da Constitucionalidade;
b) Princípio Democrático;
c) Princípio dos Direitos Fundamentais;
d) Princípio da Igualdade e Justiça Social;
d) Princípio da Divisão de Poderes;
e) Princípio da Legalidade;
f) Princípio da Segurança Jurídica.

Deles decorrem corolários e/ou sub-princípios, tais como:

1) O direito à vida e o direito à dignidade da pessoa humana, que não podem ser postos em causa porque são absolutos;
2) O direito à liberdade;
3) O direito à igualdade e à não discriminação.

Para defesa desses direitos, seja perante o Estado, seja perante particulares, o Estado confere aos cidadãos os meios necessários, fornecendo-lhes as indispensáveis garantias.

1.3 Os Direitos Fundamentais

Para que o Direito Penal possa ser aplicado há necessidade de se comprimirem direitos, e até direitos fundamentais. Mas nunca os inerentes à dignidade da pessoa humana, que não são susceptíveis de compressão. Por Direitos Fundamentais entende-se *"os direitos básicos, essenciais, principais, que caracterizam a pessoa, mesmo que não estejam previstos no catálogo ou na Constituição, mas só esses"*[61]. (...)

---

histórico busca a história do preceito, as fontes da lei e os trabalhos preparatórios. O elemento racional ou teleológico busca a razão de ser da norma (ratio legis), o fim visado pelo legislador ao editar a norma.

[60] Não cabe no âmbito deste trabalho a definição dos aludidos princípios.
[61] VIEIRA DE ANDRADE, José Carlos, *Os Direitos Fundamentais na Constituição Portuguesa de 1976*, Almedina, 3ª edição, p. 96.

"O núcleo estrutural da matéria dos direitos fundamentais é constituído por posições jurídicas subjectivas consideradas fundamentais e atribuídas a todos os indivíduos ou a categorias abertas de indivíduos. (...) A função de todos os preceitos relativos aos direitos fundamentais há-de ser a protecção e a garantia de determinados bens jurídicos das pessoas ou de certo conteúdo das suas posições ou relações na sociedade que sejam considerados essenciais ou primários. (...) A consagração de um conjunto de direitos fundamentais tem uma intenção específica, que justifica a sua primariedade: explicitar uma ideia de Homem, decantada pela consciência universal ao longo dos tempos, enraizada na cultura dos homens que formam cada sociedade e recebida, por essa via, na constituição de cada Estado concreto. Ideia de Homem que, no âmbito da nossa cultura, se manifesta juridicamente num princípio de valor, que é (...) o princípio da dignidade da pessoa humana.

Com a ajuda deste critério tríplice (...) poder-se-á definir a matéria dos direitos fundamentais (...) que são o reflexo da autonomia ética da pessoa enquanto ser simultaneamente livre e responsável"[62].

O direito fundamental, que é transversal a todos os outros, que os fundamenta e/ou justifica, e ao qual a CRP, logo no seu artigo 1º, reconhece com primordial e superior importância, é o da dignidade da pessoa humana[63]. *"O que nos importa aqui é apenas a afirmação da ideia de uma dignidade-valor, reconhecida pelo Direito a cada indivíduo pelo facto de ele ser pessoa, independentemente de saber se isso constitui uma enteléquia, uma representação ou o nome para um conjunto de necessidades características do homem como ser indeterminado e inespecífico (mesmo que seja visto como «animal de espírito adoecido»)"*[64].

"E esse princípio da dignidade da pessoa humana há-de ser interpretado como referido a cada pessoa (individual), a todas as pessoas sem discriminações (universal) e a cada homem como ser autónomo (livre)"[65].

"Tem uma dimensão negativa (o homem não pode ser tratado como uma coisa) e dimensões positivas, associadas às necessidades primárias, materiais e espirituais, de realização individual e social"[66].

---

[62] Idem, pp. [82 e 83].
[63] "Portugal é uma República soberana, baseada na dignidade da pessoa humana e na vontade popular e empenhada na construção de uma sociedade livre, justa e solidária". Assim reza o artº 1º da CRP.
[64] VIEIRA DE ANDRADE, José Carlos, *Os Direitos Fundamentais* ..., p. 98, nota (58).
[65] Idem, p. 101.
[66] Idem, p. 49, nota (86).

1. O DIREITO PENAL

"Realmente, o princípio da dignidade da pessoa humana (individual) está na base de todos os direitos constitucionalmente consagrados[67], quer dos direitos e liberdades tradicionais, quer dos direitos de participação política, quer dos direitos dos trabalhadores e dos direitos a prestações sociais. É dizer que a dignidade humana se projecta no indivíduo enquanto ser autónomo, em si e como membro da comunidade – são direitos da pessoa, do cidadão, do trabalhador e do administrado.

Pode ser diferente o grau de vinculação dos direitos àquele princípio. Assim, alguns direitos constituem explicitações de primeiro grau da ideia de dignidade, que modela todo o conteúdo deles: o direito à vida, à identidade e à integridade pessoal, à liberdade física e de consciência, por exemplo, tal como a generalidade dos direitos pessoais, são atributos jurídicos essenciais da dignidade dos homens concretos. Outros direitos decorrem desse conjunto de direitos fundamentalíssimos (diríamos, com o sentido e com as reservas atrás expostas, direitos naturais) ou então completam-nos como explicitações de segundo grau, mediadas pela particularidade das circunstâncias sociais e económicas, políticas e ideológicas: o conteúdo do direito de resposta, da liberdade de empresa, do direito a férias pagas, dos direitos à habitação, à saúde, à segurança social e à cultura dependem de opções políticas estruturais e até, por vezes, de estratégias conjunturais. Mas, ainda aí, é o princípio da dignidade da pessoa humana que está, nos tempos actuais, na raiz da sua previsão constitucional e da sua consideração como direitos fundamentais"[68].

Pois bem: "o núcleo duro", digamos assim, dos direitos fundamentalíssimos não pode ser violado em caso algum, como o reconhece a CRP no nº 6 do artº 19º. São eles: o *"direito à vida, à integridade pessoal[69], à capacidade civil e à cidadania, à não retroactividade da lei criminal desfavorável ao arguido, à defesa deste, à liberdade de consciência e de religião".*

---

[67] O princípio da dignidade da pessoa humana está na génese do princípio da culpabilidade e seus sub-princípios: princípio da personalidade das penas (a pessoa não pode ser responsabilizada por actos que não lhe dizem respeito), da responsabilidade pelo facto e não pela personalidade (só se punem condutas e não personalidades), princípio da culpa propriamente dita (dolo – o facto foi querido – ou negligência – o facto ocorreu por imprudência do autor) e da imputação pessoal (o facto resultou de uma motivação racional normal)

[68] Idem, pp. 102 e 103.

[69] Unanimemente, a Jurisprudência, incluindo a do TC, tem vindo a entender que a ofensa à autodeterminação corporal, quando feita em "grau ou medida desprezível" é irrelevante. Por todos, cfr. o Ac da RP de 13/09/2006, processo 0641683, in *www.dgsi.pt*. Aliás, na linha do que vem entendendo o Tribunal Europeu dos Direitos do Homem (cfr. *caso Saunders v. Reino Unido, decisão de 17 de dezembro de 1996*).

Todos os outros poderão, em princípio, ser comprimidos desde que verificados os pressupostos legais, designadamente desde que haja um *"estado de necessidade investigatório"*, para usar expressão que é cara a Costa Andrade, respeitado que esteja o princípio constitucional da proibição de excesso.

Para assegurar que os direitos fundamentais são integralmente respeitados, e o seu núcleo essencial jamais possa ser afectado, a Lei consagra um conjunto de garantias, *"que ampliam as relações jurídicas demarcadas pelos direitos subjectivos dos particulares, seja por directa determinação dos preceitos constitucionais, seja por «irradiação» normativa sobre toda a ordem jurídica"*[70].

Desde logo, a garantia consagrada no nº 1 do artº 19º da CRP[71], com a ressalva do nº 6 do mesmo artigo 19º.

Depois, a garantia consignada na alínea d) do artº 288º da CRP que impõe, para a leis de revisão constitucional, a obrigação de respeitarem "os direitos, liberdades e garantias dos cidadãos".

Ainda, porque a alínea b) do nº 1 do artº 165º da CRP reserva à Assembleia da República a exclusiva competência para legislar em matéria de direitos, liberdades e garantias, salvo autorização ao Governo.

Ademais, porque a Administração está subordinada ao princípio da legalidade por imposição do nº 2 do artº 266º da CRP. Finalmente, porque se considerou, no nº 2 do artigo 205º da CRP que *"As decisões dos tribunais são obrigatórias para todas as entidades públicas e privadas e prevalecem sobre as de quaisquer outras entidades"*, incumbindo ao Tribunal Constitucional proceder à fiscalização da constitucionalidade e da legalidade, para além de que é atribuída a todos os Tribunais competência para a fiscalização difusa.

A independência e a imparcialidade dos Juízes, muito mais do que um privilégio ou regalia dos próprios, é um direito de cidadania, é garantia de integral respeito dos direitos dos cidadãos, ademais dos direitos fundamentais, seja pela administração, seja pelos particulares. Sem elas o processo justo e equitativo não passaria de fórmula decorativa.

A tutela efectiva dos direitos fundamentais, como os da dignidade, da liberdade, da igualdade e da segurança alcança-se *"através do processo penal*

---

[70] Vieira de Andrade, *ob. cit.*, p. 142.
[71] "Os órgãos de soberania não podem, conjunta ou separadamente, suspender o exercício dos direitos, liberdades e garantias, salvo em caso de sítio ou de emergência, declarados na forma prevista na Constituição".

jurisdicionalizado, no qual tem presença um juiz imparcial, que apenas se preocupa com a realização da justiça. Nesta perspectiva, o juiz funciona como barómetro independente que assegura a efectivação das garantias, dos direitos e da liberdade do arguido"[72].

A Constituição confere aos cidadãos, em caso de violação dos direitos legalmente consagrados, a possibilidade de recorrer aos tribunais para obrigar tanto a administração como os particulares não só a respeitá-los como a repor o estado anterior à violação, se tal for ainda possível; ou, não o sendo, a indemnizar o lesado pelos danos causados. E consagra o duplo grau de jurisdição sempre que esteja em causa a apreciação de direitos fundamentais[73].

"Um regime democrático e pluralista, em que o Estado se reconhece submetido aos princípios da Justiça e da dignidade da pessoa humana («Estado de Direito Material») preocupa-se, como vimos, em construir uma armadura institucional indispensável à garantia dos direitos fundamentais (...).

A Constituição, no artigo 21º, confere a todos – e não apenas aos cidadãos – o direito de resistência (individual) (...). Por outro lado, o mesmo preceito prevê ainda outras formas de autotutela dos direitos, agora contra agressões particulares e relativamente a quaisquer direitos (...). O particular que se considere ofendido nos seus direitos, liberdades e garantias tem ainda direito de recorrer aos órgãos de soberania ou outras autoridades (artigo 52º, n° 1) e, especificamente, ao Provedor de Justiça (artigo 23º). (...) Hoje também (...) o direito de queixa perante outras autoridades administrativas independentes (...). O meio de defesa por excelência dos direitos, liberdades e garantias continua a ser, no entanto, constituído pela garantia, a todas as pessoas, de acesso aos tribunais, para defesa da generalidade dos seus direitos e interesses legalmente protegidos (artigo 20º, n° 1) (...). Este direito--garantia implica o direito à informação e consulta jurídicas e ao patrocínio judiciário (nº 2) e inclui o direito a uma «decisão em prazo razoável e mediante processo equitativo» (nº 4) (...).

Os cidadãos portugueses gozam ainda da possibilidade de recorrer a instâncias internacionais para defesa dos seus direitos, liberdades e garantias, quando (e na medida em que) estes estejam internacionalmente garantidos"[74].

---

[72] GONÇALVES, Fernando/ALVES, Manuel João/VALENTE, Manuel Monteiro Guedes, *Lei e Crime, o agente infiltrado versus o agente provocador*, Almedina 2001, p. 206.
[73] Cfr. artºs 20º, 26º, 27º a 32º e 202º a 218º da CRP.
[74] VIEIRA DE ANDRADE, *ob. cit.*, pp [375-382].

2. O processo penal

2.1 O Direito Processual Penal e a sua relação dialéctica com o Direito Penal

É função primordial do Direito Penal a protecção de bens jurídicos essenciais, desiderato que alcança tanto pela via da intimidação como pela via da coacção. Naquele caso, porque na norma penal se contém a ameaça de aplicação de uma pena. Neste, porque a pena é coactivamente aplicada em processo penal, «justo» e «equitativo».

A aplicação da pena é tarefa exclusiva do Estado, por intermédio de um dos seus órgãos, os tribunais[75]. Por isso se diz que o processo penal tem carácter público.

"*A realização do direito penal mediante o processo penal, é uma garantia; e efectivamente a jurisdição é a mais importante das garantias de actuação do direito*"[76].

"*O direito processual penal (é) uma província do direito constitucional*"[77], é "*verdadeiro direito constitucional aplicado*"[78], "*é o verdadeiro «sismógrafo» de uma lei fundamental*"[79], sendo, por isso, a Constituição a sua principal fonte[80].

---

[75] Excepcionalmente admite-se o recurso à auto-tutela dos direitos.
[76] CAVALEIRO DE FERREIRA, Manuel, *Curso de Processo Penal*, Reimpressão da Universidade Católica, 1981, I vol., p. 8.
[77] COSTA ANDRADE, Manuel, na "Apresentação" do *Direito Processual Penal*, Coimbra Editora, 2004, da autoria de FIGUEIREDO DIAS, Jorge.
[78] H. HENKEL, apud FIGUEIREDO DIAS, *Direito Processual Penal*, p. 74.
[79] GOMES CANOTILHO/VITAL MOREIRA, *ob. cit.*, p. 515.
[80] Assim, MARQUES DA SILVA, Germano, *Curso de Processo Penal*, Editorial Verbo, 2000, I vol., p. 28.

Embora integrando o mesmo ordenamento que o direito penal, é, todavia, distinto deste. *"O processo penal é autónomo relativamente ao direito substantivo"*[81], conquanto estabeleça com este uma permanente relação de dialéctica: *"Efectivamente, o problema central do objecto do processo penal é o da procura do equilíbrio entre o interesse público da aplicação do direito criminal, mediante a eficaz perseguição dos delitos cometidos, e o direito impostergável do arguido a um processo penal que assegure todas as garantias de defesa"*[82], no qual os seus direitos fundamentais são inevitavelmente comprimidos.

Vulgarmente se afirma que o Direito Penal é a Magna Carta do delinquente[83]; e que o Processo Penal é a Magna Carta do cidadão íntegro.

O processo é *"uma sequência de actos juridicamente preordenados e praticados por certas pessoas legitimamente autorizadas em ordem à decisão sobre se foi praticado algum crime e, em caso afirmativo, sobre as respectivas consequências jurídicas e sua justa aplicação. Por isso, o direito processual penal*[84] *tem de ser entendido como o complexo de norma jurídicas que disciplinam o processo penal"*[85].

"Há uma relação de instrumentalidade necessária entre o direito penal e o processual penal e isso os distingue da conexão também existente entre os demais ramos do direito e os respectivos processos; nestes, em regra, o processo tem carácter eventual, pois que o direito se realiza, as mais das vezes, espontaneamente; enquanto o

---

[81] FIGUEIREDO DIAS, Jorge, *Direito Processual Penal*, p. 33.

[82] Ac do TC 226/2008.

[83] Assim o afiançou VON LISTZ. Em verdade, o Direito penal está subordinado ao princípio da legalidade do qual decorre que não pode haver crime nem pena sem lei que puna a conduta, a qual tem, pois, de ser anterior à prática dos factos (prévia), de ser escrita (formal: Lei ou DL autorizado, afastando o direito consuetudinário), estrita (com "mandato" claro e perfeitamente inteligível); mas decorre ainda do princípio a proibição de analogia para efeitos de incriminação e a proibição de retroactividade da lei penal desfavorável. Tudo pode, pois, ser do conhecimento do delinquente

[84] Como acertadamente refere FIGUEIREDO DIAS, *Direito Processual...*, p. 48, "mesmo sem transformações legislativas, o direito de ontem não é o direito de hoje e este é, antes de tudo, o declarado pelos juízes em um processo. Neste sentido e nesta medida o processo supõe, mais que um «desenvolvimento normativo» das regras substantivas aplicáveis, uma verdadeira «criação» jurídica relativamente ao caso sub-judice, como nas hipóteses em que formalmente a decisão aparece como uma mera conclusão silogística das premissas legais. Não se trata aqui de um acto pessoal do Juiz, seja só subjectivamente fundado ou também intersubjectivamente imposto, mas da força axiológica do convencimento que possui a sua decisão e que resulta dialecticamente, para a comunidade jurídica, da discussão de pontos de vista (de facto e de direito) contrapostos, da argumentação e da contra-argumentação que caracterizam o «processo»".

[85] MARQUES DA SILVA, Germano, *Curso de Processo Penal*, Editorial Verbo, 2000, I vol., p. 15.

crime só pode ser reconhecido e as penas e medidas de segurança aplicadas mediante o procedimento criminal. Por isso, o art. 2º do Código de Processo Penal de 1987 dispõe que a aplicação de penas e medidas de segurança só pode ter lugar em conformidade com as disposições deste Código"[86].

Reconhecendo-se a dita relação de instrumentalidade, importa categoricamente afirmar que o processo penal, para além disso, e porque é autónomo, *"tem alta significação ética, e empregando a expressão em sentido diferente do usual, política. É nele que se revela mais nitidamente a coordenação do Estado e do indivíduo. É um campo em que se debatem os interesses opostos do Estado, enquanto titular do direito de punir, e do indivíduo enquanto interessado na defesa da sua esfera jurídica, isto é, do seu direito de liberdade, do seu património, da integridade da sua honra e reputação, da inviolabilidade do seu domicílio, do segredo da sua correspondência, etc."*[87].

"Pensar no processo penal justo é, por isso, pensar uma articulação de vários níveis ou subsistemas sociais, numa linguagem mais sofisticada – ou, descomplexizando, pensar numa Ética e numa política social global conducente a que a vida de cada pessoa numa sociedade democrática possa ser o mais possível livre e solidária"[88].

O fim do processo penal é, para o STJ[89], a descoberta da verdade e a realização da justiça. *"Num Estado de direito democrático é a procura da verdade material e a realização da justiça que constituem o fim último do processo penal"*[90].

Para Cavaleiro de Ferreira[91], *"No processo penal decide-se da justiça, como bem comum da sociedade"*. *"O processo destina-se à aplicação do direito; a aplicação do direito tem por objecto realidades de facto (...). A aplicação da norma pressupõe, assim, a verificação da hipótese de facto prevista"*[92].

Já Fernanda Palma[93] aponta ao processo penal um conjunto de finalidades, que assim sintetizamos:

(1) Função catalizadora de emoções;

---

[86] Ibidem.
[87] CAVALEIRO DE FERREIRA, *ob. cit.*, p. 18.
[88] PALMA, Maria Fernanda, *Jornadas de Direito Processual Penal e Direitos Fundamentais*, coordenação científica de Maria Fernanda Palma, p. 12.
[89] Ac de 22/01/969, *BMJ* 183º-171.
[90] Ac Uniformizador 7/2008.
[91] *Op cit.*, p. 21.
[92] *Op. cit.*, II vol., p. 279.
[93] *Jornadas de Direito Processual Penal e Direitos Fundamentais*, pp. 41 e segs.

(2) Controlo preventivo directo da actividade criminosa (uma certa função preventiva especial);
(3) Função reparadora do dano do arguido;
(4) Função dialogante com o arguido;
(5) Função concretizadora do princípio da necessidade de incriminação e da pena;
(6) Função de correcção das deficiências da selecção ou da definição de crime arbitrária ou, pelo menos, *"instância racionalizadora de distinção de casos segundo critérios razoáveis de justiça e uma antecipação dos fins reparadores das penas";*
(7) Função reparadora do dano;
(8) Função de combate à criminalidade organizada.

Figueiredo Dias[94], citando Goldschmidt, refere que *"o fim do processo é a obtenção de uma sentença com força de caso julgado"*. Fazendo uso de uma máxima de Radbruch, afirma: *"o combate da justiça com a segurança traduz um conflito da justiça consigo mesma"*. Define, na sequência, o direito processual como sendo o que *"visa a comprovação e realização, a definição e declaração do direito do caso concreto, isto é, definindo o que para este caso é, hoje e aqui, justo"*. Desta forma critica o entendimento da jurisprudência e acaba por afirmar que o fim do processo penal é o de *"obstar à insegurança do direito que necessariamente existe «antes» e «fora» daquele, declarando o direito do caso concreto, isto é, definindo o que para este caso é, hoje e aqui, justo"*.

O processo penal visa *"encontrar a solução justa e adequada para o caso concreto, no contexto de um sistema"*[95].

"O Direito Processual Penal serve a realização do Direito Penal material, determina os limites das faculdades de intervenção dos órgãos encarregados da prossecução penal e propõe-se como meta restabelecer a paz jurídica perturbada com uma decisão definitiva"[96].

Costa Andrade[97] enumera as metas da justiça penal, *"maxime: proteger bens jurídicos, reafirmar a validade das normas e reforçar a confiança na sua vigência, restabelecer a paz jurídica e prosseguir a verdade preordenada à realização da justiça material"*.

---

[94] *Direito Processual Penal*, pp. [41 e 46].
[95] FIGUEIREDO DIAS, Jorge, «Sobre o estado actual da doutrina do crime», 1ª parte, *Revista Portuguesa de Ciência Criminal*, 1991, p. 20.
[96] H.H Jescheck, *Tratado de Derecho Penal*, parte general, vol. I, p. 23.
[97] *Sobre as Proibições de Prova em Processo Penal*, Coimbra Editora, 2006, p. 72.

2. O PROCESSO PENAL

Pode, em síntese, afirmar-se que o processo penal procura a realização da justiça do caso concreto, por meios processualmente admissíveis, assegurando a paz jurídica dos cidadãos.

Vistos os fins do processo penal, podemos concluir com Figueiredo Dias[98]: *"Deste modo o processo penal constitui um dos lugares por excelência em que tem de encontrar-se a solução do conflito entre as exigências comunitárias e a liberdade de realização da personalidade individual. Aquelas podem postular, em verdade, uma «agressão» na esfera desta; agressão a que não falta a utilização de meios coercivos (prisão preventiva, exames, buscas, apreensões) e que mais difícil se torna de justificar e suportar por se dirigir, não a criminosos convictos, mas a meros «suspeitos» – tantas vezes inocentes – ou mesmo a «terceiros» (declarantes, testemunhas e até pessoas sem qualquer participação processual). Daqui que ao interesse comunitário na prevenção e repressão da criminalidade tenha de pôr-se limites – inultrapassáveis quando aquele interesse ponha em jogo a dignitas humana que pertence mesmo ao mais brutal delinquente; ultrapassáveis, mas só depois de cuidadosa ponderação da situação, quando conflitue com o legítimo interesse das pessoas em não serem afectadas na esfera das suas liberdades pessoais para além do que seja absolutamente indispensável à consecução do interesse comunitário. É através desta ponderação e da justa decisão do conflito que se exclui a possibilidade de abuso do poder – da parte do próprio Estado ou dos órgãos a ele subordinados – e se põe a força da sociedade ao serviço e sob o controlo do Direito; o que traduz só, afinal, aquela limitação do poder do Estado pela possibilidade de livre realização da personalidade ética do homem que constitui o mais autêntico critério de um verdadeiro Estado-de-direito".*

Do que vem de ser dito resulta óbvia a tensão dialéctica suscitada entre o Direito Penal, que protege bens jurídicos essenciais[99], e o Processo Penal que, em verdade, os viola, conquanto o faça para prosseguir o interesse comunitário, maxime para poder garantir a eficácia do Direito Penal e a sua função suprema de protector dos bens jurídicos.

Tendo o processo penal uma função comunitária, a sua pedra angular há-de ser *"a tutela efectiva dos direitos individuais e gerais, ou seja, a tutela dos direitos fundamentais de liberdade, igualdade, dignidade e segurança, direitos que há-de considerar-se na perspectiva individual e colectiva, para o que se impõe uma visão harmónica que combine e concilie as três missões básicas do processo: jurídica,*

---

[98] *Direito Processual Penal*, p. 59.
[99] Para JAKOBS a função do Direito Penal é a de reafirmar a validade da norma violada pela conduta do agente.

enquanto instrumento para a realização do direito objectivo; política, como garantia do arguido; social, enquanto contribui para a pacífica convivência social"[100].

O que apenas será alcançável mediante *"um sistema acusatório com princípio de investigação"[101]*, no qual (nº 5 do artº 32º da CRP[102]):

(1) A acusação, a instrução e o julgamento estão em mãos diferentes, o que *"implica: a) proibição de acumulações orgânicas a montante do processo, ou seja, que o juiz de instrução seja também o órgão de acusação; b) proibição de acumulação subjectiva a jusante do processo, isto é, que o órgão de acusação seja também órgão julgador; c) proibição de acumulação orgânica na instrução e julgamento, isto é, o órgão que faz a instrução não faz a audiência de discussão e julgamento e vice-versa"[103]*;

(2) O objecto do processo é o da acusação ou da pronúncia, que delimita os poderes de cognição do tribunal e a extensão do caso julgado;

(3) Mas também um processo em que o tribunal tem o poder-dever de investigar autonomamente o facto submetido a julgamento.

"Estrutura acusatória, realizada na sua máxima medida, significa muita coisa: desde a impossibilidade de o juiz manipular, por qualquer forma, o objecto do processo que lhe é proposto pela acusação, à atribuição de eficácia conformadora do destino do processo aos requerimentos de prova da acusação e da defesa; desde o carácter subsidiário do princípio da investigação judicial, à proibição de princípio de valoração das provas que não tenham sido produzidas em julgamento; desde a estrutura da audiência segundo o modelo da contraditoriedade total e imediata (adversary sistem), à máxima eficácia possível da manifestação de vontade livre do arguido, nomeadamente em tema de «confissão»; desde o reconhecimento, ao longo de todo o processo, de um consistente direito de defesa do arguido, ao respeito pela vontade do ministério público, do assistente e do defensor de conformação da decisão final do processo"[104].

O actual CPP[105] está integralmente subordinado ao dito princípio, que é estruturante.

---

[100] MARQUES DA SILVA, Germano, *op. cit.*, I, p. 52.
[101] FIGUEIREDO DIAS, *Direito Processual Penal*, p. 71.
[102] "O processo penal tem estrutura acusatória, estando a audiência de julgamento e os actos instrutórios que a lei determinar subordinados ao princípio do contraditório".
[103] GOMES CANOTILHO/VITAL MOREIRA, *Constituição...*, p. 522.
[104] FIGUEIREDO DIAS, Jorge, "sobre os sujeitos processuais no Código de Processo Penal», *Jornadas de Direito Processual Penal*, Edição do CEJ, Almedina 1997, p. 33.
[105] Código de Processo Penal Vigente, de 1987. A ele nos referimos quando indicarmos qualquer artigo sem outra menção.

2. O PROCESSO PENAL

O direito processual penal é, já o vimos, direito constitucional aplicado, entendido numa dupla dimensão: *"naquela, já caracterizada, derivada de os fundamentos do direito processual penal serem, simultaneamente, os alicerces constitucionais do Estado, e naquela outra resultante de a concreta regulamentação de singulares problemas processuais ser conformada jurídico-constitucionalmente"*. Daqui resultam *"entre outras, as exigências correntes: de uma estrita e minuciosa regulamentação legal de qualquer indispensável intromissão, no decurso do processo, na esfera dos direitos do cidadão constitucionalmente garantidos; de que a lei ordinária nunca elimine o núcleo essencial de tais direitos, mesmo quando a Constituição conceda àquela lei liberdade para os regulamentar; de estrito controlo judicial da actividade de todos os órgãos do Estado, mesmo dos que cumpram funções puramente administrativas, desde que tal actividade se prenda com as garantias constitucionais; de proibição das jurisdições de excepção, através da garantia do juiz legal ou natural, que ponha o arguido a coberto de qualquer manipulação do direito constitucional judiciário, de proibição de provas obtidas com violação da autonomia ética da pessoa, mesmo quando esta consinta naquela; etc. Da mesma fonte deriva, finalmente, o mandamento de que a interpretação e aplicação dos preceitos legais se perspective a partir da Constituição e se leve a cabo de acordo com esta (...) Hoje, porém, tende por quase toda a parte a ver-se na Constituição verdadeiras normas jurídicas que, mesmo contendo uma reserva segundo a qual o direito que asseguram será mantido só «nas condições determinadas pela lei», proíbem à lei ordinária, sob pena de inconstitucionalidade material, que contenha uma regulamentação eliminadora do núcleo essencial daquele direito"*[106].

Estando, como está, o processo penal subordinado ao princípio do acusatório, integrado pelo princípio da investigação, *"logra-se acentuar convenientemente o carácter indisponível do objecto e do conteúdo do processo penal, a sua intenção dirigida à verdade material, as limitações indispensáveis às liberdades do arguido que não ponham em causa a sua dignidade nem o seu direito de defesa; sem que tal tenha de obter-se à custa do total aproveitamento da actividade probatória das partes, da ideia-mestra da sua fundamental igualdade, da exigência salutar de que a verdade «material» seja também «processualmente válida», da concessão às partes do mais dilatado âmbito de actuação do processo, enfim, do reconhecimento da sua participação constitutiva na declaração do direito do caso"*[107]. Tal subordinação implica que o processo penal possua con-

---

[106] FIGUEIREDO DIAS, *Direito Processual Penal*, pp. [74 e 75].
[107] *Idem*, p. 72.

formação dinâmica *"que confere ao arguido e lhe assegura a posição de «sujeito» co-actuante no processo"*, a qual, conjugada com a sua "dialéctica própria", implicam as seguintes obrigações[108]:
(1) De punir todos culpado e só os culpados;
(2) De respeito pelas liberdades e garantias individuais;
(3) De apenas utilizar meios de prova que sejam válidos;
(4) De obter a solução justa do caso em apreciação;
(5) De respeitar integralmente as formas processuais;
(6) De realizar a Justiça;
(7) De respeitar as exigências de segurança do direito.

Todas estas condicionantes são de extrema importância, e sempre têm de se ter presentes quando se trata de apreciar a prova e os meios que lhe serviram de suporte, que podem ter na sua origem meios de obtenção da prova. A verdade material não pode ser atingida a qualquer custo, mas apenas com base em meios de prova válidos, sob pena de se por em crise a superioridade ética do Estado.

2.2 Princípios fundamentais do processo penal

O conceito de "princípio" é tratado de forma diferente pelas diversas correntes de opinião, desde o jusnaturalismo ao positivismo, passando pelas posições de Kelsen, Hart ou N. Bobbio. Trata-se, sem qualquer dúvida, de realidade inata, que actua antes e sobre as leis, que está acima das ideologias ou das conjunturas, e que se impõem por si mesmos.

Com Dworkin[109] afirmamos que *"os princípios actuam como verdadeiras normas jurídicas, facilitando o trabalho de interpretação e aplicação do Direito por parte do Juiz; princípios que não se identificam com as normas positivas nem na origem, nem no conteúdo e nem na força argumentativa. Mesmo que as normas se apliquem ou não apliquem, os princípios dão razão para decidir num determinado sentido, e diferentemente das normas, o seu enunciado não determina as condições da sua aplicação. O conteúdo material do princípio é o que determina quando se deve aplicar numa situação determinada. Os princípios enformam as normas jurídicas concretas de tal forma que a literalidade da norma pode ser desatendida pelo Juiz quando viola um princípio que no caso específico se considera importante.*

---

[108] *Idem*, p. 255.
[109] Apud Martínez Roldán, Luís/Fernández Suarez, Jesus A., *Curso de Teoria del Derecho*, Ariel Derecho, 4ª edicion actualizada, p. 94.

Estas directivas e princípios devem ser entendidos como elementos integrantes do Direito no estilo das normas, pois o contrário significaria que, em muitos casos, o Juiz, nas suas decisões, vai mais além do que o Direito em busca de princípios".

É ainda o mesmo autor[110] quem afirma que os princípios jurídicos são uma espécie dentro das normas. Os princípios, pelo facto de terem uma dimensão de "peso ou importância", ao contrário do que sucederia com as regras, constituem exigências ou "mandatos" de optimização, *"que se caracterizam porque podem ser cumpridos em diferente grau e que a medida devida do seu cumprimento depende não só das possibilidades reais, mas também das jurídicas".*

Os princípios justificam e fundamentam o Direito; *"os princípios gerais do processo penal dão sentido à multidão de normas, orientação ao legislador e permitem à dogmática não apenas «explicar», mas verdadeiramente compreender os problemas do direito processual penal e caminhar com segurança ao encontro da sua solução"*[111].

Já Aristóteles afirmava que o princípio era uma fonte, uma causa de acção, e, desta forma, era um travão aos fenómenos sociais.

Os princípios gerais do Direito são enunciados normativos de valor genérico, universalmente aceites, que condicionam e orientam a compreensão do ordenamento jurídico tanto na elaboração das normas como na sua aplicação e integração[112].

Considerados os alicerces do ordenamento jurídico, são eles que enformam o sistema, independentemente de estarem ou não vertidos em norma legal. Valem por si.

Comummente são-lhe atribuídas três funções:

– A de limitação do poder legislativo na medida que a eles compete definir as normas;

– A de interpretação das normas;

– A de garantir a função de integração sistemática entre os vários ordenamentos.

Os princípios constitucionais, aplicáveis ao processo penal, que é direito constitucional aplicado, têm assento, na sua maioria, na Constituição da República, embora ela não abarque *"todos os preceitos que, em*

---

[110] *Levando os direitos a sério*, tradução de Martins Fontes, São Paulo, pg. 42.
[111] FIGUEIREDO DIAS, *Direito Processual Penal*, p. 113.
[112] Assim, REALE, Miguel, *Lições Preliminares de Direito*, 27ª edição, São Paulo, Saraiva, 2003, pp. 3 e ss.

boa lógica – isto é, por identidade de natureza com os preceitos aqui incluídos –, integram os princípios constitucionais fundamentais. (...)
Todos os princípios fundamentais estão, em maior ou menor medida, garantidos contra a revisão constitucional, erigidos em limites materiais de revisão, tanto em si mesmos como em várias das suas dimensões mais eminentes (artº 288º). (...)
Os princípios fundamentais não são homogéneos quanto ao seu objecto e conteúdo, podendo identificar-se em três grupos principais:
– O primeiro é constituído pelas chamadas opções políticas fundamentais conformadoras da Constituição (...);
– O segundo grupo é constituído pelos preceitos que definem e caracterizam jurídico-constitucionalmente a colectividade política (ou «República», na expressão do art. 1º) e o Estado em que ela se organiza (...);
– O terceiro grupo é constituído pelos preceitos que contêm princípios fundamentais da ordem jurídico-constitucional, e abrange normas de âmbito desigual, designadamente os artºs 3º (princípios da constitucionalidade e da legalidade) e 8º (recepção do direito internacional e do direito supranacional europeu na ordem interna).
As restantes normas ou são enquadráveis simultaneamente nos três grupos, ou são associáveis a um deles"[113].

Pode, pois, afirmar-se que os princípios e as normas são as fontes imediatas do Direito.

Porque os princípios são hierarquicamente superiores às normas que fundamentam, têm estas de se harmonizar com aqueles sob pena de não poderem ser aplicadas.

2.2.1 *O princípio do juiz natural*

O princípio do Juiz natural está consagrado em quatro Diplomas Fundamentais: na CRP[114], na DUDH[115], na CEDH[116], e ainda no

---

[113] GOMES CANOTILHO, JJ/MOREIRA, Vital, *Constituição da República Portuguesa Anotada*, pp. [188-190].

[114] Dispõe a CRP no nº 9 do artº 32º: "Nenhuma causa pode ser subtraída ao tribunal cuja competência esteja fixada em lei anterior".

[115] Segundo o art. 10º da DUDH "toda a pessoa tem direito, em plena igualdade, a que a sua causa seja equitativa e publicamente julgada por um tribunal independente e imparcial que decida dos seus direitos e obrigações ou das razões de qualquer acusação em matéria penal que contra ela seja deduzida".

[116] A Convenção Europeia dos Direitos do Homem, no nº 1 do artº 6º estipula: "Qualquer pessoa tem direito a que a sua causa seja examinada, equitativa e publicamente, num prazo

2. O PROCESSO PENAL

PIDCP[117]. Quer a Declaração Universal dos Direitos do Homem, quer a Convenção Europeia dos Direitos do Homem, quer o Pacto Internacional sobre Direitos Civis e Políticos são direito interno (cfr. nº 2 do artº 8º da CRP).

Segundo o princípio do Juiz natural, as causas têm de ser julgadas por um tribunal independente, com juízes independentes. *"O princípio do juiz legal (nº 9 do artº 32º da CRP) consiste essencialmente na pré-determinação do tribunal competente para o julgamento, proibindo a criação de tribunais ad hoc ou a atribuição da competência a um tribunal diferente do que era legalmente competente à data do crime. A escolha do tribunal competente deve resultar de critérios objectivos predeterminados e não de critérios subjectivos. (...).*

A doutrina costuma salientar que o princípio do juiz legal comporta várias dimensões fundamentais: (a) exigência de determinabilidade, o que implica que o juiz (ou juízes) chamado(s) a proferir decisões num caso concreto estejam previamente individualizados através de leis gerais, de uma forma o mais possível inequívoca; (b) princípio da fixação de competência, o que obriga à observância das competências decisórias legalmente atribuídas ao juiz e à aplicação dos preceitos que de forma mediata ou imediata são decisivos para a determinação do juiz da causa; (c) observância das determinações de procedimento referentes à divisão funcional interna (distribuição de processos), o que aponta para a fixação de um plano de distribuição de processos (embora esta distribuição seja uma actividade materialmente administrativa, ela conexiona-se com o princípio da administração judicial)"[118].

---

razoável por um tribunal independente e imparcial, estabelecido pela lei, o qual decidirá, quer sobre a determinação dos seus direitos e obrigações de carácter civil, quer sobre o fundamento de qualquer acusação em matéria penal dirigida contra ela. O julgamento deve ser público, mas o acesso à sala de audiências pode ser proibido à imprensa ou ao público durante a totalidade ou parte do processo, quando a bem da moralidade, da ordem pública ou da segurança nacional numa sociedade democrática, quando os interesses de menores ou a protecção da vida privada das partes no processo o exigirem, ou, na medida julgada estritamente necessária pelo tribunal, quando, em circunstâncias especiais, a publicidade pudesse ser prejudicial para os interesses da justiça".

[117] O Pacto Internacional sobre Direitos Civis e Políticos dispõe no nº 1 do artº 14º "Todas as pessoas têm direito a que a sua causa seja ouvida equitativa e publicamente por um tribunal independente e imparcial, estabelecido por lei, que decidirá do bem fundado de qualquer acusação em matéria penal dirigida contra elas".

[118] GOMES CANOTILHO/VITAL MOREIRA, *Constituição...*, p. 525.

Ao princípio é atribuído um tríplice significado[119]:
a) O de pôr em evidência, em primeiro lugar, o plano da fonte: só a lei pode instituir o juiz e fixar-lhe a competência.
b) O de procurar explicitar, em segundo lugar, um ponto de referência temporal e, através dele, afirmar um princípio de irretroactividade: a fixação do juiz e da sua competência tem de ser feita por uma lei vigente já ao tempo em que foi praticado o facto criminoso que é objecto do processo.
c) Em terceiro lugar, pretende vincular a uma ordem taxativa de competência, que exclua qualquer alternativa a decidir arbitrária ou mesmo discricionariamente. Daqui a proibição de jurisdição de excepção, i. e., jurisdições ad hoc criadas para decidir um caso concreto ou um determinado grupo de casos, com quebra das regras gerais de competência.

Foi estabelecido para protecção da liberdade e do direito de defesa do arguido e, por isso, só pode ser afastado quando outros princípios ou regras, porventura de maior ou igual dignidade, o ponham em causa, como sucede, v.g., quando o juiz natural não oferece garantias de imparcialidade e isenção no exercício da sua função[120].

A imparcialidade do magistrado, enquanto titular do órgão de soberania denominado Tribunal, aliada à sua independência, inamovibilidade e irresponsabilidade[121], é uma garantia do cidadão, consagrada nos artºs 215º e 216º da CRP.

"Para que determinado órgão possa ser qualificado como tribunal não basta, nem pode bastar, que lhe haja sido cometida uma competência materialmente incluída na função jurisdicional (...), é necessário, antes de mais, que ele seja «independente», como o exige o artigo 208.º da Constituição"[122]. Por isso, *"os tribunais hão-de ser visualizados como sendo só aqueles órgãos de soberania que, exercendo funções jurisdicionais, sejam suportados por juízes que desfrutem totalmente de independência funcional e estatutária, (...) para, na resolução dos assinalados casos concretos, poderem decidir sem sujeição a ordens ou instruções"*[123]. *"A independên-*

---

[119] Assim, o Ac do STJ de 5-07-2007, relatado por Simas Santos.
[120] No sentido do texto, cfr. os Ac. do STJ de 25/01/2001 e de 3/4/2003, in www.dgsi.pt.
[121] Salvas as excepções consignadas na Lei (vide artº 462º, nº 2 do CPP e artº 7º da Lei 67/2007, de 31 de Dezembro)
[122] Ac. do TC 71/84.
[123] Ac. do TC 171/92.

cia dos tribunais é descrita como uma independência objectiva, que deriva da própria essência da actividade jurisdicional, e tem como pressuposto a subordinação do juiz à lei; mas também como uma independência subjectiva, esta caracterizada por uma autonomia dos tribunais em relação aos outros poderes do Estado e em relação aos outros contitulares do poder jurisdicional – isso sem prejuízo das relações de hierarquia e supraordenação ditadas pela existência de diferentes categorias de tribunais em cada ordem de jurisdição"[124].

"A imparcialidade do juiz, quer a subjectiva (a do foro íntimo do juiz), quer a objectiva (a que não pode ser posta em causa aos olhos da comunidade perante o caso concreto) materializa não só a credibilidade da função jurisdicional, como lhe proporciona a vinculação ao princípio da separação de poderes, demonstrando à comunidade que perante aquele caso a decisão tomada, de entre muitas, é a mais justa, para que os elos de confiança não se quebrem"[125].

A imparcialidade dos Juízes é garantida, em termos processuais, quando:

"a) Só a lei pode instituir o juiz e fixar-lhe a competência;

b) A fixação do juiz e da sua competência tem de ser feita por lei anterior à prática do facto que será objecto do processo"[126].

O que é assegurado pelo nº 9 do artº 32º da CRP.

Garantindo este preceito a aludida imparcialidade, tem de ser interpretado teleologicamente sob pena de, fazendo-se interpretação declarativa ou literal, não poder ser levada a cabo qualquer reforma judiciária que, na prática, subtraia a causa ao tribunal cuja competência esteja fixada em lei anterior à prática dos factos.

O preceito em causa constava já da CRP de 1976 e era entendido como "proibição de desaforamento" de causa criminal, de "tribunal cuja competência esteja fixada em lei anterior", integrando o princípio do "juiz natural" ou do "juiz legal".

Afirma o TC[127]: *"Neste nº 7 (actual nº 9) do artigo 32º da Constituição consagra-se o princípio do juiz natural ou do juiz legal (cf. Figueiredo Dias, «Sobre o sentido do princípio jurídico-constitucional do 'juiz natural', Revista de Legislação e de Jurisprudência, ano 111º, pp. 83 e segs.)."*

---

[124] PAULO RANGEL, citado pelo Ac. do TC 620/2007.
[125] GONÇALVES, Fernando/ALVES, Manuel João/VALENTE, Manuel Monteiro Guedes, *Lei e Crime*, ..., p. 78.
[126] MARQUES DA SILVA, Germano, *Curso...*, I vol., pp. [57 e 58].
[127] Ac 393/89, DR, II série, de 14/09/1989.

Este princípio, que, na doutrina nacional, já correu sob o apelativo «proibição de desaforamento das causas penais», é, ao nível processual, uma emanação do princípio da legalidade em matéria penal.

Trata-se de um princípio que, para dizer com Figueiredo Dias (local cit.): «(...) constitui (...) uma necessária garantia dos direitos das pessoas, ligada à ordenação da administração da justiça penal, à exigência de julgamentos independentes e imparciais e à confiança da comunidade naquela administração.

É um princípio que (...) esgota o seu conteúdo de sentido material na proibição da criação *ad hoc*, ou da determinação arbitrária ou discricionária *ex post facto*, de um juízo competente para a apreciação de uma certa *causa penal*.

Do que se trata sobretudo é de impedir que motivações de ordem política ou análoga – aquilo, em suma, que compreensivelmente se pode designar por raison d'État – conduzam a um tratamento jurisdicional discriminatório e, por isso mesmo, incompatível com o princípio do Estado de direito». (...)

O princípio do juiz natural tem, assim, a ver com a independência dos tribunais perante o poder político. O que ele proíbe é a criação (ou a determinação) de uma competência «ad hoc» (de excepção) de um certo tribunal para uma certa causa. O princípio proíbe, em suma, os tribunais ad hoc.

Dizendo com Figueiredo Dias (revista citada):

«O princípio do juiz legal não obsta a que uma causa penal venha a ser apreciada por tribunal diferente do que para ela era competente ao tempo da prática do facto que constitui o objecto do processo, só obsta a tal quando, mas também sempre que, a atribuição de competência seja feita através da criação de um juízo ad hoc (isto é: de excepção), ou da definição individual (e portanto arbitrária) da competência, ou do desaforamento concreto (e portanto discricionário) de uma certa *causa penal*, ou por qualquer outra forma discriminatória que lese ou ponha em perigo o direito dos cidadãos a uma justiça penal independente e imparcial»"[128].

Garantida a independência dos tribunais e dos juízes por imposição constitucional, também o CPP encontrou *"um muito razoável equilíbrio ao atribuir à jurisdição, na fase do inquérito, uma função de garantia, mas não lhe atribuindo a responsabilidade da luta contra a criminalidade"*[129], tendo sido cometido ao Mº Pº o exercício da acção penal.

---

[128] No mesmo sentido, entre outros, o Ac do TC 212/91, DR, II série, de 13/9/1991.
[129] MARQUES DA SILVA, Germano, *Curso...*, I vol., p. 54.

2.2.2 O princípio da oficialidade

O processo penal é público e as suas diversas fases estão colocadas em "mãos" diferentes: ao Ministério Público cabe dirigir o inquérito e decidir sobre a acusação ou não acusação; ao juiz de instrução, para além das funções jurisdicionais atinentes ao inquérito, cabe presidir à instrução e decidir da pronúncia ou não pronúncia; ao juiz do julgamento incumbe presidir a essa fase processual e proferir a sentença.

O princípio da oficialidade está ligado à iniciativa ou impulso processual, isto é, à forma como se inicia o apuramento dos factos denunciados, participados ou oficiosamente conhecidos, com vista à decisão de os submeter ou não a julgamento.

Sendo o processo público, "um assunto da comunidade jurídica", naturalmente que a investigação há-de estar a cargo de um órgão ou entidade do Estado. A investigação começa, regra geral, de forma oficiosa, conforme se alcança do artigo 48º do CPP[130]. Porque assim, logo que tenha conhecimento de factos (acção ou omissão) que sejam típicos, ilícitos, culposos e puníveis, obrigatoriamente o Mº Pº abre um inquérito (nº 2 do artigo 262º do CPP) atendendo a que está subordinado ao princípio da legalidade.

O Mº Pº age oficiosamente, não necessitando, em regra, nem de participação, nem de impulso do particular. Por si desencadeia todo o processo de investigação, exercendo em pleno a acção penal, no uso das competências conferidas pelo nº 1 do artº 219º da CRP. É nisto que consiste o princípio da oficialidade: *"a iniciativa e a prossecução processuais pertencem ao Ministério Público"*[131], o que é reclamado pelo *"carácter público das reacções criminais que em processo penal se aplicam e se não coadunam com o deixar-se no arbítrio dos particulares a sua aplicação efectiva, bem como o facto de na actual concepção do Estado recair sobre este, exclusivamente, o dever de administração e realização da justiça penal"*[132].

A aquisição da notícia do crime pelo Ministério Público pode surgir por várias vias: conhecimento próprio, auto de notícia do órgão de polícia criminal ou outra entidade policial (artigo 243º), denúncia, quer obrigatória (artigo 242º), quer facultativa (artigo 244º).

---

[130] "O Ministério Público tem legitimidade para promover o processo (...)".
[131] MARQUES DA SILVA, Germano, *Curso...*, I vol., p. 71.
[132] FIGUEIREDO DIAS, *Direito Processual Penal*, pp. [116 e 177].

A regra, válida para os crimes de natureza pública, comporta excepções:
a) Nos denominados crimes particulares, para que o Mº Pº possa investigar os factos, que constituem crime, é necessário que o ofendido ou outra pessoa com legitimidade para deduzir acusação particular, se queixe, se constitua assistente e, no momento próprio, deduza acusação particular (nº 1 do artº 50º do CPP);
b) Nos chamados crimes semi-públicos, para que o Ministério Público abra o inquérito e inicie a investigação, é necessário que o ofendido, ou outra pessoa com legitimidade para apresentar a queixa, dê conhecimento do facto ao Ministério Público (nº 1 do artº 49º do CPP).

Em qualquer dos casos é ao Ministério Público que cabe a direcção do inquérito.

2.2.3 *Princípio da legalidade*
O princípio da legalidade em matéria penal nasce com o constitucionalismo. O artigo 8º da Declaração Francesa dos Direitos do Homem e do Cidadão de 1789 prescreve: *"La loi ne doit* établir *que des peines strictement et évidemment nécessaires, et nul ne peut* être *puni qu'en vertu d'une loi* établie *et promulguée antérieurement au délit et légalement appliquée."*

Tal princípio teve expressa consagração no nº 2 do 11º da Declaração Universal dos Direitos do Homem de 1948, no nº 1 do artº 7º da Convenção Europeia dos Direitos do Homem de 1950, e no artº 15º do Pacto Internacional dos Direitos Civis e Políticos da ONU de 1966.

A CRP a ele alude de forma expressa no nº 1 do artº 29º: *"Ninguém pode ser sentenciado criminalmente senão em virtude de lei anterior que declare punível a acção ou omissão (...)".*

No dizer do STJ[133], *"Quanto aos fundamentos do princípio, apontam-se os de índole política, ou externos, e os de carácter dogmático jurídico, ou internos.*

Entre os primeiros, o princípio liberal, no sentido de princípio do Estado de direito, desde logo proclamado no art. 2º da Constituição da República (CR), serve a «garantia da efectivação do princípio material da necessidade da pena».

É dizer, a garantia da intervenção mínima do direito penal como ultima ratio, a qual se faz derivar, entre nós, do art. 18º nº 2 da CR: «A lei só pode restringir os direitos, liberdades e garantias nos casos expressamente previstos na

---
[133] Ac. Uniformizador 2/2013.

Constituição, devendo as restrições limitar-se ao necessário para salvaguardar outros direitos ou interesses constitucionalmente protegidos.»

Em complemento, o nº 2 do artigo refere que «As leis restritivas de direitos, liberdades e garantias têm de revestir carácter geral e abstracto e não podem ter efeito retroactivo nem diminuir a extensão e o alcance do conteúdo essencial dos preceitos constitucionais.»

O Estado de direito é, além disso, entre nós, um Estado de direito democrático. Daí que a soberania popular (...) implique a atribuição exclusiva do jus puniendi aos directos representantes do povo, ou seja ao Parlamento. Fala-se a este propósito de legalidade formal, consagrada no artº 165º, nº 1, al. c) da CR, com um efeito evidente ao nível do princípio da separação de poderes: se só o Parlamento (ou o Governo mediante autorização), podem definir os crimes, tal definição não pode depender da vontade de outros órgãos de soberania. (...)

Quanto aos fundamentos internos, importará atentar no princípio da culpa, porque a censura a título de dolo ou negligência do agente, implica que este possa saber antecipadamente o que lhe é permitido e proibido, e ainda a salvaguarda das finalidades de prevenção geral e especial da pena. A intimidação de potenciais criminosos, a satisfação das expectativas comunitárias de punição, ou a avaliação da perigosidade do delinquente, reclamam uma fronteira clara, estabelecida de antemão, sobre o que seja ou não lícito fazer".

Decorre do princípio que a aplicação do Direito Penal ao caso concreto tem de fazer-se por meios previamente definidos na lei, ou seja, o processo penal está subordinado ao princípio da legalidade (artº 2º do CPP)[134].

Este Diploma fornece um conjunto de regras que permitem que o processo decorra em subordinação ao princípio.

– No que toca ao Mº Pº, o exercício do poder de direcção só é legítimo desde que limitado pelo critério de legalidade e objectividade[135] (nº 1 do artº 53º do CPP), impondo-se-lhe uma dupla obrigação:

a) a de proceder à abertura de inquérito sempre que haja notícia da prática de um crime (nº 2 do artº 262º do CPP);

---

[134] "A aplicação de penas e medidas de segurança criminais só pode ter lugar em conformidade com as disposições deste Código". O STJ – Ac Uniformizador 16/2009, DR, I, de 24/12/2009 – fala em "acção penal orientada pelo princípio da legalidade num duplo sentido: sublinhando que a ligação do Mº Pº à lei também (e sobretudo) é no momento da promoção processual e que a sua decisão de promover, ou não promover, um processo não pode em caso algum ser comandada pela discricionariedade".

[135] Neste sentido, Figueiredo Dias, *Direito Processual Penal*, p. 377 e segs.

b) a de deduzir acusação por todas as infracções, cujos pressupostos substantivos e jurídico-processuais estejam verificados (nº 1 do artº 283º do CPP), e só quando verificados.

– O juiz, seja na fase de instrução, seja na de julgamento, está obrigado a rcspcitar as regras do CPP, que é particularmente exigente quanto aos métodos de prova, fulminando os proibidos com a sanção de nulidade, *"não podendo ser usados"*, servindo ainda de fundamento a recurso de revisão, se descobertos após o trânsito da sentença.

– A denúncia é obrigatória para determinadas entidades, designadamente para as entidades policiais, relativamente a todos os crimes de que tomarem conhecimento; para os funcionários, na acepção do artigo 386º do C. Penal, quanto aos crimes de que tomarem conhecimento no exercício das suas funções e por causa delas (nº 1 do artº 242º do C. Penal); e é facultativa para os particulares.

Ninguém pode hoje falar em princípio da legalidade puro, ou seja, *"o princípio deve ser entendido como uma legalidade aberta a algumas soluções de oportunidade, enquanto permitam realizar melhor os fins do processo penal, «um direito penal virado para as coisas humanas, para este mundo, para esta secular viti, para esta sociedade secular e não para qualquer sociedade transcendente»"*[136],[137].

Porque assim, ao Mº Pº é concedido o poder/dever de:

a) arquivar o processo por crime relativamente ao qual se encontre expressamente prevista na lei penal a possibilidade de dispensa da pena, desde que obtida a concordância do juiz de instrução, e desde que se verifiquem os pressupostos daquela dispensa (nº 1 do artº 280º do CPP)[138]. O controlo da legalidade[139] é, assim, da responsabilidade do JIC (caso seja este a decidir pelo arquivamento o controlo é do Mº Pº e do arguido);

b) suspender provisoriamente o processo, nos termos do art. 281º CPP, desde que se verifiquem os requisitos legais. Se o fizer, o pro-

---

[136] COSTA ANDRADE, Manuel, *Oportunidade e Consenso no Código de Processo Penal*, apud MARQUES DA SILVA, Germano, *Curso...*, I, p. 75.

[137] Sobre a concordância prática dos princípios da legalidade e da oportunidade, cf. A intervenção do Conselheiro Sotto Moura, *A REFORMA DA JUSTIÇA PENAL EM PORTUGAL*.

[138] Se já tiver sido deduzida acusação, aquele poder-dever recai sobre o JIC, obtida a concordância do Mº Pº e do arguido (nº 2 do artº 280º do CPP).

[139] O controlo da legalidade por parte do JIC, em sede de inquérito, limita-se à apreciação de normas e procedimentos "que tenham a potencialidade de ofender direitos fundamentais dos cidadãos" – Ac. Uniformizador 16/2009, DR, I, de 24/12/2009.

cesso fica pendente, suspenso, mediante aplicação ao arguido de injunções e regras de conduta. Esta situação mantém-se até 2 anos (5 anos nos casos de crime de violência doméstica não agravado pelo resultado, ou de crime contra a liberdade e autodeterminação sexual de menor não agravado pelo resultado); se o arguido cumprir as injunções e/ou as regras de conduta, no fim do prazo o processo é arquivado, não podendo ser reaberto (nº 3 do artº 282º do CPP); se não cumprir, ou se, durante o prazo da suspensão do processo, o arguido cometer crime da mesma natureza pelo qual venha a ser condenado, *"o processo prossegue e as prestações feitas não podem ser repetidas"* (nº 4 do artº 282º). O controlo da legalidade é aqui da responsabilidade do JIC[140], do arguido e do assistente, sujeitos processuais de quem se exige a concordância;

c) promover a aplicação de pena não detentiva em processo sumaríssimo, desde que verificados os requisitos legais (nº 1 do artº 392º). Exige-se a concordância do juiz (artº 395º do CPP), do arguido, e ainda do assistente nos crimes particulares, incumbindo-lhes o controlo da legalidade.

Do que vem de dizer-se se conclui que as soluções de oportunidade referidas estão, elas próprias, sujeitas ao princípio da legalidade, cujo controlo está repartido.

2.2.4 *Princípio do acusatório*

O puro processo acusatório é aquele em que *"o interesse público da perseguição e punição das infracções penais é encabeçado no representante da acusação (seja uma entidade pública ou, como por vezes sucede, privada); o interesse do arguido*

---

[140] Controlando a aplicação de normas e procedimentos "que tenham a potencialidade de ofender direitos fundamentais dos cidadãos", seja pela verificação dos "respectivos pressupostos formais, designadamente a concordância livre e esclarecida de arguido e assistente" e saber se "os indícios recolhidos não são suficientes para fundamentarem uma convicção sobre a responsabilidade criminal do arguido", seja porque "as injunções ou regras de conduta propostas pelo Ministério Público atentarem contra a dignidade pessoal do arguido, atingirem o núcleo indisponível dos seus direitos fundamentais ou forem desproporcionadas, revelando uma restrição excessiva e injustificada desses direitos individuais", devendo o controlo "abranger, também, a verificação dos conceitos abertos nela inscritos e, nomeadamente: a) a ausência de um grau de culpa elevado; b) a previsibilidade de que o conjunto de injunções responda às exigências de prevenção" – Ac. Uniformizador 16/2009, DR, I, de 24/12/2009.

na absolvição é encabeçado no defensor, e o processo surge, deste modo, como uma discussão, luta ou duelo que entre acusador e defensor se estabelece, perante o olhar imparcial do juiz"[141].

O sistema acusatório procura a igualdade de poderes de actuação processual entre a acusação e a defesa, ficando o julgador numa situação de independência, super «partes». O processo inicia-se com a acusação pelo ofendido ou quem o represente e desenvolve-se com pleno contraditório entre o acusador e o acusado, pública e oralmente, perante a passividade do juiz que não tem qualquer iniciativa em ordem à aquisição da prova, recaindo o encargo da prova sobre o acusador. O acusado presume-se inocente e, em consequência, permanece em liberdade no decurso do processo.

"*Compreende-se que um processo penal assim estruturado tenha na sua base, ainda mais fortemente que a intenção de lograr a verdade material, o desejo de assegurar ao arguido a máxima garantia da sua liberdade e dos seus direitos individuais.*"[142].

Contrapõe-se-lhe o processo de tipo inquisitório. "*No sistema inquisitório o juiz, agora magistrado profissional, intervém ex officio, sem necessidade de acusação, investiga oficiosamente com plena liberdade na recolha das provas, pronuncia e julga com base nas provas por si recolhidas; o juiz é o dominus do processo e o suspeito praticamente não tem direitos processuais frente ao juiz. O processo decorre em segredo, sem contraditório, e é totalmente escrito. O acusado é, em regra, privado da liberdade durante o processo, pelo menos relativamente aos crimes mais graves.*

No processo de tipo inquisitório o arguido praticamente não tem direitos, fica submetido ao poder do juiz. Este, que é ao mesmo tempo acusador, dificilmente pode manter a independência necessária a um julgamento imparcial"[143].

"*Temos, indubitavelmente, o exemplo-padrão de um processo sem partes, já que a investigação da verdade e, em suma, a consecução do fim do processo se depositam exclusivamente nas mãos do juiz, (...) que toma para si todas as funções que aquele caberiam*"[144].

O legislador português consagrou o princípio acusatório, embora mitigado, "*um processo de estrutura rigorosamente acusatória, se bem que integrado,*

---

[141] FIGUEIREDO DIAS, *Direito Processual Penal*, p. 247.
[142] *Idem*, p. 248.
[143] MARQUES DA SILVA, Germano, *Curso...*, I vol., p 59.
[144] FIGUEIREDO DIAS, *Direito Processual Penal*, p. 246.

2. O PROCESSO PENAL

na maior medida possível, pelo princípio da investigação"[145] (nº 5 do artº 32º da CRP[146]).

"O princípio acusatório (nº 5, 1ª parte) (...) significa que só se pode ser julgado por um crime precedendo acusação por esse crime por parte de um órgão distinto do julgador, sendo a acusação condição e limite do julgamento. Trata-se de uma garantia essencial do julgamento independente e imparcial. Cabe ao tribunal julgar os factos constantes da acusação e não conduzir oficiosamente a investigação da responsabilidade penal do arguido (...)".

A «densificação» semântica da estrutura acusatória faz-se através da articulação de uma dimensão material (fases do processo) com uma dimensão orgânico-subjectiva (entidades competentes). Estrutura acusatória significa, no plano material, a distinção entre instrução, acusação e julgamento; no plano subjectivo, significa a diferenciação entre juiz de instrução (órgão de instrução) e juiz julgador (órgão julgador) e entre ambos e órgão acusador. O princípio da acusação não dispensa, antes exige, o controlo judicial da acusação de modo a evitar acusações gratuitas, manifestamente inconsistentes (...). Logicamente, o princípio acusatório impõe a separação entre o juiz que controla a acusação e o juiz de julgamento (cfr. Acs TC nos 219/89 e 124/90).

Rigorosamente considerada, a estrutura acusatória do processo penal implica: (a) proibição de acumulações orgânicas a montante do processo, ou seja, que o juiz de instrução seja também o órgão de acusação; (b) proibição de acumulação subjectiva a jusante do processo, isto é, que o órgão de acusação seja também órgão julgador; (c) proibição de acumulação orgânica na instrução e julgamento, isto é, o órgão que faz a instrução não faz a audiência de discussão e julgamento e vice-versa."[147].

"Como agora se vê, estrutura acusatória, realizada na sua máxima medida, significa muita coisa: desde a impossibilidade de o juiz manipular, por qualquer forma, o objecto do processo que lhe é proposto pela acusação, à atribuição de eficácia conformadora do destino do processo aos requerimentos de prova da acusação e da defesa; desde o carácter subsidiário do princípio da investigação judicial, à proibição de princípio de valoração das provas que não tenham sido produzidas em julgamento; desde a estrutura da audiência segundo o modelo da contraditoriedade

---

[145] FIGUEIREDO DIAS, *Jornadas de Direito Processual Penal*, Edição do CEJ, Coimbra 1997, p. 33.
[146] "O processo criminal tem estrutura acusatória, estando a audiência de julgamento e os actos instrutórios que a lei determinar subordinados ao princípio do contraditório".
[147] GOMES CANOTILHO/VITAL MOREIRA, *Constituição...*, p. 522.

total e imediata (adversary sistem), à máxima eficácia possível da manifestação de vontade livre do arguido, nomeadamente em tema de «confissão»; desde o reconhecimento, ao longo de todo o processo, de um consistente direito de defesa do arguido, ao respeito pela vontade do ministério público, do assistente e do defensor de conformação da decisão final do processo"[148].

A Lei 43/86, de 26/09, no artº 2º, nº 2, item 4), autorizou o Governo a aprovar um novo CPP, estabelecendo a *"máxima acusatoriedade do processo penal, temperada com o princípio da investigação judicial"*. O que o legislador cumpriu, assegurando o carácter isento, objectivo, imparcial e independente da decisão judicial pela forma seguinte:

a) O Ministério Público investiga e acusa;
b) O juiz julga[149], absolve ou condena o arguido, subordinado a uma vinculação temática bem definida pela acusação ou pela pronúncia. Ou seja, salvas as excepções consignadas na lei, que exigem, em princípio, o consentimento do arguido (cfr. artº 359º do CPP), e obediência a apertado formalismo, só pode conhecer dos factos constantes da acusação ou da pronúncia. O objecto do processo penal é, pois, essencialmente, o objecto da acusação ou da pronúncia, sendo este que, por sua vez, delimita e fixa os poderes de cognição do tribunal (actividade cognitória) e a extensão do caso julgado (actividade decisória), ao que se chama de vinculação temática do tribunal, nele se consubstanciando os princípios da identidade (o objecto do processo deve manter-se o mesmo desde a acusação até ao trânsito em julgado da sentença), da unidade ou indivisibilidade (o objecto do processo deve ser conhecido e julgado pelo Tribunal na sua totalidade, é indivisível) e da consunção (o objecto do processo deve considerar-se irrepetivelmente decidido na sua totalidade)[150].

---

[148] FIGUEIREDO DIAS, Jorge, "sobre os sujeitos processuais no novo Código de Processo Penal, *Jornadas de Direito Processual Penal*, Edição do CEJ, Coimbra 1997, p. 33.

[149] O juiz do julgamento não pode, em princípio, ter intervindo em anteriores fases processuais. É doutrina firme do TC (por todos o Acórdão nº 423/2000) que se deve fazer "um juízo de inconstitucionalidade da norma que permita a intervenção no julgamento do juiz que participou numa fase anterior, por violação do artigo 32º, nº 5, da Constituição". Mas logo acrescenta que tal juízo "pressupõe que as intervenções do juiz – pela sua frequência, intensidade ou relevância – sejam aptas a razoavelmente permitir que se formule uma dúvida séria sobre as condições de isenção e imparcialidade desse mesmo juiz ou a gerar uma desconfiança geral sobre essa mesma imparcialidade e independência".

[150] Neste sentido, cf. FIGUEIREDO DIAS, *Direito Processual Penal*, pp [144-145].

2. O PROCESSO PENAL

Ao arguido e ao assistente foram conferidos meios/poderes que lhes permite co-conformar a decisão final e controlar a legalidade processual[151].

No que ao objecto do processo diz respeito, uma vez definido com rigor e precisão para *"concretização no processo penal de valores inerentes a um Estado de direito democrático, assente no respeito pela dignidade da pessoa humana"*, sem possibilidades de, em princípio[152], de ser alterado, já o tribunal tem largos poderes de investigação[153], permitindo-se ao juiz recolher provas sobre os factos já constantes da acusação e da pronúncia, independentemente dos contributos da acusação e da defesa (cfr. artigo 340º, nº 1 do CPP).

Por isso se diz que em processo penal não há um verdadeiro ónus da prova, estando este a cargo do tribunal[154]. Não há qualquer contradição entre a afirmação de que *"não há repartição do ónus da prova"* em processo penal e aqueloutra de que o *"Ministério Público tem o especial dever de sustentar a acusação, tal como o assistente tem o dever especial de oferecer provas e requerer diligências que se afigurem necessárias"* porque, em processo penal, incumbe, em última instância ao juiz, por força do princípio da descoberta da verdade material – artº 340º do CPP – *"o ónus de investigar e esclarecer oficiosamente – independentemente da contribuição das partes – o facto submetido a julgamento"*[155].

Decorre ainda do princípio, sem preocupação de esgotar o tema:

(1) A acusação e a defesa devem beneficiar das mesmas armas. É sabido, todavia, que o Mº Pº tem ao seu dispor, na fase da investigação, meios

---

[151] Quanto ao tema da «participação constitutiva dos sujeitos processuais na aplicação do Direito ao caso concreto», é de todo o interesse a lição de DAMIÃO DA CUNHA, José Manuel, *O caso julgado parcial*, Porto 2002, Publicações da Universidade Católica, pp. [377-388], no qual demonstra que cabe aos sujeitos processuais "a definição das questões que devem ser submetidas a juízo, assim como fornecer os critérios de resolução dessas questões". Nos crimes de natureza pública caberá ao Mº Pº, atendendo ao princípio da oficiosidade, submeter as questões a juízo; e cumpre aos sujeitos processuais apenas "fornecer os critérios de resolução dessas questões".

[152] Cf. artºs 358º e 359º do CPP.

[153] Por investigação judicial entende-se "o poder-dever que ao tribunal pertence de esclarecer e instruir autonomamente – i. é, independentemente das contribuições da acusação e da defesa – o «facto» sujeito a julgamento, criando ele próprio as bases necessárias à sua decisão" – FIGUEIREDO DIAS, *Direito Processual Penal*, p. 72.

[154] FIGUEIREDO DIAS, Jorge, *Revista de Legislação e Jurisprudência*, Ano 105º, nº 3473, p. 128.

[155] FIGUEIREDO DIAS, Jorge, *Direito Processual Penal*, (lições coligidas por Maria João Antunes), Coimbra, Secção de Textos da Universidade de Coimbra, 1988-89, p. 129.

muito mais poderosos do que aqueles de que o arguido pode beneficiar. Assim, a igualdade de armas apenas se verifica nas fases jurisdicionais e nos incidentes perante o Juiz. A igualdade de armas *"significa a atribuição à acusação e à defesa de meios jurídicos igualmente eficazes para tornar efectivos os direito de intervenção processual. (...) Questão é que a lei assegure ao arguido a possibilidade de usar todos os meios à defesa (artº 32º, nº 1 da CRP) em ordem à efectivação de um processo equitativo (artº 6º § 1º, da Convenção Europeia dos Direitos do Homem"*[156], [157];

---

[156] CUNHA RODRIGUES, Narciso, Apud, MARQUES DA SILVA, Germano, *Curso* ..., I, 65.

[157] FIGUEIREDO DIAS, *Jornadas de Direito Processual Penal*, Edição do CEJ, pp. [29 e 30] afirma: Importa, no entanto, "chamar a atenção para um entendimento erróneo, mas que parece com tendência para fazer curso entre nós, do princípio da igualdade de armas entre a acusação e a defesa do julgamento penal. Este princípio – que, de um ponto de vista jurídico-positivo, a doutrina e a jurisprudência dos países do Conselho da Europa retiram do disposto no artº 6º, nº 1da Convenção Europeia dos Direitos do Homem – não pode, sob pena de erro crasso, ser entendido como obrigando ao estabelecimento de uma igualdade matemática ou sequer lógica. Fosse assim e teriam de ser fustigadas pela crítica numerosas normas com bom fundamento – e, na verdade, ainda maior número delas referentes a faculdades concedidas ao arguido do que ao ministério público! Desde logo feririam aquela «igualdade» princípios – até jurídico-constitucionais! – como os da inviolabilidade do direito de defesa, da presunção de inocência do arguido, ou do in dúbio pro reo. Mas feri-la-iam também faculdades especificamente conferidas ao arguido no julgamento e que não têm qualquer correspondência quanto à acusação, como, entre tantas outras, a de tomar conhecimento do que na audiência se tiver passado na sua ausência (art. 332º-7), o direito ao silêncio (art. 343º-1), a especial extensão da proibição de leitura de declarações suas (art. 357º) e – enfim, mas paradigmaticamente – o direito à última palavra (artºs 360º-1 e 2 e 361º). E sobretudo – se ali se tratasse de uma igualdade puramente formal – tornar-se-ia necessário, ou desligar o ministério público do seu dever (estrito) de objectividade, ou pôr um dever correspondente a cargo do arguido! Torna-se assim evidente que a reclamada «igualdade» de armas processuais – a ideia cm si prezável e que merece ser mantida e aprofundada – só pode ser entendida com um mínimo aceitável de correcção quando lançada no contexto mais amplo da estrutura lógico-material global da acusação e da defesa e da sua dialéctica. Com a consequência de que uma concreta conformação processual só poderá ser recusada, como violadora daquele princípio de igualdade, quando dever considerar-se infundamentada, desrazoável ou arbitrária; como ainda quando possa reputar-se substancialmente discriminatória à luz das finalidades do processo penal, do programa político-criminal que àquele está assinado ou dos referentes axiológicos que o comandam. Não se trata aqui, de resto, de coisa diferente da interpretação mais correcta que se faz do próprio princípio jurídico-constitucional da igualdade. E não será outra razão decerto, senão a plena consciência do que aqui fica dito, que está na base da jurisprudência extremamente prudente e parcimoniosa que, sobre o aludido princípio da igualdade de armas, tem sido estabelecida tanto pela Comissão como pelo Tribunal Europeu dos Direitos do Homem".

(2) O arguido tem direito a constituir Advogado em qualquer altura do processo (artº 62º do CPP), estabelecendo a lei os casos em que a sua presença é obrigatória;

(3) Só são válidas as provas obtidas mediante meios de prova não proibidos (princípio da lealdade);

(4) Todos têm direito a que a sua causa seja examinada, equitativa e publicamente, num prazo razoável por um tribunal independente e imparcial, estabelecido pela lei, o qual decidirá, quer sobre a determinação dos seus direitos e obrigações de carácter civil, quer sobre o fundamento de qualquer acusação em matéria penal dirigida contra ela (artº 6º da CEDH).

2.2.5 *O princípio da contraditoriedade e audiência*

Tendo o processo penal estrutura acusatória, integrada por um princípio de investigação, o juiz, antes de tomar qualquer decisão que afecte os sujeitos processuais, deve dar-lhes a oportunidade de se pronunciar sobre a questão decidenda. Aos sujeitos processuais, só porque o são – Ministério Público, Arguido, Ofendido, Parte Civil – assiste o direito de co--conformarem a decisão, maxime a decisão final. Daí que tenham de ser ouvidos sempre que a decisão a proferir os possa afectar. Tal é imposto pelo princípio do contraditório, que mais não significa do que a possibilidade de as "partes" poderem deduzir as suas razões, de facto e de direito, oferecer as suas provas, controlar as provas do adversário, e discretear sobre o valor e resultado de umas e outras[158]. Nenhum arguido poderá ser condenado sem que lhe tenha sido dada a possibilidade de se fazer ouvir, de se defender. Por isso é ele a última pessoa a ser ouvida, a pronunciar-se num julgamento e após as alegações finais – artº 361º.

O princípio tem consagração constitucional no artº 32º, nº 5[159], e tem assento no artº 10º da DUDH[160] e no nº 1 do artº 6º da CEDH[161].

---

[158] Cfr. Ac do TC 86/88.

[159] "O processo criminal tem estrutura acusatória, estando a audiência e os actos instrutórios que a lei determinar subordinados ao princípio do contraditório".

[160] "Toda a pessoa tem direito, em plena igualdade, a que a sua causa seja equitativa e publicamente julgada por um tribunal independente e imparcial que decida dos seus direitos e obrigações ou das razões de qualquer acusação em matéria penal que contra ela seja deduzida".

[161] "Qualquer pessoa tem direito a que a sua causa seja examinada, equitativa e publicamente, num prazo razoável por um tribunal independente e imparcial, estabelecido pela lei (...)".

Como bem advertem Canotilho e Vital Moreira[162], *"Não é inteiramente líquido o âmbito normativo-constitucional do princípio do contraditório (nº 5, 2ª parte). Relativamente aos destinatários ele significa: (a) dever e direito de o juiz ouvir as razões das partes (da acusação e da defesa) em relação a assuntos sobre os quais tenha de proferir uma decisão; (b) direito de audiência de todos os sujeitos processuais que possam vir a ser afectados pela decisão, de forma a garantir-lhes uma influência efectiva no desenvolvimento do processo; (c) em particular, direito do arguido de intervir no processo e de se pronunciar e contraditar todos os testemunhos, depoimentos ou outros elementos de prova ou argumentos jurídicos trazidos ao processo, o que impõe designadamente que ele seja o último a intervir no processo (cfr. Acs TC nºs 54/87 e 154/87); (d) proibição de condenação por crime diferente do da acusação, sem o arguido ter podido contraditar os respectivos fundamentos (Ac TC nº 173/92).*

Quanto à sua extensão processual, o princípio abrange todos os actos susceptíveis de afectar a sua posição, e em especial, a audiência de discussão e julgamento e os actos instrutórios que a lei determinar, devendo estes ser seleccionados sobretudo de acordo com o princípio da máxima garantia de defesa do arguido".

Recorde-se que o nº 5 do artº 32º da CRP apenas exige que a audiência e os actos instrutórios que a lei determinar estejam subordinados ao princípio do contraditório. Daí que se questione se também se aplica na fase de inquérito. O TC[163] teve oportunidade de se pronunciar sobre o tema pela forma seguinte: *"É necessário, no entanto, configurar o princípio do contraditório à luz da estrutura acusatória do processo penal que a Constituição também elege como um dos princípios estruturantes da constituição processual penal. (...).*

Como logo se antevê, o sistema acusatório não é incompatível com a existência de uma fase de investigação pré-acusatória. O que sucede é que as actividades de investigação devem ser justificadas pela procura da verdade (e por isso as diligências a realizar poderão destinar-se a corroborar ou infirmar a suspeita de prática de crime) e estão submetidas a um dever de lealdade, que impede a utilização de meios de prova não legalmente admissíveis ou com preterição do formalismo legalmente estabelecido (...).

É justamente essa fase processual que é preenchida pelo inquérito, que a lei define como o «conjunto de diligências que visam investigar a existên-

---

[162] *Constituição...*, pp. [522 e 523].
[163] Ac 70/2008, tirado em Plenário.

cia de um crime, determinar os seus agentes e a responsabilidade deles e descobrir e recolher provas, em ordem à decisão da acusação» (artigo 262º do CPP).

Por outro lado, o inquérito encontra-se subordinado a um princípio do inquisitório no sentido de que está sujeito ao segredo de justiça e é dominado por uma forte vertente de unilateralidade (artigos 263º e 267º do CPP). Isso porque as diligências de investigação a praticar no seu decurso são apenas aquelas que o Ministério Público considerar necessárias e convenientes para a descoberta da verdade, enquanto que o direito do arguido de nele intervir, oferecendo provas e requerendo as diligências que julgue necessárias (como prevê o artigo 61º, nº 1, alínea f), do CPP) tem um escasso alcance prático, em razão do desconhecimento do estádio de investigação e dos elementos de indiciação entretanto recolhidos (...).

Assim se compreende que a estrutura acusatória do processo, tal como está consagrada na Constituição, tenha sobretudo o significado de efectuar a parificação do posicionamento jurídico da defesa em relação à acusação, assegurando a aplicação do princípio da igualdade de armas mediante a possibilidade conferida ao arguido (e ao seu defensor), não só de participar no esclarecimento dos factos na fase de instrução, como também de intervir activamente na preparação e discussão da causa, com liberdade de investigação extraprocessual.

Neste contexto, como explicitamente decorre do disposto no artigo 32º, nº 5, da Constituição, o princípio do contraditório traduz-se na estruturação da «audiência de julgamento e dos actos instrutórios que a lei determinar» em termos de assegurar um debate entre a acusação e a defesa. Subsiste, no entanto, aqui uma diferença de grau. O princípio do contraditório na audiência de julgamento pressupõe que as partes sejam chamadas a deduzir as suas razões de facto e de direito, a oferecer as suas provas, a controlar as provas contra si oferecidas e a discretear sobre o valor e resultados de umas e de outras (....). Na fase de instrução, o mesmo princípio representa a possibilidade de o arguido indicar novas diligências ou novos meios de prova que não tenham sido ainda considerados e/ou a realização de um debate instrutório que permita a discussão perante o juiz, por forma oral e contraditória, sobre se, do decurso do inquérito e da instrução, resultam indícios de facto e elementos de direito suficientes para justificar a submissão do arguido a julgamento (artigos 287º, nº 2, e 298º do CPP). Relativamente a qualquer actividade que se desenrole ainda na fase do inquérito, o contraditório concretiza-se pela presença do arguido nos actos que directamente lhe disserem respeito e de ser ouvido sempre que se deva tomar qualquer decisão que o afecte pessoalmente, e, bem assim, no direito de não responder a perguntas, de escolher ou solicitar que lhe seja nomeado um defensor e de ser informado sobre os direitos que lhe assistem (artigo 61º do CPP) (...).

Os actos instrutórios cobertos pelo princípio do contraditório, nos termos constitucionalmente exigíveis, quando produzidos na fase de inquérito, são, por conseguinte, aqueles que possam afectar directamente o estatuto jurídico do arguido, e, especificadamente, o interrogatório de arguido (artigos 141º e 143º do CPP), a aplicação de medidas de coacção (artigo 194º) e quaisquer diligências que visem, desde logo, a recolha de declarações para memória futura de modo a serem consideradas em julgamento (artigo 271º) (...).

O quadro de referência do legislador do Código de Processo Penal é também elucidativo quanto ao âmbito de aplicação do princípio do contraditório na fase de inquérito. A Lei de autorização legislativa (Lei nº 43/86, de 26 de Setembro) define como linha de orientação a «garantia efectiva da liberdade da actuação do defensor em todos os actos do processo, sem prejuízo do carácter não contraditório da fase de inquérito», o que permite sustentar a ideia de que o princípio da igualdade de armas se aplica a todos os actos de processo com as limitações resultantes da estrutura não-contraditória do inquérito, reconhecendo-se assim que «nesta fase está ausente uma exigência de reciprocidade dialéctica» (...).

Como observa o mesmo autor (Cunha Rodrigues), o Código aplica o princípio da igualdade de armas[164] a todos os actos do processo, efectuando, no entanto, uma nítida demarcação entre a fase de inquérito e as fases subsequentes, ao não confundir posição jurídica com meios jurídicos (armas). «No inquérito, por se tratar de uma fase não contraditória, a igualdade de armas é colocada ao serviço das garantias de defesa». O princípio instala-se nessa fase do processo sempre que seja necessário efectivar a posição jurídica dos intervenientes, nomeadamente quanto à constituição de arguido (artigos 58º e 59º), à definição da posição processual e dos direitos e deveres do arguido (artigos 60º e 61º), às regras sobre o defensor (artigos 62º e seguintes), à proibição de métodos de prova (artigo 126º) e a todos os actos em que, pela natureza dos valores em causa, é mister introduzir uma função contraditória arbitrada pelo juiz. Pelo contrário, «na instrução e no julgamento, o princípio adquire uma função estruturante», colocando ao dispor dos intervenientes todos os meios e recursos jurídicos destinados a permitir a defesa das suas posições (...).

Como é de concluir, a acusação, por si e através dos órgãos de polícia criminal, tem uma função pré-processual em que a defesa, pela natureza das coisas, não participa ou não participa em termos de contraditório, o que torna igualmente incomportável, para as finalidades do processo, o reconhecimento de um pretenso direito de a defesa investigar autonomamente nessa fase pré-acusatória (...).

---

[164] Quanto ao princípio, ver supra nota 154.

2. O PROCESSO PENAL

Por isso, também, a faculdade de intervir no inquérito, oferecendo provas e requerendo as diligências que se afigurem necessárias – que é reconhecida ao arguido através do artigo 61º, nº 1, alínea f), do CPP –, não tem a função de contraditar as provas coligidas nessa fase processual (que o arguido desconhece ou a que não teve acesso), mas corresponde antes a um direito de iniciativa que visa salvaguardar a sua posição jurídica e que, nesse plano, tem o mesmo valor de qualquer das demais garantias de defesa que o artigo 61º do CPP consagra".

Importa salientar que a intangibilidade do núcleo essencial do direito à defesa *"compadece-se, no entanto, com a liberdade de conformação do legislador ordinário que, designadamente na estruturação das fases processuais anteriores ao julgamento, detém margem de liberdade suficiente para plasticizar o contraditório, sem prejuízo de a ele subordinar estritamente a audiência (...).*

Ou seja, ressalvado esse núcleo intocável – que impede a prolação da decisão sem ter sido dada ao arguido a oportunidade de «discutir, contestar e valorar» (...) – não existe um espartilho constitucional formal que não tolere certa maleabilização do exercício do contraditório"[165].

A fase onde o princípio do contraditório tem a sua máxima aplicabilidade é a da audiência, por imposição constitucional. Dele decorrente, o art. 327º do CPP dispõe que os meios de prova apresentados no decurso da audiência são submetidos ao princípio do contraditório, mesmo que tenham sido oficiosamente produzidos pelo tribunal e que as questões incidentais sobrevindas no decurso da audiência são decididas pelo tribunal, ouvidos os sujeitos processuais que nelas forem interessados.

Finalmente, afirma-se, o princípio é uma decorrência natural daqueloutro da dignidade da pessoa humana, impedindo-se que esta se torne objecto do processo.

Intimamente relacionado com o princípio do contraditório está o princípio da audiência. Segundo Baur[166], o princípio da audiência é, sobretudo, expressão de um direito à concessão da justiça, é *"a pretensão do particular ao funcionamento dos tribunais no caso concreto"*. Por isso, *"as pessoas não são objecto de decisões judiciais, mas comparticipantes da própria criação destas"*. Acrescenta Figueiredo Dias[167]: *"A finalidade do Estado-de-direito social reside na criação e manutenção, pela comunidade, de uma situação jurídica*

---

[165] Ac do TC 278/99.
[166] Apud FIGUEIREDO DIAS, *Direito Processual Penal*, pp. [155 e 156].
[167] *Idem*, p. 157.

permissiva da livre realização da personalidade ética de cada membro. Por isso o esclarecimento da situação jurídica material em caso de conflito supõe, não só a garantia formal da preservação do direito de cada um nos processos judiciais, mas a comprovação objectiva de todas as circunstâncias, de facto e de direito, do caso concreto – comprovação inalcançável sem uma audiência esgotante de todos os participantes processuais. Isto significa que a actual compreensão do processo penal, à luz das concepções do Homem, do Direito e do Estado que nos regem, implica que a declaração do direito do caso penal concreto não seja apenas tarefa do juiz ou do tribunal (concepção «carismática» do processo), mas tenha de ser tarefa de todos os que participam no processo (concepção «democrática» do processo) e se encontre em situação de influir naquela declaração do direito, de acordo com a posição e funções processuais que cada um assuma".

O princípio encerra uma dupla natureza: *"Ele comporta as notas de um direito subjectivo para o seu titular: de um direito subjectivo público, contra o Estado, a ser ouvido perante um tribunal. (...) Respeita a outra consequência ao âmbito dos titulares do direito de audiência. Legitimado ao seu exercício, na verdade, não deverá estar só o arguido, mas todo aquele participante no processo (seja qual for a veste em que intervenha) relativamente ao qual deva o juiz tomar qualquer decisão que pessoalmente o afecte"*[168].

Vale em toda a "latitude", ou seja, o interessado na decisão terá sempre possibilidade de se pronunciar sobre a base de facto da decisão, sobre as provas apresentadas, sobre o pedido de novas diligências, sobre as provas recolhidas e sobre a questão de direito.

E vale, tendencialmente, em todas as fases processuais.

2.2.6 O princípio da suficiência
"O processo penal é promovido independentemente de qualquer outro e nele se resolvem todas as questões que interessarem à decisão da causa" (artº 7º, nº 1). Consagra-se no preceito o princípio da suficiência do processo penal: o Juiz penal há-de decidir todas as questões que interessem ao processo, incluindo as de natureza não penal.

Todavia, sempre que qualquer questão não penal *"não possa ser convenientemente resolvida no processo penal, pode o tribunal suspender o processo para que se decida esta questão no tribunal competente"* (nº 2 do artº 7º).

---

[168] *Idem*, p. 158.

2. O PROCESSO PENAL

Adoptou o legislador português um modelo intermédio entre a devolução obrigatória da questão prejudicial – sempre que aparece uma questão prejudicial, teria de devolvê-la para o Tribunal competente –; e a proibição de devolução – o juiz penal tem de conhecer todas as questões. Assim, foi concedido ao Juiz um relativo poder discricionário quanto à devolução ou não da questão prejudicial para outro Tribunal.

"A causa a resolver num processo penal pode estar dependente na sua resolução duma outra questão (...). A prejudicialidade pode assim funcionar como obstáculo ao andamento do processo penal; esta circunstância, porém, se a aproxima das questões prévias[169], puramente processuais, e por isso do estudo dos pressupostos processuais, quando ao seu efeito formal sobre a marcha do processo, não pode levar-nos a atribuir às questões prejudiciais a natureza de pressuposto incluindo-as do mesmo passo nas questões prévias. A prejudicialidade deriva da subordinação lógica duma controvérsia à resolução duma outra controvérsia. Dada a existência de diversas jurisdições e tribunais com vária competência, a resolução da causa condicionante e da causa condicionada por aquela pode ter lugar ou pela acumulação de acções num único processo, através das regras de competência por conexão, ou em processos distintos perante o tribunal a que em regra caberia o seu conhecimento, por não se admitir, na hipótese, a acumulação de acções no mesmo processo. Há, assim, uma coordenação natural entre o problema da acumulação de acções e da competência por conexão e o problema da prejudicialidade. Todos têm o mesmo fundamento lógico (...).

Importa, primeiramente, indicar em que consiste a subordinação lógica da resolução duma questão à resolução da questão prejudicial. Não basta a necessidade duma antecedência cronológica na resolução duma questão; isso sucede com as questões prévias, de natureza processual, em relação à questão de mérito e contudo há evidente diferença entre questões prévias e questões prejudiciais (...).

A questão prejudicial é só aquela que tem por objecto o mérito da causa, com exclusão de questões processuais, porquanto estas impedem a resolução da questão de fundo, mas não são intrinsecamente necessárias para sua decisão, não fazem parte do juízo lógico da própria decisão sobre o mérito. As questões prejudiciais de cuja resolução depende a decisão duma questão material e não processual, têm assim também natureza substantiva e não processual.

---

[169] Como bem refere Damião da Cunha, *O caso julgado parcial*, Publicações da Universidade Católica, Porto 2002, p. 792, nota 254, "uma questão só é prévia (no sentido que tradicionalmente lhe é conferido) quando possa ser reconhecida como «problema» no processo em causa"

A antecedência das questões processuais, em relação à questão de fundo, é de ordem cronológica e não lógica, confina-se, repetimos, às chamadas questões prévias.

Por isso que as questões prejudiciais são questões substantivas absolutamente necessárias, do ponto de vista lógico, para decisão da questão prejudicada, são elas susceptíveis de constituir objecto dum processo autónomo. Daí que Foschini (...) indique como requisitos ou características da prejudicialidade: 1ª a antecedência lógico-jurídica; 2ª a autonomia e 3ª a necessidade.

Antecedência lógico-jurídica, enquanto só a decisão da questão substantiva pode condicionar logicamente a decisão doutra questão também substantiva, pois que participa no silogismo desta última decisão; autonomia, porquanto é idónea para ser dirimida em processo privativo; e necessidade, porque a subordinação entre as duas questões não deve consistir em qualquer espécie de influência, que se traduza numa mera facilidade, mas há-de ser indispensável a resolução prévia duma questão para se poder julgar sobre a outra. Note-se, porém, que esta necessidade não exclui que ela respeite, em princípio, ou à existência ou à modalidade da questão prejudicada. Assim, relativamente a questões penais, a resolução de questões prejudiciais poderá ser indispensável, quer para decisão sobre se existe um crime, isto é, se se verifica um dos seus elementos constitutivos essenciais, quer para decisão sobre qual a quantidade do crime, isto é, se se verifica um elemento constitutivo acidental ou circunstancial.

As questões prejudiciais podem ser de diversa natureza (...), questões civis, administrativas ou fiscais prejudiciais de questões penais, como haverá questões penais prejudiciais doutras questões penais. Inversamente, pode ainda verificar-se a prejudicialidade de questões penais, quanto a questões não penais, quer de natureza civil, quer administrativa, quer fiscal"[170].

Para Germano Marques da Silva[171], *"chamam-se questões prejudiciais aquelas questões jurídico-concretas que, sendo embora autónomas no seu objecto relativamente à questão principal do processo em que surgem e por isso susceptíveis de constituírem objecto próprio de um outro processo, se vêm a revelar como questões cujo conhecimento é condicionante do conhecimento e decisão sobre a questão principal".*

Se o Juiz estiver perante uma questão prejudicial cuja resolução seja necessária para se apurar de um ilícito-típico, incluindo as causas de justificação do facto (mas já não as atenuantes ou agravantes); se verificar

---

[170] CAVALEIRO DE FERREIRA, *Curso...*, III vol., pp. [72 a 74].
[171] *Curso...*, I vol., pp. [114-115].

que a questão não pode ser decidida convenientemente no processo penal já que exige um conhecimento específico sobre ela ou porque é demasiado complexa, no uso de um poder discricionário (vinculado quanto à verificação dos requisitos), devolve a questão ao tribunal competente, seja cível, administrativo ou fiscal. O que faz após ter sido deduzida acusação ou ter sido apresentado requerimento de abertura de instrução. E fá-lo oficiosamente, a requerimento do Mº Pº, do arguido ou do assistente. Não pode, porém, a suspensão prejudicar a realização de diligências urgentes de prova (nº 3 do artº 7º do CPP).

Não cabe na economia deste trabalho a análise do valor, efeito e limites do conhecimento das questões prejudiciais[172].

2.2.7 O princípio da publicidade

"O princípio da publicidade tem uma justificação eminentemente política, manifestando-se, na sua formulação actual, como uma conquista do pensamento político liberal (...) como instrumento de garantia contra as manipulações da justiça de gabinete, característica da época do absolutismo, como meio de controlo da Justiça pelo povo, primeiro, e como instrumento de fortalecimento da confiança do povo nos tribunais, depois"[173]. Surgiu *"como exigência do Estado de Direito no tocante à administração da justiça, e (...) retira a sua justificação da necessidade de fiscalização e controlo do exercício do poder detido pelos tribunais, e do reforço da legitimidade e do acatamento das decisões que estes proferem"*[174].

"Considerando (...) que o processo penal é assunto da comunidade jurídica, bem se compreende a sua publicidade como forma óptima de dissipar quaisquer desconfianças que se possam suscitar sobre a jurisprudência e a imparcialidade com que é exercida a justiça penal e são formadas as decisões. (...) Tanto o interesse da comunidade (enquanto tal e consubstanciada no tribunal) como o interesse do próprio arguido convergem, pois, no sentido de ser dada publicidade à audiência"[175].

A CRP, no seu artº 219º; proclama: *"As audiências dos tribunais são públicas, salvo quando o próprio tribunal decidir o contrário, em despacho funda-*

---

[172] Sobre a matéria cfr., no entanto, MARQUES DA SILVA, Germano, *Curso...*, I vol., pp [118-123] e III vol., pp [38-41]; MAIA GONÇALVES, Manuel Lopes, *Código de Processo Penal Anotado*, 10ª Edição, Almedina 1999, pp [103-105].
[173] MARQUES DA SILVA, Germano, *Curso...*, I vol., p. 87.
[174] Parecer da PGR de 25/05/1995.
[175] FIGUEIREDO DIAS, *Direito Processual Penal*, pp. [222-223].

mentado, para salvaguarda da dignidade das pessoas e da moral pública ou para garantir o seu normal funcionamento"[176]. Conquanto a CRP obrigue apenas à publicidade na fase de audiência, a lei ordinária estabelece-a, hoje, como regra. Com efeito, o artigo 86º do CPP, no seu nº 1, na redacção da Lei 48/2007, de 29/08[177], dispõe: *"O processo penal é, sob pena de nulidade, público".* Tanto na dimensão interna como na externa. Excepciona os casos em que a publicidade puder prejudicar os interesses dos sujeitos ou participantes processuais; e aqueloutros em que os interesses da investigação justifiquem o segredo de justiça.

O nº 1 do artº 321º fulmina com a sanção de *"nulidade insanável"* a efectivação da audiência de julgamento sem publicidade, salvo nos casos em que o presidente declarar a exclusão ou a restrição da publicidade.

A publicidade do processo implica:

– Na dimensão externa:

a) O direito de assistência, pelo público em geral, à realização dos actos processuais;

b) O direito de narração dos actos processuais, ou reprodução dos seus termos, pelos meios de comunicação social;

– Na dimensão interna, o direito de consulta do auto e obtenção de cópias, extractos e certidões de quaisquer partes dele[178].

O nº 7 do aludido artº 86º proíbe, de forma absoluta, a publicidade de dados relativos à reserva da vida privada que não constituam meios de prova, isto é, estes dados não podem ser publicitados porque pertencem ao núcleo da intimidade da vida privada e se prendem com o livre desenvolvimento da personalidade[179].

Estando o processo em segredo de justiça, a ele estão vinculados todos os sujeitos e participantes processuais, bem como as pessoas que, por

---

[176] A DUDH (artº 10º) e a CEDH (artº 6º) aludem também à publicidade da audiência.

[177] COSTA ANDRADE, Manuel, «Bruscamente no Verão passado», a reforma do Código de Processo Penal – observações críticas sobre uma lei que podia e devia ter sido diferente, *RLJ* 137º, nº 3949, pp [228-239], debruça-se sobre a alteração legislativa de 2007 e demonstra que foi modificado o paradigma legal, com consequências danosas para o processo. O princípio da verdade material ficou bem afectado, em nosso entender.

[178] Artº 86º, nº 6 do CPP.

[179] COSTA ANDRADE, Manuel, *Sobre as Proibições de prova...*, pp. [94-98], discorre sobre a denominada doutrina dos três graus, explicando devidamente o que se entende por núcleo da intimidade da vida privada.

2. O PROCESSO PENAL

qualquer título, tiverem tomado contacto com o processo ou conhecimento de elementos a ele pertencentes, e implica as proibições de:
a) Assistência à prática ou tomada de conhecimento do conteúdo de acto processual a que não tenham o direito ou o dever de assistir;
b) Divulgação da ocorrência de acto processual ou dos seus termos, independentemente do motivo que presidir a tal divulgação[180].

Podendo qualquer pessoa assistir aos actos processuais declarados públicos pela lei, nomeadamente às audiências, o certo é que o juiz, oficiosamente ou a requerimento do Ministério Público, do arguido ou do assistente pode, por despacho, restringir a livre assistência do público a acto, ou parte dele, ou determinar que decorra sem publicidade (nº 1 do artº 87º), exclusão essa que é obrigatória, por regra, nos processos por crime de tráfico de pessoas ou contra a liberdade e autodeterminação sexual (nº 3 do artº 87º).

"A exclusão da publicidade não abrange, em caso algum, a leitura da sentença" (nº 5 do artº 87º).

---

[180] Artº 86º, nº 8 do CPP. O artº 88º, nº 4 proíbe, sob pena de desobediência, a publicação, por qualquer meio, de conversações ou comunicações interceptadas no âmbito de um processo em segredo de justiça se os intervenientes não consentirem expressamente na publicação. É a este crime que Costa Andrade, estudo referido, pp [147-151] apelida de "crime do outro mundo".

3. O inquérito

3.1 Definição

O vocábulo inquérito provém da palavra latina "inquaeritare", que significa acto ou efeito de inquirir, de investigar com determinada finalidade.

É a primeira fase do processo penal, que se inicia com o conhecimento da infracção[181]. O CPP (artigo 242º) manda que as entidades policiais, quanto a todos os crimes de que tomarem conhecimento, e os funcionários, na acepção do artigo 386º do C. Penal, quanto a crimes de que tomarem conhecimento no exercício das suas funções e por causa delas, os denunciem à entidade que dirige o inquérito, o Ministério Público. Qualquer pessoa que tiver notícia de um crime pode denunciá-lo ao Ministério Público, a outra autoridade judiciária ou aos órgãos de polícia criminal, salvo se o procedimento respectivo depender de queixa ou de

---

[181] Segundo DAMIÃO DA CUNHA, *Caso Julgado parcial*, p. 469, "o «objecto» do processo existe (constitui-se) a partir do momento em que se verifica um procedimento tendente a averiguar a responsabilidade penal de um cidadão quanto a uma determinada situação de facto, hipoteticamente configurável como crime. Ora, o momento em que se verifica a suspeita de um crime, implica para o MP a obrigação de investigar toda aquela situação de facto («aquele recorte ou pedaço de vida», na expressão de FIGUEIREDO DIAS), segundo todos os pontos de vista juridicamente relevantes e, por isso, as investigações são realizadas já em função de um dado «objecto» (de um problema ou de um conjunto de problemas)". Acrescenta na p. 470: "o objecto do processo é fixado no momento em que alguém é constituído arguido". O que hoje, face à redacção da alínea a) do nº 1 e face ao nº 5, ambos do artº 58º do CPP, nos parece não poder ser posto em crise.

acusação particular, caso em que o procedimento só tem lugar se houver essa denúncia por parte de quem tenha legitimidade para tal.

"Ressalvadas as excepções[182] previstas neste Código, a notícia de um crime dá sempre lugar à abertura de inquérito" (nº 2 do artº 262º do CPP), assim se iniciando o processo, que é uma sequência ordenada de actos com vista a uma decisão final.

O inquérito é, pois, a primeira fase do processo penal.

3.2 Âmbito e finalidade do inquérito

O inquérito *"compreende o conjunto de diligências que visam investigar a existência de um crime, determinar os seus agentes e a responsabilidade deles e descobrir e recolher as provas, em ordem à decisão sobre a acusação"* (nº 1 do artº 262º), ou seja, *"o inquérito é constituído por actos[183] de investigação para esclarecer a notícia do crime e de recolha de prova dos factos apurados pela investigação (...), cumpre averiguar se se confirmará, e em que termos, quem foi o seu agente e a sua responsabilidade e de tudo recolher as provas que hão-de permitir reconstituir factos e fundamentar a decisão sobre a acusação ou não acusação"[184]*.

A finalidade do inquérito é a *"ordem à decisão sobre a acusação"*, ou seja, *"tem por fim reunir os elementos de indiciação necessários para fundamentar a acusação"[185]*.

3.3 Direcção do Inquérito

"A direcção do inquérito cabe ao Ministério Público, assistido pelos órgãos de polícia criminal" (nº 1 do artº 263º) actuando estes *"sob a directa orientação do*

---

[182] As excepções são as atinentes à ilegitimidade do Mº Pº para a promoção processual nos casos de crimes semi-públicos e particulares sem que tenha sido apresentada queixa, no primeiro caso; e sem que tenha sido apresentada queixa, declaração de constituição de assistente, no segundo, sendo que, posteriormente, também deverá ser deduzida acusação particular, casos em que não pode ser aberto o inquérito precisamente porque o MP carece de legitimidade para o exercício da acção penal. Também não há lugar a inquérito se o julgamento dever ser realizado em processo sumário (nº 2 do artº 382º do CPP) ou sumaríssimo (nº 1 do artº 392º do CPP).

[183] No processo há que distinguir os actos que do mesmo são propulsores (aqueles que constituem elementos necessários ao seu desenvolvimento) dos actos de aquisição probatória (aqueles que são meros componentes do processo, com carácter eventual ou acidental) – FRANCO CORDERO, apud Ac do STJ de 29/04/2009, CJ, Acs do STJ, XVII, I, p. 252. Estamos aqui a falar destes últimos, naturalmente.

[184] MARQUES DA SILVA, Germano, *Curso...*, III vol., p. 73.

[185] *Ibidem*.

3. O INQUÉRITO

Ministério Público e na sua dependência funcional" (nº 2). E cabe em regra, ao Ministério Público do locus delitti: *"É competente para a realização do inquérito o Ministério Público que exercer funções no local em que o crime tiver sido cometido"* (nº 1 do artº 264º). Todavia, *"enquanto não for conhecido o local em que o crime foi cometido, a competência pertence ao Ministério Público que exercer funções no local em que primeiro tiver havido notícia do crime"*; *"Se o crime for cometido no estrangeiro, é competente o Ministério Público que exercer funções junto do tribunal competente para o julgamento"* (nºs 2 e 3). *"Independentemente do disposto nos números anteriores, qualquer magistrado ou agente do Ministério Público procede, em caso de urgência ou de perigo na demora, a actos de inquérito, nomeadamente de detenção, de interrogatório e, em geral, de aquisição e conservação de meios de prova"* (nº 4), sendo *"correspondentemente aplicável o disposto nos artigos 24º a 30º"* (nº 5)[186].

"Compete ao Ministério Público, no processo penal, colaborar com o tribunal na descoberta da verdade, obedecendo em todas as intervenções processuais a critérios de estrita objectividade" (nº 1 do artigo 53º). O que significa que o Mº Pº deve recolher todas as provas, conduzam à acusação ou à não acusação, as que incriminem e as que inocentem ou justifiquem o arguido[187]. Ou seja, investiga à *charge* e à *décharge*.

Findo o inquérito, Mº Pº lavrará despacho fundamentado, assente nas provas recolhidos no inquérito e subordinado ao princípio da legalidade[188]:

– Determinando o arquivamento dos autos:

(1) Por não se ter verificado o crime (artº 277º, nº 1);

(2) Por não ter sido possível obter indícios suficientes da verificação do crime ou de quem foram os seus agentes (artº 277º, nº 2);

(3) Porque se decidiu pela dispensa de pena (artº 280º);

(4) Porque entende haver lugar à suspensão provisória do processo (artº 281º); ou,

– Deduzindo acusação (artº 283º).

---

[186] O inquérito contra pessoas que gozem de foro especial e bem assim contra Magistrados obedece a regras próprias (artºs 11º e 265º).

[187] Figueiredo Dias, *Direito Processual Penal*, p. 253. No mesmo sentido, Cavaleiro de Ferreira, *Curso...*, III, p. 150; Marques da Silva, *Curso...*, III, p. 91.

[188] Mesmo nos casos em que se opta por uma solução de consenso já que, ainda aqui, também os requisitos legais têm de estar verificados. Por isso, não é arbitrário escolher uma destas soluções de arquivamento, antes entre elas há uma situação de hierarquia, chamemos-lhe assim, só podendo passar-se à seguinte se a anterior não estiver verificada.

3.4 Actos próprios do Mº Pº e actos delegáveis nos órgãos de polícia criminal

"Para a lei, acto do inquérito não é todo o acto processual praticado no decurso da fase cronológica do inquérito, mas tão-só o que tem por finalidade preparar a decisão sobre a acusação. (...) Aqui e agora interessa caracterizar os actos do inquérito no sentido amplo (...).

Os actos do inquérito são predominantemente, em quantidade, actos de investigação e recolha de provas, mas não o são só. Há actos de promoção, actos cautelares, actos de decisão sobre o inquérito, etc. Não é o seu objecto nem a finalidade imediata de cada um dos actos que os caracteriza como actos do inquérito, mas essencialmente a fase processual em que são praticados.

Os actos de inquérito hão-de ser praticados na fase processual do inquérito e só as provas nele recolhidas e segundo as formalidades legais têm valia processual"[189].

"O Ministério Público pratica os actos e assegura os meios de prova necessários à realização das finalidades referidas no nº 1 do artigo 262º" (artº 267º). Todavia, o Mº Pº não pode praticar actos processuais que sejam da exclusiva competência do Juiz de Instrução criminal (JIC) ou que por este tenham de ser ordenados ou autorizados (artºs 268º e 269º).

"O Ministério Público pode conferir a órgãos de polícia criminal o encargo de procederem a quaisquer diligências e investigações relativas ao inquérito". É o regime-regra do nº 1 do artº 270º.

Todavia, segundo o nº 2 do mesmo preceito, não pode delegar os que são da competência exclusiva do juiz de instrução, que infra enumeraremos; e nem a prática dos seguintes:

(a) Receber depoimentos ajuramentados (artºs 138º, nº 3 e 132º, nº 1, al. b);
(b) Ordenar a efectivação de perícia[190] (artº 154º[191]);

---

[189] MARQUES DA SILVA, Germano, *Curso...*, III vol., pp. [83-84].

[190] A competência para determinar a realização de perícia sobre características físicas ou psíquicas de pessoa, que não haja prestado consentimento, é exclusiva do "juiz, que pondera a necessidade da sua realização, tendo em conta o direito à integridade pessoal e à reserva da intimidade do visado" (nº 2 do artº 154º do CPP).

[191] O nº 3 do artº 270º permite, porém, que "O Ministério Público pode, porém, delegar em autoridades de polícia criminal a faculdade de ordenar a efectivação da perícia relativamente a determinados tipos de crime, em caso de urgência ou de perigo na demora, nomeadamente quando a perícia deva ser realizada conjuntamente com o exame de vestígios. Exceptuam-se a perícia que envolva a realização de autópsia médico-legal, bem como a

(c) Assistir a exame susceptível de ofender o pudor da pessoa (artº 172º, nº 3);
(d) Ordenar ou autorizar revistas e buscas, nos termos e limites dos nºs 3 e 5 do artº 174º;
(e) Quaisquer outros actos que a lei expressamente determinar que sejam presididos ou praticados pelo Ministério Público.

Também não são delegáveis, segundo o nº 2 do artº 53º, os seguintes actos:
(a) Recebimento de denúncias, queixas e participações, bem como a decisão quanto ao seu seguimento (aquelas podem, todavia, ser apresentadas junto dos OPC[192]);
(b) Dirigir o inquérito;
(c) Deduzir acusação e sustentá-la efectivamente na instrução e no julgamento[193].

3.5 Actos da exclusiva competência do Juiz de Instrução Criminal

O JIC intervém no inquérito como guardião dos direitos fundamentais. É o Juiz das Liberdades e das Garantias[194].

Tem competência exclusiva para a prática dos seguintes actos de inquérito (artº 268º, nº 1):
(a) Proceder ao primeiro interrogatório judicial de arguido detido;
(b) Proceder à aplicação de uma medida de coacção ou de garantia patrimonial, à excepção da prevista no artigo 196º, a qual pode ser aplicada pelo Mº Pº;
(c) Proceder a buscas e apreensões em escritório de advogado, consultório médico ou estabelecimento bancário, nos termos do nº 3 do artigo 177º, do nº 1 do artigo 180º e do artigo 181º;

---

prestação de esclarecimentos complementares e a realização de nova perícia nos termos do artigo 158º".

[192] Órgãos de Polícia Criminal (OPC) são "todas as entidades e agentes policiais a quem caiba levar a cabo quaisquer actos ordenados por uma autoridade judiciária ou determinados por este Código" – al. c) do nº 1 do artº 1.

[193] Neste sentido, cfr. MARQUES DA SILVA, Germano, Curso..., III, p. 79.

[194] Segundo CORREIA, João Conde, Revista do Ministério Público, Ano 20º, p. 60, "a intervenção do Juiz no decurso do inquérito justifica-se por razões de liberdade, de segurança e de respeito pelos direitos fundamentais dos indivíduos, durante a actividade investigatória, mas também porque as funções materialmente judiciais competem apenas aos juízes, por força da própria Constituição (artº 202º, nº 2)".

(d) Tomar conhecimento, em primeiro lugar, do conteúdo da correspondência apreendida, nos termos do nº 3 do artigo 179º;
(e) Declarar a perda, a favor do Estado, de bens apreendidos, quando o Mº Pº proceder ao arquivamento do inquérito nos termos dos artigos 277º, 280º e 282º;
(f) Praticar quaisquer outros actos que a lei expressamente reservar ao juiz de instrução.

O juiz pratica os actos referidos a requerimento do Mº Pº, da autoridade de polícia criminal em caso de urgência ou de perigo na demora, do arguido ou do assistente (nº 2 do artº 268º). O requerimento, quando proveniente do Mº Pº ou de autoridade de polícia criminal, não está sujeito a quaisquer formalidades (nº 3 do artº 268º).

Deve o Juiz decidir, *"no prazo máximo de vinte e quatro horas, com base na informação que, conjuntamente com o requerimento, lhe for prestada, dispensando a apresentação dos autos sempre que a não considerar imprescindível"* (nº 4).

Entre os casos que a lei expressamente reserva à competência do Juiz de Instrução contam-se as declarações para memória futura, referidas no nº 1 artº 271º[195].

Por outro lado, o artº 269º, impõe que seja o Juiz de Instrução a ordenar ou autorizar, durante o inquérito, a prática dos seguintes actos:
(a) A efectivação de perícias, nos termos do nº 3 do artigo 154º[196];
(b) A efectivação de exames, nos termos do nº 2 do artigo 172º;
(c) Buscas domiciliárias, nos termos e com os limites do artigo 177º;
(d) Apreensões de correspondência, nos termos do nº 1 do artigo 179º;
(e) Intercepção, gravação ou registo de conversações ou comunicações, nos termos dos artigos 187º e 189º;
(f) A prática de quaisquer outros actos que a lei expressamente fizer depender de ordem ou autorização do juiz de instrução.

---

[195] "Em caso de doença grave ou de deslocação para o estrangeiro de uma testemunha, que previsivelmente a impeça de ser ouvida em julgamento, bem como nos casos de vítima de crime de tráfico de pessoas ou contra a liberdade e autodeterminação sexual, o juiz de instrução, a requerimento do Ministério Público, do arguido, do assistente ou das partes civis, pode proceder à sua inquirição no decurso do inquérito, a fim de que o depoimento possa, se necessário, ser tomado em conta no julgamento". Acrescenta o nº 2: "No caso de processo por crime contra a liberdade e autodeterminação sexual de menor, procede-se sempre à inquirição do ofendido no decurso do inquérito, desde que a vítima não seja ainda maior".

[196] Redacção da Lei 20/2013, de 21/02.

3.6 A articulação dos actos do Mº Pº com os de competência do JIC

Muito se tem discutido a propósito da conciliação de poderes do Mº Pº, enquanto dominus do inquérito, com os do JIC, na sua veste de Juiz das Liberdades, exercidos no âmbito do inquérito. O TC[197] procurou dar resposta a esta questão: *"Pode concluir-se constituir a competência do Ministério Público para a direcção do inquérito preliminar em processo penal, conquanto possa ser não exclusiva, uma solução do próprio legislador constitucional, quer por decorrer dos termos dos nºs 1 e 2 do artº 219º da Constituição, quer por ser postulada pelos princípios da autonomia do Ministério Público e da própria estrutura acusatória do processo penal, assinalados constitucionalmente (artºs 219º, nºs 1 e 2, e 32º, nº 5, ambos da CRP), quer, finalmente, por ser pressuposta pela sua competência constitucional expressa para o exercício da acção penal. (...).*

Ora, o reconhecimento da competência do Ministério Público para dirigir o inquérito não poderá ser visto desligadamente da autonomia que a Lei Fundamental lhe reconhece. Deste modo, caber-lhe-á a competência para decidir e proceder à prática dos actos de investigação ou de recolha das provas, com a única ressalva dos que importem ofensa ou restrição de direitos fundamentais que carecem, segundo os casos, de ser ordenados ou autorizados ou até realizados exclusivamente pelo juiz (cfr. artºs 268º e 269º do CPP).

Mesmo no caso destes últimos actos, não deixa de ser reconhecido ao Ministério Público um poder de impulso processual ad actum, reconhecendo-se-lhe a faculdade de requerer a sua autorização e/ou a sua prática ao juiz competente.

A atribuição de competência para decidir e proceder à prática dos actos de investigação e de recolha de provas durante o inquérito, com a ressalva resultante das limitações apontadas relacionadas com a salvaguarda de direitos fundamentais, não pode deixar de ser acompanhada do reconhecimento ao Ministério Público do poder de decidir com autonomia sobre a necessidade da prática dos actos de investigação ou de recolha das provas.

Não se trata, aqui, porém, de qualquer poder discricionário. É que a sua actividade, segundo a própria injunção constitucional (artº 219º, nº 1, da CRP), deverá ser «orientada pelo princípio da legalidade», entendida esta em termos objectivos. Desde modo, a opção pela prática ou não prática de certos actos de investigação e de recolha de provas deverá passar sempre pelo crivo do princípio da legalidade objectiva.

---

[197] Ac do TC 395/2004.

Numa tal perspectiva, mesmo naqueles casos em que a oportunidade da prática do acto parece estar na discricionariedade do Ministério Público, não é legítimo dizer-se (...) que ele possa «agir em roda livre»: na verdade, a prática dos actos em certos momentos e não em outros, ou simplesmente a sua não prática, deverá justificar-se sempre pelo princípio da legalidade objectiva, sendo certo que a lei pode prever como obrigatória a prática de certos actos e até o momento desta. Quando, por outro lado, esta o não faça, não poderá deixar de entender-se, à luz daquele princípio da legalidade, que a sua prática ou não prática deve estar subordinada a razões de necessidade, pertinência, adequação e racionalidade decorrentes das finalidades e do âmbito legalmente assinalados ao inquérito – a investigação da existência de crime, a determinação dos seus agentes e da sua responsabilidade e a recolha das provas, tudo em ordem à decisão sobre a acusação. Caberá, todavia, ao Ministério Público, em tal caso, a competência exclusiva para efectuar esse juízo concreto, casuístico e prudencial. (...)

Por outro lado, também não se lobriga que a norma constitucionalmente questionada ofenda os princípios constitucionais consagrados nos nºs 4 e 5 do artº 32º da CRP. Segundo o figurino neles estabelecido – e conforme decorre do que vem sendo exposto –, a intervenção do juiz na fase do inquérito preliminar apenas é reclamada para acautelar a defesa dos direitos fundamentais dos sujeitos processuais ou de terceiros relativamente àqueles actos processuais que a podem por em causa. (...) Pode afirmar-se que o juiz de instrução é, na fase do inquérito, um órgão que está vocacionado essencialmente para o acautelamento dos direitos fundamentais, entre os quais avultam a liberdade, a segurança, a reserva de intimidade da vida privada. É o que se poderia apelidar de «Juiz das Garantias». Nesta senda, não se vê, na linha de fundamentação expendida, que o juiz de instrução haja de interferir na realização dos actos do inquérito cuja direcção está constitucionalmente cometida ao Ministério Público, fora do quadro de actos que são potencialmente lesivos de direitos fundamentais ou do controlo de actos cuja prática a lei processual preveja como obrigatória".

No mesmo sentido aponta Germano Marques da Silva[198]: *"Compete exclusivamente ao Ministério Público apreciar se a notícia é ou não uma notícia de um crime, pois que, por força do artº 262°, nº 2, só a notícia de um crime dá lugar à abertura de inquérito, como lhe compete exclusivamente dirigir o inquérito, deduzir a acusação e sustentá-la nas fases posteriores do procedimento".*

---

[198] *Curso...*, III vol., pp [79-80].

3. O INQUÉRITO

A segunda questão respeita aos actos que durante o inquérito são reservados ao juiz de instrução.

Importa distingui-los.

– Se se trata diligências de investigação e recolha de provas, apenas poderão ser praticados (ou) autorizados pelo juiz de instrução quando requeridos pelo Ministério Público ou pelos órgãos de polícia criminal, em caso de urgência, ou quando requeridos pelo arguido ou assistente e se trate de actos necessários à salvaguarda dos seus direitos fundamentais.

– Se são actos da competência do juiz a praticar no decurso do inquérito, mas não são actos de inquérito, estes actos poderão ser promovidos ou requeridos pelo Ministério Público, pelo arguido ou pelo assistente.

Com efeito, *"competindo a direcção do inquérito ao Ministério Público, não é curial que o juiz possa intrometer-se na actividade de investigação e recolha de provas, salvo se se tratar de actos necessários à salvaguarda de direitos fundamentais. (...)*

Não obstante, os actos de inquérito, em sentido estrito, que a lei reserva à competência do juiz de instrução, não lhe cabe apenas apreciar da admissibilidade desses actos, mas também da sua oportunidade e conveniência. Mesmo na interpretação prevalecente e restritiva do artº 32˚, nº 4, da Constituição, é reservada à competência do juiz de instrução a prática dos actos de investigação, ainda que na fase processual do inquérito, que se prendam com os direitos fundamentais.

Importa distinguir os actos de inquérito e os actos do juiz praticados no decurso da fase do inquérito, já que nem todos os actos do juiz praticados no decurso do inquérito são actos de inquérito e, por isso, não estão sujeitos à promoção do Ministério Público.

A este propósito parece-nos importante referir os poderes de investigação autónoma do juiz de instrução, ainda mesmo na fase do inquérito para o efeito de fundamentar a sua decisão sobre medidas de coacção. Enquanto os actos de investigação tenham essa finalidade podem ser praticados ou ordenados pelo juiz de instrução, oficiosamente ou a requerimento de qualquer sujeito processual interessado.

A lei não indica quais os actos de inquérito que devem ser praticados na primeira fase do processo, o que, aliás, seria impossível, para além de uma referência genérica, deixando ao critério do Ministério Público a escolha de quais os actos necessários à realização da finalidade do inquérito. Isto sem prejuízo de a lei impor a prática de certos actos de inquérito, como é o caso do interrogatório do arguido, nos termos do artº 272º. Ora, se a lei confia ao Ministério Público a direcção da inves-

tigação (...) não se compreenderia que depois submetesse a actividade desenvolvida a fiscalização judicial".

3.7 A defesa dos bens jurídicos e a garantia dos direitos individuais

Como referimos, é função primordial do direito penal a protecção de bens jurídicos essenciais, aferidos pelo crivo da axiologia constitucional. Essa protecção faz-se, em primeiro lugar, por meio da ameaça da sanção penal, o que ocorre *"quando o legislador proíbe uma conduta ameaçando a sua prática com uma pena, caso em que é decisiva a ideia de prevenção geral negativa, pois intimidam-se os membros da comunidade para que se abstenham de realizar a conduta proibida"*[199]. Se, *"apesar dessa ameaça e intimidação geral, se pratica o facto proibido, o autor será punido com a pena prevista para esse facto, prevalecendo na aplicação da pena a ideia de retribuição ou de prevenção geral positiva, mesmo que não se excluam aspectos preventivos especiais"*[200].

A pena justa e adequada visa, também, a *"estabilização contrafáctica*[201] *das expectativas comunitárias na validade da norma violada"*[202]; e é encontrada

---

[199] MUÑOZ CONDE/GARCÍA ARÁN, *Derecho Penal* ..., p. 50. Relativamente à função preventiva das penas, Roxin, *Derecho Penal*..., p. 95 e segs., defende a denominada doutrina ecléctica, de grande valia dogmática.

[200] A função preventiva das penas não afasta, longe disso, a intervenção do princípio da retribuição, como o demonstra Faria da Costa em artigo publicado na *Revista de Legislação e Jurisprudência*, Ano 141º, pg. 292 e segs., do qual se respiga a seguinte passagem: "Neste horizonte, o princípio da retribuição nada tem de metafísico ou irracional, antes se assumindo como a mais lídima expressão das ideias fortes e estruturantes de responsabilidade e igualdade. Na verdade, a irrenunciável exigência ético-social de paridade, de igualdade na distribuição do castigo atira-nos, sem recurso, para uma compreensão, repete-se, das ideias fundantes da retribuição. Factos iguais – segundo a gravidade do ilícito e da culpa, enquanto categorias susceptíveis de gradação – merecem penas iguais. Tornando as coisas ainda mais claras: não nos esqueçamos que considerações de prevenção (geral e especial, negativa ou positiva), ao convocarem circunstâncias estranhas aos particulares desvalores do ilícito e da culpa, permitem que a factos iguais – assentes obviamente a partir daqueles desvalores – sejam aplicadas penas diferentes, substancialmente diferentes. O princípio da igualdade, neste quadro e dentro desta dinâmica interpretativa, é agregador de coesão dogmática e até de coesão social".

[201] Afirma COSTA ANDRADE, *Bruscamente* ..., *RLJ 137º*, p. 230, que "O direito é, por definição e excelência, uma disciplina de vocação contrafáctica: ordena as expectativas e responde à frustração com a imposição contrafáctica da validade das normas que sustentam as expectativas.

[202] JAKOBS, Günter, citado por FIGUEIREDO DIAS, Jorge, *Temas Básicos da Doutrina Penal*, Coimbra Editora 2001, p. 106.

entre o limite mínimo fornecido pelas exigências irrenunciáveis de defesa do ordenamento jurídico (o revelar perante a comunidade a solidez do sistema jurídico-penal, traduzido na *"necessidade de tutela da confiança ... e das expectativas da comunidade na manutenção da vigência da norma violada ... no restabelecimento da paz jurídica comunitária abalada pelo crime"*[203]), e a *"medida óptima de tutela dos bens jurídicos"*[204], sempre dentro do máximo permitido pela culpa.

A aplicação da pena tem lugar no processo penal – justo, equitativo e público –, assegurando-se ao arguido todas as garantias de defesa (artº 32º, nº 1 da CRP).

Inicia-se este com a fase do inquérito na qual se levam a cabo o conjunto de diligências que visam investigar a existência de um crime, determinar os seus agentes e a responsabilidade deles e descobrir e recolher as provas, em ordem à decisão sobre a acusação (artº 262º, nº 1). Para tanto, há necessidade de recolher provas, muitas das vezes comprimindo direitos fundamentais dos cidadãos, também eles tutelados constitucionalmente e elevados à categoria de bens jurídicos fundamentais, que são protegidos pelo direito infraconstitucional e até pelo direito penal, como por exemplo, o direito à inviolabilidade do domicílio e da correspondência.

Gera-se tensão[205] entre a necessidade de protecção dos bens jurídicos, por um lado, e a necessidade de violação/restrição de direitos fundamentais dos cidadãos para protecção daqueles, por outro. Tal tensão será minimizada quando se encontra o correcto equilíbrio entre o interesse público na aplicação do direito criminal, mediante a eficaz perseguição dos delinquentes e o direito inalienável do suspeito/arguido a um processo penal com todas as garantias de defesa, reconhecendo-se a este os seus direitos fundamentais, enquanto sujeito de direitos e não objecto de processo.

Só um critério objectivo de ponderação, assente em lei escrita, estrita e prévia, isto é, que respeite a legalidade, poderá justificar a violação dos direitos fundamentais dos cidadãos para alcançar a justiça. Nunca olvi-

---

[203] FIGUEIREDO DIAS, Jorge, *Temas Básicos...*, p. 105.
[204] *Idem*, p. 107.
[205] Já antes fizemos alusão à tensão dialéctica entre o direito penal e o direito processual penal.

dando que a dignidade da pessoa humana[206] é direito fundamental, intransponível, absoluto; e que a justiça não pode obter-se a qualquer custo, antes a superioridade ética do Estado tem de fazer sentir[207]. Ponderação essa que há-de ser feita, pois, entre a necessidade de investigação, por um lado; e o(s) direito(s) fundamental(ais) conflituante(s), por outro, devendo prevalecer o que, em concreto, se mostrar superior.

É, no fundo, isto o que a própria Constituição da República, no artigo 18º, nº 2, prescreve: *"A lei só pode restringir os direitos, liberdades e garantias nos casos expressamente previstos na Constituição, devendo as restrições limitar-se ao necessário para salvaguardar outros direitos ou interesses constitucionalmente protegidos".*

Acrescenta no nº 3: *"As leis restritivas de direitos, liberdades e garantias têm de revestir carácter geral e abstracto e não podem ter efeito retroactivo nem diminuir a extensão e o alcance do conteúdo essencial dos preceitos constitucionais".*

"O primeiro pressuposto material de legitimidade das restrições ao exercício de direitos, liberdades e garantias (...) consiste na exigência de previsão constitucional expressa da respectiva restrição. (...) Há dois tipos de casos previstos na Constituição que importa distinguir. Nuns é a própria Lei Fundamental que prevê directamente certa e determinada restrição, cometendo à lei a sua concretização e delimitação: é o caso, por exemplo, dos artºs 27º-3 e 34º-2 e 4; noutros a Constituição limita-se a admitir restrições não especificadas: é o caso, por exemplo, dos artºs. 35º-4, 47º-l, 49º-1 e 270º. No primeiro caso, a lei limita-se a declarar a restrição prevista na Constituição; no segundo caso, a lei cria a restrição admitida pela Constituição"[208].

"O segundo pressuposto material para a restrição legítima de «direitos, liberdades e garantias» (...) consiste em que ela só pode se justificar para salvaguardar um outro direito ou interesse constitucionalmente protegido (nº 2, in fine). Este requisito (...) significa fundamentalmente que o sacrifício, ainda que parcial, de um direito fundamental, não pode ser arbitrário, gratuito, desmotivado.

As leis restritivas estão teleologicamente vinculadas à salvaguarda de outros direitos ou bens constitucionalmente protegidos, ficando vedado ao legislador jus-

---

[206] Da qual decorrem princípios tão importantes como os da legalidade, da irretroactividade da lei penal, da culpabilidade, da subsidiariedade, fragmentariedade e intervenção mínima do direito penal.

[207] Daí que tenham de ser respeitados os princípios estruturantes do processo penal como, por exemplo, o do processo justo e equitativo, com inteiro respeito pelas garantias de defesa do arguido, do contraditório, da presunção de inocência, do in dubio pro reo, etc.

[208] GOMES CANOTILHO/VITAL MOREIRA, *Constituição...*, p. 391.

tificar restrição de direitos, liberdades e garantias por eventual colisão com outros direitos ou bens tutelados apenas a nível infraconstitucional. Torna-se necessário que o interesse, cuja salvaguarda se invoca para restringir um dos direitos, liberdades ou garantias, tenha no texto constitucional suficiente e adequada expressão (...)"[209].

"O terceiro pressuposto material para a restrição legítima de direitos, liberdades e garantias (...) consiste naquilo que genericamente se designa por princípio da proporcionalidade. (...). O princípio da proporcionalidade (também chamado princípio da proibição do excesso) desdobra-se em três subprincípios: (a) princípio da adequação (também designado por principio da idoneidade), isto é, as medidas restritivas legalmente previstas devem revelar-se como meio adequado para a prossecução dos fins visados pela lei (salvaguarda de outros direitos ou bens constitucionalmente protegidos); (b) princípio da exigibilidade (também chamado princípio da necessidade ou da indispensabilidade), ou seja, as medidas restritivas previstas na lei devem revelar-se necessárias (tornaram-se exigíveis), porque os fins visados pela lei não podiam ser obtidos por outros meios menos onerosos para os direitos, liberdades e garantias; (c) princípio da proporcionalidade em sentido restrito, que significa que os meios legais restritivos e os fins obtidos devem situar-se numa «justa medida», impedindo-se a adopção de medidas legais restritivas desproporcionadas, excessivas, em relação aos fins obtidos.

Em qualquer caso, há um limite absoluto para a restrição de «direitos, liberdades e garantias», (...) o «conteúdo essencial» dos respectivos preceitos (...)"[210].

"O último pressuposto material da legitimidade das leis restritivas dos direitos fundamentais consiste em não poderem diminuir a extensão e o alcance do conteúdo essencial dos preceitos constitucionais (nº 3, in fine)"[211].

O TC[212], interpretando o artº 18º, considera pressupostos da compressão dos direitos fundamentais:

(1) Que esta seja autorizada pela Constituição (artigo 18º, nº 2, 1ª parte);

(2) Que esteja suficientemente sustentada em lei da Assembleia da República ou em decreto-lei autorizado (artigo 18º, nº 2, 1ª parte e 165º, nº 1, alínea b);

(3) Que vise a salvaguarda de outro direito ou interesse constitucionalmente protegido (artigo 18º, nº 2, in fine);

---

[209] *Idem*, pp [391, 392].
[210] *Idem*, pp. [392, 393].
[211] *Idem*, pp. [394, 395].
[212] Ac 155/2007.

(4) Que seja necessária a essa salvaguarda, adequada para o efeito e proporcional a esse objectivo (artigo 18º, nº 2, 2ª parte);
(5) Que tenha carácter geral e abstracto, sem efeito retroactivo e não diminua a extensão e o alcance do conteúdo essencial dos preceitos constitucionais.

Assim, quando a CRP, directamente, ou por intermédio da lei ordinária, por si autorizada, permite a compressão de determinados direitos fundamentais, excepção feita à dignidade da pessoa humana, na qual se insere o direito à vida, para que se faça a correcta administração da justiça penal, que também tem tutela constitucional, é necessário, em primeiro lugar, que uma lei regulamente, e exaustivamente, tal compressão.

Tal lei tem de ser geral e abstracta, ou seja há aqui uma *"reserva de lei. A reserva de lei tem aqui um duplo sentido: (a) reserva de lei material, que significa que os direitos, liberdades e garantias não podem ser restringidos (ou regulados) senão por via de lei e nunca por regulamento, não podendo a lei delegar em regulamento ou diferir para ele qualquer aspecto desse regime; (b) reserva de lei formal, o que significa que os direitos, liberdades e garantias só podem ser regulados por lei da AR ou, nos termos do art. 165º, por decreto-lei governamental devidamente autorizado, havendo casos (os previstos no art. 164°) em que não existe sequer essa possibilidade de delegação"*[213].

"Não basta que as leis sejam formalmente ou aparentemente gerais e abstractas. Importa que o sejam material e realmente, sendo ilegítimas as leis individuais e/ou concretas camufladas em forma geral e abstracta. (...).

Um segundo requisito das leis restritivas de direitos, liberdades e garantias (...) é não terem carácter retroactivo (nº 3, 2ª parte), não podendo, portanto, aplicar-se a situações ou actos passados; mas antes e apenas aos verificados ou praticados após a sua entrada em vigor. A proibição incide sobre a chamada retroactividade autêntica, em que as leis restritivas de direitos afectam posições jusfundamentais já estabelecidas no passado ou, mesmo, esgotadas. Ela abrangerá também alguns casos de retrospectividade ou de retroactividade inautêntica (a lei proclama a vigência para o futuro mas afecta direitos ou posições radicadas na lei anterior) sempre que as medidas legislativas se revelarem arbitrárias, inesperadas, desproporcionadas ou afectarem direitos de forma excessivamente gravosa e impróprias as posições jusfundamentais dos particulares"[214].

---

[213] Gomes Canotilho/Vital Moreira, *Constituição* ..., pp. [395, 396].
[214] *Idem*, pp. [393, 394].

3. O INQUÉRITO

Em segundo lugar, importa que os princípios da legalidade e da reserva da lei, a que acaba de se fazer referência, sejam devidamente conjugados com o princípio da proibição de excesso e com a teleologia da restrição. É tarefa do legislador, e, por isso, se exige que a lei tenha *"forma suficientemente densa"* de modo que o interessado não seja afectado senão na justa medida do que é imprescindível à investigação.

A este respeito doutrinou o TC[215]: *"A questão a que, por fim e nesta parte, tudo se reconduz é, então, a do grau de densidade normativa que tem de ter a lei habilitante da restrição de direitos, liberdades e garantias. Como refere, por exemplo, Vieira de Andrade (...), «apesar de não estar expressamente referida, deve ainda considerar-se que a lei restritiva, em função da reserva de lei formal, tem de apresentar uma densidade suficiente, isto é, um certo grau de determinação do seu conteúdo, pelo menos no essencial, não sendo legítimo que deixe à Administração espaços significativos de regulação ou de decisão [...]». Ou, nas palavras de Jorge Reis Novais (...), trata-se, no fundo, de saber «a partir de que patamares é que o legislador, com uma lei habilitante insuficientemente densa, subverte os ditames da separação e interdependência de poderes – já que só com leis suficientemente claras e determinadas se garante que é o próprio legislador que toma as decisões essenciais –, as exigências de segurança próprias de um Estado de direito, bem como o direito à tutela judicial efectiva do direito fundamental afectado, uma vez que da densidade normativa da regulamentação legal depende também, em alguma medida, a adequação funcional da intensidade variável do controlo judicial da actividade administrativa».*

Na resposta a esta questão importa que se comece por sublinhar que a Constituição não dispõe, ela própria, de preceitos conclusivos (de «determinações acabadas», na terminologia de Reis Novais, ob. cit., p. 827), que concretizem exactamente o grau de densidade normativa exigível à lei habilitante da restrição de direitos fundamentais, pelo que (...) cabe à jurisprudência constitucional – em última instância – a tarefa de concretização dos critérios de decisão de cada caso concreto.

A este propósito, especificamente sobre o problema do grau de densidade normativa exigível à lei habilitante da restrição de direitos fundamentais que ocorra no âmbito do processo penal, pronunciou-se o citado Acórdão nº 7/87, para, fazendo suas as palavras de Figueiredo Dias (...), afirmar a exigência de «uma estrita e minuciosa regulamentação legal de qualquer indispensável intromissão, no decurso do processo, na esfera dos direitos do cidadão constitucionalmente garantidos». (...)

---

[215] Ac TC 155/2007.

Ora, atento o especial regime a que se encontram sujeitas as restrições aos direitos, liberdades e garantias, constante do artigo 18º da Constituição [...], forçoso se torna reconhecer que [...] o grau de exigência de determinabilidade e precisão da lei há-de ser tal que garanta aos destinatários da normação um conhecimento preciso, exacto e atempado dos critérios legais que a Administração há-de usar, diminuindo desta forma os riscos excessivos que, para esses destinatários, resultariam de uma normação indeterminada quanto aos pressupostos de actuação da Administração; e que forneça à Administração regras de conduta dotadas de critérios que, sem jugularem a sua liberdade de escolha, salvaguardem o «núcleo essencial» da garantia dos direitos e interesses dos particulares constitucionalmente protegidos em sede de definição do âmbito de previsão normativa do preceito [...]».

Como bem refere o Tribunal Europeu dos Direitos do Homem[216], não basta uma lei a prever a possibilidade de compressão de direitos. Para prevenir o risco de arbítrio; uma tal lei deve conter uma série de garantias mínimas, com regulamentação exaustiva dos pressupostos e formalidades".

As restrições aos direitos, liberdades e garantias só podem ter lugar no âmbito do processo penal, por ordem da autoridade judiciária competente, que no inquérito é, em princípio, o Mº Pº; na Instrução o JIC; e no julgamento o Juiz do julgamento.

Para além da tarefa do legislador de garantir que a lei habilitante se conforma com o princípio da proibição de excesso, tem também a autoridade judiciária de, em concreto, se certificar da não violação do dito princípio, ou seja, tem de se certificar que a diligência é adequada, exigível e proporcional para efeitos da administração da justiça, também ela tutelada constitucionalmente (artº 202º). Fazendo o concreto juízo de ponderação.

Excepcionalmente, dentro de apertados limites e sujeitos a rigoroso formalismo, podem os órgãos de polícia criminal *"praticar os actos cautelares necessários e urgentes para assegurar os meios de prova"* (nº 1 do artº 249º do CPP); e podem ainda obter meios de prova, nos termos que melhor veremos infra, mesmo antes da abertura do inquérito.

---

[216] Ac de 18/3/2003, caso "Prado Bugallo" contra a Espanha.

4. A prova

4.1 Conceito de prova

O processo penal tem estrutura acusatória, conquanto esteja integrado também pelo princípio da investigação ou verdade material. Por isso é que a entidade que acusa é diferente da que julga; é a acusação (ou a pronúncia quando houver lugar a instrução, de carácter facultativo) que define o objecto do julgamento[217]; no processo penal não há um verdadeiro ónus da prova, como vimos (cfr. artº 340º).

Por outro lado, o princípio da presunção da inocência (nº 2 do artº 32º da CRP) *"enquanto princípio de prova (...) significa que toda a condenação deve ser precedida de uma actividade probatória, a cargo da acusação, necessária a firmar a responsabilidade do arguido, não cumprindo a este a prova da sua inocência"*[218]; e *"como regra de tratamento processual traduz o direito do arguido a ser considerado sem qualquer prejuízo de culpa que possa afectá-lo social ou moralmente em confronto com os demais cidadãos"*[219].

---

[217] Importa ter presente que, "Sem prejuízo do regime aplicável à alteração do factos, a discussão da causa tem por objecto os factos alegados pela acusação e pela defesa e os que resultarem da prova produzida em audiência, bem como todas as soluções jurídicas pertinentes, independentemente da qualificação jurídica dos factos resultante da acusação ou da pronúncia, tendo em vista as finalidades a que se referem os artigos 368º e 369º" (nº 4 do artº 339º do CPP). O que significa que o objecto do processo pode ser ampliado desde que verificados os pressupostos e se dê cumprimento ao formalismo estatuído quanto à alteração substancial e não substancial dos factos.

[218] MARQUES DA SILVA, Germano, *Curso...*, I vol., p. 303.

[219] *Idem*, p. 302.

Ao processo penal têm, pois, de ser carreados todos os meios de prova necessários à demonstração da existência do crime, da punibilidade do arguido e à determinação da pena ou medida de segurança aplicáveis ao arguido, consistindo a prova dos factos na demonstração da sua realidade em juízo (artº 341º do C. Civil).

A prova é, no processo penal, *"o esforço metódico através do qual são demonstrados os factos relevantes para a existência do crime, a punibilidade do arguido e a determinação da pena ou medida de segurança aplicáveis"*[220].

"Demonstrar a realidade dos factos é alcançar um juízo de certeza sobre esses factos.

Há, no entanto, duas espécies de juízos: juízo lógico e juízo histórico.

O juízo lógico respeita à exactidão dum raciocínio, duma operação mental; conduz necessariamente a uma certeza absoluta.

O juízo histórico respeita à verificação dum facto, e por isso mesmo pode não conduzir a um resultado seguro; não acarreta uma certeza absoluta, mas relativa, não uma certeza objectiva, mas uma opinião de certeza. Acresce que esta mesma certeza relativa ou opinião de certeza pode falhar; o juízo histórico pode ter por simples resultado a dúvida"[221].

Quando se diz que no processo penal se busca a verdade material, esta *"há-de ser tomada em duplo sentido: no sentido de uma verdade subtraída à influência que, através do seu comportamento processual, a acusação e a defesa queiram exercer sobre ela, mas também no sentido de uma verdade que, não sendo «absoluta» ou «ontológica», há-de ser antes de tudo uma verdade judicial, prática e, sobretudo, não uma verdade obtida a todo o preço mas processualmente válida"*[222].

"A verdade processual não é senão o resultado probatório processualmente válido[223]*, isto é a convicção de que certa alegação singular de facto é justificavelmente aceitável como pressuposto da decisão, por ter sido obtida por meios processualmente válidos. A verdade processual não é absoluta ou ontológica, mas uma «verdade judicial, prática e, sobretudo, não uma verdade obtida a todo o preço mas processualmente válida»"*[224].

---

[220] MENDES, Paulo de Sousa, «As proibições de prova no processo penal», *Jornadas de Direito Processual Penal e Direitos Fundamentais*, Almedina, 2004, p. 132.
[221] CAVALEIRO DE FERREIRA, *Curso* ..., III vol., pp. [280, 281].
[222] FIGUEIREDO DIAS, *Direito Processual Penal*, pp. [193, 194].
[223] Cfr. artº 8º da CEDH e artºs 25º, 32º, nº 8 e 34º da CRP, preceitos que, sem qualquer dúvida, colocam limites à verdade material, proibindo determinados meios de prova.
[224] MARQUES DA SILVA, Germano, *Curso*..., II vol., p. 111, que cita FIGUEIREDO DIAS e CASTANHEIRA NEVES, na 1ª e 2ª parte, respectivamente.

"Por isso que a prova não alcança uma verdade absoluta, também pode falhar o seu objectivo de conduzir à convicção da verdade; em tal caso, não obstante todos os esforços, pode permanecer como resultado da discussão das provas a dúvida inicial"[225].

"A prova tem de ser sempre plena, conduzir à convicção e não à simples admissão de maior probabilidade. «Provado» e «provável» são expressões antitéticas, dum ponto de vista jurídico. A certeza não é conciliável com a reserva da verdade contrária. (...)

A prova é a demonstração da verdade dos factos juridicamente relevantes. Uma demonstração não é algo de graduável; ou existe ou não existe. (...)

Todos os factos favoráveis à defesa e como tais relevantes para excluir ou diminuir a responsabilidade criminal podem ser provados e discutidos em audiência, independentemente de alegação pela defesa (...).

Os factos irrelevantes não só não constituem objecto de prova, como são prejudiciais ao seguimento e clareza do processo"[226].

Para que um cidadão possa ser condenado tem de ser feita prova dos elementos do tipo *"para além de toda a dúvida razoável. Não se tratará pois, na «convicção» de uma mera opção voluntarista pela certeza de um facto e contra a dúvida, ou operada em virtude da alta verosimilhança ou probabilidade do facto, mas sim de um processo que só se completará quando o tribunal, por uma via racionalizável, ao menos a posteriori, tenha logrado afastar qualquer dúvida para a qual pudessem ser dadas razões, por pouco verosímil ou provável que ela se apresentasse"*[227].

4.2 Tipos de prova
As provas podem ser objecto de diversas classificações, consoante a sua "força" probatória e/ou a sua dependência ou independência de outras.

Iremos referir-nos apenas às provas perfeitas e imperfeitas, às provas directas e indirectas, às provas pessoais e reais, após o que faremos uma breve referência às presunções.

---

[225] CAVALEIRO DE FERREIRA, *Curso...*, III vol., p. 282.
[226] *Idem*, pp. [283 a 288].
[227] FIGUEIREDO DIAS, *Direito Processual Penal*, p. 205.

4.2.1 Provas perfeitas e imperfeitas

Afirmou César Beccaria[228]: *"Quando as provas do facto são dependentes uma da outra, isto é, quando os indícios não se provam senão na relação entre eles mesmos, quanto mais provas se tragam menor é a probabilidade de ele (erro), porque os acidentes que fazem com que faltem as provas antecedentes também levam à falta das conseguintes. Quando as provas de um facto dependem igualmente todas de uma só, o seu número não aumenta nem diminui a probabilidade do facto, porque todo o seu valor se resolve em termos do valor daquela de que dependem. Quando as provas são independentes uma da outra, isto é, quando os indícios se provam à parte, não de si mesmos, quanto mais provas se trazem, tanto mais aumenta a probabilidade do facto, porque a falha de uma prova não influi sobre a outra. Falo de probabilidade em matéria de delitos; no entanto, para merecerem pena, têm de ser certos. Este aparente paradoxo desaparecerá logo que se considere, em termos rigorosos, que a certeza moral não é mais do que uma probabilidade, mas uma probabilidade tal que se chama certeza, porque todo o homem de bom senso, consciente disso, trabalhará nesse sentido, com precisão e livre de toda a especulação. A certeza que se requer para assegurar a um homem, que seja réu, é, pois, aquela que determina a qualquer das operações mais importantes da vida. Podem distinguir-se as provas de um delito em perfeitas e imperfeitas. Chamam-se perfeitas as que excluem a possibilidade de que um tal homem não seja réu, e imperfeitas as que não excluem. Das primeiras, apenas uma é suficiente para a condenação, das segundas são necessárias todas quantas bastem para formar uma perfeita; o que equivale a dizer se por cada uma destas em particular é possível que não seja réu, pela reunião de todas no mesmo sujeito é impossível que não o seja. Note-se que todas as provas imperfeitas de que o réu possa justificar-se, e não o faz, estando obrigado[229], tornam-se perfeitas".*

Assim, prova perfeita é aquela que, por si só, leva à conclusão de que o agente é ou não responsável pelo facto ilícito-típico; provas imperfeitas são aquelas que têm de ser conjugadas entre si para se alcançar uma conclusão quanto à dita responsabilidade.

---

[228] *De los delitos y de las penas*, Fondo de Cultura Económica, México, primeira reimpressão, 2006, pp. [241 e 242] (tradução nossa).

[229] Importa ter presente que o texto foi escrito em 1764, e que a evolução doutrinária e jurisprudência é incomensurável, não existindo hoje, como já realçamos, um verdadeiro ónus da prova em processo penal.

4.2.2 Prova directa e prova indirecta. Indícios

"*Se a prova incide imediatamente sobre os factos probandos, sobre o tema da prova, esta diz-se prova directa. Se a prova incide sobre factos diversos do tema da prova, mas que permitem como auxílio das regras da experiência, uma ilação quanto a estes, a prova diz-se indirecta. (...)*

A prova indiciária é assim prova indirecta; dela se induz, por meio de raciocínio alicerçado em regras da experiência comum[230] *ou da ciência ou da técnica, o facto probando. A prova deste reside fundamentalmente na inferência do facto conhecido – indício ou facto indiciante – para o facto desconhecido a provar, ou tema último da prova. Como tal constitui uma prova em segundo grau; a prova incide directamente sobre o facto indiciante, primeiro tema de prova; deste se infere um resultado conclusivo quanto ao facto probando, juridicamente relevante no processo*"[231].

A prova directa incide, pois, directamente sobre o facto probando, enquanto que a prova indirecta ou indiciária incide sobre factos diversos do tema de prova, mas que permitem, com o auxílio de regras da experiência, uma ilação da qual se infere o facto a provar.

Indícios são sinais, marcas, indicações de ocorrência de um crime, são circunstâncias que têm conexão verosímil com o facto incerto a provar, são factos *"que embora não demonstrando a existência histórica do factum probandum, demonstram outros factos, os quais, de acordo com as regras da lógica e da experiência, permitem tirar ilações quanto ao facto que se visa demonstrar"*[232].

Em processo penal, em diversos casos, a prova faz-se pela conjugação dos indícios recolhidos. "*O campo de aplicação da prova indiciária é extenso; são inúmeros os factos que podem tomar a qualidade de indícios. E é também frequente, melhor se diria até, normal. No entanto, é, em si mesma, enganadora, isto é, consente graves erros. Efectivamente a verdade final, a convicção, terá que se obter através de conclusões baseadas em raciocínios, e não directamente verificadas; a conclusão funda-se no juízo de relacionação normal entre o indício e o facto probando. O carácter falível destes raciocínios de relacionação entre dois factos revela o evidente perigo de erro, ou a relativa fragilidade da prova em si mesma.*

---

[230] Segundo MARQUES DA SILVA, Germano, *Curso...*, III vol., p. 339, "As regras da experiência comum não são senão as máximas da experiência que todo o homem de formação média conhece".
[231] CAVALEIRO DE FERREIRA, *Curso...*, II, pp. [288-289].
[232] SARAGOÇA DA MATA, Paulo, *Jornadas de Direito Processual Penal e Direitos Fundamentais*, Almedina, 2004, p. 227.

Esta fragilidade acentua-se quando a conclusão final tem por suporte várias conclusões intermédias, isto é, quando assenta em relacionações sucessivas. Na verdade, a prova é ainda mais ou menos indirecta. O facto directamente provado pode constituir um indício de um indício, de sorte que a sua relacionação com o facto probando implica uma dupla inferência intermédia. Quanto maior for o número destas relacionações intermédias, mais frágil e periclitante se apresentará a prova indirecta, já de si, por natureza, insegura. (...)

O valor probatório dos indícios é, sem dúvida, extremamente variável. Um indício revela, com tanto mais segurança o facto probando, quanto menos consinta a ilação de factos diferentes. Quando um facto, com efeito, não possa ser atribuído senão a uma causa – facto indiciante – o indício diz-se necessário, e o seu valor probatório aproxima-se do da prova directa. Quando o facto pode ser atribuído a várias causas, a prova dum facto que constitui uma destas causas prováveis é também somente um indício provável ou possível. Para dar consistência à prova, será necessário afastar toda a espécie de condicionamento possível do facto probando menos uma. A prova só se obterá, assim, excluindo, por meio de provas complementares, hipóteses eventuais e divergentes, conciliáveis com a existência do facto indiciante. (...)

A prova indiciária é assim uma prova difícil; verdadeiramente só começa depois de estabelecidos ou provados os factos indiciantes. A própria qualificação dum facto como indício já pode suscitar graves dificuldades, mormente se se trata de indícios técnicos, em que a descoberta do indício exige conhecimentos especializados.

Provados, porém, os factos indiciantes, a sua relacionação lógica, para assentar neles inferências ou conclusões, bem como a sua análise racional e crítica para evitar que a sua apreciação se oriente para um incerto subjectivismo ou leve a conclusões precipitadas ou prematuras, pressupõem grande capacidade e bom senso do julgador. As complexas operações mentais que o manejo da prova indiciária implica, exigem raras qualidades: inteligência clara e objectiva, experiência esclarecida, integridade de carácter, ausência de fácil ou emotiva impressionabilidade"[233].

"Quer a prova directa quer a prova indirecta vivem através dos meios de prova, mecanismos predeterminados que servem de modos de percepção da realidade ou de presunção de factos tendentes a demonstrar a realidade"[234].

---

[233] CAVALEIRO DE FERREIRA, *Curso...*, II, pp. [289-292].
[234] SARAGOÇA DA MATA, Paulo, *Jornadas de Direito Processual Penal e Direitos Fundamentais*, p. 226.

4.2.3 Provas pessoais e reais

"*Nas provas pessoais é a pessoa que age. Narra ou declara factos de seu conhecimento. O meio de agir é precisamente a declaração. (...)*

As provas pessoais não se reduzem a simples declaração (...). A declaração é um acto moral da personalidade, e por isso a sua expressão, o comportamento do declarante, o modo da declaração oferecem elementos valiosos para apreciação da prova (...).

A narração ou declaração como meio de prova pode provir, no processo, de diferentes sujeitos, ou de pessoas com diferente posição processual: do arguido, de testemunhas ou declarantes, de peritos.

Quando a pessoa não age na prova, e antes é simples objecto de observação alheia, a prova é real e não pessoal. Também tem sido denominada prova pessoal passiva. A denominação específica, com o fito de a distinguir das demais provas reais fundamenta-se no regime particular que a dignidade humana exige, mesmo quando se considere o homem mais como objecto do que como sujeito de prova. (...)

A prova real, tendo por objecto pessoas, ou prova pessoal passiva, abrange o homem vivo, e ainda pelo respeito devido à morte, os cadáveres. (...)

Diversamente, quando a pessoa é objecto de observação autónoma no seu corpo ou nas suas qualidades psíquicas, não é o alcance das suas declarações que importa, mas o resultado do exame efectuado por outrem; já não estaremos no âmbito das provas pessoais, mas das provas reais"[235], que abrange também a observação das coisas.

A prova pode ser simultaneamente pessoal e real, como por ex., a pericial.

4.3 Presunções

As presunções são ilações que a lei ou o julgador tira de um facto conhecido para firmar um facto desconhecido (artº 349º do Código Civil). As presunções judiciais são, pois, ilações (conclusões) que o juiz extrai de um facto provado relativamente a um outro a provar.

"*As presunções são ou legais ou simples, também denominadas naturais. Estas últimas, são simples meios de convicção, pois que se encontram na base de qualquer juízo. O sistema probatório alicerça-se em grande parte no raciocínio indutivo dum facto desconhecido para um facto conhecido. (...)*

---

[235] CAVALEIRO DE FERREIRA, *Curso* ..., II vol., pp. [319, 320].

> *Pelo contrário as presunções legais já não têm a função de encaminhar o raciocínio do julgador para uma convicção, uma certeza. Actuam sem a convicção, ou contra a convicção do julgador. Constam dum imperativo ao julgador: não são um instrumento lógico de apreciação da prova pelo julgador (...).*
>
> *As presunções simples ou naturais são meios lógicos de apreciação das provas; são meios de convicção. Cedem perante a simples dúvida (...).*
>
> *As presunções legais relativas, em processo penal, são de afastar, por perigosas para a justiça da decisão, quando se refiram a pressupostos da condenação*"[236].

O STJ[237] categoricamente afirma, como nos parece óbvio, que não pode condenar-se o arguido com base em simples presunções. No entanto, acrescenta, as presunções, entendidas como simples meios lógicos ou mentais, são permitidas para fundamentar a convicção desde que, naturalmente, se conformem com as regras da lógica e da experiência comum.

Afiança Figueiredo Dias[238]: *"Uma coisa é a presunção, de iuris ou iuris tantum, do dolo[239], absolutamente inadmissível (..) em qualquer terreno do direito penal moderno; outra, completamente diferente – e, esta sim, aceitável – seria a necessidade de o juiz comprovar a existência do dolo através de presunções naturais (não jurídicas) ligadas ao princípio da normalidade ou da regra geral ou às chamadas máximas da vida e regras da experiência".*

---

[236] Cavaleiro de Ferreira, *Curso...*, II vol., pp. [314-316].
[237] Ac do STJ de 7/11/1990, tirado no processo 41.294, da 3ª Secção.
[238] "Ónus de alegar e provar em processo penal?", *Revista de Legislação e Jurisprudência*, Ano 105º, p. 142.
[239] Acrescentamos nós: ou de qualquer elemento referente à tipicidade, à ilicitude ou à culpa.

5. Princípios relativos à prova

5.1 Princípio da legalidade

O processo penal está, todo ele, subordinado ao princípio da legalidade (artº 2º), como referimos. Apesar disso, não quis o legislador deixar de reafirmar o princípio no que tange à prova. Daí que, sob a epígrafe *"legalidade da prova"*, tenha feito constar do Código que *"São admissíveis as provas que não forem proibidas por lei"* (artº 125º).

"A legalidade dos meios de prova, bem como as regras gerais de produção da prova e as chamadas «proibições de prova» (narco-análises, polígrafos ou lie-detectores, etc.) são condições de validade processual da prova e, por isso mesmo, critérios da própria verdade material"[240].

"A norma pressupõe que existam ou possam existir meios de prova proibidos e proíbe que esses meios de prova sejam utilizados no processo penal (...).

Proibindo a utilização de certos meios de prova, a norma consagra também (...) a liberdade da prova[241]*, no sentido de serem admissíveis para a prova de quaisquer factos todos os meios de prova admitidos em direito, ou seja, que não sejam proibidos por lei. Não são só os meios de prova tipificados, isto é, regulamentados por*

---

[240] FIGUEIREDO DIAS, *Direito Processual Penal*, p. 197.
[241] MENDES, Paulo Sousa, *Jornadas de Direito Processual Penal e Direitos Fundamentais*, p. 135 considera que "o catálogo dos meios de prova típicos inclui os respectivos regimes e não permite que sejam desrespeitadas as suas regras a fim de serem criados meios de prova aparentados, mas atípicos". E acrescenta, citando MARQUES DA SILVA, Germano: "a não taxatividade dos meios de prova que o artº 125º estabelece respeita apenas a meios de prova não previstos e a não taxatividade dos meios não pode significar liberdade relativamente aos meios disciplinados".

lei, que são admitidos, mas ao contrário, são admissíveis todos os que não forem proibidos, mesmo sendo atípicos"[242].

São exemplos de meio de prova atípicos:
(1) Inspecção ao local dos factos;
(2) Julgamento no local dos factos;
(3) Confronto da testemunha com fotografias, peças do processo e documentos;
(4) Registo de imagens e voz previsto em determinados diplomas legais (ex., Lei 5/02 de 10/11);
(5) Profiling, que se destina a elaborar o perfil do criminoso[243];
(6) Rasterfahndung[244].

Ao admitir a existência de limites aos meios de prova, o legislador está a, voluntária e intencionalmente, limitar o princípio da verdade material, consagrando a regra da superioridade ética do Estado, proibindo que a verdade material seja alcançada a qualquer custo, antes apenas e só por intermédio de meios de prova considerados legais.

5.1.1 *As provas proibidas*

Quer a CRP quer o CPP proíbem determinadas provas.

A CRP considera invioláveis tanto a vida humana como a integridade moral e física das pessoas[245] (n.º 1 dos art.ºs 24.º e 25.º), acrescentando o n.º 2 do art.º 25.º que *"Ninguém pode ser submetido a tortura, nem a tratos ou penas cruéis, degradantes ou desumanos"*.

Como considera invioláveis, no art.º 34.º, o domicílio e a correspondência, conquanto excepcione da inviolabilidade as situações em que o visado dê o seu consentimento, e bem assim *"os casos previstos na lei em*

---

[242] MARQUES DA SILVA, Germano, *Curso* ..., II vol., p. 114.
[243] Costuma ser definido como a descrição de traços e características de um agressor desconhecido. E isto porque se considera que qualquer comportamento reflecte a personalidade de um indivíduo.
[244] Consiste na análise computorizada de dados pessoais, os quais estão recolhidos e armazenados em arquivos pertencentes a instâncias alheias à administração da justiça para uma finalidade distinta de perseguição de delitos.
[245] A jurisprudência vem considerando que são toleráveis as condutas determinadas pela autoridade judiciária, ainda que violadoras da integridade física do visado, desde que não "apresentem suficiente potencialidade ofensiva" (por todos, cfr. o Ac da RP de 19-10-2011, processo 294/10.3PTPRT.P1, in www.dgsi.pt).

matéria de processo criminal", nos termos e condições que neste trabalho analisaremos.

No artigo 32º, nº 8, em consonância com os artºs 5º e 12º da DUDH, 3º e 8º da CEDH e 7º do PIDCP, a CRP fulmina com a sanção de nulidade[246] *"todas as provas obtidas mediante tortura, coacção, ofensa da integridade física ou moral da pessoa, abusiva intromissão na vida privada, no domicílio, na correspondência ou nas telecomunicações".*

O CPP distingue:

(1) **Os temas de prova proibidos**, que mais não são do que aqueles que a lei não permite que sejam investigados como, por exemplo, o atinente ao segredo de Estado (artº 137º);

(2) **Os meios de prova proibidos**, aqueles que a lei não permite se valorizem como meio de prova por lhes faltar um qualquer requisito legal, como, por exemplo, as declarações de um co-arguido em prejuízo de outro co-arguido quando aquele se recusar a responder às perguntas formuladas sobre os factos que lhe são imputados (nº 4 do artº 345º do CPP);

(3) **Os métodos proibidos de prova**, previstos no artº 126º.

Justificando as proibições de prova, escreve Costa Andrade: *"proibições de prova são «barreiras colocadas à determinação dos factos que constituem objecto do processo»"*[247]. Segundo este Mestre, que cita Dencker[248], *"as proibições de valoração deverão, por isso, conceber-se como «imperativos de auto-purificação da justiça em ordem a neutralizar a perda da autoridade já ocorrida (através da violação da proibição de produção da prova) e impedir a sua comunicação à sentença».*

A exigência da superioridade ética do Estado (Eb. Schmidt), das suas mãos limpas (Radbruch) na veste de promotor da justiça penal, sem o que será pírrica toda a vitória alcançada na luta contra o crime, vem sendo recorrentemente glosada pelos autores. Nesta linha, aponta Hassemer a «perda de dignidade e de distância que o Estado a si mesmo se inflige» através da violação das proibições de prova, que significa o «encurtamento da diferença ética que deve subsistir entre a perseguição do crime e o próprio crime». O Estado, prossegue o autor, «expõe-se ao perigo da erosão daquela superioridade moral do processo penal que constitui a justificação

---

[246] Não podendo ser utilizadas, salvo para procedimento criminal e/ou disciplinar contra quem as obteve
[247] Costa Andrade, Manuel, *Sobre as proibições de prova em processo penal*, Coimbra: Coimbra Editora, 1992, pp. [83,84]. Cf., ainda, Marques da Silva, Germano, *Curso...*, II vol., 116.
[248] *Sobre as Proibições de prova...*, pp. [73, 74].

das medidas coercivas que nele podem vir a ser aplicadas». (...) Quem, em ordem à realização da ideia de direito, tira vantagens da sua violação, perde a credibilidade e sacrifica, por via disso, a eficácia na sua tentativa de emprestar vida e força real à ideia de direito»"[249].

Germano Marques da Silva[250] justifica as proibições de prova à luz do princípio da lealdade: *"A preocupação pela lealdade na obtenção da prova tem merecido consagração no próprio direito internacional. É assim que a Declaração Universal dos Direitos do Homem prescreve que ninguém será submetido à tortura, nem a penas ou tratamentos cruéis, desumanos ou degradantes (art. 5º) e que ninguém sofrerá intromissões arbitrárias na sua vida privada, na sua família, no seu domicílio ou na sua correspondência, nem ataques à sua honra e reputação (art. 12º). Também a Convenção Europeia dos Direitos do Homem e das Liberdades Fundamentais e o Pacto Internacional sobre os Direitos Civis e Políticos retomaram aquelas disposições da Declaração, sancionando a sua violação e instituindo meios de tutela (artºs 3º e 8º da CEDH e art. 7º do PIDCP).*

A actuação desleal como meio de investigação é sempre reprovável moralmente, embora nem sempre sancionada juridicamente. (...)

A justiça criminal é chamada a investigar actividades suspeitas, tanto de pessoas honestas como de malfeitores, mas todos são, antes de tudo, pessoas. Por outra parte, não se compreende que aqueles que se dedicam a servir a Justiça possam usar na luta contra os malfeitores meios análogos àqueles que lhes reprovam.

A eficácia da Justiça é também um valor que deve ser perseguido, mas, porque numa sociedade livre e democrática os fins nunca justificam os meios, só será louvável quando alcançada pelo engenho e arte, nunca pela força bruta, pelo artifício ou pela mentira, que degradam quem as sofre, mas não menos quem as usa".

Se é certo que os **temas de prova proibidos** e os **meios de prova proibidos** não suscitam polémicas tanto em sede de interpretação como de aplicação, já outrotanto não sucede com os **métodos proibidos de prova**.

No que a estes diz respeito, o artº 126º, nº 1, proíbe o emprego de toda a força bruta, todo o artifício, toda a mentira e todos os meios enganosos[251],

---

[249] Sobre o tema, importante ver ainda Costa Andrade, Manuel, *op. cit.*, pp 140, 186 e 214.
[250] *Curso ...*, I vol., p. 67; II vol., pp. [116,117].
[251] Para melhor concretização dos conceitos, Marques Ferreira, *Jornadas de Direito Processual Penal*, Edição do CEJ, pp [225, 226]; Mendes, Paulo de Sousa, *Jornadas de Direito Processual Penal e Direitos Fundamentais*, pp. [137-141]; e ainda Costa Andrade, Manuel, *Bruscamente....*, *RLJ* 137º, pp [318-345].

fulminado com a sanção de nulidade, sem possibilidade de serem usadas, as provas obtidas por métodos proibidos, salvo para procedimento contra os agentes do mesmo[252].

Também o nº 3 do artº 126º considera igualmente nulas, não podendo ser utilizadas, ressalvados os casos previstos na lei, as provas obtidas mediante intromissão na vida privada, no domicílio, na correspondência ou nas telecomunicações, sem o consentimento do respectivo titular[253].

A redacção do nº 3 resulta da revisão operada pela Lei 48/2007, de 29/08.

Costa Andrade, criticando a intervenção do legislador, teve oportunidade de novamente se debruçar sobre o tema das proibições de prova[254], fazendo luz, tanto de *jure dato* como *de jure dando*.

Alguma doutrina e jurisprudência, misturando proibições de prova com nulidades, alcança resultados práticos inaceitáveis.

O legislador de 2007, podendo e devendo fazê-lo, não pôs termo a tal confusão. Ao invés, gerou mais confusão e deu aso a interpretações perversas, como o demonstra Costa Andrade.

---

[252] Dispõe o artº 126º do CPP:
1. São nulas, não podendo ser utilizadas, as provas obtidas mediante tortura, coacção ou, em geral, ofensa da integridade física ou moral das pessoas.
2. São ofensivas da integridade física ou moral das pessoas as provas obtidas, mesmo que com consentimento delas, mediante:
Perturbação da liberdade de vontade ou de decisão através de maus tratos, ofensas corporais, administração de meios de qualquer natureza, hipnose ou utilização de meios cruéis ou enganosos;
Perturbação, por qualquer meio, da capacidade de memória ou de avaliação;
Utilização da força, fora dos casos e dos limites permitidos pela lei;
Ameaça com medida legalmente inadmissível e, bem assim, com denegação ou condicionamento da obtenção de benefício legalmente previsto;
Promessa de vantagem legalmente inadmissível.
3. Ressalvados os casos previstos na lei, são igualmente nulas, não podendo ser utilizadas, as provas obtidas mediante intromissão na vida privada, no domicílio, na correspondência ou nas telecomunicações sem o consentimento do respectivo titular.
4. Se o uso dos métodos de obtenção de provas previstos neste artigo constituir crime, podem aquelas ser utilizadas com o fim exclusivo de proceder contra os agentes do mesmo.
[253] A redacção do nº 3 do artigo 126º, resulta da revisão operada pela Lei 48/2007, de 29/08. Na anterior redacção havia quem defendesse que a intromissão na vida privada, no domicílio, na correspondência ou nas telecomunicações sem o consentimento do respectivo titular, constitua nulidade sanável – MAIA GONÇALVES, *O novo Código de Processo Penal*, Jornadas do CEJ, Almedina, 1997, p. 195; outros diziam tratar-se de nulidade insanável – MARQUES FERREIRA, *idem*, p. 226. A jurisprudência balançava entre uma e outra das aludidas posições.
[254] *Bruscamente....*, RLJ 137º, pp [318-345].

Com efeito, no que se refere às proibições de prova, refere este Autor, "*o legislador de 1987, orientou-se preferencialmente para o modelo das Beweisverbote do direito alemão. Fá-lo, porém, salvaguardando alguma margem de originalidade, pondo de pé o que bem poderíamos apontar como «terceira via», que se caracteriza sobretudo por ter associado as proibições de prova ao regime das nulidades. Uma associação que, de resto, era já sugerida pela Constituição da República que, desde a versão originária de 1976, cominara a sanção da nulidade para as provas obtidas «mediante tortura, coacção, ofensa da integridade física ou moral da pessoa, abusiva intromissão na vida privada, no domicílio, na correspondência ou nas telecomunicações» (artigo 32º, nº 8).*

Isto sem prejuízo de o legislador ordinário de 1987 ter tido como horizonte último uma compreensão das coisas em que as proibições de prova emergiam como um sistema normativo próprio, estruturado segundo «códigos» (LUHMANN) específicos e, como tal, autónomo face ao sistema das nulidades. É o que claramente denuncia o artigo 118º, nº 3: «As disposições do presente título não prejudicam as normas deste Código relativas a proibições de prova». A apontar para um ordenamento normativo em que o direito das proibições de prova poderia, em muitos aspectos do seu regime – v. g., conhecimento oficioso, momento da invocação, efeitos em relação aos actos subsequentes, etc. – divergir das soluções consignadas em matéria de nulidades. Isto não obstante a frequência com que os dois regimes acabam por convergir ao nível dos resultados práticos. E sem prejuízo de dever reconhecer-se que, ao tempo em que agiu – em que tanto a doutrina como a praxis se mostravam particularmente hesitantes e inseguras a lidar com as proibições de prova – a postura do legislador de 1987 era perfeitamente justificada. (...)

A insegurança teórico-doutrinal – e o propósito de evitar um compromisso rígido e definitivo das proibições de prova com uma determinada compreensão dogmática – reflecte-se nas próprias formulações verbais adoptadas pelo legislador de 1987. É o que bem ilustra a pluralidade e dispersão de expressões adoptadas para significar a cominação de uma proibição de valoração. Que uma vezes (v.g., artºs 126º, nº 3[255]; 134º, nº 2; 190º; 174º, nº 5; 177º, nº 1 e 2) é pronunciada como uma solução de nulidade («são nulas» ou «sob pena de nulidade»); não faltam casos (v. g., artº 126º, nº 1) em que à cominação de nulidade se acrescenta a proibição explícita de valoração, expressa como proibição de valoração («são nulas, não podendo ser utilizadas»); outras vezes a resposta legal reporta-se exclusiva e directamente à proibição de utilização. Sendo certo que mesmo esta solução acaba por

---

[255] Antes da alteração levada a cabo pela Lei 48/2007, de 29/08, como é bom de ver.

ser significada por verbalizações não inteiramente sobreponíveis: «não podem ser utilizadas como prova» (artigo 58º, nº 4); «só valem como meio de prova se não forem ilícitas nos termos da lei penal» (artigo 167º, nº 1); «não têm valor como meio de prova» (artigo 147º, nº 4); «não pode servir como meio de prova» (artigo 129º, nºs 1 e 3); «não valem em julgamento, nomeadamente, para efeito de formação da convicção do tribunal» (artigo 355º, nº 1). Se bem vemos as coisas, devem levar-se também à figura e ao regime das proibições de valoração prescrições como a constante do nº 6 do artigo 356º, que proíbe a «leitura do depoimento prestado em inquérito ou instrução por testemunha que, em audiência, se tenha validamente recusado a depor».

Nada, porém, mais apressado e infundado do que pretender descortinar, por detrás das diferentes formulações ou expressões verbais, distintos e divergentes regimes jurídico-processuais em matéria de proibições de prova e, mais concretamente, de proibições de valoração. Temos, com efeito, como seguro que, por detrás das diferentes formulações mencionadas (...) o legislador de 1987 se propôs invariavelmente prescrever e sancionar o mesmo regime. A saber: a mesma cominação de uma proibição de valoração, na pletora das suas implicações e consequências, nos termos e segundo o regime e a doutrina das proibições de prova. Um entendimento que não pode ser perturbado pelo apelo às categorias e ao regime específico das nulidades (sanáveis/insanáveis; absolutas/relativas; de conhecimento oficioso//dependentes de arguição). Sem prejuízo de irrecusáveis momentos de comunicabilidade e interpenetração, a verdade é que proibições de prova e nulidades são sistemas dogmáticos e normativos autónomos. Organizados segundo «códigos» distintos e específicos, projectando-se em soluções jurídicas não necessária nem inteiramente sobreponíveis"[256].

Por isso, sempre que estejamos perante prova proibida, devemos afastar-nos dos conceitos próprios da nulidade e usar os conceitos específicos daquela, ou seja, *"regras de produção da prova, regras de proibições de prova; proibições de produção, proibições de valoração; proibições de valoração dependentes, proibições de valoração independentes"*[257].

Ainda segundo Costa Andrade[258], *"Nesta linha, não cremos, por exemplo, que possa adscrever-se algum significado normativo e algum relevo prático-jurídico à circunstância de, diferentemente do que sucedia no nº 1 do artigo 126°, no nº 3 do*

---

[256] COSTA ANDRADE, Manuel, *Bruscamente ....*, RLJ 137º, pp. [325-327].
[257] *Idem*, pp. [328 e 329].
[258] *Idem*, p. 327.

mesmo artigo se cominar apenas a nulidade, sem se ter aditado o inciso «não podendo ser utilizadas». Inciso que o legislador de 1987 tinha reservado apenas para o nº 1. A verdade é que, mesmo no universo de sentido do nº 1, aquele inciso era redundante e tautológico, limitando-se a fazer-se eco da proibição de valoração, já inequivocamente prescrita e proclamada sob a forma de cominação de nulidade. Do ponto de vista da proibição de valoração – isto é, do ponto de vista da «sanção» legalmente imposta para a violação da proibição de produção de prova – o legislador de 1987 estabeleceu uma relação de total identidade entre os nºs 1 e 3 do artigo 126º. De mais a mais uma relação de mesmidade que era – e é – imposta pela própria Lei Fundamental, que parificava sob a mesma forma de reacção contrafáctica («são nulas») todas as constelações que o legislador ordinário de 1987 distribuiu pelos nºs 1 e 3 do artigo 126º. Uma decidida e decisiva redução da complexidade sobre a qual o legislador ordinário não podia reverter. Antes a ela se quis manifestamente conformar. É o que sugere, além do mais, o próprio teor literal do nº 3. Em que a cominação da nulidade é acompanhada do advérbio «igualmente». O que, em boa hermenêutica, só pode significar o propósito do legislador (de 1987) de impor, tanto para as constelações do nº 1 como para as do nº 3, uma igual solução de nulidade. A saber, uma nulidade a valer nos mesmos termos – «igualmente» – e com as mesmas implicações normativas e prático-jurídicas.

É certo que entre o nº 1 e o nº 3 do artigo 126º mediava – e continua a mediar – uma significativa *diferença. Só que ela não se situava ao nível da consequência jurídica (nulidade/proibição de valoração), mas antes ao nível da fattispecie ou hipótese legal. Na esteira do preceito homólogo da lei alemã (§136 a) da StPO), que lhe serviu de modelo, o nº 1 do artigo 126° proíbe e sanciona os atentados mais graves e intoleráveis à dignidade e integridade pessoais. E proíbe--os independentemente do consentimento da pessoa concretamente atingida, consentimento que é, por isso, tido como, pura e simplesmente, irrelevante. E é assim porquanto no actual estádio civilizacional estas proibições (v. g., da tortura) não se revestem apenas de uma valência pessoal-individual. Elas valem também como «instituições» irrenunciáveis do processo penal do Estado de Direito e são, por isso, indisponíveis. Resumidamente, não se trata de proteger «apenas a pessoa do cidadão, mas também o interesse da comunidade em que o processo penal decorra segundo as regras do Estado de Direito. Daí que o cidadão não possa renunciar à observância de tais máximas, já que por essa via não poria apenas em causa os seus interesses, antes atingiria também os interesses do Estado»* (AMELUNG). *Na verdade, a utilização e aproveitamento destes métodos, mesmo a coberto de consentimento, poria em causa a «superioridade ética» do Estado, a sua «repu-*

5. PRINCÍPIOS RELATIVOS À PROVA

tação como Estado de Direito» (AMELUNG). Por isso é que na constelação do nº 1 a consequência – nulidade/proibição de valoração – persiste invariavelmente a mesma, haja ou não consentimento da pessoa atingida. Diferentemente, nas hipóteses previstas no nº 3, o consentimento afasta a proibição: tanto a proibição de produção como a respectiva consequência. Consequência que persiste a mesma – nulidade/proibição de valoração – se não houver consentimento. Isto é, se a intromissão e a devassa configurarem manifestações arbitrárias de investigação e perseguição.

Em síntese conclusiva. Num lado (nº 3), só a coerção e o arbítrio, isto é, só a ausência de consentimento, determinam a reacção contrafáctica da proibição de valoração; no outro lado (nºs 1 e 2), a lei prescreve a proibição de valoração, em nome de uma presunção geral, abstracta e não elidível, de arbítrio e coerção. De um lado, o que releva é o atentado à autonomia individual; no outro é (também) o atentado contra valores supra-individuais fundamentais, pertinentes ao núcleo irredutível do Estado de Direito e, mesmo, da civilização".

Marques Ferreira[259], antes da redacção do nº 3 do artº 126º resultante da Lei 48/2007, defendia que, pelo menos ao nível das consequências, equivalia a proibição de prova.

Já, ao invés, Maia Gonçalves[260] entendia que a nulidade a que se referia o nº 3 do artº 126º era sanável.

O legislador de 2007 entendeu dever tomar posição sobre esta aparente querela, ignorando a doutrina correcta, e introduziu no nº 3 do artº 126º o inciso *"não podendo ser utilizadas"*. Ou seja, as provas obtidas mediante intromissão na vida privada, no domicílio, na correspondência ou nas telecomunicações, efectuadas sem o consentimento do respectivo titular, e ressalvados os casos previstos na lei, maxime, aqueles em que ocorre autorização judicial, observados os requisitos legais, são nulas, não podendo ser utilizadas/valoradas.

Como o demonstra Costa Andrade, a alteração legislativa não só não era necessária *("os autores da reforma de 2007 assinaram um gesto pura e simplesmente inútil"*[261]*)*, como dela resultaram consequências altamente negativas pois que[262] *"tratou-se de um gesto perturbador, hermeneuticamente disfuncional e iatrogéneo. Isto se virmos as coisas no plano sistémico, projectando cada novação legislativa sob o pano de fundo do ordenamento processual penal.*

---

[259] *O novo Código de Processo Penal*, Jornadas do CEJ, Almedina, 1997, p. 226.
[260] *Idem*, p. 195.
[261] *Bruscamente no Verão passado....*, RLJ 137º, p. 328.
[262] *Ibidem*.

E tendo presente que as intervenções legislativas num edifício normativo são como as infiltrações de água num edifício físico: aparecem e fazem estragos nos lugares mais insuspeitos e distantes do lugar por onde entraram. Concretamente, as alterações legislativas em exame, pelo que são e pela racionalidade teleológica e normológica que os seus autores quiseram emprestar-lhe, podem, se tomadas a sério, forçar a uma «nova» leitura do universo de dispositivos legais atinentes às proibições de prova. Mais precisamente, elas tornam praticamente cogente e incontornável o recurso ao argumento a contrario. No sentido de que, a partir de agora, a cominação da nulidade como consequência de uma proibição de produção de prova não deveria coenvolver, só por si – isto é, desacompanhada do inciso «não podendo ser utilizadas» – uma proibição de valoração. Situação que, já o vimos, ocorre em plúrimas e heterogéneas hipóteses previstas no Código de Processo Penal. E todas elas configurando inequívocas manifestações de proibição de valoração.

Não sobra líquido se foi isso que o legislador quis; mas foi o que ele, objectiva e seguramente, fez".

Também a Jurisprudência embarca na aludida confusão.

Com efeito, o STJ, de umas vezes, reconduz as proibições de prova ao respectivo sistema; de outras, trata-as como uma questão de nulidades e daí retira as respectivas consequências com efeitos nefastos[263].

A título de exemplo:

– No acórdão de 20/12/2006, lavrado no processo 06P3059[264] afirma o STJ: *"a lei apenas estabelece uma limitação absoluta às provas obtidas mediante tortura, coacção, ou, em geral, ofensa à integridade física ou moral das pessoas – artºs. 32º, nº 8, da CRP e 126º, nº 1, do CPP – sendo que, relativamente às provas obtidas mediante intromissão na vida privada, no domicílio, na correspondência ou nas telecomunicações, maxime às obtidas através de intercepção e gravação de conversações ou comunicações telefónicas, não recai tal limitação, podendo e devendo ser efectuadas quando ordenadas ou autorizadas por despacho do juiz, suposto o preenchimento dos pressupostos legais, o que se verificou nos autos – artºs. 126º, nº 3, e 187º, nº 1, ambos do CPP; os procedimentos (...) constituem formalidades processuais cuja não observância não contende com a validade e a fidedignidade daquele meio de prova, razão pela qual, como este Supremo vem entendendo, à violação dos procedimentos previstos naquele normativo é aplicável o regime das nulidades sanáveis previsto no art. 120º do CPP".*

---

[263] Idem, p. 329.
[264] In www.dgsi.pt

5. PRINCÍPIOS RELATIVOS À PROVA

– Na mesma linha, o Ac do STJ de 7/03/2007, tirado no processo 06P4797[265]: *"Estando a escuta telefónica autorizada, no caso de preterição das formalidades prescritas no art. 188º do CPP não estamos na presença de um meio proibido de prova. As infracções às regras relativas à obtenção de tais meios de prova configuram meras prescrições ordenativas de produção de prova, no dizer de Figueiredo Dias (Processo Penal, pág. 446). E, de facto, não se justifica o regime da nulidade absoluta, insanável, mais adequado aos vícios de maior gravidade, na total acepção da palavra, havendo que distinguir, na cominação estabelecida no art. 189º do CPP, que fala genericamente em nulidade para a infracção às regras prescritas nos artºs. 187º e 188º do CPP, entre pressupostos substanciais de admissão das escutas, com previsão no art. 187º do CPP, e condições processuais da sua aquisição, enunciadas no predito art. 188°, para o efeito de assinalar ao vício que atinja os primeiros a nulidade absoluta e à infracção às segundas a nulidade relativa, sanável, sujeita a invocação até ao momento temporal previsto no art. 120º, nº 3, al. c), do CPP, dependente de arguição do interessado na sua observância".*

– Já o Ac do STJ de 21/02/2007, processo 06P4685[266], chegando, embora, à mesma solução jurídica, assenta em diferente fundamentação, apelando aos conceitos específicos da proibição de prova[267]: *"Existe uma diferença qualitativa entre a intercepção efectuada à revelia de qualquer autorização legal e a que, autorizada nos termos legais, não obedeceu aos requisitos a que alude o art. 187º do CPP: nesta hipótese o meio de prova foi autorizado, e está concretamente delimitado em termos de alvo, prazo e forma de concretização, e se os pressupostos de autorização judicial forem violados estamos apenas em face de uma patologia relativa a uma regra de produção de prova. As regras de produção da prova são «ordenações do processo que devem possibilitar e assegurar a realização da prova. Elas visam dirigir o curso da obtenção da prova sem excluir a prova. As regras de produção da prova têm assim a tendência oposta à das proibições de prova. Do que ali se trata não é de estabelecer limites à prova como sucede com as proibições de prova, mas apenas de disciplinar os processos e modos como a prova deve ser regularmente levada a cabo». Já o que define a proibição de prova é a prescrição de um limite à descoberta da verdade. É esta distinção que terá de estar subjacente a qualquer análise do regime legal das escutas telefónicas, não confun-*

---

[265] In www.dgsi.pt
[266] No mesmo sítio.
[267] É possível descortinar alguma similitude entre a posição doutrinária do acórdão e da doutrina espanhola, que distingue entre prova ilícita e ilegal, sendo aquela a que é obtida com violação dos requisitos materiais; e esta a obtida com violação dos requisitos formais.

dindo as patologias que colidem com étimos e princípios inultrapassáveis, pois que integram o cerne dos direitos individuais com inscrição constitucional, com aquelas que se traduzem em mera irregularidade produzida no contexto amplo de um meio de prova que foi autorizado. Quando o que está em causa é a forma como foram efectuadas as intercepções telefónicas produzidas no âmbito de meio de prova autorizado e perfeitamente definido carece de qualquer fundamento, sendo despropositada, a referência a uma prova proibida". E isto porque, neste caso, apenas se visa *"disciplinar os processos e modos como a prova deve ser regularmente levada a cabo"*, configurando a sua violação *"uma mera irregularidade produzida no contexto amplo de um meio de prova que foi autorizado"*.

Criticando a exposta doutrina do STJ, Costa Andrade[268] afirma que, *"De forma mais ou menos explícita, mais ou menos implícita, o STJ procede como se, independentemente das diferenças de categorização dogmática, mediasse uma* relação de cobertura *normativa e prático-jurídica entre regras de produção de prova e nulidades relativas. Só que tal não se dá nem isso é sequer admitido pelo Tribunal Supremo, como uma consideração mais atenta deixa claramente a descoberto. Quando invoca a regra de produção de prova, o Supremo corta toda a ligação à proibição de prova, considerando mesmo «despropositada» qualquer associação das duas figuras. Já o mesmo não se verificando do lado das nulidades relativas, que comportam um lastro irredutível de proibição de prova, mais precisamente de proibição de valoração. Dependente, é certo, de arguição e sujeita a prazo de arguição; mas, dentro destes limites, a todos os títulos e para todos os efeitos, uma verdadeira proibição de prova.*

A equivocidade que constitui a marca da construção do STJ e a inquina tem, em boa medida, a sua causa e a sua explicação nos próprios textos da lei processual positiva. Tanto na parte em que prescreve a disciplina das proibições de prova em associação simbiótica com o regime das nulidades; como na parte em que prescreve (artigo 190º) o mesmo tratamento («nulidade») para dois conjuntos de violações da lei que podem, de um ponto de vista político-criminal e axiológico-teleológico, merecer, ou mesmo reclamar, reacções normativas dissonantes. E, por vias disso, à espera da intervenção superadora ou, ao menos, clarificadora do legislador (de 2007). Além do mais para ultrapassar uma divergência entre os tribunais superiores portugueses. Não pode, na verdade, desatender-se que, enquanto o STJ se vem pronunciando pela solução diferenciada já recenseada, as Relações propendem

---

[268] *Bruscamente no Verão passado....*, RLJ 137º, p. 330.

maioritariamente para uma solução unitária, decretando a mesma *nulidade tanto em caso de violação do artigo 187º como de violação do artigo 188".*

Entende o mesmo Autor que é necessária intervenção legislativa que, sem ambiguidades, submeta à mesma *"incontornável proibição de valoração"*, à mesma *"parificação normativa de todas as violações do regime das escutas telefónicas".*

Solução que, em seu entender, resulta do texto da lei.

Todavia, admite que nada obsta a que o legislador adopte a doutrina encabeçada por Amelung. Mas tem de o fazer de forma expressa[269]: *"a doutrina nesta parte sustentada pelo STJ aproxima-se claramente de um pensamento axiológico-teleológico e político-criminal noutros contextos defendido pelos autores a merecer uma citação nesta sede. Consciente ou inconscientemente – os laços de comunicação não são, nem explícita nem implicitamente assumidos – o STJ deixa adivinhar pontes com uma das mais recentes correntes doutrinárias que, não obstante minoritária, vem motivando e polarizando debates e controvérsias entre os autores e os tribunais. Temos em vista a teoria encabeçada e representada sobretudo por* AMELUNG, *que vem tentando superar o nó górdio das proibições de valoração a partir do que designa por «direitos individuais de domínio sobre a informação» (Beherrschung von Information). E que tem tido como área problemática privilegiada de aplicação precisamente os meios de obtenção de prova que implicam intromissão e devassa, como sucede paradigmaticamente com as buscas domiciliárias e as intromissões nas telecomunicações.*

A construção assenta numa ideia simples. Suposta a obtenção ilegal de informação com relevo probatório por parte das autoridades da investigação, caberá determinar em que casos deve reconhecer-se à pessoa concretamente atingida uma pretensão à neutralização da informação (Anspruch auf informationelle Folgenbeseitigung) irregularmente obtida; e em que casos, inversamente, a ilegalidade não deve prejudicar o direito do Estado à conservação (e utilização) da informação. Trata-se, no fundo, de decidir a quem assiste o direito de domínio sobre a informação. Para responder ao problema, privilegiam os defensores desta doutrina a distinção entre pressupostos materiais e pressupostos formais da medida em causa. Os primeiros legitimam materialmente o acesso à informação bem como a sua detenção e utilização probatória, configurando a sua violação um desvalor de resultado. Dito noutros termos, o Estado «produz assim uma situação de informação que não é aprovada pela ordem jurídica. Ele não pode, por isso, deter e utilizar a

---

[269] *Idem,* pp. [330-331].

informação» (AMELUNG). Diferentemente, a violação dos segundos introduz apenas um desvalor de acção, que não significa uma «detenção ilícita da informação». Em síntese conclusiva, só no primeiro caso fará sentido a proibição de valoração.

Não se conhecem obstáculos invencíveis a que também no direito português se procure explorar a fecundidade heurística e a racionalidade teleológica e político--criminal sobre que assenta esta doutrina. Um caminho que terá visto reforçada a sua plausibilidade a partir da reforma de 2007, que densificou o campo das exigências formais e procedimentais das escutas, nem todas porventura a merecer a reafirmação contrafáctica de uma proibição de valoração. Este é, porém, um caminho cujo primeiro passo pertence, em exclusividade, ao legislador, que não pode ser ultrapassado por programas apócrifos do intérprete e aplicador. E também um caminho para que não deve partir-se com a ideia apriorística e fechada da total homogeneidade das exigências normativas arrumadas no artigo 187º. Como se todas fossem igualmente assépticas de conflitualidade material, irrelevantes do ponto de vista da «partilha do domínio legítimo sobre a informação» e insusceptíveis de suportar uma proibição de valoração. Há-de, pelo contrário, adoptar-se uma postura de maior contenção dogmática e normativa, predisposta a desembocar em soluções necessariamente dissonantes e centrífugas.

É pena que o legislador de 2007 não tenha dado alguns sinais de direcção e de sentido. E que, do mesmo passo que alargou o número das injunções normativas que pesam sobre as escutas, tenha deixado intocado o monolítico regime do artigo 189º. E que um legislador tão atento aos ruídos da rua e dos media, se tenha aposentado da vida real do direito, dos sinais que vinham dos tribunais e da doutrina a reclamar clarificação. E porque as omissões do legislador estão longe de ser indiferentes e neutras, esta reveste-se de um significado irredutível e incontornável: preservar e reforçar o statu quo de parificação normativa de todas as violações do regime das escutas telefónicas. Todas igualmente submetidas à mesma e incontornável proibição de valoração".

Já depois da alteração legislativa de 2007, o STJ[270] tratou do efeito expansivo da nulidade resultante da abusiva intromissão na vida privada, no domicílio, na correspondência ou nas telecomunicações, considerando que não pode ser igual ao das provas que ofendem a dignidade da pessoa humana (artº 126º, nº 1). *"Sobretudo quando a nulidade do meio utilizado (a «escuta telefónica») radique não nos seus «requisitos e condições de admissibili-*

---

[270] Ac de 31/01/2008, tirado no processo 06P4805, in www.dgsi.pt

dade» (artº 187º) mas nos «requisitos formais» das correspondentes «operações». Pois que, sendo esta modalidade, ainda que igualmente proibida (artºs 126º, nº 1 e 3 e 189º), menos agressiva do conteúdo essencial da garantia constitucional da inviolabilidade das telecomunicações (art. 34º, nº 4 da Constituição), a optimização e a concordância prática dos interesses em conflito (inviolabilidade das comunicações telefónicas versus «verdade material» e «punição dos culpados mediante sentenciamento criminal em virtude de lei anterior que declare punível a acção») poderá reclamar a limitação – se submetida aos princípios da necessidade e da proporcionalidade – dos «interesses individuais, ainda que emanações de direitos fundamentais, que não contendam directamente com a garantia da dignidade da pessoa»".

Dito por outras palavras: o estado de necessidade investigatório poderá justificar o uso de provas obtidas sem respeito pelos pressupostos formais.

Em síntese: As proibições de prova são autênticas limitações à descoberta da verdade material, que têm como efeito a nulidade do acto proibido e bem assim de todos aqueles que dele dependerem e puderem vir a ficar afectados[271]. Pelo que tudo se passa como se essa prova proibida não existisse.

Excepciona-se, segundo a jurisprudência maioritária, os casos em que falta apenas algum pressuposto formal e se verifique um estado de necessidade investigatório.

5.1.2 *Proibição de prova e proibição de valoração de prova*

As *"proibições (de produção) de prova são «barreiras colocadas à determinação dos factos que constituem objecto do processo».*

Diferentemente, as regras de produção de prova – cfr. v.g. o artigo 341º do CPP – visam apenas disciplinar o procedimento exterior da realização da prova na diversidade dos seus meios e métodos, não determinando a sua violação a reafirmação contrafáctica através da proibição de valoração. As regras de produção de prova configuram, na caracterização de Figueiredo Dias, «meras prescrições ordenativas de produção da prova, cuja violação não poderia acarretar a proibição de valorar como prova (...) mas unicamente a eventual responsabilidade (disciplinar, interna) do seu autor». Umas vezes preordenada à maximização da verdade material (como forma de assegurar a solvabilidade técnico-científica do meio de prova em causa),

---

[271] Infra faremos referência à doutrina dos frutos da árvore envenenada.

as regras de produção de prova podem igualmente ser ditadas para obviar ao sacrifício desnecessário e desproporcionado de determinados bens jurídicos"[272]; *"têm por objectivo disciplinar o modo e o processo de obtenção da prova, não determinando, se infringidas, a proibição de valoração do material probatório"*[273].

Ainda diferente da proibição de produção de prova, mas dela decorrente, é a proibição da sua valoração. *"As proibições de valoração emergem e relevam assim do conflito entre os interesses individuais e o interesse da perseguição penal. Só pode afirmar-se a sua existência quando a consideração da concreta situação de conflito faz aparecer a prevalência do interesse individual porque o princípio do Estado de Direito reclama a garantia e efectivação do bem jurídico individual face à actividade de perseguição do Estado. A ponderação, precisa Rogall, terá de orientar-se para as singularidades da situação, fazendo nomeadamente relevar o significado do interesse punitivo, a gravidade da violação legal, a dignidade de tutela e a carência de tutela do interesse lesado"*[274].

O STJ, como se viu, distingue os casos em que as provas, embora à partida seja permitida a sua obtenção[275], são, todavia, obtidas violando os pressupostos materiais de obtenção da prova; daqueloutras em que são obtidas violando os pressupostos formais.

No primeiro caso, estamos perante uma proibição de valoração; no segundo, perante uma nulidade sanável ou até mera irregularidade.

Costa Andrade[276], como se explanou no anterior parágrafo, entende que a lei, em princípio, parifica ambas as situações, conferindo-lhes o mesmo tratamento jurídico.

Ainda assim, defende, deverá distinguir-se os casos consoante a gravidade da lesão dos direitos fundamentais, mas sempre tendo presente que as provas têm um tratamento normativo autónomo e, por isso, não faz sentido falar em nulidades, antes em proibição de produção / proibição de valoração. Consequentemente:

---

[272] COSTA ANDRADE, Manuel, *Sobre as proibições...* p. 84.
[273] AIRES DE SOUSA, Susana, «Agent provocateur e meios enganosos de prova. Algumas reflexões», *Liber Discipulorum para Jorge Figueiredo Dias*, org. por Manuel da Costa Andrade, José de Faria Costa, Anabela Miranda Rodrigues, Maria João Antunes, Coimbra Editora, 2003, p. 1211.
[274] COSTA ANDRADE, Manuel, *Sobre as proibições...* p. 33.
[275] Tratando-se de provas obtidas por métodos proibidos são, naturalmente, nulas, não podendo ser utilizadas em quaisquer circunstâncias.
[276] *Idem*, pp. [90-116].

5. PRINCÍPIOS RELATIVOS À PROVA

– Se a proibição de produção de prova atinge direitos fundamentais[277], e de forma grave (v. g. nos casos do artigo 126 do CPP), a consequência será a nulidade, *"não podendo ser utilizada"*, salvo contra o autor das mesmas, o que vale por dizer que também não pode ser valoradas, seja em que circunstâncias for.

– Não sendo atingido aquele núcleo de direitos fundamentais, ou atingindo-o de forma não grave, a proibição de valoração só pode ser encontrada *"a partir do caso concreto e em resposta ao caso concreto"*, ponderando os *"interesses e proporcionalidade, se e na medida em que hajam de ser pertinentemente invocados"*[278].

A este respeito, doutrina o TC[279]: *"Numa síntese aproximativa, pode dizer-se, com Eduardo Correia, que determinada prova é inadmissível «quando a violação das formas da sua obtenção ou da sua produção entra em conflito com os princípios cuja importância ultrapassa o valor da prova livre» (...); numa palavra: quando aqueles valores e princípios são lesados «a um tal ponto que as razões éticas que impõem precisamente a verdade material não podem deixar de a proibir»"*.

Fora dos aludidos casos de ataque aos direitos fundamentais, de forma grave[280], em que, em circunstância alguma, a prova proibida pode ser valorada, a decisão da valoração da prova só pode tomar-se a partir do caso concreto, e com base nos princípios da ponderação de interesses e da proporcionalidade.

É ainda o TC[281] quem afirma: *"Só fora de uma «área interior colocada sob o domínio exclusivo do arguido» se há-de admitir a ponderação dos bens jurídicos conflituantes, sendo que, mesmo aí, o «fiel da balança» dos valores em questão deve encontrar-se no respeito pelos princípios da necessidade e da proporcionalidade,*

---

[277] Designadamente, como refere Costa Andrade, RLJ 138-119, quando se atinge a "área nuclear e inviolável da intimidade" "sobressai, por um lado, o carácter absoluto da tutela, com a subtracção à balança e aos juízos de ponderação; e, por outro lado, à prescrição de linhas articuladas de defesa e de reafirmação contrafáctica (...) sobreleva, sistematicamente reconhecida e proclamada, a sua inviolabilidade absoluta (...) se trata de erigir a área nuclear da intimidade como limite à investigação e perseguição" penais.

[278] Idem, p. 115. Crê-se que é a estas situações que alude Costa Andrade quando fala em estado de necessidade investigatório.

[279] Ac do TC 274/2007.

[280] O TC, a respeito dos exames para detecção da taxa de alcoolemia, doutrinou que os ataques insignificantes aos direitos fundamentais são toleráveis e, por isso, não geram proibição de prova.

[281] AC 607/2003.

indagando, designadamente, se a intromissão na vida privada é, em face do caso concreto, necessária e não desproporcionada".

5.1.3 *As provas derivadas das provas proibidas. A doutrina dos frutos da árvore envenenada*

De origem americana (foi a Suprema Corte Norte Americana quem, em 1920, no caso Siverthorne Lumber Co. vs. United States, fez uso da doutrina pela primeira vez), a doutrina dos frutos da árvore envenenada (em inglês, *"fruits of the poisonous tree"*) defende, em termos simplistas, a proibição de uso de todos os meios de prova que sejam obtidos com origem em meio de prova proibido.

Os frutos (provas derivadas) de uma árvore envenenada (prova ilícita originária) estão, segundo a doutrina, também eles envenenados e, por isso, não podem ser usados.

Durante décadas, tal doutrina foi aplicada com total garantismo em praticamente todos os países democráticos, do que resultava a ilicitude de toda a prova produzida a partir da prova proibida. Ou seja, a prova obtida de forma ilegal que, por isso mesmo, seria sempre nula (lato sensu), "transmite" a ilicitude a toda a prova produzida a partir dela; tudo o que decorre de prova ilícita, também é ilícito.

Só que os tempos são de mudança pelas razões que infra se explanarão.

5.1.3.1 *A jurisprudência Espanhola*

Em Espanha[282], com alguma similitude com a jurisprudência do nosso Supremo Tribunal de Justiça[283], distingue-se as provas ilícitas das ilegais.

Na realidade, por prova ilícita entende *"a prova viciada ab initio, que por ser também a fonte da prova; a prova ilegal é aquela que é obtida com violação das normas processuais que a regulam. Dito por outras palavras, a ilicitude da prova depende de um facto anterior ao processo ou, ainda que conectado com este, prati-*

---

[282] Assim, GONZÁLEZ GARCIA, *Revista de Direito da Faculdade de Direito da Universidade de Madrid*, vol. XVIII, nº 2, Dezembro de 2005, pgs [187-211], apud GONZÁLEZ, José Maria Alcaide, *A prova ilícita penal, decadência e extinção*, Editorial Lei 57, 2013, sendo a tradução da nossa responsabilidade, pg. 14.

[283] O STJ distingue, logo no que às provas originárias diz respeito, aquelas que foram obtidas com violação dos requisitos materiais daquelas que foram obtidas com violação dos requisitos formais, do que, como antes vimos, extrai diferentes consequências.

cado fora do processo ou em momento distinto da fase da prova; a ilegalidade corresponde à infracção das normas processuais que regulam a proposição prática ou a valoração da prova em questão. (...)

De acordo com este regime, uma prova pode ser ilícita (por sê-lo a sua fonte de obtenção), e ser legal por haver sido levada ao processo com escrupuloso respeito pelas normas processuais. Da mesma forma, com base em fonte lícita pode ser taxada de ilegal por infracção das normas processuais sobre a sua prática e valoração"[284].

A jurisprudência espanhola, altamente influenciada pela dos EUA, há muito se vem socorrendo da doutrina do fruto da árvore envenenada. Começando por afirmar que a ilicitude afecta tanto a prova directa, como a indirecta (dita posição securitária), vem, paulatinamente, reconhecendo que *"os efeitos da ilicitude não são os mesmos, consoante se trate de prova directa ou de prova reflexa (...)* pelo que *"a doutrina constitucional introduziu certas qualificações ao efeito geral da ineficácia das provas obtidas indirectamente por meios ilícitos"*[285].

O fenómeno da globalização, o impacto negativo que a regra da proibição de uso de todos os meios de prova que sejam obtidos com origem em meio de prova proibido exerce sobre *"a confiança do Povo no Poder Judicial"*[286], o fenómeno terrorista que se faz sentir em determinados países, que culminou com os ataques do 11 de Setembro de 2001, "forçaram" a doutrina e a jurisprudência de alguns países, maxime dos EUA, a introduzir limites, sob a forma de excepções ou restrições, à regra da proibição, aplicada sem qualquer limitação.

Restrições essas que depressa tiveram eco em outros países, designadamente naqueles que têm de conviver com grupos terroristas, como é o caso da Espanha.

O Tribunal Constitucional Espanhol, aderindo ao entendimento da mais recente jurisprudência americana, acaba por se afastar daquela via securitária e reconhece que *"a aplicação indiscriminada da teoria reflexa da árvore envenenada acabaria por frustrar o ius puniendi do Estado, a cuja aplicação se encontra vinculado o próprio Tribunal Constitucional"*[287].

---

[284] GONZÁLEZ, José Maria Alcaide, *A prova ilícita penal, decadência e extinção*, Editorial Lei 57, 2013, sendo a tradução da nossa responsabilidade, pgs. [14-15].
[285] Idem, pg. 17.
[286] Idem, pg. 135.
[287] Idem, pg. 13.

A sentença do TC 114/84 pode considerar-se o marco decisivo da viragem doutrinária do Tribunal no que ao princípio diz respeito.

Nela se afirmou que *"as fontes de prova obtidas com violação de outros direitos, sem a relevância constitucional de direito fundamental, não podem ser privadas de eficácia probatória"*[288].

Tal doutrina foi a fonte da alteração legislativa da LOPJ[289], e designadamente do seu artº 11º, nº 1, no qual se dispõe agora: *"não produzirão efeito em processo as provas obtidas, directa ou indirectamente, violando os direitos e liberdades fundamentais".*

SSendo significativa a restrição legal introduzida na medida em que se passa a exigir *relevância constitucional de direito fundamental* (e não já de direito constitucional, tout court) para que o princípio possa operar na sua plenitude, sentiu a jurisprudência a necessidade de ainda lhe introduzir mais restrições, sob a forma de excepções.

Sempre tendo presentes os fenómenos e a conjuntura supra referida.

Categoricamente passou a defender que o princípio dos frutos da árvore envenenada não deve, não pode, obstaculizar o exercício de outros direitos fundamentais, com consagração constitucional.

Importava, por isso, introduzir novas excepções/restrições no que diz respeito à aplicação do princípio.

O que só poderia ser feito com base em argumentação jurídica consistente.

A mais recente jurisprudência americana tinha já feitos progressos neste sentido, fundamentando as excepções com base nos seguintes argumentos:

a) *"Não existe um direito fundamental autónomo à não recepção jurisdicional das provas de possível origem antijurídica. A impossibilidade de valoração processual pode existir nalguns casos, mas não em virtude de um direito fundamental que possa considerar-se originariamente afectado, mas antes como expressão de uma garantia objectiva e implícita no sistema dos direitos fundamentais (...) Convém deixar claro que a hipotética recepção de uma prova obtida de forma antijurídica, não implica necessariamente a lesão de um direito fundamental (...). Tal afectação – e a subsequente possível lesão*

---

[288] Idem, pg. 12.
[289] Lei Orgânica do Poder Judicial em Espanha.

– *não podem em abstracto descartar-se, só tem relevância por referência aos direitos nascidos no âmbito do processo"*²⁹⁰.

b) *"A regra pela qual se exclui a prova obtida em violação da IV Emenda tende a garantir os direitos geralmente reconhecidos na dita Emenda através de um efeito dissuasório (de violação dela própria) e não tanto como expressão de um direito constitucional subjectivo da parte afectada (...). Há, pois, que ponderar em cada caso, os interesses em conflito para acolher um ou outro (interesse público na obtenção da verdade processual e interesse, também, no reconhecimento da plena eficácia aos direitos constitucionais). Não existe, portanto, um direito constitucional à não valoração da prova ilícita"*²⁹¹.

É ainda a mesma jurisprudência americana quem, em 1974, caso US vs. Calandra, "reduz" o direito fundamental do due process of law a *"mera «garantia objectiva» ou «remédio judicial», criado para salvaguardar os direitos da Quarta Emenda (...)"*²⁹².

Ora, conjugando todos os referidos fundamentos (não existência de um direito fundamental autónomo à não recepção jurisdicional das provas de possível origem antijurídica, necessidade de ponderação, em cada caso, dos interesses em conflito, sendo o *due process of law* simples garantia jurídica que, por definição, visa a solução jurídica dos conflitos, a que se deve chegar em prazo razoável, com a observância das garantias de imparcialidade e independência, através de um processo equitativo, **orientado para a *justiça material***, sem demasiadas peias formalísticas²⁹³, que a todos vincula), parece estar encontrada a justificação doutrinária para a introdução de excepções na doutrina da árvore envenenada.

Como vêm sendo introduzidas em países que se integram nos diferentes sistemas jurídicos.

Nunca é demais recordar que tais restrições vêm de encontro às reivindicações da própria Comunidade; e que os pérfidos ataques de 11 de Setembro de 2011 ainda estão bem frescos a exigir a tomada de posições duras e implacáveis.

As tendências securitárias atingem o seu auge nestes momentos. E vão ao ponto de alguém da craveira intelectual de Günther Jakobs defender

---

²⁹⁰ Idem, pgs. [25-26].
²⁹¹ Ibidem.
²⁹² Idem, pg. 14.
²⁹³ GOMES CANOTILHO e VITAL MOREIRA, *Constituição da República Portuguesa Anotada*, vol. I, 4ª ed., págs. 415 e segs.

no seu *Direito Penal do Inimigo*[294] um novo paradigma penal, no qual se defende a perseguição e a punição implacáveis dos terroristas, sem respeito pelo princípio da dignidade da pessoa humana, que é imanente a todo e cada um dos sujeitos.

Recorde-se, com Karl Popper[295], que *"só a liberdade torna a segurança segura".*

Com Sotto de Moura[296] afirmamos: *"há que evitar embarcar acriticamente na deriva securitária, sobrevalorizando sentimentos de insegurança tantas vezes manipulados, e sem a devida atenção às diferenças significativas que nos separam de outros países, no que concerne à delinquência, tanto em termos qualitativos como quantitativos. De outra banda, não poderá pensar-se que a nossa condição periférica, e de país de brandos costumes, dispense mecanismos de controlo social que nos são impostos pela referida globalização, e por compromissos de cooperação internacional. Cair numa obsessão garantística, sobretudo se ditada por casos isolados, seria a curto prazo transformar Portugal, de periferia, em centro de delinquência transnacional.*

Vê-se pois que entre securitarismo e garantismo haverá sempre um ponto de equilíbrio para aqui e para agora, que dê ainda atenção a outra componente incontornável de qualquer política criminal consequente: a consideração dos meios materiais e humanos de que se dispõe, e de que se espera dispor, a tradição jurídica e judiciária que nos aculturou até aqui".

Encontrada a justificação dogmática para a introdução das exceções ao princípio da proibição dos frutos da árvore envenenada, vejamos como elas foram sendo introduzidas na jurisprudência espanhola.

Entende esta, como é natural, que a prova obtida com violação de direitos fundamentais é nula.

Por exigência do Estado de Direito.

Mas logo vai adiantando que nem todos os direitos fundamentais são absolutos, seja, incomprimíveis: e, por isso, aceita-se que podem ser restringidos, verificados determinados pressupostos, maxime se o direito protegido for de valor superior ao sacrificado, isto é, quando o princípio da proporcionalidade esteja salvaguardado.

---

[294] *Derecho penal del inimigo*, Cuadernos Civitatis, Thomson Civitas, 2ª edição
[295] *A Sociedade Aberta e seus Inimigos*, Edições 70, Limitada, Fevereiro de 2013, vol. II, pg. 155.
[296] *A REFORMA DA JUSTIÇA PENAL EM PORTUGAL.*

5. PRINCÍPIOS RELATIVOS À PROVA

E vai ainda mais longe o TC espanhol defendendo, como vimos, que *"as fontes de prova obtidas com violação de outros direitos, sem a relevância constitucional de direito fundamental, não podem ser privadas de eficácia probatória.*

Ora, argumenta, não existe um direito fundamental autónomo que impeça a admissão da prova ilícita.

Consequentemente, não pode descartar-se, em abstracto, a possibilidade da valoração dessa prova (originária), devendo fazer-se apelo ao princípio da proporcionalidade, ponderando-se em concreto os direitos conflituantes.

No que à prova derivada diz respeito, esclarece, a proibição de valoração só pode ter lugar se existir um nexo tal entre a prova secundária e a prova primária que permita aferir da sua ilegitimidade constitucional.

Para aferir de tal nexo há que proceder a uma valoração do direito fundamental violado e verificar se a vulneração do mesmo e a necessidade da sua protecção deve transmitir-se à prova lícita, secundária[297].

Socorre-se, neste âmbito, o Tribunal Constitucional da denominada "conexão de antijuricidade", para cuja aplicação há *"levar em linha de conta:*

– A índole e características do direito violado e seu resultado, para poder apurar se, a partir de um ponto de vista interno, a sua inconstitucionalidade se transmite ou não à prova obtida.

– A necessidade de tutelar o direito violado, que em alguns casos pode levar à declaração de nulidade da prova derivada. Haverá, pois, que examinar o direito substantivo violado e a sua intensidade, para poder precisar se a defesa do dito direito requer a declaração de nulidade da prova reflexa.

– Se as provas relacionadas tiverem uma causa real diferente e alheia ao facto constitutivo, as provas serão válidas"[298].

Afirma o TC, na sentença 81/1998, que a condenação não pode fundar-se *exclusivamente* em provas violadoras de direitos fundamentais. Mas logo acrescenta: *"No entanto, se existem outras que são **válidas e independentes** pode suceder que (...) apesar de se encontrarem naturalmente interligadas com o facto constitutivo da violação do direito fundamental por derivarem do conhecimento adquirido a partir do mesmo, sejam dele juridicamente indepen-*

---

[297] Assim, Ascensio Melllado, *Derecho Procesal Penal*, 2004, cit., p. 143.
[298] González, José Maria Alcaide, *A prova ilícita penal, decadência e extinção*, Editorial Lei 57, 2013, pg. 107.

dentes e, em consequência, devem ser reconhecidas como válidas porque são aptas a abalar (no original "enervar") a presunção de inocência"[299], [300].

Há quebra da conexão de antijuricidade quando o nexo causal seja posto em crise. Na verdade, *"admite-se uma prova derivada de um acto lesivo de direito fundamental quando haja uma quebra objectiva do nexo causal ou da derivação causal"*[301].

Afirma o autor, que vimos seguindo de perto[302]: *"mantém-se em princípio, e como regra geral, a da ilicitude constitucional das provas ligadas à violação do direito fundamental de modo directo, pois a necessidade de tutela é maior quando o meio probatório utilizado viola directamente o direito fundamental.*

Assente esta ideia geral, a conexão de antijuricidade visa precisamente resolver este dilema: quando as provas derivadas são obtidas a partir de outras que foram obtidas com violação de direitos fundamentais podem também ser consideradas como infracção da Lei Fundamental".

Mas podem ser consideradas válidas, no entender da jurisprudência espanhola, desde que haja a aludida quebra do nexo causal.

A moderna doutrina penal vem-se afastando da chamada doutrina da adequação ou da causalidade adequada, que define como causa tão-somente aquela condição que, em conformidade com a experiência comum, seja adequada à produção do resultado.

E isto porque, no dizer de Jescheck[303], *"não é nada óbvio que a relação entre a acção e o resultado deva ser sempre de natureza causal, nem que a relação causal baste sempre para poder afirmar a responsabilidade jurídico-penal do autor pelo resultado, pois para o direito penal o essencial não é a relação de causa e efeito, mas unicamente a questão de saber se o resultado pode ser objectivamente imputado ao sujeito desde o prisma da justa punição".*

Questão que, no dizer deste consagrado autor, há-se ser resolvida *"segundo critérios normativos"* o que significa que a prova derivada da prova ilícita será antijurídica desde que, para além da existência de conexão causal com a acção ilícita, tenha também com ela uma conexão normativa.

Inexistindo tal nexo de imputação, a prova derivada será válida.

---

[299] Idem, pp. [22-23].
[300] Recorde-se que o princípio da presunção da inocência é um dos princípios que fundamenta a aplicação da regra dos frutos da árvore envenenada.
[301] Ob. cit., pg. 19.
[302] Ob. cit., pg. 110.
[303] H. H. JESCHECK, *Tratado de Derecho Penal, Parte General*, volumen I, pg. 378.

Como o afiança Alcaide González[304]: *"pode não ser suficiente o mero nexo causal entre a violação do direito e as provas derivadas; para que o veneno da árvore se transmita aos seus frutos, há-de concorrer também um nexo normativo, na sequência do qual se possa afirmar que as provas derivadas são constitucionalmente ilícitas. E esse nexo normativo não pode assentar exclusivamente no argumento pragmático das necessidades de tutela do direito fundamental, mas antes para que se possa afirmar prima facie que a exclusão da prova derivada é constitucionalmente necessária, o nexo a estabelecer há-de ser intrínseco e não extrínseco, isto é, a prova derivada da obtida de forma ilícita **há-de constituir por si uma violação do direito constitucional**[305].*

Trata-se de definir quando o resultado de uma acção constitucionalmente ilícita (a da obtenção da prova em violação de direitos constitucionais) é também constitucionalmente ilícita e, em consequência, posto que o resultado é outra prova (a derivada) há-de aplicar-se igualmente a regra da exclusão".

Acrescenta o mesmo autor[306]: *"Por conseguinte, para determinar se a prova derivada é também inconstitucional haverá que estabelecer, não só o nexo causal entre ela e a obtida ilicitamente em via primária, mas também um nexo de antijuricidade ou imputação semelhante ao proposto. Dito de outro modo, não basta que a prova derivada provenha da obtida de forma ilícita, mas há que aferir, justamente, da sua ilicitude pelo que, pelo menos nos casos de simples negligência, se a prova derivada pudesse ter sido obtida, razoavelmente, de forma lícita, as razões constitucionais para a excluir não são, em absoluto, claras.*

Na doutrina e na jurisprudência penal, pese a existência do nexo causal, entende-se estar quebrada a possibilidade de imputação objectiva quando interfere a actuação livre, espontânea e deliberada de alguém. É o que se denomina de «proibição de regresso»: a imputação da ilicitude acaba quando se chega a uma actuação humana com as características da descrita, ainda que o curso causal pode ser levado atrás, isto é, a momentos anteriores à dita actuação".

Na sequência da doutrina perfunctoriamente exposta, vem a Jurisprudência espanhola entendendo que há quebra do nexo de antijuricidade quando:

(1) A prova derivada seja **juridicamente independente**, ou seja, *"quando existe uma prova independente dos resultados probatórios ilegalmente*

---

[304] Ob. cit., pg. 146.
[305] Realce nosso.
[306] Pg. 148.

obtidos, que é prova legal. Segundo a dita doutrina esta prova permite valorar os factos e se é «a charge», é suficiente para destruir a presunção de inocência. Em consequência, não fica contaminado todo o processo, nem se produz a nulidade radical de toda a sentença"[307].

Pode afirmar-se que, se existe uma prova que (1) seja independente dos resultados probatórios obtidos de forma ilegal, e (2) se essa prova, em si mesma, é legal, deve ser valorada pois que só a prova ilegal está contaminada.

É o caso, por exemplo, de alguém que é interceptado com droga na sequência de uma escuta ilegal mas que, em sede de interrogatório realizado com observância de todo o formalismo legal, no qual esteve acompanhado do seu Advogado, acaba por confessar o tráfico de droga.

O Tribunal Constitucional entende que a confissão do acusado pode operar como prova autónoma e independente da prova declarada nula, quando reúna as seguintes condições:

– O agente tenha sido informado dos seus direitos constitucionais, entre os quais o de não prestar declarações;

– O agente esteja, no momento da confissão, acompanhado do Advogado;

– O agente tenha feito uma declaração voluntária, sem vícios, com ausência de perguntas sugestivas.

O artº 157º do CPP Brasileiro, de forma expressa, considera válida esta prova:

"São inadmissíveis, devendo ser desentranhadas do processo, as provas ilícitas, assim entendidas as obtidas em violação a normas constitucionais ou legais.

§ 1º **São também inadmissíveis as provas derivadas das ilícitas,** *salvo quando não evidenciado o nexo de causalidade entre umas e outras, ou quando as derivadas puderem ser obtidas por uma fonte independente das primeiras".*

(2) Quando **a descoberta seja inevitável**.

"A doutrina do achado ou descoberta inevitável – inevitable discovery – pretende afastar a ilicitude de que padece a prova derivada da ilícita, com o argumento de que essa «inevitabilidade» justifica a sua valoração (...) porque, cedo ou tarde, se chegaria ao mesmo resultado de forma lícita e isso é o que legitima a sua admissão.

Trata-se de doutrina similar à doutrina da fonte independente, embora seja um aperfeiçoamento desta, ainda que baseada num juízo hipotético que permite que a

---

[307] Idem, pg. 45.

investigação prossiga até à fonte independente por se encontrar uma investigação em curso e ainda porque a polícia actuou de boa fé, pois que de outra forma não pode obter-se o efeito dissuasório próprio da admissão destas provas derivadas"[308].

A jurisprudência espanhola justifica a não contaminação das provas derivadas pela desconexão causal entre elas. Chama a atenção para o facto de não se poder confundir a «prova diferente», ainda que derivada, com a «prova independente», sem conexão causal com a prova originária.

Se as provas que fundamentam a condenação não foram obtidas de forma ilícita, e se tais provas válidas seriam sempre encontradas, mesmo inexistindo as provas ilícitas, então nada justifica a sua não valoração.

Como exemplo, o caso de um agente que foi alvo de escuta telefónica ilegal, mas que, antes desta ser realizada, já estar a ser alvo de vigilância legal.

Descobriu-se, através daquela, que iria traficar droga em determinado local.

Esta prova, proibida, não pode ser usada.

No entanto, a vigilância, que seria feita sem "auxílio" da escuta telefónica, sempre conduziria, de forma inevitável, ao mesmo resultado. Neste caso, a prova é válida e pode fundamentar a condenação.

A jurisprudência americana coloca três limites à aplicação da excepção:

(i) A má fé de quem obtém a prova;
(ii) A ausência do efeito dissuasor na não declaração da nulidade;
(iii) O lapso de tempo decorrido entre a ilicitude e a descoberta.

(3) Quando a **descoberta seja casual**.

A doutrina da descoberta casual considera válida a prova obtida, ainda que a prova originária seja ilícita, quando foi encontrada de forma totalmente fortuita. Se as provas pudessem ser obtidas segundo o procedimento adoptado, nada impede que possam ser usadas.

"A doutrina do achado causal não investigado determina que o achado causal não seja afectado pela nulidade da investigação inicial, mas apenas que esta só afectará o caso relativamente ao qual se havia iniciado a investigação. Um exemplo tipo poderia ser: se durante uma entrada ilícita num domicílio para encontrar drogas se encontra um cadáver, a ilicitude inicial não impede que se possa abrir uma

---

[308] Idem, pg. 50.

investigação e posterior julgamento sobre os factos que originaram o aparecimento do cadáver"[309].

Segundo o Tribunal Constitucional, sentença 41/1998 de 24 de Fevereiro[310], *"quando se está a investigar determinados factos delitivos, tal não impede a perseguição de quaisquer outros distintos daqueles que sejam descobertos no decurso da referida investigação, pois que os funcionários da polícia têm de dar conhecimento à autoridade penal competente dos delitos de que tomarem conhecimento, praticando inclusive diligências de conservação da prova".*

Se a prova pudesse ser obtida sem recurso à prova anterior, falece a conexão de antijuricidade pois que não há uma relação causal da prova ilícita com a lícita.

(4) Quando o **nexo causal esteja atenuado**.

"A teoria do nexo causal atenuado ou purged taint está a meio caminho entre o reconhecimento das provas obtidas de forma ilícita e a teoria da fonte independente. (...) Exige-se que o facto pelo qual se imputa a culpabilidade ao agente nasça de maneira espontânea e autónoma, mediando um certo lapso de tempo entre o vício de origem e a prova derivada, ou a intervenção de um terceiro, ou a confissão espontânea. Trata-se de dados de culpabilidade de certa forma interligados mas que surgem de forma natural e automática. (...)

A exclusão dos frutos da árvore envenenada não opera quando a sequência temporal, as circunstâncias intervenientes, o maior ou menor impacto da conduta ilícita ou a ocorrência de uma actuação voluntária atenua de tal modo o grau de ilicitude da prova derivada que torna irrazoável exclui-la"[311].

Como exemplo, aponta-se o caso da detenção de um agente no aeroporto, com base em escutas telefónicas ilegais. Uma vez conduzido à Polícia, nada lhe foi encontrado que pudesse suportar a acusação de tráfico de droga.

No entanto, o taxista que o transportou, no dia seguinte, ao fazer a limpeza do veículo, encontrou um pacote com droga que, sem dúvida, era daquele agente.

Tal prova, aliada ao depoimento do taxista, foi considerada válida e fundamentou a condenação.

---

[309] Idem, pg. 59.
[310] Apud ob. cit., pg. 60.
[311] Idem, pp [69-70].

5. PRINCÍPIOS RELATIVOS À PROVA

Na jurisprudência espanhola, é possível encontrar, ainda que de forma esporádica, duas outras causas de justificação da derrogação da doutrina da proibição dos frutos da árvore envenenada.

São os casos em que:

(5) A **actuação do agente é levada a cabo de boa fé**.

"Desde algum tempo, verifica-se uma predilecção e tendência para introduzir em Espanha a admissão das provas ilícitas, desde que obtidas por agentes policiais que ajam de boa fé"[312].

Importa realçar que os agentes apenas podem alegar actuação de boa fé quando *"crêem estar a actuar mediante auto de autorização correctamente motivado"*[313], crença essa que só pode resultar de deficiente actuação do Juiz ou de ambiguidades da lei, que, em concreto, permitam tal convicção.

(6) **A confissão voluntária do suspeito**, obtida fora do formalismo legal.

A confissão dos factos, obtida sem observância das formalidades legais, maxime sem a presença do Advogado, é nula. Todavia, chegou a ser admitida pela jurisprudência com a argumentação de que *"a ausência de força ou de pressão por parte do agente policial, a inexistência de engano da qualidade de agente (pelo facto de os agentes revelarem a sua identidade, como polícias), e porque a confissão foi voluntária, deve admitir-se a prova originária como lícita"*[314].

5.1.3.2 *A Jurisprudência Portuguesa*

Também em Portugal, se considera que as provas com origem em provas proibidas que, em princípio são nulas, podem ser válidas se, e de forma telegráfica[315]:

– Tiverem o seu fundamento em **fontes de prova independentes** e, por isso, puderem ser destacadas da prova inválida anterior;

– **A descoberta** desses novos e posteriores factos **se mostre inevitável** mediante o decurso de outras diligências de prova, que já decorriam anteriormente ou em simultâneo;

---

[312] Idem, pg. 73.
[313] Idem, pg. 73.
[314] Ibidem.
[315] Neste sentido o Ac do STJ de 20/2/2008, CJ, Acs do STJ, 2008, I, p. 229; e o Ac do TC 198/2004.

– Não obstante a prova recolhida derivar de prova ilegal, **podia ter sido alcançada através de meios de prova autónomos e distintos desta última**, em termos tais que produzam uma decisiva atenuação da ilegalidade precedente.

5.1.4 *A videovigilância*

A Lei 67/98, de 26 de Outubro, transpõe para a ordem jurídica portuguesa a Directiva 95/46/CE, do PE e do Conselho, 24/10/95, relativa à protecção das pessoas singulares no que diz respeito ao tratamento dados pessoais e à livre circulação desses dados.

Na alínea a) do artº 3º entende como «Dados Pessoais» *"qualquer informação, de qualquer natureza e independentemente do respectivo suporte, incluindo som e imagem, relativa a uma pessoa singular identificada ou identificável ('titular dos dados')".*

No nº 4 do artº 4º determina que *"A presente lei aplica-se à videovigilância e outras formas de captação, tratamento e difusão de sons e imagens que permitam identificar pessoas sempre que o responsável pelo tratamento esteja domiciliado ou sediado em Portugal ou utilize um fornecedor de acesso a redes informáticas e telemáticas estabelecido em território português".*

Prescreve o nº 1 do artº 5º que *"Os dados pessoais devem ser:*

a) Tratados de forma lícita e com respeito pelo princípio da boa fé;

b) Recolhidos para finalidades determinadas, explícitas e legítimas, não podendo ser posteriormente tratados de forma incompatível com essas finalidades;

c) Adequados, pertinentes e não excessivos relativamente às finalidades para que são recolhidos e posteriormente tratados;

d) Exactos e, se necessário, actualizados, devendo ser tomadas as medidas adequadas para assegurar que sejam apagados ou rectificados os dados inexactos ou incompletos, tendo em conta as finalidades para que foram recolhidos ou para que são tratados posteriormente;

e) Conservados de forma a permitir a identificação dos seus titulares apenas durante o período necessário para a prossecução das finalidades da recolha ou do tratamento posterior".

O artº 6º estabelece as condições de legitimidade do tratamento de dados, dispondo que *"o tratamento de dados pessoais só pode ser efectuado se o seu titular tiver dado de forma inequívoca o seu consentimento* **ou** *se o tratamento for necessário para:*

a) Execução de contrato ou contratos em que o titular dos dados seja parte ou de diligências prévias à formação do contrato ou declaração da vontade negocial efectuadas a seu pedido;

b) Cumprimento de obrigação legal a que o responsável pelo tratamento esteja sujeito;

c) Protecção de interesses vitais do titular dos dados, se este estiver física ou legalmente incapaz de dar o seu consentimento;

d) Execução de uma missão de interesse público ou no exercício de autoridade pública em que esteja investido o responsável pelo tratamento ou um terceiro a quem os dados sejam comunicados;

e) Prossecução de interesses legítimos do responsável pelo tratamento ou de terceiro a quem os dados sejam comunicados, desde que não devam prevalecer os interesses ou os direitos, liberdades e garantias do titular dos dados".

A Comissão Nacional de Protecção de Dados "é a autoridade nacional que tem como atribuição controlar e fiscalizar o cumprimento das disposições legais e regulamentares em matéria de protecção de dados pessoais, em rigoroso respeito pelos direitos do homem e pelas liberdades e garantias consagradas na Constituição e na lei" – nº 1 do artº 22º – competindo-lhe, para além do mais, *"Autorizar ou registar, consoante os casos, os tratamentos de dados pessoais"* – alínea b) do nº 1 do artº 23º.

Neste quadro legal, entende a jurisprudência[316] que é *"válida a prova que assenta em gravação de imagens (...) em que são captadas (por câmara de videovigilância) imagens de local público (por factos ocorridos em via pública), sem conhecimento do visionado, tendo como única finalidade a identificação do autor do crime (neste caso crime de dano que atinge o património, veículo automóvel, estacionado em via publica, do particular que fez essa filmagem), que veio a ser denunciado às autoridades competentes, mesmo que não haja prévio licenciamento pela Comissão Nacional de Protecção de Dados, por neste caso existir justa causa para essa captação de imagens (...) e por não serem atingidos dados sensíveis da pessoa visionada e nem ser necessário o seu consentimento até olhando para as exigências de justiça.*

A imagem captada, em local público, por factos ocorridos em via pública, do suposto autor do crime por um lado não constitui nenhuma violação do «núcleo duro da sua vida privada», nem do seu direito à imagem, não sendo necessário o seu consentimento para essa gravação, tal como decorre do art. 79º, nº 2, do C. Civil

---

[316] Ac da RP de 23/10/2013, processo 585/11.6TABGC.P1, in www.dgsi.pt

(estando a filmagem do suspeito justificada por exigências de justiça) e, por outro lado, aquela conduta do particular que fez a filmagem de imagens em local público não constitui a prática do crime de «gravações e fotografias ilícitas» p. e p. no art. 199º, nº 2, do C. Penal, nem tão pouco integra a prática de qualquer ilícito culposo segundo o ordenamento jurídico, mesmo considerado este globalmente".

Não sendo ilícita, nos termos da lei penal, essa filmagem de imagens em local público, feita por particular, nas circunstâncias acima descritas, também a reprodução mecânica dessa filmagem (através da junção ao processo, quer do CD contendo a dita gravação de imagens, quer da reprodução em papel de imagens dela retiradas) é permitida, tal como decorre do art. 167º, nº 1, do CPP".

No mesmo sentido, a Relação de Lisboa[317] expendeu: *"No que respeita a provas obtidas por particulares e à tutela da vida privada, o legislador remete-nos para a tipificação dos ilícitos criminais previstos no Código Penal como tutela do direito fundamental à privacidade".* Acrescenta: *"Não é a existência ou não de licença concedida pela CNPD para a colocação de câmaras de videovigilância que define a licitude ou ilicitude penal da recolha ou utilização das imagens, mas sim o artigo 199° do Código Penal que tipifica o crime de gravações e fotografias ilícitas".* Por isso, conclui: *"Nada impedia que o dono da câmara de videovigilância, antes de instaurado procedimento criminal, por crime de dano, contra as pessoas filmadas, procedesse à visualização das imagens recolhidas de forma penalmente não ilícita – já que captadas à vista de toda a gente e sem qualquer surpresa para os filmados".*

Aponta no mesmo sentido o STJ[318].

Com efeito, considerando, por um lado, que a videovigilância é um instrumento poderoso *"em termos de estratégias de prevenção"* e, por isso, necessário a garantir a segurança dos cidadãos; por outro que é *"criminalmente atípica, a obtenção de fotografias ou de filmagens, mesmo sem consentimento do visado, sempre que exista justa causa nesse procedimento, designadamente quando as mesmas estejam enquadradas em lugares públicos, visem a realização de interesses públicos ou que hajam ocorrido publicamente (...) o único limite para esta justa causa, será sempre a inviolabilidade dos direitos humanos e, como tal, a inadmissibilidade de atentados intoleráveis à liberdade, dignidade e à integridade moral do indivíduo,* o aresto, na ponderação de tais valores, em confronto com o direito à intimidade (rectius, intromissão na vida privada sem o

---

[317] Ac da RL de 28/05/2009, CJ, XXXIV, III, 135.
[318] Decisão de 28/09/2011, processo 22/09.6YGLSB.S2, in www.dgsi.pt

5. PRINCÍPIOS RELATIVOS À PROVA

consentimento do respectivo titular), afectado pela videovigilância, categoricamente afirma que *"Não se vislumbra qual a razão pela qual a protecção da vítima e a eficiência da justiça penal tenha de ser postergada pela protecção da palavra que consubstancia práticas criminosas ou da imagem que as retrata".* Na sequência, porque *"a reprodução das imagens obtidas através do sistema de videovigilância não representa qualquer ilícito penal, conclui-se que são um meio de prova admissível e objecto de valoração".* E assim é ainda que *"se desconheça se esse sistema foi comunicado à comissão Nacional de Protecção de Dados".*

Muitas outras decisões jurisprudenciais vão no mesmo sentido, pelo que a jurisprudência se pode considerar já consolidada. Assim:

– O Ac da RL de 3/11/2009, CJ, XXXIV, V, 117, decidiu que *"As imagens obtidas através de sistema de videovigilância, previamente autorizado, que se restringiram ao espaço divisório da propriedade dos assistentes e permitiram visionar o arguido em posição intrusiva no espaço daqueles, não se traduziram em qualquer acto de intromissão na vida privada alheia, podendo ser validamente utilizadas como meio de prova";*

– A Relação do Porto, Ac de 3/02/2010, processo 371/06.5GBVNF.P1, in www.dgsi.pt, consignou que *"Não é proibida a prova obtida por sistemas de videovigilância colocados em locais públicos, com a finalidade de proteger a vida, a integridade física, o património dos respectivos proprietários ou dos próprios clientes perante furtos ou roubos".* No Ac de 23-11-2011, processo 1373/08.2PSPRT.P1, in www.dgsi.pt, reiterou a sua posição, indicando que *"Não constituem prova de valoração proibida as imagens recolhidas por meio de uma câmara de videovigilância colocada na garagem colectiva de um prédio de apartamentos".*

– A Relação de Évora, Ac de 28-06-2011, processo 2499/08.8TAPTM. E1, in www.dgsi.pt, expendeu que *"A obtenção das imagens da testemunha e do arguido através do videograma, instalado pela assistente tendo em vista a identificação dos autores do dano provocado na porta de entrada da sua habitação, não constitui um método proibido de prova, dado que existe uma causa de justificação para a sua obtenção, isto é, visava documentar uma infracção criminal e não diz respeito ao «núcleo duro da vida privada» da pessoa visionada.* No Ac de 24/04/2012, processo 932/10.8PAOLH.E1, in www.dgsi.pt, acrescentou que *"A questão da validade da prova assente na obtenção e utilização da recolha de imagens não depende de que esta esteja, ou não, autorizada pela Comissão Nacional de Protecção de Dados".*

– Igualmente a Relação de Coimbra, Ac de 2-11-2011, processo 106/09.0PAVNO.C1, in www.dgsi.pt, decidiu que *"As imagens dos arguidos, obtidas através de sistema de videovigilância instalado na ourivesaria onde foi praticado o furto julgado nos autos, e com vista a prevenir a segurança desse estabelecimento, não se traduziram em qualquer acto de intromissão na vida privada alheia, podendo ser validamente utilizadas como meio de prova".* No mesmo sentido no Ac de 10/10/2012, processo 19/11.6TAPBL.C1, in www.dgsi.pt

– Também a Relação de Guimarães, Ac de 29/04/2014, processo 102/09.8GEBRG.G2, in www.dgsi.pt, entende que *"Não constituem provas ilegais, podendo ser valoradas pelo tribunal, a gravação de imagens por particulares em locais públicos, ou acessíveis ao público, nem os fotogramas oriundos dessas gravações, se se destinarem a documentar uma infração criminal e não disserem respeito ao «núcleo duro da vida privada» da pessoa visionada (onde se inclui a intimidade, a sexualidade, a saúde e a vida particular e familiar mais restrita)".*

5.2 O princípio da livre apreciação da prova

Não há um ónus da prova em processo penal, já o vimos, o qual, em última análise, recai sobre o juiz, que está vinculado ao objecto do julgamento, definido pela acusação ou pela pronúncia, se a houver.

Ao juiz cabe apreciar as provas, após o que decidirá sobre a matéria de facto.

As provas podem ser apreciadas:

(1) Pelo sistema de prova legal – a apreciação da prova deve ter lugar na base de regras legais predeterminantes do valor a atribuir-lhe; ou

(2) Pelo sistema de prova livre (Castanheira Neves, citando Radbruch e Sauer, chama-lhe sistema de *"prova científica"* porquanto *"ao contrário do que acontece no sistema da prova legal – no qual a conclusão probatória é pré-fixada legalmente (...) – pelo princípio da «livre convicção» tem antes o julgador a liberdade de formar a sua convicção sobre a realidade («os factos») do caso submetido a julgamento com base apenas no juízo que se fundamente no mérito objectivamente concreto desse caso, na sua individualidade histórica, tal como ele foi exposto e adquirido representativamente no processo")*[319]. Neste, o juiz valora livremente as provas que servem de base à sua apreciação.

---

[319] Castanheira Neves, *Sumários de Processo Criminal*, Coimbra: João Abrantes, 1968, pp. [44, 45].

5. PRINCÍPIOS RELATIVOS À PROVA

Nos sistemas ocidentais, incluindo o português, optou-se pela livre apreciação da prova, embora com contornos que "obriguem" o Juiz a afastar-se do arbítrio.

"*O sistema da prova livre fez o seu aparecimento nas Reformas Judiciárias (...) «não escutando senão (o juiz) os ditames da (...) consciência e íntima convicção»*"[320].

Segundo o artº 127º, "*Salvo quando a lei dispuser diferentemente, a prova é apreciada segundo as regras da experiência e a livre convicção da entidade competente*".

"*O julgador é livre de apreciar as provas, embora tal apreciação seja «vinculada aos princípios em que se consubstancia o direito probatório e às normas da experiência comum, da lógica, regras de natureza científica que se devem incluir no âmbito do direito probatório»*"[321].

Por regras da experiência entende-se "*as máximas da experiência que todo o homem de formação média conhece*"[322]; "*assentam em factos do conhecimento geral*" (...) "*Isso não impede, por vezes, que as regras da experiência careçam, para serem definidas, duma explicação técnica ou científica, a qual pode obter-se mediante a perícia (...)*"[323].

Importa ter presente que "*a decisão (do juiz) não consiste numa operação matemática, ou meramente formal, devendo o julgador apreciar as provas, analisando-as dialecticamente e procurando harmonizá-las entre si e de acordo com os princípios da experiência comum, sem que o julgador esteja limitado por critérios formais de avaliação. (...)*

Não se trata – na avaliação da prova – de uma mera operação voluntarista, mas de conformação intelectual do conhecimento do facto (dado objectivo) com a certeza da verdade alcançada (dados não objectiváveis).

Envolve a apreciação da credibilidade que merecem os meios de prova, onde intervêm elementos não racionalmente explicáveis, v.g. a credibilidade que se concede a um certo meio de prova em detrimento de outro – tem essencial relevo a imediação"[324].

Por isso, "*O princípio não pode de modo algum querer apontar para uma apreciação imotivável e incontrolável – e portanto arbitrária – da prova produzida. Se a apreciação da prova é, na verdade, discricionária, tem evidentemente esta dis-*

---

[320] FIGUEIREDO DIAS, Jorge, *Direito Processual Penal*, p. 201.
[321] CAVALEIRO DE FERREIRA, Manuel, *Curso...*, vol. III, p. 311.
[322] MARQUES DA SILVA, Germano, *Curso ...*, III vol., p. 339.
[323] CAVALEIRO DE FERREIRA, *Curso...*, II vol., p. 296.
[324] Ac da RG de 29/01/2007, processo 1917/07.1, in www.dgsi.pt

cricionariedade (...) os seus limites que não podem ser licitamente, ultrapassados: a liberdade de apreciação da prova é, no fundo, uma liberdade de acordo com um dever – o dever de perseguir a chamada «verdade material» –, de tal sorte que a apreciação há-de ser, em concreto, recondutível a critérios objectivos e, portanto, em geral susceptível de motivação e de controlo. (...)

Do mesmo modo, a «livre» ou «íntima» convicção do juiz (...) não poderá ser uma convicção puramente subjectiva, emocional e portanto imotivável. Certo que, como já se notou, a verdade «material» que se busca em processo penal não é o conhecimento ou apreensão absolutos de um acontecimento, que todos sabem escapar à capacidade de conhecimento humano; tanto mais que aqui intervêm, irremediavelmente, inúmeras fontes de possível erro, quer porque se trata do conhecimento de acontecimentos passados, quer porque o juiz terá as mais das vezes de lançar mão de meios de prova que, por sua natureza – e é o que se passa sobretudo com a prova testemunhal, relativamente à qual a própria lei não deixa de manifestar certa desconfiança. (...)

Se a verdade que se procura é, já o dissemos, uma verdade prático-jurídica, e se, por outro lado, uma das funções primaciais de toda a sentença (maxime da penal) é a de convencer os interessados do bom fundamento da decisão, a convicção do juiz há-de ser, é certo, uma convicção pessoal – até porque nela desempenha um papel de relevo não só a actividade puramente cognitiva mas também elementos racionalmente não explicáveis (v. g. a credibilidade que se concede a um certo meio de prova) e mesmo puramente emocionais –, mas, em todo o caso, também ela uma convicção objectivável e motivável, portanto capaz de impor-se aos outros.

Uma tal convicção existirá quando e só quando – parece-nos este um critério prático adequado, de que se tem servido com êxito a jurisprudência anglo-americana – o tribunal tenha logrado convencer-se da verdade dos factos para além de toda a dúvida razoável. Não se tratará pois, na «convicção», de uma mera opção «voluntarista» pela certeza de um facto e contra a dúvida, ou operada em virtude da alta verosimilhança ou probabilidade do facto, mas sim de um processo que só se completará quando o tribunal, por uma via racionalizável ao menos a posteriori, tenha logrado afastar qualquer dúvida para a qual pudessem ser dadas razões, por pouco verosímil ou provável que ela se apresentasse"[325].

Também Castanheira Neves[326] afirma que a liberdade de convicção é *"uma liberdade para a objectividade"*, baseada numa convicção *"motivada"* ou

---

[325] FIGUEIREDO DIAS, Jorge, *Direito Processual Penal*, pp. [202-205].
[326] *Op. cit.*, pp. [47-50].

5. PRINCÍPIOS RELATIVOS À PROVA

"motivável", que aproveita as regras científicas apenas como *"factores de investigação e de esclarecimento de uma realidade histórica, cuja natureza e individualidade específicas, de sentido prático-humano, sempre estará para além das puras reduções teoréticas e que, na sua determinação objectivante, nunca prescindirá de um juízo de natureza também intencionalmente prático-humano"*.

Da mesma forma se expressa Germano Marques da Silva[327]: *"O princípio da livre apreciação da prova traduz uma terceira fase da evolução histórica dos sistemas jurídicos da prova criminal, fase em que passou a ser objectivo fundamental a da verdade histórica – impondo-se ao juiz, no fundo, a mesma atitude e intenção do investigador histórico – e foi possível vencer o puro judidismo formal na actividade e juízo probatórios e abri-los aos imprescindíveis contributos dos conhecimentos psicológicos, sociológicos e científicos da mais variada espécie.*

O actual sistema da livre convicção não deve definir-se negativamente, isto é, como desaparecimento das regras legais de apreciação das provas, pois não consiste na afirmação do arbítrio, sendo, antes, a apreciação da prova também vinculada aos princípios em que se consubstancia o direito probatório. (...)

Também a liberdade que aqui importa é a liberdade para a objectividade, aquela que se concede e que se assume em ordem a fazer triunfar a verdade objectiva, isto é, uma verdade que transcende a pura subjectividade e que se comunique e imponha aos outros. Isto significa, por um lado, que a exigência de objectividade é ela própria um princípio de direito, ainda no domínio da convicção probatória, e implica, por outro lado, que essa convicção só será válida se for fundamentada, já que de outro modo não poderá ser objectiva.

A livre valoração da prova não deve, pois, ser entendida como uma operação puramente subjectiva pela qual se chega a uma conclusão unicamente por meio de impressões ou conjecturas de difícil ou impossível objectivação, mas valoração racional e crítica, de acordo com as regras comuns da lógica, da razão, das máximas da experiência e dos conhecimentos científicos, que permita objectivar a apreciação, requisito necessário para uma efectiva motivação da decisão.

Com a exigência de objectivação da livre convicção poderia pensar-se nada restar já à liberdade do julgador, mas não é assim. A convicção do julgador há-de ser sempre uma convicção pessoal, mas há-de ser sempre «uma convicção objectivável e motivável, portanto capaz de impor-se aos outros».

O juízo sobre a valoração da prova tem diferentes níveis. Num primeiro aspecto trata-se da credibilidade que merecem ao tribunal os meios de prova e depende subs-

---

[327] *Curso ...*, II vol., p. [125-127].

tancialmente da imediação e aqui intervêm elementos não racionalmente explicáveis (v.g., a credibilidade que se concede a um certo meio de prova). Num segundo nível referente à valoração da prova intervêm as deduções e induções que o julgador realiza a partir dos factos probatórios e agora já as inferências não dependem substancialmente da imediação, mas hão-de basear-se na correcção do raciocínio, que há-de basear-se nas regras da lógica, princípios da experiência e conhecimentos científicos, tudo se podendo englobar na expressão regras da experiência.

Importa ainda anotar que a objectividade que aqui importa «não é a objectividade científica (sistemático-conceitual e abstracto-generalizante), é antes uma racionalização de índole prático-histórica, a implicar menos o racional puro que o razoável, proposta não à dedução apodíctica, mas à fundamentação convincente para uma análoga experiência humana, e que se manifesta não em termos de intelecção, mas de convicção (integrada sem dúvida por um momento pessoal)»".

Ou seja, em linguagem simples, a decisão quanto à matéria de facto tem de estar sustentada, de forma racional e lógica, nos meios de prova produzidos; o raciocínio lógico que relaciona o indício resultante da produção de meios de prova com o facto probando tem de ser facilmente apreensível, em termos objectivos, designadamente pelos sujeitos processuais e pelo tribunal ad quem. Não pode consistir num *"acto de fé do julgador, sem qualquer necessidade de correspondência objectiva com o processualmente indiciado, numa primeira fase, e com o processualmente demonstrado, na fase decisória final"*[328].

Mas também não se pode confundir com a atribuição de credibilidade a uma fonte de prova. Neste caso, afirma a jurisprudência, quando a opção assenta na imediação e na oralidade *"o tribunal de recurso só a poderá criticar se ficar demonstrado que essa opção é inadmissível face às regras da experiência comum"*[329].

Importa ter sempre bem presente que *"o sistema da íntima convicção, entre nós vigente no processo penal, comporta riscos consideráveis se não for limitado por uma obrigação estrita de o juiz fundamentar a sua decisão. (...)*

Temos de reconhecer, com Perelman, que os juristas não se ocupam unicamente da verdade, e que é também seu dever procurar a justiça e a paz social, não podendo a busca da justiça, a manutenção de uma ordem equitativa e da confiança

---

[328] SARAGOÇA DA MATA, Paulo, *Jornadas de Direito Processual Penal e Direitos Fundamentais*, p. 240.
[329] Ac da RC de 6/03/2002, C.J. XXVII, II 2, pág. 44. No mesmo sentido, o Ac. da RE de 25/05/2004, C.J. XXIX, III, pg. 258.

social deixar de estar presentes, o que supõe a existência de considerações fundamentadas numa tradição jurídica, a qual se manifesta tanto na doutrina quanto na jurisprudência. Assim, se é inevitável o recurso ao argumento de autoridade – porque expressão dessa tradição –, essencial é que cada juiz não perca de vista a sua independência na decisão a proferir, de acordo com a sua exclusiva convicção, que deverá afirmar com clareza e sem rodeios, sem se desviar, naturalmente, dos textos legais. (...) A fundamentação das decisões judiciais não pode ser elaborada apenas de modo a assegurar a aceitação pelas instâncias superiores. Cada decisão insere-se numa tarefa mais ampla, em que, aceitando a sugestão de Dworkin, cada sentença é mais um capítulo num livro colectivo que é a jurisprudência"[330].

A motivação ou fundamentação da prova possibilita um duplo controlo: por parte dos sujeitos processuais e do público em geral, garantindo a transparência da decisão e, na sequência, o prestígio da Justiça que, desta forma, se legitima; e por banda do tribunal de recurso que, assim, pode com facilidade sindicar a decisão quanto à matéria de facto.

A lei – artºs 205º, nº 1 da CRP, 97º, nº 5 e artº 374º, ambos do CPP – exige que os actos decisórios, entendidos estes como *"os actos em que o juiz dá solução ao processo, pondo-lhe termo, conhecendo ou não do seu objecto, ou a qualquer questão interlocutória"*[331], com especial realce para a sentença, sejam devidamente fundamentados em termos de facto e de direito. A fundamentação das decisões judiciais está, pois, sob reserva da lei, competindo a esta definir o seu âmbito, com maior ou menor latitude, mas tendo sempre presente o legislador que o dever de fundamentação é uma garantia do Estado de Direito democrático.

Se a fundamentação de direito, pela qual se exige a indicação da lei aplicável, sua interpretação e subsunção dos factos à lei, não oferece dificuldades de maior, já outrotanto não sucede com a fundamentação de facto. *"A obrigatoriedade de tal motivação surge em absoluta oposição à prática judicial na vigência do C.P.P. de 1929 e não poderá limitar-se a uma genérica remissão para os diversos meios de prova fundamentadores da convicção do tribunal (...). De facto «o problema da motivação está intimamente conexionado com a concepção democrática ou antidemocrática que insufle o espírito de um determinado sistema processual». (...) Em consequência com os princípios informadores do Estado de Direito Democrático e no respeito pelo efectivo direito de defesa con-*

---

[330] MATA-MOUROS, Maria de Fátima, *Sob escuta*, Principia 2003, p. 214.
[331] MARQUES DA SILVA, Germano, *Curso* ..., II vol., p. 19.

sagrado no art. 32º, nº 1 e art. 210º, nº 1 da C.R.P., exige-se não só a indicação das provas ou meios de prova que serviram para formar a convicção do tribunal mas, fundamentalmente, «a exposição, tanto quanto possível completa, ainda que concisa, dos motivos de facto que fundamentam a decisão». Estes motivos de facto que fundamentam a decisão não são nem os factos provados (thema decidendum) nem os meios de prova (thema probandum) mas os elementos que em razão das regras da experiência ou de critérios lógicos constituem o substrato racional que conduziu a que a convicção do tribunal se formasse em determinado sentido ou valorasse de determinada forma os diversos meios de prova apresentados em audiência.

A falta ou insuficiência de fundamentação nos termos delineados conduzirá à nulidade da sentença [art. 379º, a)].

A fundamentação ou motivação deve ser tal que, intraprocessualmente, permita aos sujeitos processuais e ao tribunal superior o exame do processo lógico ou racional que lhe subjaz, pela via de recurso, conforme impõe inequivocamente o art. 410°, nº 2 (...). E extraprocessualmente, a fundamentação deve assegurar pelo conteúdo, um respeito efectivo pelo princípio da legalidade na sentença e a própria independência e imparcialidade dos juízes uma vez que os destinatários da decisão não são apenas os sujeitos processuais mas a própria sociedade.

Temperando-se o sistema da livre apreciação das provas com a possibilidade de controle imposta pela obrigatoriedade de uma motivação racional da convicção formada (...) evitar-se-ão situações extremas – e cremos que raras – em que se impute ao julgador a avaliação «caprichosa» ou «arbitrária» da prova e, sobretudo, justificar-se-á a confiança no julgador ao ser-lhe conferida pela liberdade de apreciação da prova garantindo-se, simultaneamente, a credibilidade na JUSTIÇA"[332].

Saragoça da Matta[333], citando Andrea Dalia e Marzia Ferraioli, afirma: "O juiz deve dar conta dos resultados probatórios obtidos e dos critérios com que avaliou os ditos resultados (...). Deve, assim, proceder à exposição concisa dos motivos de facto e de direito sobre os quais funda a decisão, com a indicação das provas que sustentam a mesma e a enunciação das razões que levaram a considerar não atendíveis as provas contrárias (...).

Ora, a imposição desta obrigação de concretizar as razões que levaram a excluir determinadas provas, ou a considerá-las menos ponderosas, é entendida pela doutrina precisamente como uma garantia concreta do direito de defesa do Arguido, que como tal assume a valência de um direito a ver valoradas pelo julgador as pro-

---

[332] MARQUES FERREIRA, *Jornadas* ..., pp. [229,230].
[333] *Jornadas de Direito Processual Penal e Direitos Fundamentais*, p. 249.

5. PRINCÍPIOS RELATIVOS À PROVA

vas produzidas, no respeito pelo disposto no art. 6º nº 3 da Convenção Europeia dos Direitos do Homem. (...) Ou seja, da fundamentação terá de resultar que todos os meios de prova disponíveis foram ponderados, e quais as razões que levaram a preferir uns a outros. O que só se consegue se na decisão ficarem espelhados os ditos critérios e argumentos sopesados pelo decisor".

Só uma correcta fundamentação garante, na verdade, em termos efectivos, o duplo grau de jurisdição, concretizando as garantias de defesa que a Constituição – artº 32º, nº 1 – e a DUDH – artºs 10º e 11º – asseguram ao arguido.

Em conclusão: o princípio da livre apreciação da prova só é entendível e aceitável, podendo então, o sistema que lhe subjaz considerar-se de "prova científica", se interligado e conjugado com a obrigatoriedade de fundamentação das decisões. O princípio, que é estruturante do processo penal, *"põe a descoberto que a decisão não enferma de vício de desvio de poder ou de finalidade bem como que o seu objectivo não foi absurdo, contraditório ou desproporcionado"*[334]; tem plena aplicabilidade em todas as fases processuais pelo que, sempre que haja necessidade de proferir decisões que afectem direitos das pessoas, terá de se ter bem presente com todas as suas consequências, sob pena de nulidade da decisão[335].

5.3 O princípio da oralidade

"O princípio da oralidade significa essencialmente que só as provas produzidas ou discutidas oralmente na audiência de discussão e julgamento podem servir de fundamento à decisão"[336]. Os actos processuais, em geral, e audiência de discussão e julgamento, em particular, (artº 363º), são efectuados na presença dos participantes processuais, de forma oral, e recebidos oralmente pelo Juiz.

As declarações do arguido, os depoimentos das testemunhas e restantes participantes processuais são, salvas as excepções previstas na lei[337], tomadas na audiência, em discussão oral da matéria e não com base em

---

[334] Ac do STJ de 27/01/2009, CJ, AcsSTJ, XVII, tomo I, p. 210
[335] Assim, SARAGOÇA DA MATA, Paulo, *Jornadas de Direito Processual Penal e Direitos Fundamentais*, p. 272 e segs
[336] MARQUES DA SILVA, Germano, *Curso* ..., I vol., p. 89.
[337] Veja-se, por exemplo, as declarações para memória futura

actos processuais que foram sendo produzidos por escrito ao longo do processo[338].

A oralidade permite um contacto directo e imediato do Tribunal com as provas, assim possibilitando avaliar a credibilidade das declarações, pela combinação da linguagem verbal com a não verbal (gestual ou simbólica), porquanto, como é sabido *"o papel engana, sem se ruborizar"*[339].

Favorece, por isso, a imediação a procura da verdade material.

Apesar de produzidas oralmente, as declarações prestadas na audiência são sempre documentadas na acta, sob pena de nulidade – artigo 363º. E são-no precisamente para permitir o duplo grau de jurisdição quanto à matéria de facto.

Tal nulidade *"deve ser arguida perante o tribunal da 1ª instância, em requerimento autónomo, no prazo geral de 10 dias, a contar da data da sessão da audiência em que tiver ocorrido a omissão da documentação ou a deficiente documentação das declarações orais, acrescido do período de tempo que mediar entre o requerimento da cópia da gravação, acompanhado do necessário suporte técnico, e a efectiva satisfação desse pedido pelo funcionário, nos termos do nº 3 do artigo 101º do mesmo diploma, sob pena de dever considerar-se sanada"*[340].

5.4 O princípio da imediação

"O princípio da imediação significa essencialmente que a decisão jurisdicional só pode ser proferida por quem tenha assistido à produção das provas e à discussão da causa pela acusação e pela defesa, mas significa também que na apreciação das provas se deve dar preferência aos meios de prova que se encontrem em relação mais directa com os factos probandos (v. g., preferência das testemunhas presenciais às de «ouvir dizer», dos documentos originais às das suas cópias, etc.) e seja feita o mais brevemente possível, logo que finda a audiência de julgamento"[341].

"O princípio da imediação, que em geral se pode definir como a relação de proximidade comunicante entre o tribunal e os participantes no processo, de modo tal

---

[338] Segundo o nº 1 do artigo 355º do CPP, "Não valem em julgamento, nomeadamente para o efeito de formação da convicção do tribunal, quaisquer provas que não tiverem sido produzidas ou examinadas em audiência". O nº 2 ressalva "as provas contidas em actos processuais cuja leitura, visualização ou audição em audiência sejam permitidas, nos termos dos artigos seguintes".
[339] MARQUES DA SILVA, Germano, *Curso* ..., I vol., p. 89.
[340] Acórdão Uniformizador de Jurisprudência 13/2014
[341] *Idem*, p. 90.

que aquele possa obter uma percepção própria do material que haverá de ter como base da sua decisão. Também aqui, como no princípio da oralidade, o ponto de vista decisivo é o da forma de obter a decisão.

Alguns autores acrescentam a este sentido da imediação (que chamam subjectivo ou formal), um sentido objectivo ou material segundo o qual o tribunal deveria socorrer-se de meios de prova imediatos. «No primeiro sentido, o princípio da imediação prescreve ao juiz como há-de utilizar os meios probatórios e refere-se à relação do juiz com os meios de prova; no segundo, determina ao juiz que meios probatórios há-de utilizar e refere-se à relação dos meios de prova com a questão-da-prova» (Goldschmidt). É claro, pois, que esta segunda acepção do princípio tem mais a ver com a matéria da prova do que com o problema da forma"[342].

Também a imediação favorece a verdade material pela possibilidade que o julgador tem de combinar a linguagem verbal com a não verbal de todos e cada um dos participantes processuais.

A lei estabelece o princípio como regra – artº 355º – que, naturalmente, comporta excepções, como, por exemplo, quando prevê a possibilidade de julgamento na ausência do arguido, de valoração de prova reduzida a escrito ou no julgamento dos recursos.

"Só estes princípios (da imediação e oralidade), com efeito, permitem o indispensável contacto vivo e imediato com o arguido, a recolha da impressão deixada pela sua personalidade. Só eles permitem, por outro lado, avaliar o mais correctamente possível a credibilidade das declarações prestadas pelos participantes processuais. E só eles permitem, por último, uma plena audiência destes mesmos participantes, possibilitando-lhes da melhor forma que tomem posição perante o material de facto recolhido e compartipem na declaração do direito do caso"[343].

Com Cunha Rodrigues[344] afirmamos: *"O julgamento em que é legítimo apostar como instrumento preferencial de uma correcta administração da justiça é o de primeira instância"*. Precisamente porque só ele beneficia da imediação e da oralidade.

Por isso, a uma só voz, a jurisprudência, no seguimento da melhor doutrina[345], vem afirmando que o recurso é apenas um remédio para os

---

[342] FIGUEIREDO DIAS, *Direito Processual Penal.*, p. 232.
[343] *Idem*, p. 233.
[344] "Recursos", *Jornadas de Direito Processual Penal*, Ed. do CEJ, Almedina 1997, p. 386
[345] MARQUES DA SILVA, Germano, *Estudos em homenagem a Cunha Rodrigues*, vol. I, Coimbra 2001. No mesmo sentido DAMIÃO DA CUNHA, José Manuel, *Revista Portuguesa de Ciência Criminal*, ano 8º, fasc. 2, Abril/Junho 1998, págs. 259-260.

erros, não é novo julgamento[346]. Daí que o Tribunal ad quem *"verifica apenas da legalidade da decisão recorrida, tendo em conta todos os elementos de que se serviu o tribunal que proferiu a decisão recorrida"*[347], e as especificações feitas pelo Recorrente, salvo se houver de conhecer de questões oficiosas ou se, para decidir do recurso da matéria de facto, tiver de se socorrer de outros elementos de prova constantes dos autos.

5.5 O princípio da concentração

Está umbilicalmente ligado aos princípios da oralidade e da imediação, que exigem uma audiência unitária e continuada.

Segundo este princípio, *"Os actos processuais devem, sempre que possível, praticar-se em uma só audiência ou em audiências de tal modo próximas no tempo que as impressões do juiz colhidas na audiência não se apaguem da sua memória.*

O princípio está consagrado no nosso direito processual: o art. 328º dispõe que a audiência é contínua, decorrendo sem qualquer interrupção ou adiamento até ao seu encerramento; e o art. 365°, nº 1, prescreve que, salvo em caso de absoluta impossibilidade, a deliberação segue-se ao encerramento da discussão.

Desdobra-se em dois sub-princípios: (1) A concentração espacial, «exigindo que a audiência se desenvolva por inteiro em um mesmo local, apropriado ao fim que com ela se pretende obter e aonde devem ser trazidos todos os participantes processuais (a sala de audiências)»; (2) a concentração temporal, «exigindo que, uma vez iniciada a audiência, ela decorra sem solução de continuidade até final (artºs 328º e 365º)»[348].

Em respeito pelo princípio, prescreve o nº 6 do artº 328º do CPP: *"O adiamento não pode exceder 30 dias. Se não for possível retomar a audiência neste prazo, perde eficácia a produção de prova já realizada"*, independentemente do a prova estar documentada[349].

Esclarece o STJ[350] que *"A perda de eficácia de prova ocorre apenas quando se intervale cada sessão de prova por mais de 30 dias e não quando, terminada a discussão, estando a prova gravada ou documentada, a leitura se faça mais de 30 dias depois após o encerramento da referida discussão".*

---

[346] No processo civil o Tribunal da Relação terá de formar a sua própria convicção.
[347] MARQUES DA SILVA, Germano, *Estudos em homenagem a Cunha Rodrigues*, vol. I, Coimbra 2001.
[348] FIGUEIREDO DIAS, Jorge, *Direito Processual Penal*, p. 184.
[349] AUJ 11/2008.
[350] Ac do STJ de 12/10/2011, processo 1/01.1JBLSB.L1.S1, in www.dgsi.pt

5. PRINCÍPIOS RELATIVOS À PROVA

Mais afirma o nosso mais Alto Tribunal[351] que a questão da perda da eficácia da prova apenas se coloca *"em sede de julgamento de 1ª instância, pretendendo-se assegurar a continuidade da audiência de julgamento, não se aplicando à fase de recurso".*

5.6 O princípio da investigação ou verdade material

Não há em processo penal um verdadeiro ónus da prova, estando este, em última instância, a cargo ao juiz. O artº 340º do CPP impõe ao próprio tribunal, o ónus de investigar e esclarecer, oficiosamente, independentemente da contribuição das partes, o facto submetido a julgamento.

Em processo penal busca-se a verdade material, que não pode confundir-se com verdade absoluta porque, como é sabido, *"a verdade absoluta não pertence ao mundo das coisas humanas".*

Isto, sem prejuízo de se entender que deve chegar-se o mais próximo possível da verdade absoluta.

Há, no entanto, que ter presente que, apesar de o Estado ter o dever ético e jurídico de procurar a verdade material, tem também o dever ético e jurídico de excluir da investigação criminal os denominados meios e métodos de prova proibidos.

A verdade material não pode conseguir-se a qualquer preço.

Como bem refere o TC[352], *"há limites decorrentes do respeito pela integridade moral e física das pessoas; há limites impostos pela inviolabilidade da vida privada, do domicílio, da correspondência e das telecomunicações, que só nas condições previstas na lei podem ser transpostos. E existem também regras de lealdade que têm de ser observadas".*

É ainda o mesmo o TC[353] quem afirma: *"Há que partir da constatação (...) de que o artigo 340º, nº 1 do Código de Processo Penal é o lugar de afirmação paradigmática do princípio da investigação ou da verdade material. Este princípio significa (...) que o tribunal de julgamento tem o poder-dever de investigar por si o facto, isto é, de fazer a sua própria «instrução» sobre o facto, em audiência, atendendo a todos os meios de prova não irrelevantes para a descoberta da verdade, sem estar em absoluto vinculado pelos requerimentos e declarações das partes, com o fim de determinar a verdade material (...).*

---

[351] Ac do STJ de 20/10/2011, processo 36/06.8GAPSR.S1, in www.dgsi.pt
[352] Ac do TC 274/2007.
[353] Ac 137/2002.

Ora não há dúvida de que o princípio da investigação ou da verdade material, sem prejuízo da estrutura acusatória do processo penal português, tem valor constitucional. Quer os fins do direito penal, quer os do processo penal, que são instrumentais daqueles, implicam que as sanções penais, as penas e as medidas de segurança, apenas sejam aplicadas aos verdadeiros agentes de crimes, pelo que a prossecução desses fins, isto é, a realização do direito penal e a própria existência do processo penal só são constitucionalmente legítimas se aquele princípio for respeitado. Desde logo o princípio de culpa, que deriva da própria dignidade da pessoa humana (artigo 1º da Constituição) e é implicado ou pressuposto por outros princípios constitucionais (como o do Estado de direito democrático – artigo 2º –, o direito à integridade moral – artigo 25º, nº 1 ou o direito à liberdade – artigo 27º) tem uma base ontológica: só quem verdadeiramente é culpado pode ser punido e nunca para lá da medida da sua verdadeira culpa. Também o princípio da necessidade das penas e das medidas de segurança (artigo 18º, nº 2) implica que só são necessárias tais sanções quando aplicadas aos verdadeiros agentes de crimes, sendo contraproducentes se aplicadas a outras pessoas, por poderem motivar então à revolta, ao desespero, à vingança ou ao desprezo do direito e não contribuírem para a interiorização dos valores jurídicos que é o principal esteio da prevenção geral positiva (e igualmente da prevenção especial). Por outro lado, o princípio da jurisdicionalidade da aplicação do direito penal (artigos 27º, nº 2, 32º, nº 4) justifica-se certamente de um modo essencial pelo fim da descoberta da verdade material, sem prejuízo de visar igualmente o respeito das garantias de defesa (artigo 32º). Finalmente, quando o artigo 202º, nº 1 atribui aos tribunais competência para administrar a justiça, esta referência em matéria penal tem que entender-se como significando a justiça material baseada na verdade dos factos, que é indisponível, não se admitindo a condenação do arguido perante provas que possam conduzir à sua inocência. (...)

O Código de Processo não admite – com ressalva dos direitos de defesa do arguido e dos preceitos legais imperativos sobre a admissibilidade de certas provas – qualquer restrição ao poder-dever do juiz de ordenar ou autorizar a produção de prova que considere indispensável para a boa decisão de causa – isto é, para a instrução de facto ou para a descoberta da verdade material acerca dele – como se vê quando prevê expressamente o seu exercício já depois de passado o período normal de produção de prova em audiência, durante as alegações orais, que terão de ser suspensas para o efeito (artigo 360º, nº 4). O Código de Processo Penal harmoniza assim o princípio da investigação ou da verdade material, o princípio do contraditório e as garantias de defesa, de tal forma que nem o primeiro princípio nem as garantias sofrem restrição durante a audiência, mas o segundo princípio não deixa de ser aplicado a qualquer prova que o juiz considere necessária para boa decisão de causa, apesar da posição de relativa desvantagem da acusação, que dessa prova tem posterior conhecimento".

Vai na direcção antes apontada a posição do STJ[354]: *"Numa adequada formulação do problema da verdade material (que alguns, mais realistas e com uma aproximação jusfilosófica de cariz mais pragmático crismam tão só de histórico-processual) haverá que relevar que a verdade que se obtém num processo é uma verdade relativa, no sentido de que a verdade processual se dessume ou ressuma «[exclusivamente] nas provas que se adquirem para o processo e, portanto, é «relativa» no grau de confirmação que as provas podem atribuir aos enunciados relativos aos factos da causa. Pode haver, então, graus diversos de verdade na determinação dos factos segundo o fundamento que as provas atribuam à afirmação de que tais factos são verdadeiros ou falsos.»*

Numa perspectiva diversa deve precisar-se que a verdade de que se fala no processo se concebe como aproximação da reconstrução processual dos factos à sua realidade empírica ou histórica. O processo implica «[a] adesão a uma concepção «correspondentista» da verdade, precisamente porque exige que se determine, a partir de provas disponíveis, se se verificaram realmente – no mundo exterior que se supõe existente e cognoscível – os factos dos quais depende a subsistência das posições jurídicas que são objecto de controvérsia. Isto leva a excluir que seja realmente aplicável no contexto processual (...) uma concepção radicalmente «narrativista» da verdade, segundo a qual a verdade de um enunciado fáctico poderia depender tão só da sua coerência com outros enunciados, no âmbito de uma narração que se assume como única dimensão na que faz sentido falar dos factos.» – Taruffo; Michele, in «páginas sobre Justicia Civil", Marcial Pons, Madrid, 2009, pág. 531-532".

Decorre do princípio:
(1) Incumbe ao Juiz, independentemente, e para além, das contribuições dos outros sujeitos processuais, carrear aos autos os elementos de prova necessários ao esclarecimento do objecto do processo;
(2) Estando o Juiz vinculado tematicamente pela acusação ou a pronúncia, não impende sobre o Mº Pº, o arguido, o assistente ou as partes civis qualquer ónus de afirmar, contradizer ou impugnar aquelas peças processuais, o que vale por dizer que no processo

---

[354] Ac do STJ de 3/10/2013, processo 220/10.0TBPNI.L1.S1, in www.dgsi.pt

se busca, oficiosamente, a verdade material, entendida em duplo sentido[355]:
a) Verdade subtraída à influência que, através do seu comportamento processual, a acusação e a defesa queiram exercer sobre ela;
b) Verdade que, não sendo «absoluta» ou «ontológica», há-de ser, antes de tudo, uma verdade judicial, prática, não uma verdade obtida a todo o preço, mas processualmente válida[356]; uma *"verdade histórico-prática, uma determinação humanamente objectiva de uma realidade humana"*[357];

(3) Sem prejuízo do perdão, relevante, não é possível a desistência da acusação pública, nem acordos eficazes entre a acusação e a defesa, nomeadamente para impor ao tribunal limitações na apreciação do caso jurídico submetido a julgamento[358].

5.7 O princípio da presunção de inocência

O princípio da presunção da inocência, consagrado no nº 2 do artº 32º da CRP – todo o arguido se presume inocente até ao trânsito em julgado da sentença de condenação (...) – , *"assenta no reconhecimento dos princípios do direito natural como fundamento da sociedade, princípios que aliados à soberania do povo e ao culto da liberdade constituem os elementos essenciais da democracia.*

Proclamado em França, na Declaração dos Direitos do Homem do Cidadão, daí derivou para os sistemas jurídicos inspirados pelo jusnaturalismo iluminista e veio a ser reconhecido pela sociedade internacional através da sua consagração na DUDH (art. 11º) e na CEDH (art. 6º).

Nas suas origens, o princípio teve sobretudo o valor de reacção contra os abusos do passado e o significado jurídico negativo de não presunção de culpa. No presente, a afirmação do princípio, quer nos textos constitucionais, quer nos documentos internacionais, ainda que possa também significar reacção aos abusos do passado ou menos próximo, representa sobretudo um acto de fé no valor ético da pessoa, próprio de toda a sociedade livre.

---

[355] Cfr. FIGUEIREDO DIAS, *Direito Processual Penal*, p. 194.
[356] "A verdade não constitui (...) uma categoria exclusivamente ôntica, mas também axiológica, e como tal com uma dose considerável, na respectiva percepção, de dever ser" – SARAGOÇA DA MATA, Paulo, *Jornadas de Direito Processual Penal e Direitos Fundamentais*, p. 233.
[357] CASTANHEIRA NEVES, citado por MARQUES DA SILVA, Germano, *Curso* ..., II vol., p. 111.
[358] As soluções de consenso são hoje uma realidade, cujo incremento não é difícil prever.

5. PRINCÍPIOS RELATIVOS À PROVA

Esta atitude político-jurídica tem consequências para toda a estrutura do processo penal que, assim, há-de assentar na ideia-força de que o processo deve assegurar todas as necessárias garantias práticas de defesa do inocente e não há razão para não considerar inocente quem não foi ainda solene e publicamente julgado culpado por sentença transitada.

Do princípio resulta ainda, entre muitas outras consequências, a inadmissibilidade de qualquer espécie de culpabilidade por associação ou colectiva e que todo o acusado tenha o direito de exigir prova da sua culpabilidade no seu caso particular; a estreita legalidade, subsidiariedade e excepcionalidade da prisão preventiva; a comunicação ao acusado, em tempo útil, de todas as provas contra si reunidas a fim de que possa preparar eficazmente a sua defesa e o dever do MP de apresentar em tribunal todas as provas de que disponha, sejam favoráveis ou desfavoráveis à acusação; a limitação à recolha de provas em locais de carácter privado; a estrita legalidade das atribuições da polícia e do MP, etc."[359].

"A presunção de inocência não é uma verdadeira presunção em sentido jurídico, pois através dela não se prova nada, é antes de mais uma regra política, que releva dos valores da pessoa humana na organização da sociedade e que recebeu consagração constitucional como direito subjectivo público, direito que assume relevância prática no processo penal num duplo plano: no tratamento do arguido no decurso do processo e como princípio de prova.

Como tratamento processual traduz o direito do arguido a ser considerado sem qualquer prejuízo de culpa que possa afectá-lo social ou moralmente no confronto com os demais cidadãos. Esta perspectiva tem particular incidência no domínio das medidas de coacção, impondo que não sejam aplicadas senão nos estritos limites das necessidades processuais e adequadas às exigências cautelares que o caso requer (artº 193º) (...).

Enquanto princípio de prova, direito à presunção de inocência significa que toda a condenação deve ser precedida de uma actividade probatória, a cargo da acusação, necessária a firmar a responsabilidade, não cumprindo a este a prova da sua inocência; na dúvida o arguido deve ser considerado inocente e em consequência absolvido"[360].

A presunção de inocência não "apaga" a realidade dos factos, demonstrada efectivamente em audiência, processada com todas as garantias de

---

[359] Marques da Silva, Germano, *Curso* ..., I vol., pp. [81-83].
[360] *Idem*, pp [302, 303].

defesa do arguido[361]. Apenas não permite se presuma a sua responsabilidade, exigindo-se prova da mesma.

Fernanda Palma[362] afirma: *"o Processo Penal não tem, em geral, condições de assegurar a presunção de inocência, tanto quanto à prática dos factos como quanto à culpa.*

São, na verdade, duas dimensões que devem ser separadas. No que respeita à prática dos factos, há, sobretudo, uma tendência difícil de controlar: a ausência de todas as condições processuais para proteger o arguido de uma pré-condenação. Essa ausência traduz-se em uma falta de meios processuais capazes de evitar o julgamento e de impedir a estigmatização do arguido. Exemplo dessa falta é a conjugação, já rejeitada pelo Tribunal Constitucional, da impossibilidade de recurso do indeferimento pelo juiz de diligências probatórias solicitadas pelo arguido e do despacho da pronúncia, bem como a fraqueza do contraditório (por exemplo, no interrogatório do arguido) ou os excessivos condicionamentos do acesso aos autos[363]. *A isto acresce a dificultação processual do exercício de um direito à contra-estigmatização através de limitações impostas ao arguido sujeito a medidas de coacção mais graves quanto à promoção pública positiva da sua imagem.*

No que se refere à culpa propriamente dita, a presunção de inocência há-de ter de se exprimir num nível mais complexo, abrindo o Processo Penal concreto ao chamado diálogo de culpa em que os critérios de autoritarismo moral não devem ter lugar bem como as concepções niveladoras e massificadoras da responsabilidade que anulam a dialéctica entre a responsabilidade colectiva e a social. A presunção processual da inocência sem uma base de Direito Penal de culpa suficientemente intensa é um mero roteiro formal que assegura apenas o ónus da prova do poder punitivo quanto à autoria dos factos. Uma concepção substantiva da presunção de inocência remeteria, porém, o Processo Penal para aquele lugar que lhe é assinalado por Paul Ricoeur em Démythiser l'accusation. Aí, o grande filósofo europeu enuncia os pressupostos da desmistificação da acusação implicados no pensamento contemporâneo. Desde a crítica hegeliana, passando por Feuerbach, Marx, Nietzsche e Freud, que a visão moral do mundo se constitui, como diz RICOEUR, numa acusação da acusação. Nessa crítica da acusação, a culpa justifica-se não pela severidade do pai, de Deus ou da lei, mas pela compreensão intelectual do ponto de vista

---

[361] Neste sentido, cfr. o Ac. do TC 226/2008.

[362] *Jornadas de Direito Processual Penal e Direitos Fundamentais*, Almedina, Junho de 2004 pp. [46-47].

[363] A revisão de 2007 consagrou o princípio da publicidade do processo pelo que o texto tem de ser lido no enquadramento legal vigente.

5. PRINCÍPIOS RELATIVOS À PROVA

do amor de Deus, do ponto de vista da lei e quiçá do critério do mal. Da acusação passa-se para a consolação. Ser acusado implicará então ser consolado, o que nos sugere uma nova abordagem de HEGEL em que a pena honraria o criminoso ou de Levy Maria Jordão quando atribui à pena o verdadeiro sentido de reparar o dano do criminoso. Ser consolado, aqui, significa poder superar o crime".

Para Gomes Canotilho e Vital Moreira[364], *"como conteúdo adequado do princípio, apontar-se-á: (a) proibição de inversão do ónus da prova em detrimento do arguido; (b) preferência pela sentença de absolvição contra o arquivamento do processo; (c) exclusão da fixação da culpa nos despachos de arquivamento; (d) não incidência de custas sobre o arguido não condenado; (e) proibição da antecipação de verdadeiras penas a título de medidas cautelares (cfr. AcTC nº 198/90); (f) proibição de efeitos automáticos da instauração do procedimento criminal; (g) natureza excepcional e de última instância das medidas de coação, sobretudo as limitativas ou proibitivas da liberdade; (h) princípio in dubio pro reo, implicando a absolvição em caso de dúvida do julgador sobre a culpabilidade do acusado".*

5.8 O princípio in dubio pro reo

O processo penal é dominado pelo princípio da investigação ou da verdade material, não pendendo sobre os intervenientes processuais um verdadeiro ónus da prova, impendendo sobre o Tribunal a obrigação de carrear todas as provas necessárias à decisão final, seja à *charge* ou à décharge. Também é comummente aceite que é preferível a impunidade do culpado à condenação do inocente.

Para tal salvaguardar está instituído o **princípio in dubio pro reo**, que anda intimamente associado ao princípio constitucional da presunção da inocência – artº 32º, nº 2 da CRP, artº 11º, nº 1 da DUDH e 6º, nº 2 da CEDH. Trata-se de *"um princípio natural de prova imposta pela lógica e pelo senso moral, pela probidade processual"*[365].

"A falta de prova bastante de qualquer elemento da infracção traduz-se na impossibilidade de prossecução do processo contra o arguido, isto é, a incerteza dos factos determina uma decisão favorável ao arguido; a falta de prova acarreta a absolvição; e a essa falta de prova se equipara a insuficiência ou incerteza da prova.

O non liquet valora-se sempre a favor do arguido"[366].

---

[364] *Constituição da República Portuguesa Anotada*, Volume I, Coimbra, 2007, p. 517.
[365] FLORIAN, *Prove Penali*, vol. I, pg. 353, apud CAVALEIRO DE FERREIRA, *Curso ...*, II vol., p. 310.
[366] CAVALEIRO DE FERREIRA, *Curso ...*, II vol., p. 312.

A condenação só é permitida desde que haja sido feita prova dos factos para além de toda a dúvida razoável.

"Quando se trata de factos justificativos ou circunstâncias desculpantes bastará criar no espírito do julgador a dúvida sobre a sua ocorrência para que devam ser considerados a favor do arguido em virtude do princípio da presunção da inocência"[367].

"O princípio (...) para além de ser uma garantia subjectiva, é também uma imposição dirigida ao juiz no sentido de este se pronunciar de forma favorável ao réu, quando não tiver a certeza sobre os factos decisivos para a solução da causa"[368].

Não significa, todavia, *"dar relevância às dúvidas que as partes encontram na decisão ou na sua interpretação da factualidade descrita e revelada nos autos (...). Mas daqui não resulta que, tendo havido versões díspares e até contraditórias sobre factos relevantes, o arguido deva ser absolvido em obediência a tal princípio. A violação deste princípio pressupõe um estado de dúvida no espírito do julgador, só podendo ser afirmada, quando, do texto da decisão recorrida, decorrer, por forma evidente, que o tribunal, na dúvida, optou por decidir contra o arguido"*[369].

Porque estamos perante um princípio atinente à prova, não tem aplicabilidade em sede de interpretação e subsunção jurídica. Na verdade, e conquanto alguns autores[370] afirmem que o princípio opera também na decisão a tomar sobre a lei aplicável, ou seja, quando exista mais do que uma interpretação possível deve escolher-se a que seja mais favorável ao arguido, a doutrina maioritária entende que *"nas questões jurídicas não há regras de interpretação que obriguem o juiz a optar, de entre as possíveis interpretações da lei, por aquela que mais favoreça o acusado. (...) Nos casos de dúvida a respeito da questão jurídica o tribunal não tem que escolher a interpretação mais favorável ao réu, mas apenas aquela que é a correcta"*[371].

5.9 O princípio do contraditório[372]

O nº 5 do artº 32º da CRP impõe que a audiência de julgamento se subordine ao princípio do contraditório. Também o artº 10º da DUDH impõe

---

[367] MARQUES DA SILVA, Germano, *Curso* ...., III vol., p. 214.
[368] Ac. do STJ de 18/10/2001, processo 2371/01, in www.dgsi.pt.
[369] Ac. do STJ de 24/03/1999, CJ, Acs. do STJ, I, 244.
[370] A título de exemplo, MUÑOZ CONDE e MERCEDES ARÁN, *Derecho Penal, Parte General*, p. 117.
[371] H.H. Jescheck, *Tratado de Derecho Penal, Parte General*, vol I, p. 208.
[372] Relativamente ao princípio, tratado como princípio estruturante de todo o processo penal, são de grande interesse e utilidade os Acs do TC 70/2008 e 127/2009. Ver, supra, 2.2.5, nomeadamente no que tange à não plena aplicabilidade do princípio no âmbito do inquérito.

que *"Toda a pessoa tem direito, em plena igualdade, a que a sua causa seja equitativa e publicamente julgada por um tribunal independente e imparcial que decida dos seus direitos e obrigações ou das razões de qualquer acusação em matéria penal que contra ela seja deduzida"*. E o nº 1 do artº 6º da CEDH estatui que *"Qualquer pessoa tem direito a que a sua causa seja examinada, equitativa e publicamente, num prazo razoável por um tribunal independente e imparcial, estabelecido pela lei (...)"*.

O princípio, relativamente aos destinatários significa[373]: *"(a) dever e direito de o juiz ouvir as razões das partes (da acusação e da defesa) em relação a assuntos sobre os quais tenha de proferir uma decisão; (b) direito de audiência de todos os sujeitos processuais que possam vir a ser afectados pela decisão, de forma a garantir-lhes uma influência efectiva no desenvolvimento do processo; (c) em particular, direito do arguido de intervir no processo e de se pronunciar e contraditar todos os testemunhos, depoimentos ou outros elementos de prova ou argumentos jurídicos trazidos ao processo, o que impõe designadamente que ele seja o último a intervir no processo (cfr. Acs TC nºs 54/87 e 154/87); (d) proibição de condenação por crime diferente do da acusação, sem o arguido ter podido contraditar os respectivos fundamentos (Ac TC nº 173/92).*

Quanto à sua extensão processual, o princípio abrange todos os actos susceptíveis de afectar a sua posição, e em especial, a audiência de discussão e julgamento e os actos instrutórios que a lei determinar, devendo estes ser seleccionados sobretudo de acordo com o princípio da máxima garantia de defesa do arguido".

Por força do princípio, antes de ser tomada qualquer decisão que afecte os sujeitos processuais, o juiz deve dar-lhes a oportunidade de se pronunciar sobre a questão decidenda. Aos sujeitos processuais, só porque o são – Ministério Público, Arguido, Ofendido, Parte Civil – assiste o direito de co-conformarem a decisão, maxime a decisão final. Daí que tenham de ser ouvidos sempre que a decisão a proferir os possa afectar; tem de lhes ser dada a possibilidade de poderem deduzir as suas razões, de facto e de direito, oferecer as suas provas, controlar as provas do adversário, e discretear sobre o valor e resultado de umas e outras[374].

Esclarece o TC[375] que *"só ocorre violação dos princípios constitucionais pertinentes, mormente do princípio do contraditório, se as partes ficarem impossibi-*

---

[373] GOMES CANOTILHO/VITAL MOREIRA, *Constituição...*, pp. [522 e 523].
[374] Cfr. Ac do TC 86/88.
[375] Ac 5/2010.

litadas de controlar as (e, portanto, de responder às) questões colocadas pelo Ministério Público[376] *aquando da sua intervenção no processo, o que naturalmente não acontece, sempre que de tal intervenção não decorra qualquer questão nova, ainda não conhecida das partes e, portanto, por elas ainda não respondida".*

O CPP, em diversos preceitos, faz referência ao princípio [119º, 120º, nº 2, b), 345º, 348º, 350º, 355º, 356º], e consagra-o, de forma expressa, no artº 327º, nº 2: *"Os meios de prova apresentados no decurso da audiência são submetidos ao princípio do contraditório, mesmo que tenham sido oficiosamente produzidos pelo tribunal".*

---

[376] Ou por outro sujeito processual, acrescentamos nós.

6. Os meios de prova

6.1 Definição

A prova visa *"a demonstração da realidade dos factos juridicamente relevantes. Uma demonstração não é algo de graduável; ou existe ou não existe"*[377].

As provas são os *"instrumentos empregues para demonstrá-lo (o tema) segundo as regras do processo"*[378].

Em processo penal, a prova *"é o esforço metódico através do qual são demonstrados os factos relevantes para a existência do crime, a punibilidade do arguido e a determinação da pena ou medida de segurança aplicáveis"*[379].

Os factos são demonstrados através dos meios de prova, que *"são os elementos de que o julgador se pode servir para formar a sua convicção sobre um facto"*[380]; *"são fontes de que o juiz extrai os motivos de prova"*[381]; *"são mecanismos predeterminados que servem de modos de percepção da realidade ou de presunção de factos tendentes a demonstrar a realidade, (...) são a fonte de convencimento utilizada pelas entidades a quem cabe decidir, a cada passo, acerca da veracidade dos facta probanda"*[382].

"Os meios de prova são factos ou coisas.

---

[377] CAVALEIRO DE FERREIRA, *Curso...*, II vol., p. 284.
[378] MARQUES DA SILVA, Germano, *Curso ....*, II vol., p. 100.
[379] MENDES, Paulo de Sousa, *Jornadas de Direito Processual Penal e Direitos Fundamentais*, p. 132.
[380] Ac do TRG de 29/03/2004, *CJ*, 2004, tomo II, p. 292.
[381] CHIOVENDA, *Principii di Diritto Processual Civil*, 3ª edição, p. 812.
[382] SARAGOÇA DA MATA, Paulo, *Jornadas de Direito Processual Penal e Direitos Fundamentais*, p. 226.

A prova é pessoal quando resulta dum acto da pessoa: o testemunho, a declaração pericial. A prova é real quando resulta da observação de coisas: o documento, o instrumento do crime. Na prova pessoal, as pessoas relatam factos a provar. Na prova real, documentos ou coisas são utilizados como representativos de factos probandos. Na prova pessoal, verdadeiramente, o meio de prova é o homem. Na prova real, uma coisa. A prova pessoal, porém, como ainda se verá, pode ser entendida subjectivamente ou objectivamente. Subjectivamente, quando se baseia no conhecimento do homem; este é então sujeito activo da prova, pois que age, declarando. Objectivamente, quando o homem é tomado como objecto de observação, passivamente. Quando, porém, o homem é objecto de observação ou exame, não é meio de prova pessoal, mas de prova real. Haverá apenas de ter em consideração que a dignidade humana impõe limites ao exame de pessoas, donde resultam normas particulares relativas às pessoas, como meio de prova real"[383].

6.2 Meios de prova tipificados

O artigo 125º do CPP diz que *"São admissíveis as provas que não forem proibidas por lei"*. Consagra-se o princípio da legalidade das provas, permitindo a lei se usem todos os meios de prova desde que ela própria os não proíba.

Porque assim, também são admissíveis meios de prova que não estejam regulamentados por lei, meios de prova atípicos, como por ex.:

(1) A inspecção ao local dos factos;

(2) O julgamento no local dos factos;

(3) O confronto da testemunha com fotografias, peças do processo e documentos;

(4) O registo de imagens e voz previsto em determinados diplomas legais (ex., Lei 5/02 de 10/11);

(5) O profiling, que se destina a elaborar o perfil do criminoso, definido como *"a descrição de traços e características de um agressor desconhecido, já que se considera que qualquer comportamento reflecte a personalidade de um indivíduo"*[384];

(6) O rasterfahndung que *"consiste na análise computorizada de dados pessoais, os quais estão recolhidos e armazenados em arquivos pertencentes a instâncias alheias o reconhecimento feito por fotografia em posto policial, que não vale*

---

[383] CAVALEIRO DE FERREIRA, *Curso...*, II vol., p. 297.
[384] SANTOS CABRAL, José, Prova indiciária e as novas formas de criminalidade, *Revista Julgar*, nº 17, Maio/Agosto 1012, pág. 15/16.

como reconhecimento, meio de prova tipificado, mas que serve de pista para ulterior identificação do suspeito"[385].

São meios de prova expressamente previstos na Lei Processual Penal:
(1) A prova testemunhal – artigos 128º a 139º;
(2) As declarações do arguido, do assistente e das partes civis – artigos 140º a 145º;
(3) A prova por acareação – artigo 146º;
(4) A prova por reconhecimento – artigos 147º a 149º;
(5) A prova por reconstituição do facto – artigo 150º;
(6) A prova pericial – artigos 151º a 163º (de interesse, neste âmbito, a Lei 45/2004, de 19 de Agosto);
(7) A prova documental – artigos 164º a 170º.

6.3 A prova testemunhal

A prova testemunhal é prova pessoal porque resulta dum acto da pessoa, o testemunho. A testemunha é inquirida sobre factos[386] de que possua conhecimento directo e que constituam objecto da prova (artº 128º, nº 1), não podendo depor sobre conclusões, juízos de valor, questões de direito ou meras convicções pessoais.

O depoimento indirecto é, em princípio, proibido, quer resulte do que se ouviu dizer a pessoas determinadas (artigo 129º, nº 1), quer reproduza vozes ou rumores públicos (artigo 130º, nº 1). Naquele caso, o juiz pode chamar as ditas pessoas a depor. Se o não fizer, o depoimento produzido não pode, naquela parte, servir como meio de prova, salvo se a inquirição das pessoas indicadas não for possível por morte, anomalia psíquica superveniente ou impossibilidade de serem encontradas (artigo 129º, nº 1).

Importa ter presente que o preceito proíbe também os *"testemunhos que visam suprir o silêncio do arguido, não os depoimentos de agentes de autoridade*[387]

---

[385] Ibidem.
[386] Já se tomou conhecimento de jurisprudência, da Relação de Guimarães, que só pode qualificar-se de aberração jurídica, que defende que a testemunha pode emitir juízos de valor, apesar da literalidade da lei nem sequer permitir essa interpretação. E vai mais longe: desde que a testemunha emita os juízos de valor de acordo com a sua livre opinião, já expressa, não ancorados em factos concretos, ainda que ofensivos da honra de um cidadão, que nunca foi arguido, está justificada a conduta da testemunha!!!...
[387] De interesse, sobre o tema, os Acs da RC de 9/12/2009, processo 35/09.8GTCBR.C1 e de 10/02/2010, processo 3/08.7GDFND.C1; do STJ de 3/03/2010, processo 886/07.8PSL-

que relatam o conteúdo de diligências de investigação, nomeadamente a prática das providências cautelares a que se refere o artº 249º do CPP"[388].

"Se as pessoas a quem se ouviu dizer forem chamadas a depor, mas nada disserem, alegando esquecimento ou negando-se a depor, lícita ou ilicitamente, o testemunho de ouvir dizer vale como prova, por si. (...) Cumprido este requisito, desaparece a proibição de valoração do testemunho de ouvir dizer (...) porque a mera presença na audiência da pessoa a quem se ouviu dizer, ainda que remetendo-se ao silêncio, dá verosimilhança ao depoimento do que se lhe ouviu dizer (...).

É nesta linha que deve aceitar-se a valoração do depoimento do que se ouviu dizer a um co-arguido que, chamado a depor, recusa fazê-lo no exercício do seu direito ao silêncio, entendimento que o Tribunal Constitucional, no acórdão nº 440/99, de 8/7/1999, já considerou não violar o direito de defesa do arguido, ainda que enquadrando a situação na 2ª parte da norma, que se refere a casos de impossibilidade de comparência na audiência, ou seja de chamada a depor (BMJ 489º-5)"[389].

Em acórdão recente, o STJ[390], depois de por em confronto as diversas teses, construídas sobre a legalidade dos depoimentos dos órgãos de polícia criminal, que tiveram contacto com o arguido, quando este não prestou declarações, teve oportunidade de afirmar que *"As denominadas conversas informais com o arguido reconduzem-se: a) a afirmações percepcionadas pelo órgão de polícia criminal, enquanto cidadão comum, em momentos da vida quotidiana e nas exactas circunstâncias em que qualquer cidadão pode escutar tais declarações; b) a afirmações proferidas por ocasião ou por causa de actos processuais de recolha de declarações; c) a conversas tidas com um órgão de polícia criminal no decurso de actos processuais de ordem material, de investigação no terreno ou em acções de prevenção e manutenção da ordem pública em que aqueles são confrontados com o crime".*

E acrescentou: *"O agente de órgão de polícia criminal não pode ser inquirido como testemunha sobre o conteúdo de declarações formais que estão no processo ou de declarações informais que, devendo estar no processo por imposição legal, efectivamente não estão".*

SB.L1.S1; e da RP de 27/01/2010, processo 171/07.5GAMDB.P1 e de 03-02-2010, processo 198/00.8GACRZ.P1, todos in www.dgsi.pt

[388] Ac do STJ de 15/02/2007, tirado no processo com o nº 06P4593, in www.dgsi.pt.

[389] Ac. do TRP, tirado no processo 4613/07, da 1ª Secção Criminal.

[390] Ac do STJ de 12/12/2013, processo 292/11.0JAFAR.E1.S1, in www.dgsi.pt e in *CJ*, Acs STJ, XXI, tomo III, 222.

Mas ressalvou: *"Não há qualquer impedimento ou proibição de depoimento que incida sobre aspectos, orais ou materiais, descritivos ou impressivos, narrativos ou conclusivos, que a lei não obriga a estar registados em auto ou, ainda, relativamente a diligências ou meios de obtenção de prova que tenham autonomia material e jurídica, quer quanto ao meio de prova que geram, quer quanto a afirmações não retractáveis em auto que o arguido tenha proferido na ocasião da realização de diligências e meios de obtenção de prova".*

Daí que tenha concluído que *"Constitui um meio de prova válido, por se mostrar alheio ao âmbito de tutela dos arts. 129º e 357º do CPP, o depoimento prestado pela testemunha pertencente a órgão de polícia criminal relativo às indicações do arguido nas diligências externas a que se procedeu."*

O depoimento indirecto, obtido fora das condições legais, não pode, pois, ser valorado por se tratar de meio de prova proibido. Se for valorado, tem de ser anulado o depoimento na parte em que violou a proibição de prova, e, em consequência, todos os actos posteriores que dele sejam dependentes[391].

O juiz pode considerar o depoimento *"todo verdadeiro ou todo falso, mas poderá aceitar como verdadeiras certas partes e negar crédito a outras"*[392].

Pode testemunhar qualquer pessoa que se não encontrar interdita por anomalia psíquica, e só pode recusar-se nos casos previstos na lei (artigo 131º, nº 1).

À testemunha estão conferidos direitos e são atribuídos deveres (artº 132º).

Consagra a lei, no artº 133º, diversos impedimentos para depor como testemunhas. E permite, nos casos de parentesco, afinidade ou situação análoga ao casamento, que a pessoa se possa recusar a depor como testemunha (artº 134º, nº 1), para o que *"A entidade competente para receber o depoimento adverte, sob pena de nulidade, as pessoas referidas no número anterior da faculdade que lhe assiste de recusarem o depoimento"* (artº 134º, nº 2).

Costa Andrade[393], em coerência com a sua doutrina, supra citada, considera esta nulidade como *"correspondente a proibição de valoração"*. Tam-

---

[391] No sentido de que deve ser anulado todo o depoimento, COSTA ANDRADE, in *CJ*, Ano VI, tomo I, p. 6 e segs.
[392] ALTAVILLA, Enrico, *Psicologia Judiciária*, 3ª edição, vol. II, pg. 12, citado pelo Ac. da RP de 14/07/2004, processo 0412950, in www.dgsi.pt.
[393] *Sobre as proibições...*, p. 203.

bém assim alguma jurisprudência[394]: *"O art. 134º nº 2 do CPP consagra uma verdadeira proibição de prova" porquanto "tutela o domínio do titular da informação (a testemunha), uma vez que mesmo considerando os interesses protegidos de natureza supra individual (solidariedade e confiança dos laços familiares), o legislador processual colocou a disponibilidade dos mesmos, em concreto, nas mãos da testemunha. Trata-se, por isso, de verdadeira limitação à aquisição de material probatório (...), assumindo-se a advertência de que trata aquele mesmo nº 2 como momento processual essencial para assegurar o carácter não abusivo do depoimento da testemunha parente ou afim, em termos semelhantes ao que sucede com o consentimento nos casos a que se reporta o art. 126º nº 3 do CPP.*

A omissão da advertência prevista no art. 134º nº 2 CPP inutiliza a liberdade de depor conferida pelo legislador à testemunha parente ou afim, uma vez que a regra geral é a da obrigação de depor. (...) Assim, a omissão da advertência por parte do tribunal (...) aproxima-se mesmo da perturbação da liberdade de vontade da testemunha pela utilização de meios enganosos, absolutamente proibida pelo art. 126º nºs 1 e 2 do CPP, embora não se confunda com esta. (...)

Entendemos assim que, de acordo com a regra positivada no art. 122º do CPP, a prova inquinada é susceptível de sanação sempre que tal for materialmente possível sem nova proibição de prova (...), embora a sanação por acto voluntário posterior do titular do direito e a renovação ou repetição da prova em consequência de decisão proferida em recurso, não se sobreponham" (...) O que implica se *"declarem nulos e de nenhum valor probatório os depoimentos (...) e todos os actos subsequentes"*.

Os artigos 135º a 137º permitem que pessoas abrangidos pelos denominados segredos[395] (profissional, de funcionários ou de Estado[396]) se

---

[394] Ac. da RE de 15/11/2008, não publicado, gentilmente cedido pelo seu Relator, Desembargador LATAS, António João.

[395] Como é sabido, o direito à recusa de depoimento radica em razões de dignidade axiológica. Porque assim, é conferido às pessoas ou em razão da sua proximidade familiar com o arguido ou porque são, elas próprias, portadores do direito ao segredo. Trata-se, no dizer de Costa Andrade, *Bruscamente ...*, RLJ 137º-280, "inter alia e fundamentalmente, de: prevenir formas larvadas e indirectas de auto-incriminação; preservar a integridade e a confiança nas relações de maior proximidade familiar; proteger o alargado espectro de valores individuais e supra-individuais pertinentes à área de tutela da incriminação da violação de segredo profissional ou de segredos para este efeito equivalentes, como, v. g, o segredo de ministro de religião; poupar as pessoas concretamente envolvidas às situações dilemáticas de conflito de consciência de ter de escolher entre mentir ou ter de contribuir para a condenação de familiares ou de clientes.

[396] A Lei Orgânica nº 2/2014, de 6 de agosto, consagra o novo regime do Segredo de Estado, introduzindo-lhe relevantes restrições.

escusem a depor, conquanto possa, em situações concretas, ser considerada tal recusa como ilegítima[397].

"O depoimento é um acto pessoal que não pode, em caso algum, ser feito por intermédio de procurador", não devendo às testemunhas *"ser feitas perguntas sugestivas ou impertinentes, nem quaisquer outras que possam prejudicar a espontaneidade e a sinceridade das respostas"* (artigo 138º, nºs 1 e 2).

O CPP e a Lei 93/99, de 14 de Julho, regulamentada pelo DL 190/2003, de 22 de Agosto, conferem imunidades, prerrogativas e medidas especiais de protecção a testemunhas em situações concretas, consideradas graves.

6.4 As declarações do arguido

Segundo o artº 60º, *"Desde o momento em que uma pessoa adquirir a qualidade de arguido é-lhe assegurado o exercício de direitos e de deveres processuais, sem prejuízo da aplicação de medidas de coacção e de garantia patrimonial e da efectivação de diligências probatórias, nos termos especificados na lei".*

"O Código confere ao arguido o papel de sujeito do processo sob um duplo ponto de vista, que corresponde essencialmente à dupla referência que lhe é feita no texto constitucional: enquanto o arma, por um lado, com um direito de defesa (art. 32º -1) (...); e enquanto lhe confere, por outro lado, uma fundamental presunção de inocência até ao trânsito em julgado da condenação (art. 32°-2).

Esta presunção assume reflexos imediatos sobre o estatuto do arguido (...). Relativamente ao arguido como objecto de medidas de coacção, o princípio jurídico-constitucional em referência vincula estritamente à exigência de que só sejam aplicadas àquele as medidas que ainda se mostrem comunitariamente suportáveis face à possibilidade de estarem a ser aplicadas a um inocente. (...). Por outro lado, o princípio da presunção de inocência, ligado agora directamente ao princípio – o primeiro de todos os princípios jurídico-constitucionais – da preservação da dignidade pessoal, conduz a que a utilização do arguido como meio de prova seja sempre limitada pelo integral respeito pela sua decisão de vontade (...): só no exercício de uma plena liberdade da vontade pode o arguido decidir se e como deseja tomar posição perante a matéria que constitui objecto do processo. E não está aqui em causa a óbvia proibição – aliás terminante, nos termos do artº 126º – de métodos inadmissíveis de prova, senão que

---

[397] Sobre o tema, ver o Ac do STJ 2/2008, de 13/2/2008, uniformizador de jurisprudência, in DR de 31/3/2008.

também e sobretudo o direito, conferido ao arguido pelo art. 61º-1c), de «não responder a perguntas feitas, por qualquer entidade, sobre os factos que lhe forem imputados e sobre o conteúdo das declarações que acerca deles prestar».

Quanto ao direito de defesa, constitui ele uma categoria aberta à qual devem ser imputados todos os concretos direitos, de que o arguido dispõe, de co-determinar ou conformar a decisão final do processo. Tais direitos assumem consistência e efectividade, segundo o novo Código, logo a partir do momento da constituição do arguido e, portanto, ainda durante o inquérito e a instrução. Desde o asseguramento de uma extrema latitude de intervenção, oferecendo provas e requerendo as diligências que se lhe afigurarem necessárias (artº 61º – 1 f), até à possibilidade de se não conformar com a acusação, requerendo a instrução, apresentado provas e requerimentos de prova (artº 287º – 1 e 3) e examinando e discutindo contraditoriamente, durante o debate instrutório, os fundamentos da acusação, por intermédio do defensor (artº 302º) – foi clara intenção da nova lei oferecer ao arguido hipóteses acrescidas e reforçadas de defesa perante a acusação. Não obstante, é sem dúvida na fase de julgamento que o arguido é legalmente tratado e surge, em plenitude, como sujeito processual. Disso são testemunhas qualificadas circunstâncias, sempre perspectivadas através da relevância que assumem na conformação da decisão final, como as do valor acrescido da confissão livre (artº 344º), dos requerimentos de prova (artº 340º), do aperfeiçoamento do contraditório (artº 327º), com a consequente impossibilidade de princípio de serem valoradas provas que não tenham sido produzidas e examinadas em audiência (artº 355º) e da manutenção das últimas declarações do arguido com efeito unicamente in bonam partem (art. 361º). Com tudo isto – que, repito, traduz a efectividade de um consistente direito de defesa – dá-se justamente ao arguido uma real possibilidade de influenciar a decisão final, através da sua concepção própria tanto sobre a questão-de-facto como sobre as questões-de-direito que no processo se discutem"[398].

Enquanto meio de prova, o arguido goza do chamado direito ao silêncio – artigo 61º, nº 1, alínea d) do CPP. *"Como ESER assinala, esta liberdade analisa-se numa dupla dimensão ou função. Pela positiva, ela abre ao arguido o mais irrestrito direito de intervenção e declaração em abono da sua defesa. Implica, noutros termos, que tenha de se garantir ao arguido a oportunidade efectiva de se pronunciar contra os factos que lhe são imputados, em ordem a infirmar as suspeitas ou acusações que lhe são dirigidas. Pela negativa, a liberdade de declaração*

---

[398] FIGUEIREDO DIAS, Jorge, *Jornadas de Direito Processual Penal*, Edição do CEJ, Almedina 1997, pp. [27-28].

do arguido ganha a estrutura de um autêntico 'Abwehrrecht' contra o Estado, vedando todas as tentativas de obtenção, por meios enganosos ou por coacção de declarações auto-incriminatórias. É precisamente nesta última dimensão, associada ao brocado latino 'nemo tenetur se ipsum accusare'[399] (ou prodere) (...) que a liberdade de declaração do arguido assume mais directa relevância em matéria de proibições de prova.

Neste sentido e resumidamente, o arguido não pode ser fraudulentamente induzido ou coagido a contribuir para a sua condenação, se, a carrear ou oferecer meios de prova contra a sua defesa. Quer no que toca aos factos relevantes para a chamada questão da «culpabilidade» quer no que respeita aos atinentes à medida da pena. Em ambos os domínios, não impende sobre o arguido um dever de colaboração nem sequer um dever de verdade. (...)

O que aqui está fundamentalmente em jogo é garantir que qualquer contributo do arguido, que resulte em desfavor da sua posição, seja uma afirmação esclarecida e livre de autorresponsabilidade. Na liberdade de declaração espelha-se, assim, o estatuto do arguido como autêntico sujeito processual. Na verdade, «só pode falar-se de um sujeito processual, com legitimidade para intervir com eficácia conformadora sobre o processo, quando o arguido persiste, por força da sua liberdade e responsabilidade, senhor das suas declarações, decidindo à margem de toda a coerção sobre se e como quer pronunciar-se». (...)

No que ao direito processual penal português especificamente concerne, a vigência do princípio, 'nemo tenetur se ipsum accusare' afigura-se-nos unívoca.

Decisiva, desde logo, a tutela jurídico-constitucional de valores ou direitos fundamentais como a dignidade humana, a liberdade de acção e a presunção de inocência, em geral referenciados como a matriz jurídico-constitucional do princípio. Ainda no plano constitucional não deve desatender-se o significado de um preceito como o artigo 32º, nº 4, que prescreve a nulidade de «todas as provas obtidas mediante tortura, coacção, ofensa da integridade física ou moral da pessoa ...». Pois, a não caírem sob a censura directa da tortura ou coacção, as provas obtidas em contravenção do princípio nemo tenetur, configurarão inescapavelmente um atentado à integridade moral da pessoa. (...)

Para além disso, a lei processual penal portuguesa (...) garante ao arguido um total e absoluto direito ao silêncio [artº 61º, nº 1, al. c)] (hoje alínea d). Um direito em relação ao qual o legislador quis deliberadamente prevenir a possibilidade de

---

[399] Para integral apreensão do princípio do *nemo tenetur se ipsum accusare*, ver o AUJ 14/2014.

se converter num indesejável e perverso 'privilegium odiosum', proibindo a sua valoração contra o arguido. E tanto em se tratando de silêncio total (art. 343º, nº 1) como em se tratando de silêncio parcial (art. 345º, nº 1). Para garantir a eficácia e reforçar a consistência do conteúdo material do princípio nemo tenetur, a lei portuguesa impõe, já o vimos, às autoridades judiciárias ou órgãos de polícia criminal, perante os quais o arguido é chamado a prestar declarações, o dever de esclarecimento ou advertência sobre os direitos decorrentes daquele princípio (cfr., v. g., artºs 58º, nº 2; 61º, nº 1, al. g) – hoje, alínea h; 141º, nº 4; 343º, nº 1). Normas cuja eficácia é, por seu turno, contrafacticamente assegurada através da drástica sanção da proibição de valoração[400] (art. 58º, nº 5). A mesma sanção está prevista para as provas auto-incriminadoras obtidas à custa de tortura, coacção, ameaças, perturbações da memória ou da capacidade de avaliação, ou meios enganosos (artº 126º)"[401].

Costa Andrade[402] passa ainda em revista diversas *"constelações típicas situadas na zona de fronteira e concorrência entre o estatuto do arguido como sujeito processual e o seu estatuto como objecto de medidas de coacção ou meio de prova (...) em que não é fácil decidir: quando se está ainda no âmbito de um exame, revista, acareação ou reconhecimento, admissíveis mesmo se coactivamente impostos; ou quando, inversamente, se invade já o campo da inadmissível auto-incriminação coerciva"*, para assim concluir: *"Uma área problemática onde o critério tradicionalmente reconhecido para apartar as águas – a distinção entre uma actividade ou acção positiva e o mero tolerar passivo de uma actividade de terceiro – acaba por revelar comprometedoras limitações. Como Wolfslast acentua, «não se é apenas instrumento da própria condenação quando se colabora mediante uma conduta activa, querida e livre, mas também quando (...) contra a vontade, uma pessoa tem de tolerar que o próprio corpo seja utilizado como meio de prova».*

Será difícil discernir porque é que a dignidade humana do arguido só é atingida quando forçado a uma acção e não já quando é compelido a ter de tolerar uma acção".

A Jurisprudência, maxime a do TC[403], entende que o arguido pode ser obrigado a submeter-se a exames para efeitos de prova desde que,

---

[400] Também assim concluímos, como referenciamos, quanto às testemunhas que têm o direito de recusa de depoimentos, se lhes for omitida a advertência do nº 2 do artº 134º, caso em que se configura uma proibição de valoração da prova.

[401] Costa Andrade, Manuel, *Sobre as proibições* ..., pp. [120-126].

[402] *Idem*, pp. 127 e segs.

[403] No Acórdão 155/2007, conhecido por acórdão da "zaragatoa bucal", o TC pronunciou-se pela conformidade constitucional da obrigatoriedade de o arguido se sujeitar a colheita de

6. OS MEIOS DE PROVA

naturalmente, a Constituição permita a compressão do direito em causa, haja Lei habilitante, não retroactiva, os mesmos sejam determinados pela autoridade judiciária competente (normalmente o JIC) e se respeite o princípio da proporcionalidade [artigo 61º, nº 3, alínea d)].

Diz o TC[404]: *"O princípio nemo tenetur se ipsum accusare, não se encontrando expressa e diretamente consagrado no texto constitucional, constitui um corolário da tutela de valores ou direitos fundamentais, com direta consagração constitucional, que a doutrina vem referindo como correspondendo à dignidade humana, à liberdade de ação e à presunção de inocência.*

Encontra-se sobretudo associado ao direito ao silêncio, ou seja, à faculdade de o arguido não prestar declarações autoincriminatórias, nomeadamente não respondendo a questões sobre os factos que lhe são imputados e cuja prova pode importar a sua responsabilização e sancionamento. Protege igualmente o arguido contra o exercício impróprio de poderes coercivos tendentes a obter a sua colaboração forçada na autoincriminação, nomeadamente mediante a utilização de meios enganosos ou coação (cfr. M. Costa Andrade, «Sobre as proibições de prova em processo penal», Coimbra Editora, 1992, p. 120 e ss).

A jurisprudência do Tribunal Europeu dos Direitos do Homem tem considerado que o direito à não autoincriminação não se estende à utilização, num processo criminal, de meios de prova que possam ser obtidos do arguido e que existam independentemente da sua vontade, por exemplo, recolha de amostras de sangue (cfr. caso Saunders v. Reino Unido, decisão de 17 de dezembro de 1996).

Assim, à semelhança do que o Tribunal Constitucional já decidiu, a este propósito, no âmbito do Acórdão nº 155/2007 (disponível em www.tribunalconstitucional.pt, onde se poderão encontrar os restantes arestos, citados infra), diremos que a recolha de amostra de sangue, para detecção do grau de alcoolemia, em condutor

---

saliva para se efectuar exame ao ADN, desde que a diligência seja ordenada pelo JIC atendendo a que o CPP o permitia, com suficiente densidade normativa, solução esta que haveremos de qualificar como de "arrojada". O Tribunal Constitucional Espanhol, referido por VEIGA, Armando/RODRIGUES, Benjamim Silva, *Escutas Telefónicas, rumo à monitorização dos fluxos informacionais e comunicacionais digitais*, 2ª edição, Coimbra 2007, p. 339, tem entendido que "ao tratar-se de uma modalidade de perícia não é procedente considerar que a realização que a realização da prova infrinja os direitos constitucionalmente reconhecidos, de não declarar contra si mesmo e a não confessar-se culpável, pois não se obriga o suspeito a emitir uma declaração, mas sim a submeter-se a uma modalidade de prova, cuja validade terá possibilidade de contradizer se não tiverem sido observadas as garantias precisas na sua realização. A jurisprudência tem adoptado uma posição que consideramos de realista".
[404] Ac do TC 418/2013.

incapaz de prestar ou recusar o seu consentimento, não implica uma violação do direito à não autoincriminação, sendo que tal recolha constitui a «base para uma mera perícia de resultado incerto», não contendo qualquer declaração ou comportamento activo do examinando no sentido de assumir factos conducentes à sua responsabilização".

Vai no mesmo sentido a doutrina de Figueiredo Dias[405] quando afirma que os exames participam de uma *"dupla natureza: são, por um lado, meios de prova, enquanto neles se faça avultar o juízo que se emite sobre as qualidades ou características de uma pessoa, i. e, enquanto neles se tenha primacialmente em vista a sua mais ou menos acentuada natureza de «inspecção» ou de «perícia»; na medida, porém, em que o objecto do exame seja uma pessoa, que assim se vê constrangida a sofrer ou suportar uma actividade de investigação sobre si mesma, o exame constitui um verdadeiro meio de coacção processual – como claramente o inculca, de resto, a 2ª parte do corpo do art. 178º do CPP, ao estatuir que, para realização de um exame, pode «o juiz [hoje o MP] tornar efectivas as suas ordens, até com o auxílio da força...» (hoje, nº 1 do artº 172º) –, tendo por isso de submeter-se aos princípios (já acima referidos) que estritamente demarcam a admissibilidade de tais meios de coacção".*

As declarações prestadas pelo arguido, de forma livre e consciente, são livremente apreciadas pelo tribunal. Excepciona-se os casos em que, em julgamento, confessa os factos. Se declarar que pretende confessar os factos que lhe são imputados, *"o presidente, sob pena de nulidade[406], pergunta-lhe se o faz de livre vontade e fora de qualquer coacção, bem como se se propõe fazer uma confissão integral e sem reservas"* – artigo 344º, nº 1. A resposta afirmativa implica a *"Renúncia à produção da prova relativa aos factos imputados e consequente consideração destes como provados"*, passando-se *"de imediato às alegações orais e, se o arguido não dever ser absolvido por outros motivos, à determinação da sanção aplicável"* (artigo 344º, nº 2).

A lei excepciona, no nº 3, os casos em que: (a) Houver co-arguidos e não se verificar a confissão integral, sem reservas e coerente de todos eles; (b) O tribunal, em sua convicção, suspeitar do carácter livre da confissão, nomeadamente por dúvidas sobre a imputabilidade plena do arguido ou da veracidade dos factos confessados; ou (c) O crime for punível com pena de prisão superior a 5 anos. Nestes casos, *"o tribunal decide, em sua*

---

[405] *Direito Processual Penal*, p. 439.
[406] A não advertência configura verdadeira proibição de valoração da prova.

livre convicção, se deve ter lugar e em que medida, quanto aos factos confessados, a produção da prova".

Nas situações de comparticipação criminosa, é hoje claro que *"Não podem valer como meio de prova as declarações de um co-arguido em prejuízo de outro co-arguido quando o declarante se recusar a responder às perguntas formuladas nos termos dos nºs 1 e 2"* (artº 345º, nº 4), isto é, quando o arguido use do direito ao silêncio relativamente à factualidade que lhe é imputada, caso em que não pode "depor" contra o co-arguido.

Sempre que o arguido prestar declarações, e ainda que se encontre detido ou preso, deve encontrar-se livre na sua pessoa, salvo se forem necessárias cautelas para prevenir o perigo de fuga ou actos de violência. O depoimento será pessoal, perguntado apenas sobre factos de que possua conhecimento directo e que constituam objecto da prova e não lhe podem ser feitas perguntas sugestivas ou impertinentes, nem quaisquer outras que possam prejudicar a espontaneidade e a sinceridade das respostas (artigo 140º, nº 1 e 2).

O arguido detido, que não deva ser de imediato julgado, é interrogado pelo juiz de instrução, no prazo máximo de quarenta e oito horas após a detenção, sendo o interrogatório feito exclusivamente pelo juiz, com assistência do Ministério Público e do defensor e estando presente o funcionário de justiça, sendo obrigatoriamente o arguido informado, conforme se dispõe no nº 4 do artº 141º do CPP[407]:

a) Dos direitos referidos no nº 1 do artigo 61º, explicando-lhos se isso for necessário;

b) De que não exercendo o direito ao silêncio as declarações que prestar poderão ser utilizadas no processo, mesmo que seja julgado na ausência, ou não preste declarações em audiência de julgamento, estando sujeitas à livre apreciação da prova[408];

c) Dos motivos da detenção;

d) Dos factos que lhe são concretamente imputados, incluindo, sempre que forem conhecidas, as circunstâncias de tempo, lugar e modo; e

e) Dos elementos do processo que indiciam os factos imputados, sempre que a sua comunicação não puser em causa a investigação, não dificultar a descoberta da verdade nem criar perigo para a vida, a integridade física ou psíquica ou a liberdade dos participantes processuais ou das vítimas do crime.

---

[407] Redacção do CPP resultante da Lei 20/2013, de 21 de Fevereiro.

[408] Preceito novo que visa, em nosso entender, dar consagração legal ao entendimento da jurisprudência maioritária produzida a propósito do princípio *nemo tenetur se ipsum accusare*.

Poderá o arguido detido ser sujeito a interrogatório pelo Ministério Público quando ocorram as circunstâncias referidas no artigo 143º, e poderá ser submetido a outros novos interrogatórios, estes delegáveis em órgão de polícia criminal (artigo 144º).

6.5 Declarações do assistente e partes civis

Ao assistente e às partes civis podem ser tomadas declarações sobre o objecto do processo, oficiosamente, a requerimento seu ou do arguido (artigo 145º, nº 1).

Conquanto não prestem juramento (artigo 145º, nº 4), ficam sujeitos ao dever de verdade e a responsabilidade penal pela sua violação (artigo 145º, nº 2 e 359º, nº 2 do C. Penal).

O seu depoimento, pessoal, restringe-se aos factos de que possuam conhecimento directo e que constituam objecto da prova. Não lhes pode ser feitas perguntas sugestivas ou impertinentes, nem quaisquer outras que possam prejudicar a espontaneidade e a sinceridade das respostas (artigo 145º, nº 3).

Após a revisão do CPP, operada pela Lei 20/2013, de 21 de Fevereiro, *"Para os efeitos de serem notificados por via postal simples, nos termos da alínea c) do nº 1 do artigo 113º, o denunciante com a faculdade de se constituir assistente, o assistente e as partes civis indicam a sua residência, o local de trabalho ou outro domicílio à sua escolha"* – nº 5 do artº 145º do CPP –, acrescentando o nº 6 do mesmo preceito legal que *"A indicação de local para efeitos de notificação, nos termos do número anterior, é acompanhada da advertência de que as posteriores notificações serão feitas para a morada indicada no número anterior, excepto se for comunicada outra, através de requerimento entregue ou remetido por via postal registada à secretaria onde os autos se encontrem a correr nesse momento".*

6.6 Prova por acareação

A prova por acareação é um meio de prova apenas admissível quando *"houver contradição"* entre co-arguidos, entre o arguido e o assistente, entre testemunhas ou entre estas, o arguido e o assistente, ou entre estes e as partes civis (artigo 146º).

Visa superar a dita contradição, se mais não for, pela possibilidade de conferir credibilidade a determinadas declarações.

Só tem lugar, oficiosamente ou a requerimento, quando ao tribunal se afigure que a diligência pode ser útil à descoberta da verdade.

É livremente apreciada.

"A entidade que presidir à diligência, após reproduzir as declarações, pede às pessoas acareadas que as confirmem ou modifiquem e, quando necessário, que contestem as das outras pessoas, formulando-lhes em seguida as perguntas que entender convenientes para o esclarecimento da verdade" (artigo 146º, nº 4).

A acareação, face ao disposto no artº 355º do CPP só é, em princípio, possível na fase do julgamento[409] (cfr. artºs 271º, nº 7 e 146º, nº 4).

6.7 Prova por reconhecimento

"O reconhecimento é um meio de prova que consiste na conformação de uma percepção sensorial anterior, ou seja, consiste em estabelecer a identidade entre uma percepção sensorial anterior e outra actual da pessoa que procede ao acto.

Recorre-se a este meio de prova não já para introduzir ex novo um dado cognoscitivo, mas para confirmar um elemento de prova já admitido"[410].

O reconhecimento pode ter lugar quanto a pessoas ou quanto a objectos.

O artigo 147º regulamenta, de forma exaustiva, pelo carácter irrepetível, o reconhecimento de pessoas[411], que comporta três modalidades dis-

---

[409] Neste sentido, MARQUES DA SILVA, Germano, *Curso ...*, II vol., p. 174.
[410] *Idem*, p. 174.
[411] Segundo o artº 147º, quando houver necessidade de proceder ao reconhecimento de qualquer pessoa, solicita-se à pessoa que deva fazer a identificação que a descreva, com indicação de todos os pormenores de que se recorda. Em seguida, é-lhe perguntado se já a tinha visto antes e em que condições. Por último, é interrogada sobre outras circunstâncias que possam influir na credibilidade da identificação. Se a identificação não for cabal, afasta-se quem dever proceder a ela e chamam-se pelo menos duas pessoas que apresentem as maiores semelhanças possíveis, inclusive de vestuário, com a pessoa a identificar. Esta última é colocada ao lado delas, devendo, se possível, apresentar-se nas mesmas condições em que poderia ter sido vista pela pessoa que procede ao reconhecimento. Esta é então chamada e perguntada sobre se reconhece algum dos presentes e, em caso afirmativo, qual. Se houver razão para crer que a pessoa chamada a fazer a identificação pode ser intimidada ou perturbada pela efectivação do reconhecimento e este não tiver lugar em audiência, deve o mesmo efectuar-se, se possível, sem que aquela pessoa seja vista pelo identificando. As pessoas que intervierem no processo de reconhecimento previsto no nº 2 são, se nisso consentirem, fotografadas, sendo as fotografias juntas ao auto. O reconhecimento por fotografia, filme ou gravação realizado no âmbito da investigação criminal só pode valer como meio de prova quando for seguido de reconhecimento efectuado nos termos do nº 2. As fotografias, filmes ou gravações que se refiram apenas a pessoas que não tiverem sido reconhecidas podem ser juntas ao auto, mediante o respectivo consentimento. O reconhecimento que não obedecer

tintas: (a) o reconhecimento por descrição (nº 1); (b) o reconhecimento presencial[412] (nº 2); e (c) o reconhecimento com resguardo (nº 3)[413].

Importa respeitar integralmente o formalismo legal, sob pena de não valer como meio de prova, não podendo ser usado, o que o neutralizará.

"Trata-se de um dos meios de prova mais problemáticos e de resultados menos fiáveis. (...) Por isso mesmo, muitos psicólogos aconselham que, para se incrementar a fiabilidade deste meio de prova, sobretudo quando ele for o único ou o decisivo elemento de identificação de um suspeito, se adoptem cautelas especiais, como sejam: (1) O alargamento do número de pessoas que integram o painel de reconhecimento; (2) A exigência de que a pessoa que conduz o reconhecimento pessoal não tenha conhecimento da identidade do suspeito; (3) A exigência de que a testemunha ocular seja previamente informada de que o suspeito pode não se encontrar entre as pessoas que compõem o painel de reconhecimento; (4) A exigência de que todas as pessoas que compõem o painel reúnam as características indicadas previamente pela testemunha, não devendo nenhuma delas apresentar, quanto a esses aspectos, nenhuma característica dissonante; (5) A prévia apresentação à testemunha de um outro painel de reconhecimento em que o suspeito se não encontra para verificar se a mesma tem a propensão para efectuar um julgamento relativo"[414].

Relativamente ao reconhecimento de objectos rege o artº 148[415].

O reconhecimento de pessoas ou de objectos, quando houver de ser feito por mais que um pessoa, está regulamentado no artº 149º[416].

Também este meio de prova está sujeito à livre apreciação.

---

ao disposto neste artigo não tem valor como meio de prova, seja qual for a fase do processo em que ocorrer.

[412] *"O reconhecimento presencial, previsto no nº 2 do artº 147º, do CPP, tem lugar quando a identificação realizada através do reconhecimento por descrição não for cabal, o que ocorrerá se satisfizer o critério probatório da fase processual em que o reconhecimento teve lugar"* – Ac da RG de 26/3/2012, processo 52/10GEBRG.G1, in www.dgsi.pt

[413] Assim o Ac da RL de 15-11-2011, processo 464/10.4PEAMD.L1-5, in www.dgsi.pt

[414] Ac da RL de 12/05/2006, tirado no processo 2691/2004-3, in www.dgsi.pt

[415] Quando houver necessidade de proceder ao reconhecimento de qualquer objecto relacionado com o crime, procede-se de harmonia com o disposto no nº 1 do artigo anterior, em tudo quanto for correspondentemente aplicável. Se o reconhecimento deixar dúvidas, junta-se o objecto a reconhecer com pelo menos dois outros semelhantes e pergunta-se à pessoa se reconhece algum de entre eles e, em caso afirmativo, qual. É correspondentemente aplicável o disposto no nº 7 do artigo anterior.

[416] Quando houver necessidade de proceder ao reconhecimento da mesma pessoa ou do mesmo objecto por mais de uma pessoa, cada uma delas fá-lo separadamente, impedindo-se a comunicação entre elas. Quando houver necessidade de a mesma pessoa reconhecer

O reconhecimento directo ou identificação do arguido, feito em audiência, que muitas das vezes se confunde com o reconhecimento enquanto meio de prova tipificado, é um meio de prova atípico[417], que não está sujeito à disciplina dos normativos citados. Trata-se agora de uma diligência sujeita à imediação em que o ofendido ou a testemunha afirmam que a pessoa responsável pelo crime é aquela para a qual estão a olhar. Constitui meio de prova válido, não sujeito às formalidades previstas no artº 147º. Estas *"só têm viabilidade e razão de ser nas fases investigatórias do processo, designadamente no inquérito, relativamente a quem seja suspeito da prática de um ilícito criminal, pois que, na fase de audiência, já o arguido se encontra suficientemente identificado, conhecido e reconhecido, o que ademais resulta do confronto do segmento normativo contido no nº 3 do mesmo preceito"*[418].

Como bem refere o STJ[419], *"a prova por reconhecimento (...) constitui algo de absolutamente distinto da situação de confirmação como agente do crime em relação a alguém previamente identificado, investigado e assumido como sujeito processual com todo o catálogo de direitos inscritos como tal, que se traduz numa íntima comunicabilidade e interacção entre os diversos intervenientes processuais envolvidos no julgamento".*

Do reconhecimento é lavrado auto que *"tem, por regra, duas vertentes: (a) por um lado, certifica que em determinado dia a testemunha identificou o arguido. Nesta parte, o auto relata um facto, presenciado pela entidade que o elaborou; (b) por outro lado, normalmente, o auto de reconhecimento contém, ou tem implícita, a afirmação da testemunha de que o arguido praticou determinados factos"*[420].

A jurisprudência[421] vem afirmando: *"No reconhecimento de pessoas não é, por via de regra, obrigatória a assistência por defensor".* E acrescenta: *"Não viola o direito constitucional de defesa do arguido a interpretação da norma do art. 147º*

---

várias pessoas ou vários objectos, o reconhecimento é feito separadamente para cada pessoa ou cada objecto. É correspondentemente aplicável o disposto nos artigos 147º e 148º.

[417] O Ac da RP de 17/3/2010, processo 1001/03.2JAPRT.P1, in www.dgsi.pt, refere que "A *identificação* do arguido por testemunha, em audiência, insere-se no âmbito da prova testemunhal e não no âmbito da prova por *reconhecimento*, pelo que é inaplicável àquela o formalismo processual a que este está subordinado".

[418] Ac da RL de 11/02/2004, tirado no processo 928/2004-3, in www.dgsi.pt; no mesmo sentido, os Acs. da RC de 6/12/2006, processo 146/05.9GVIS.CI e do STJ de 1/02/1994, processo 046678, ambos no mesmo sítio.

[419] Ac do STJ de 3/03/2010, processo 886/07.8PSLSB.L1.S1, in www.dgsi.pt

[420] Ac da RG de 26/3/2012, processo 52/10GEBRG.G1, in www.dgsi.pt

[421] Ac da RE de 6/12/2011, processo 9/10.6PACTX.E1, in www.dgsi.pt

do CPP, no sentido da não exigência de que o arguido seja obrigatoriamente assistido por defensor no acto ali previsto".

6.8 Prova por reconstituição do facto

"Consiste na reprodução, tão fiel quanto possível, das condições em que se afirma ou se supõe ter ocorrido o facto e na repetição do modo de realização do mesmo", visando *"determinar se um facto poderia ter ocorrido de certa forma"* (artigo 150º, nº 1).

"A reconstituição do facto (...), para ter utilidade, pressupõe que o facto seja representado, tanto quanto possível, nas mesmas condições em que se afirma ou supõe ter ocorrido e que se possam verificar essas condições"[422].

O nº 2 do artigo 150º exige que a reconstituição seja precedida de despacho que *"deve conter uma indicação sucinta do seu objecto, do dia, hora e local em que ocorrerão as diligências e da forma da sua efectivação, eventualmente com recurso a meios audiovisuais. No mesmo despacho pode ser designado perito para execução de operações determinadas".*

O despacho será lavrado pelo Mº Pº ou pelo OPC, se tiver competência delegada, no inquérito; pelo JIC, na instrução; e pelo Juiz do processo, na fase do julgamento.

A falta de despacho ou a sua deficiente fundamentação constitui mera irregularidade[423].

Muito se tem esgrimido no sentido de saber se os OPC que participaram na reconstituição do facto, feita pelo arguido, podem ou não depor em julgamento, sobre esse meio de prova, quando o arguido, no uso de direito legal, se recuse a prestar declarações em julgamento.

O STJ[424] defende que a *"circunstância de o arguido ter participado na reconstituição dos factos não tem o efeito de fazer corresponder esse acto a declarações suas"; "a reconstituição do facto (...) vai muito para além das declarações, pois integra ainda gestos e atitudes, constituindo um todo que assim se diferencia e autonomiza das simples declarações"*. Desta forma, os agentes que *"procederam*

---

[422] MARQUES DA SILVA, Germano, *Curso* ..., II vol., p. 176.
[423] Assim, o Ac da RP de 12/12/2007, tirado no processo 0714692, in www.dgsi.pt. MARQUES FERREIRA, *Jornadas* ..., CEJ, p. 265, expendendo, embora, a respeito das buscas domiciliárias, considera que a falta de despacho gera nulidade por força do disposto no artº 126º, nº 3.
[424] Ac. do STJ de 14/06/2006, processo 06P1574; no mesmo sentido, o Ac da RP de 12/12/2007, processo 0714692, ambos in www.dgsi.pt.

à reconstituição do crime podem depor como testemunhas sobre o que se terá passado nessa reconstituição, por essa situação não estar abrangida pelo nº 7 do artº 356º[425]*".*

E isto porque, diz o STJ[426], *"Pela sua própria configuração e natureza, a reconstituição do facto, embora não imponha nem dependa da intervenção do arguido, também a não exclui, sempre que este se disponha a participar na reconstituição, e tal participação não tenha sido determinada por qualquer forma de condicionamento ou perturbação da vontade, seja por meio de coação física ou psicológica, que se possa enquadrar nas fórmulas referidas como métodos proibidos enunciados no artigo 126° do CPP.*

A reconstituição do facto, uma vez realizada no respeito dos pressupostos e procedimentos a que está vinculada, autonomiza-se das contribuições individuais de quem tenha participado e das informações e declarações que tenham co-determinado os termos e o resultado da reconstituição, e as declarações (rectius, as informações) prévias ou contemporâneas que tenham possibilitado ou contribuído para recriar as condições em que se supõe ter ocorrido o facto, diluem-se nos próprios termos da reconstituição, confundindo-se nos seus resultados e no modo como o meio de prova for processualmente adquirido.

O privilégio contra a auto-incriminação, ou direito ao silêncio, significa que o arguido não pode ser obrigado, nem deve ser condicionado a contribuir para a sua própria incriminação, isto é, tem o direito a não ceder ou fornecer informações ou elementos que o desfavoreçam, ou a não prestar declarações, sem que do silêncio possam resultar quaisquer consequências negativas ou ilações desfavoráveis no plano da valoração probatória. Sendo, porém, este o conteúdo do direito, estão situadas fora do seu círculo de protecção as contribuições probatórias, sequenciais e autónomas, que o arguido tenha disponibilizado ou permitido, ou que informações prestadas tenham permitido adquirir, possibilitando a identificação e a correspondente aquisição probatória, ou a realização e a prática e actos processuais com formato e dimensão própria na enumeração dos meios de prova, como é a reconstituição do facto.

Vista a dimensão da reconstituição do facto como meio de prova autonomamente adquirido para o processo, e a integração (ou confundibilidade) na concretização da reconstituição de todas as contribuições parcelares, incluindo do arguido,

---

[425] Dispõe este preceito legal: *"Os órgãos de polícia criminal que tiverem recebido declarações cuja leitura não for permitida, bem como quaisquer pessoas que, a qualquer título, tiverem participado na sua recolha, não podem ser inquiridos como testemunhas sobre o conteúdo daquelas".*
[426] Ac. do STJ de 05/01/2005, processo 04P3276, in www.dgsi.pt.

que permitiram, em concreto, os termos em que a reconstituição decorreu e os respectivos resultados, os órgãos de polícia criminal que tenham acompanhado a reconstituição podem prestar declarações sobre os modo e os termos em que decorreu; tais declarações referem-se a elementos que ganham autonomia, e como tal diversos das declarações do arguido ou de outros intervenientes no acto, não estando abrangidas na proibição do artigo 356º, nº 7 do CPP".

"A publicidade da diligência deve, na medida do possível, ser evitada" (art. 150º, nº 3).

A Relação de Coimbra[427], ao que parece, tem entendimento não inteiramente coincidente, afirmando: *"Não representando o auto de reconstituição, lavrado no decurso do inquérito, em substância, mais do que meras declarações (ilustradas) do arguido, e não tendo aquele requerido a leitura das mesmas, tais declarações não podem ser valoradas como meio de prova de factos, descritos na acusação/pronúncia, consubstanciadores de ilícito penal; de outro modo, seria flagrantemente violada a norma do artigo 357º do CPP".*

A prova é livremente apreciada.

6.9 Prova pericial

"A prova pericial tem lugar quando a percepção ou a apreciação dos factos exigirem especiais conhecimentos técnicos, científicos ou artísticos" (artº 151º). A perícia é levada a cabo pelos detentores desses especiais conhecimentos, os peritos, que *"intervêm na apreciação da prova real, mas não são prova real. As coisas, vestígios, documentos ou mesmo pessoas podem ser valorados como prova, e a apreciação da prova pressupor conhecimentos fora do alcance directo do julgador. E em tal caso que intervém a perícia, a qual se resolve na formulação de juízos de valor sobre a prova. (...) Conceitualmente o perito é, portanto, um auxiliar do juiz.*

Os factos são uma coisa e coisa diferente é a sua apreciação. A apreciação dos factos é função judicial. Para essa apreciação carece o julgador de conhecimentos jurídicos, técnicos ou científicos e da experiência comum. Como nem sempre todos estes conhecimentos fazem parte da cultura geral do julgador e eles se mostram indispensáveis à apreciação da prova, permite a lei o auxílio de terceiros (...). É este auxílio que constitui a perícia. (...)

Em consequência, a perícia não é verdadeiramente um meio de prova, nem pessoal, nem real[428]. *Destina-se a auxiliar o julgador ou o instrutor do processo na*

---

[427] Ac da RC de 29/01/2014, processo 6/08.1JACBR.C1, in www.dgsi.pt
[428] MARQUES DA SILVA, Germano, *Curso* ..., II vol., p. 177, ao invés, diz que se trata de um meio de prova pessoal.

função que lhe é peculiar de desvendar o significado de provas preexistentes ou de apreciar o seu valor.

Por dois modos diferentes esse auxílio pode ter lugar: ou para revelar a existência duma prova, ou para apreciar o valor da prova preexistente[429]*. Frequentemente é impossível verificar um facto, desvendar uma prova sem uma indagação que pressupõe certos conhecimentos técnicos: a averiguação de manchas de sangue humano, a descoberta de falsificação de documentos, etc., pressupõem análises ou processos científicos que não estão ao alcance de todos. Trata-se então de descobrir a prova. O perito funciona, em tais casos, como auxiliar da investigação, da descoberta da prova. Nesta sua função, o perito, à medida que a instrução criminal é entregue a entidades suficientemente preparadas, confunde-se com o próprio instrutor; os órgãos de polícia judiciária, por exemplo, devem já, sem auxílio da perícia, saber como proceder à recolha de impressões digitais e doutros vestígios duma infracção na inspecção ao local do crime (...); os peritos continuam indispensáveis para os casos mais difíceis e que implicam mais do que uma preparação técnica geral, uma verdadeira preparação científica, e para eventual confirmação dos resultados obtidos.*

Mais nítida é a função do perito enquanto auxilia com o seu parecer a apreciação da prova. A apreciação da prova é função judicial; as conclusões a tirar da prova são conteúdo do juízo do julgador. Este juízo, ou conclusões, é auxiliado por conclusões intermédias dos peritos, quando, para as formular, haja que conhecer ciências especializadas ou técnicas estranhas à cultura geral do julgador. O artº 189º do Código de Processo Penal (de 1929) descreve a actividade dos peritos como formulação de conclusões devidamente fundamentadas; o perito, tal qual como o juiz, extrai de certa matéria de facto conclusões, isto é, aprecia o significado e valor de meios de prova. A apreciação da prova, pelos peritos, não é porém uma apreciação omnicompreensiva, como a do juiz, mas tão somente parcial, quer quanto aos factos ou objecto do processo, quer quanto à perspectiva sob a qual se observam ou apreciam os factos.

Os peritos apreciam ou qualificam factos à luz de conhecimentos científicos ou técnicos. A qualificação total e jurídica dos factos cabe exclusivamente ao julgador; claro que esta subsunção dos factos à lei é também efectuada pelo Ministério Público, pelo advogado, defensor ou por pareceres jurídicos. Mas já não se trata de perícia no exacto alcance do termo, visto que o conhecimento da lei se pressupõe no tribunal.

---

[429] É este o duplo objecto da perícia.

A equivalência da qualificação última, jurídica, a uma qualificação efectuada em função de regras científicas ou técnicas só pode ser determinada por critérios também jurídicos, e por isso as conclusões dos peritos não tomam nunca a natureza de decisões, mas somente de pareceres. O juiz não delega parte da sua função nos peritos; serve-se da sua apreciação como meio de formular a própria decisão"[430].

"*A perícia é realizada em estabelecimento, laboratório ou serviço oficial apropriado ou, quando tal não for possível ou conveniente, por perito nomeado de entre pessoas constantes de listas de peritos existentes em cada comarca, ou, na sua falta ou impossibilidade de resposta em tempo útil, por pessoa de honorabilidade e de reconhecida competência na matéria em causa*" (artº 152º, nº 1). "*Quando a perícia se revelar de especial complexidade ou exigir conhecimentos de matérias distintas, pode ela ser deferida a vários peritos funcionando em moldes colegiais ou interdisciplinares*" (artº 152º, nº 2).

A Lei 45/2004, de 19 de Agosto estabelece o regime jurídico das perícias médico-legais e forenses.

O perito, pelas funções que exerce e ainda pelo valor que a Lei atribui à prova pericial, tem de ser pessoa idónea, independente, estando sujeito ao regime de impedimentos, recusas e escusas dos Magistrados (artº 47º, ex vi do nº 1 do artº 153º).

A perícia é ordenada oficiosamente ou a requerimento, por despacho da autoridade judiciária, em regra o Mº Pº no inquérito, o JIC na instrução, e o Juiz do julgamento nesta fase processual, "contendo a indicação do objeto da perícia e os quesitos a que os peritos devem responder, bem como a indicação da instituição, laboratório ou o nome dos peritos que realizarão a perícia" – artº 154º, nº 1[431].

Todavia, "*Quando se tratar de perícia sobre características físicas ou psíquicas de pessoa que não haja prestado consentimento, o despacho previsto no número anterior é da competência do juiz, que pondera a necessidade da sua realização, tendo em conta o direito à integridade pessoal e à reserva da intimidade do visado*" – nº 3 do artº 154[432]. E é da competência do Juiz porque, entende o Legislador, estão em causa direitos fundamentais do visado.

"*A autoridade judiciária deve transmitir à instituição, ao laboratório ou aos peritos, consoante os casos, toda a informação relevante à realização da perícia,*

---

[430] Cavaleiro De Ferreira, *Curso...*, II vol., pp. [345-347].
[431] Redacção da Lei 20/2013, de 21 de Fevereiro.
[432] Redacção da Lei 20/2013, de 21 de Fevereiro.

bem como a sua actualização superveniente, sempre que eventuais alterações processuais modifiquem a pertinência do pedido ou o objeto da perícia, aplicando-se neste último caso o disposto no número anterior quanto à formulação de quesitos" – nº 2 do artº 154º[433].

"O despacho (devidamente fundamentado, cfr. artº 97º, nº 4) é notificado ao Ministério Público, quando este não for o seu autor, ao arguido, ao assistente e às partes civis, com a antecedência mínima de três dias sobre a data indicada para a realização da perícia" – nº 4 do artº 154º[434].

Para poder indicar o objeto da perícia, a autoridade judiciária carece de conhecimentos que *"lhe permitam escolher o tipo de perícia (adequada e viável) que interessa no caso concreto e depois saiba interpretar os resultados obtidos"*[435], ressalvando-se, segundo o disposto no nº 5 do artº 154º, os casos:

(a) Em que a perícia tiver lugar no decurso do inquérito e a autoridade judiciária que a ordenar tiver razões para crer que o conhecimento dela ou dos seus resultados, pelo arguido, pelo assistente ou pelas partes civis, poderia prejudicar as finalidades do inquérito;
(b) De urgência ou de perigo na demora.

"Finda a perícia, os peritos procedem à elaboração de um relatório, no qual mencionam e descrevem as suas respostas e conclusões devidamente fundamentadas. Aos peritos podem ser pedidos esclarecimentos pela autoridade judiciária, pelo arguido, pelo assistente, pelas partes civis e pelos consultores técnicos" (artº 157º, nº 1).

"Se a perícia for realizada por mais de um perito e houver discordância entre eles, apresenta cada um o seu relatório, o mesmo sucedendo na perícia interdisciplinar. Tratando-se de perícia colegial, pode haver lugar a opinião vencedora e opinião vencida" (artº 157º, nº 5).

Quando se revelar de interesse para a descoberta da verdade, os peritos podem ser convocados para prestarem esclarecimentos complementares, ou pode ser determinada a realização de nova perícia ou renovada a perícia anterior a cargo de outro ou outros peritos (artº 158º).

O juízo técnico, científico ou artístico inerente à prova pericial presume-se subtraído à livre apreciação do julgador (artº 163º, nº 1). Trata-se

---

[433] Redacção da Lei 20/2013, de 21 de Fevereiro.
[434] Redacção da Lei 20/2013, de 21 de Fevereiro.
[435] Assim, DIAS, Maria do Carmo in *Particularidades da prova em processo penal. Algumas questões ligadas à prova pericial*, p. 18 (estudo gentilmente cedido pela Autora).

de presunção iuris tantum da qual pode, naturalmente, divergir o julgador. Todavia, sempre que a convicção deste divergir do juízo dos peritos, deve fundamentar a divergência (artº 163º, nº 2).

Trata-se de uma situação de *"de prova legal bastante e não plena (...) que cederá mediante contraprova"*[436].

Se é certo que o tribunal pode livremente divergir do relatório pericial quanto aos pressupostos de facto em que assentou, designadamente com base na sua falsidade ou inexactidão, já o juízo técnico-científico constante do relatório pericial tem de ser acatado, a não ser que a divergência tenha por base juízos técnico-científicos de igual ou superior valor. Porém, nos casos em que o resultado pericial é inconclusivo, e, na sequência, ressalta um estado dubitativo quanto à matéria da perícia, deve o tribunal diligenciar pelo integral cumprimento de todo o disposto no artº 158º do CPP. Se, ainda assim, o resultado for inconclusivo, *"não conduz necessariamente a uma dúvida insanável: por não agregar um verdadeiro juízo pericial mas antes um estado dubitativo, devolve-se plenamente ao tribunal a decisão da matéria de facto"*[437], que decidirá segundo o princípio da livre apreciação da prova, tendo, naturalmente, em conta o princípio do in dubio pro reo.

Com a Relação de Évora[438] defendemos que *"Os «pareceres» ou «perícias» elaborados por testemunhas dos arguidos, independentemente da competência técnico-científica de quem os profira, não têm o valor da prova vinculada que a lei atribui às perícias, designadamente às perícias médicas, ordenadas pelo tribunal e efectuadas por entidades independentes, motivo pelo qual não existe para o tribunal a menor obrigação de fundamentação de uma eventual discordância quantos aos pontos de vista expendidos nesses «pareceres» ou «perícias» elaborados a pedido arguidos e sem intervenção do tribunal".*

6.10 Prova documental

Documento é o *"sinal ou notação corporizada em escrito ou qualquer outro meio técnico, nos termos da lei penal"* (artº 164º, nº 1).

Os documentos podem ser particulares, autênticos ou autenticados (artºs 363º e segs. do C. Civil).

Documentos autênticos são os que são *"exarados, com as formalidades legais, pelas autoridades públicas nos limites da sua competência ou, dentro do*

---

[436] MARQUES FERREIRA, *Jornadas...*, CEJ, p. 259.
[437] Ac da RP de 27/01/2010, processo 45/06.7PIPRT.P1, in www.dgsi.pt
[438] Ac da RE de 3/12/2013, processo 157/07.0GTBJA.E1, in www.dgsi.pt

círculo de actividade que lhe é atribuído, pelo notário ou outro oficial público provido de fé pública" – artº 363º, nº 1 do C. Civil.

Todos os outros, diz o mesmo preceito, são particulares. Estes podem ser: (a) Autenticados: os que são confirmados perante notário, segundo as leis notariais; (b) Com reconhecimento notarial: aqueles cuja letra e assinatura, ou cuja assinatura, se mostrem reconhecidas por notário; (c) Simples: os documentos escritos ou assinados por qualquer pessoa, sem intervenção alguma de funcionário público.

Consideram-se provados – prova plena, vinculada – os factos materiais constantes de documento autêntico ou autenticado, desde que *"praticados pela autoridade ou oficial público respectivo, assim como dos factos que nele são atestados com base nas percepções da entidade documentadora"* (artº 371º do C. Civil), enquanto a autenticidade do documento ou a veracidade do seu conteúdo não forem fundamentadamente postas em causa (artº 169º), podendo qualquer documento ser declarado falso no dispositivo da sentença (artº 170º).

Os documentos particulares ficam sujeitos à livre apreciação do tribunal.

O documento é junto no decurso do inquérito ou da instrução e, não sendo possível, o que terá de ser alegado e demonstrado[439], deve sê-lo até ao encerramento da audiência, sendo sempre respeitado o contraditório (artº 165º, nº 1 e 2).

Também os pareceres de advogados, de jurisconsultos ou de técnicos, podem sempre ser juntos até ao encerramento da audiência em 1ª instância, atenta a disciplina do nº 1 do artº 165º; e ainda porque o tribunal ad quem não pode apreciar elementos de prova que o tribunal a quo não tenha apreciado[440].

É estabelecido o limite temporal para: *"i. Garantir o respeito pelo contraditório; ii. Garantir que nem o julgador, nem qualquer dos outros intervenientes processuais possam ser, a qualquer tempo e ao longo de todo o processo, confrontados com novas provas, de modo a que este direito pudesse redundar num eternizar do processo"*[441].

---

[439] MARQUES FERREIRA, *Jornadas...*, CEJ, p 260. Em sentido não coincidente, MARQUES DA SILVA, Germano, *Curso...*, II vol., p. 186, nota 1.

[440] Assim, o Ac do TRP de 16/01/2002, tirado no processo 1200/01, da 1ª Secção, não publicado.

[441] Ac da RP de 26/5/2010, processo 418/08.0PAMAI-C.P2, in www.dgsi.pt

No entanto, *"Documentos que digam respeito à interpretação de conceitos técnicos usados pelo acórdão recorrido podem ser juntos com o recurso, pois que sempre poderiam ser transcritos no texto do recurso"*[442].

O TC[443] decidiu *"Não julgar inconstitucional a norma constante do artigo 165º, nº 1, do Código de Processo Penal, interpretado no sentido em que não é admissível, após a prolação da sentença da 1ª instância, a junção de documentos em sede de recurso que abrange a matéria de facto, mesmo quando esses documentos foram produzidos após aquele momento, só então sendo do conhecimento do arguido".*

Se o documento for escrito em língua estrangeira, é ordenada, sempre que necessário, a sua tradução, nos termos do nº 6 do artigo 92º Se o documento for dificilmente legível, é feito acompanhar de transcrição que o esclareça e, se for cifrado, é submetido a perícia destinada a obter a sua decifração (artº 166º).

As reproduções fotográficas, cinematográficas, fonográficas ou por meio de processo electrónico e, de um modo geral, quaisquer reproduções mecânicas só valem como prova dos factos ou coisas reproduzidas se não forem ilícitas, nos termos da lei penal, não se considerando, nomeadamente, ilícitas as reproduções mecânicas que obedecerem ao disposto no título III deste livro (artº 167º). Sem prejuízo, quando não se puder juntar ao auto ou nele conservar o original de qualquer documento, mas unicamente a sua reprodução mecânica, esta tem o mesmo valor probatório do original, se com ele tiver sido identificada nesse ou noutro processo (artº 168º).

A jurisprudência, escorada em alguma doutrina[444], tem vindo a entender que os documentos juntos ao processo não têm de ser lidos em julgamento para valerem como prova (artº 355º). Em sentido contrário, Germano Marques da Silva[445] afirma: *"resulta indubitavelmente do artº 355º que os documentos probatórios só valem para formar a convicção do tribunal se submetidos ao contraditório na audiência".*

---

[442] Ac da RL de 13/7/2010, processo 712/00.9JFLSB.L1-5, in www.dgsi.pt
[443] Ac do TC 90/2013.
[444] Por todos, MAIA GONÇALVES, Manuel Lopes, *Código de Processo Penal anotado*, 10ª edição, p. 629; Ac do STJ de 10/11/1993, *CJ, Acs do STJ*, I, tomo 3, p. 233.
[445] *Curso ...*, III vol., p. 253.

6.11 O agente encoberto

A mundialização coloca ao direito penal e à investigação criminal novos e relevantes problemas: *"o criminoso deixou de reconhecer os limites das fronteiras dos Estados e a investigação criminal é cada vez mais difícil e complexa até porque o dano começa a dispensar cada vez mais a presença física do autor. (...). De facto, o que hoje constitui o principal motivo das suas preocupações (das instâncias com competência para definir modelos de prevenção e investigação criminal) são as novas formas emergentes da criminalidade: os atentados ao ambiente à escala planetária; as grandes redes internacionais de tráfico de droga, de tráfico de armas, de tráfico de substâncias radioactivas, de tráfico de capitais, de tráfico de obras de arte, de tráfico de órgãos humanos, de tráfico de crianças e de tráfico de embriões. Mas são ainda, e também, os crimes de natureza económica e financeira e, as sempre com eles coligadas, cifras negras; e o incontornável terrorismo"*[446].

Repudiando, em absoluto, as medidas de excepção preconizadas por Jakobs[447] para combater este tipo de criminalidade, reconhecemos que os Estados têm, cada vez mais, de se socorrer dos denominados *"homens de confiança"*. A superioridade ética do Estado, para ser mantida, exige que a actividade destes esteja devidamente enquadrada por princípios e valores, não podendo recorrer a acções provocatórias. Não podem, pois, socorrer-se de todos os homens de confiança. Com efeito, o agente provocador, entendido como aquele que, *"sendo agentes de autoridade ou cidadãos particulares a actuar de forma concertada com os primeiros e aproveitando-se de uma certa predisposição do suspeito para o crime, o convencem à sua prática, não querendo o crime a se, e, sim, pretendendo submeter esse outrem a um processo penal e, em último caso, a uma pena"*[448], recolhe prova que, obviamente, é nula, não podendo ser utilizada (artº 126º)[449]. *"Há que ponderar que a ordem*

---

[446] MEIREIS, Manuel Augusto, *II Congresso de Processo Penal*, Coordenação de Manuel Monteiro Guedes Valente, Almedina 2006, p. 83.
[447] *Derecho penal del inimigo*, Cuadernos Civitatis, Thomson Civitas, 2ª edição.
[448] MEIREIS, Manuel Augusto, *II Congresso*..., p. 94.
[449] Quanto ao agente provocador, MARQUES DA SILVA, Germano, *Curso*..., pp. [160, 161], afirma: "Por isso que é de excluir liminarmente como método de investigação criminal a provocação ao crime. É que a provocação não é apenas informativa, mas é formativa; não revela o crime e o criminoso, mas cria o próprio crime e o próprio criminoso. A provocação, causando o crime, é inaceitável como método de investigação criminal, uma vez que era o seu próprio objecto".

pública é mais perturbada pela violação das regras fundamentais da dignidade e da rectidão da actuação judiciária do que pela não repressão de alguns crimes (...)"[450].

Para Costa Andrade[451], **o agente provocador** configura meio oculto de investigação, proibido, pois que *"representa uma intromissão nos processos de acção, interacção e comunicação das pessoas concretamente visadas, sem que estas tenham conhecimento do facto nem dele se apercebam"*, o que, em consequência, faz aumentar exponencialmente a danosidade pela violação de múltiplos direitos de quem é sujeito a investigação.

Já **o agente infiltrado**, entendido como *"aquele agente de autoridade, ou cidadão particular que actue de forma concertada com a polícia e que, sem revelar a sua identidade ou qualidade e com o fim de obter provas para a incriminação do suspeito, ou então simplesmente para a obtenção da notícia do crime, ganha a sua confiança pessoal, mantendo-se a par dos acontecimentos, acompanhando a execução dos factos se necessário for, de forma a conseguir a informação necessária ao fim a que se propõe"*[452] é reconhecido em algumas legislações. Com Meireis entendemos que tal agente, embora se limite *"através da confiança que conquistou junto do suspeito, a recolher prova sem precipitar os factos e sem interferir no processo causal (...) aparece-nos assim como uma entidade documentadora que regista os factos e os seus intervenientes; se nos esquecermos da sua subjectividade – da possibilidade do erro de interpretação, da imprecisão na narração e na retransmissão dos factos – ele não é muito diferente do meio técnico que documenta em fita – para ser vista ou ouvida – a actividade criminosa"*, e, por isso, *"deverá integrar o elenco dos métodos de prova relativamente proibidos ao abrigo do disposto na segunda parte do artigo 32º, nº 8 da Constituição e do artigo 126, nº 3 do CPP"*[453], senão mesmo no nº 1 do mesmo preceito: ofensa da integridade moral do visado.

Diferente – e legal se verificados os respectivos pressupostos – é a actuação do **agente encoberto**, aquele *"agente de autoridade, ou alguém que com ele actue de forma concertada, que, sem revelar a sua identidade ou qualidade, frequenta os meios conotados com o crime na esperança de descobrir possíveis indícios da matéria criminal. A sua presença e a sua qualidade não determinam nem influenciam o rumo dos acontecimentos (...).*

---

[450] Para maior desenvolvimento do tema, COSTA ANDRADE, *Proibições...*, pp. [219-233].
[451] *Bruscamente ...*, RLJ Ano 137º, p. 277.
[452] MEIREIS, *op. cit.*, p. 94.
[453] *Idem*, p. 95.

6. OS MEIOS DE PROVA

Quanto aos agentes encobertos, vigorando entre nós o princípio da liberdade da prova e, consequentemente, dizendo a tipicidade apenas respeito aos métodos proibidos [artigo 125º do Código de Processo Penal (CPP)] entendemos tratar-se de uma figura que pode ser livremente utilizada na investigação criminal, desde que se mantenha dentro dos contornos que lhe definimos. A sua utilização não ofende as garantias do processo penal nem a força jurídica dos direitos fundamentais como a própria Constituição a prevê no seu artigo 18º"[454].

Sendo meio de prova particularmente danoso, meio oculto de investigação, os pressupostos legais têm de, quanto a ele, ser particularmente exigentes. Com efeito, tal como se prescreve no artº 18º da CRP, o recurso a este meio de prova depende de:

– Estar previsto em Lei expressa, ou Decreto-Lei autorizado. A Lei que o autoriza, vista a sua danosidade, terá de ser clara e determinada; deverá identificar com rigor e segurança tanto o bem jurídico como o direito fundamental lesado ou posto em perigo; deve assinalar o fim e os limites da intromissão, isto é, deve ser de tal forma densa que não deixe qualquer margem de discricionariedade na sua aplicação;

– Constar da Lei o catálogo de infracções cuja perseguição pode legitimar o recurso ao agente encoberto. *"Há-de ser sempre um catálogo particularmente restrito e definido segundo critérios de proporcionalidade: tanto na direcção da gravidade das infracções como das exigências criminalísticas da sua investigação"*[455].

– Em concreto deverá a autoridade judiciária certificar-se que se está perante *"suspeita fundada da ocorrência da infracção. Terá de tratar-se de uma suspeita baseada em actos concretos e definida segundo limiares de plausibilidade ou probabilidade, graduados – v. g., suspeita simples, suspeita forte, etc. – em função do potencial de devassa do meio. Por outro lado e sobretudo, o juízo de suspeita há-de reportar-se ao momento em que a autoridade competente decide sobre a autorização ou recusa da medida. E é também a esse momento que há-de reportar-se a instância de recurso a seu tempo chamada a escrutinar a legalidade e validade da medida"*[456].

– Deve obedecer a um *"estrito princípio de subsidiariedade. Que há-de actualizar-se tanto no plano extrínseco, isto é, na relação com os meios «abertos»*

---

[454] *Idem*, p. 94.
[455] Costa Andrade, *Bruscamente ...*, RLJ Ano 137º, p. 282.
[456] *Ibidem*.

como no plano intrínseco, ou seja, nas relações dos meios entre si"[457]. Assim, não deve recorrer-se a este meio oculto quando for possível alcançar os mesmos resultados de investigação com a aplicação de meios «descobertos».
"No que concerne às relações dos meios ocultos entre si, a subsidiariedade veda o recurso a um qualquer meio oculto de investigação sempre que seja possível lançar mão de meio menos gravoso e igualmente idóneo para a prossecução dos interesses da investigação (...). Para além disso, o princípio de subsidiariedade deve balizar e contrariar a pulsão para a utilização cumulativa de dois ou mais meios ocultos de investigação. A utilização de duas ou mais medidas (v.g., escutas e agente encoberto) só poderá ter lugar se, manifestamente, a utilização de uma só não permitir alcançar o desejável e almejado resultado probatório. De qualquer forma, a utilização cumulativa de meios ocultos de investigação só deverá acontecer face às manifestações extremadas (pela danosidade e pela sofisticação dos meios) da criminalidade, em consonância com as exigências da proporcionalidade"[458].

– *"No plano material sobreleva o princípio da proporcionalidade. (...) De um certo ponto de vista, a proporcionalidade configura como que uma espécie de categoria transcendental do regime dos meios ocultos. Logo, porque ela está presente e se actualiza no conteúdo e no regime dos pressupostos materiais até aqui referenciados: catálogo, limiar de suspeita ou subsidiariedade. Para além disso, o regime dos meios ocultos terá de obedecer a um princípio de proporcionalidade em sentido estrito. Entendendo-se por tal a exigência de que «numa ponderação global, a gravidade da intromissão não seja desproporcionada face ao peso das razões que a justificam»"*. Há-de, por isso, levar-se à balança da ponderação *"o universo dos direitos e dos sujeitos atingidos, a eminência e dignidade dos bens jurídicos a salvaguardar bem como a idoneidade da medida para o conseguir. (...) Reclama, noutros termos, o levantamento permanentemente actualizado de todos os meios ocultos de investigação bem como a sua hierarquização, tanto na direcção da danosidade como da respectiva idoneidade teleológica. Tanto do lado da proporcionalidade em sentido estrito como em sentido amplo"*[459].

– *"Ainda no plano material, o direito dos meios ocultos de investigação tem de integrar as soluções normativas indispensáveis para garantir a salvaguarda e a inviolabilidade da área nuclear da intimidade e, complementarmente, definir a medida em que, também aqui, há-de tutelar-se o direito a recusar depoimento*

---

[457] *Ibidem.*
[458] *Idem,* pp. [282, 283].
[459] *Ibidem.*

que no direito processual «aberto» é reconhecido às testemunhas; já em nome das relações de solidariedade familiar, já em nome do relevo pessoal e institucional dos diferentes deveres de sigilo"[460].

– Sempre a acção terá de ser autorizada por um Juiz (princípio da reserva de juiz). *"Trata-se fundamentalmente de assegurar a tutela preventiva dos direitos de uma pessoa – (normalmente o arguido) exposta à invasão e à devassa e sem qualquer possibilidade de assegurar a sua própria defesa. Além do mais, trata-se de medidas cuja danosidade é certa (e drástica) e cujas vantagens são incertas e aleatórias. Tudo a justificar, por isso, a intervenção de uma autoridade independente e neutra. (...). «O controlo opera assim como uma representação compensatória (...) do arguido» naquela fase do processo. (...) O juiz deve escrutinar autonomamente a versão carreada pela acusação, submetendo a apreciação crítica a sua pertinência e plausibilidade. (...) O Juiz tem o dever «de construir ele próprio e de forma auto-responsável um juízo» quanto à verificação, em concreto, dos pressupostos da medida. Um juízo a que naturalmente tem de assegurar fundamentação autónoma, bastante e expressa. (...) Tópicos face aos quais, dito de forma sincopada, o respeito pela reserva de juiz postula uma ruptura epistemológica ou, ao menos, uma descontinuidade metodológica, entre o juízo adiantado pela investigação e o do juiz. Que tem de subjectivizar e assumir de forma autónoma e auto--referente a decisão de autorizar ou recusar a medida"*[461].

A Lei 101/2001, de 25/08, estabelece o regime jurídico das acções encobertas, também previstas em legislação especial, como na Lei da droga (DL 15/93, de 22/01), sendo duvidoso que o legislador tenha respeitado todas as exigências referidas, com consequências ao nível da (in)constitucionalidade.

6.12 As medidas cautelares quanto aos meios de prova

"Compete aos órgãos de polícia criminal, mesmo antes de receberem ordem da autoridade judiciária competente para procederem a investigações, praticar os actos cautelares necessários e urgentes para assegurar os meios de prova" (artº 249º, nº 1).

Compete-lhes, nomeadamente:
(a) Proceder a exames dos vestígios do crime, em especial às diligências previstas no nº 2 do artigo 171º e no artigo 173º, assegurando a manutenção do estado das coisas e dos lugares;

---

[460] *Ibidem*.
[461] *Idem*, p. 284.

(b) Colher informações das pessoas que facilitem a descoberta dos agentes do crime e da sua reconstituição;
(c) Proceder a apreensões no decurso de revistas ou buscas ou em caso de urgência ou perigo na demora, bem como adoptar as medidas cautelares necessárias à conservação ou manutenção dos objectos apreendidos (artº 249º, nº 2).

Mesmo após a intervenção da autoridade judiciária, cabe aos órgãos de polícia criminal assegurar novos meios de prova de que tiverem conhecimento, sem prejuízo de deles deverem dar notícia imediata àquela autoridade (artº 249º, nº 3).

"Os actos regulados nos artºs 248º a 253º (...) não são ainda actos processuais, são actos de polícia (...). Trata-se de uma realidade extraprocessual conexa com a processual. Sucede, na verdade, que embora o processo se inicie com o acto do Ministério Público que ordena a sua abertura, há realidades anteriores que são tão estreitamente conexas com a processual que é necessário alargar-lhes a sua disciplina para que possam servi-lo. Esta conexão pode verificar-se relativamente a realidades anteriores ao início do processo, mas também a outras que ocorrem durante o desenvolvimento do próprio processo. (...)

Os órgãos de polícia criminal devem praticar todos os actos cautelares necessários e urgentes para assegurar os meios de prova, mesmo antes de receberem ordem da autoridade judiciária competente para procederem a investigações (artº 249º, nº 1). Esta actividade cautelar, extraprocessual é justificada pela urgência e pode ter lugar ainda antes de instaurado o procedimento ou já no seu decurso (artº 249º, nº 3).

Enquanto os órgãos de polícia criminal actuam no decurso do procedimento, por ordem da autoridade judiciária competente, praticam actos processuais, mas quando actuam por sua iniciativa, praticam actos da sua própria competência policial que depois serão ou não integrados no processo.

É a utilidade para o processo e a sua urgência que justificam a atribuição a esses órgãos da competência para a prática desses actos, actos que não são ainda processuais e só serão integrados no processo depois da sua aceitação ou confirmação pela autoridade judiciária competente"[462].

Sendo os meios de prova *"elementos de que o julgador se pode servir para formar a sua convicção sobre um facto"*, e sendo fim do processo penal averiguar da existência de um crime e da responsabilidade do seu autor, não se

---

[462] MARQUES DA SILVA, Germano, *Curso...*, p. 63.

compreenderia que, por inexistência de ordem da autoridade judiciária, se perdessem meios de prova imprescindíveis ao apuramento da verdade material. Daí que a lei imponha aos órgãos de polícia criminal, mesmo antes de receberem ordem da autoridade judiciária competente para procederem a investigações, a prática dos actos cautelares necessários e urgentes para assegurar os meios de prova.

Na sequência de um caso mediático, o Conselho Consultivo da Procuradoria Geral da República emitiu Parecer[463], extraindo as seguintes conclusões:

1ª (...)

2ª *Os órgãos de polícia criminal podem realizar atividades dirigidas aos fins do processo penal:*
  a) *Ao abrigo direto da lei, no caso de medidas cautelares e de polícia (sempre dependentes dos pressupostos urgência e perigo na demora); ou*
  b) *Por encargo do Ministério Público (caso em que é necessária a cobertura de um despacho de delegação de competência).*

3ª *Os órgãos de polícia criminal apenas podem praticar atos de investigação criminal ao abrigo de despacho de delegação de competência depois da comunicação da notícia do crime ao Ministério Público, de acordo com os termos estabelecidos no despacho e no respeito das competências reservadas do juiz e do Ministério Público.*

4ª (...)

5ª *A prática de atos relativos aos fins do inquérito por iniciativa própria do órgão de polícia criminal depende sempre da verificação dos pressupostos de necessidade e urgência.*

6ª *As autoridades e os órgãos de polícia criminal da PSP e da GNR, por iniciativa própria que vise a prossecução de fins do processo penal, podem:*
  a) *Quanto a matérias que não integrem a reserva judiciária legal, praticar todos os atos cautelares necessários e urgentes para assegurar os meios de prova que não atinjam direitos protegidos por lei (artigo 249º, nº 1, do Código de Processo Penal);*
  b) *Relativamente a matérias previstas nas reservas de competência das autoridades judiciárias, realizar os atos permitidos por previsão legal especial dentro dos estritos pressupostos jurídico-normativos estabelecidos pela lei.*

7ª (...)
8ª (...)

---

[463] Parecer da PGR 45/12 in II série do DR de 25/1/2013.

9ª (...)

10ª Não é admissível que órgãos de polícia criminal, por iniciativa própria dirigida à prossecução de finalidades do processo penal, interpelem elementos de órgão de comunicação social com vista ao visionamento de imagens que estão na sua posse e foram captadas por «jornalistas», outros «funcionários» ou «demais colaboradores» dessa entidade (por força do disposto no nº 1 do artigo 182º do Código de Processo Penal, conjugado com o nº 2 do artigo 135º do mesmo diploma, o artigo 11º, nº 5, do Estatuto do Jornalista e os artigos 11º, nº 1, alínea c), e 14º, números 1 e 7, da lei do Cibercrime).

11ª (...)

12ª Se uma autoridade ou um órgão de polícia criminal da PSP ou da GNR entender que se afigura necessário à descoberta da verdade em processo penal obter imagens recolhidas e na posse de órgão de comunicação social (em suporte digital ou material) em relação às quais haja receio de que possam perder-se, alterar-se ou deixar de estar disponíveis, existindo urgência ou perigo na demora e não sendo possível contactar tempestivamente magistrado do Ministério Público, pode ordenar a quem tenha disponibilidade ou controlo desses dados que os preserve (ao abrigo das disposições conjugadas dos artigos 55º, nº 2 e 249º, nº 1, do Código de Processo Penal e dos artigos 11º, nº 1, alínea c), e 12º, nº 2, da lei do Cibercrime).

13ª (...)
14ª (...)"

Tendo o Parecer sido homologado Ministerialmente, a doutrina é obrigatória para os OPC.

Segundo o nº 1 do artº 253º, *"Os órgãos de polícia criminal que procederem a diligências referidas nos artigos anteriores elaboram um relatório onde mencionam, de forma resumida, as investigações levadas a cabo, os resultados das mesmas, a descrição dos factos apurados e as provas recolhidas"*, o qual será remetido *"ao Ministério Público ou ao juiz de instrução, conforme os casos"* – nº 2 do mesmo preceito legal – para ulterior decisão quanto ao destino do meio de prova.

7. Os meios de obtenção da prova

7.1 Definição
"Os meios de obtenção da prova são instrumentos de que se servem as autoridades judiciárias para investigar e recolher meios de prova; não são instrumentos de demonstração do thema probandi, são instrumentos para recolher no processo esses instrumentos"[464]. Enquanto que os **meios de prova** *"são os elementos de que o julgador se pode servir para formar a sua convicção sobre um facto"*, *"são fontes de que o juiz extrai os motivos de prova"*, os **meios de obtenção da prova** servem para obter aquelas coisas ou declarações que, por sua vez, servirão para demonstrar a realidade de um facto; trata-se da actividade de recolha dos meios de prova, sejam pessoais ou reais.

7.2 Pressupostos gerais dos meios de obtenção da prova
Qualquer restrição aos direitos, liberdades e garantias só é constitucionalmente legítima se:

(1) For autorizada pela Constituição;

(2) Estiver suficientemente sustentada em lei da Assembleia da República ou em decreto-lei autorizado[465];

---

[464] MARQUES DA SILVA, Germano, *Curso* ..., II vol., p. 189
[465] Costa Andrade *Bruscamente...*, *RLJ* Ano 137º, p. 140 afirma: "Só uma lei expressa, clara e determinada, especificamente reportada à técnica em causa, definidora e delimitadora da respectiva medida de invasividade e de devassa, pode legitimar a sua utilização como meio de obtenção da prova em processo penal". "A lei deve permitir identificar com rigor e segurança tanto o bem jurídico ou o direito fundamental lesado ou atingido como o teor do respectivo sacrifício. Uma exigência em que vai naturalmente coenvolvida a previsão da for-

(3) Visar a salvaguarda de outro direito ou interesse constitucionalmente protegido;
(4) For necessária a essa salvaguarda, adequada para o efeito e proporcional a esse objectivo[466];
(5) Tiver carácter geral e abstracto, não tiver efeito retroactivo e não diminuir a extensão e o alcance do conteúdo essencial dos preceitos constitucionais[467].

Assim o impõe o artº 18º, nº 2 da CRP.

À excepção do direito à dignidade da pessoa humana, a CRP não proíbe, em absoluto, a possibilidade de restrição dos direitos, liberdades e garantias. Porque assim, excepcionado aquele, e verificados os restantes pressupostos, enumerados, nada obsta a que se recolha um meio de prova, exigindo-se sempre um juízo de ponderação por parte da autoridade judiciária[468] para se aferir qual dos direitos conflituantes[469] deve prevalecer[470].

---

ma ou a modalidade técnica de invasão (...) a lei deve ainda prever e prescrever «de forma precisa e com clareza normativa (Anlass), o fim e os limites da intromissão (decisão de 13/6/2007 do Tribunal Constitucional Federal). Dito noutros termos, a intromissão legalmente autorizada está finalisticamente vinculada" (idem, p. 281). Porque assim, é de rejeitar a tese, "segundo a qual, prevista a admissibilidade de um meio técnico de investigação, o processo penal está naturalmente aberto aos novos ou análogos meios propiciados pelos meios tecnológicos" (idem, p. 140), o que equivale a dizer que a "produção e valoração serão ilegais e ilegítimas, enquanto não fora adoptada nova e pertinente lei de autorização" (idem, p. 281).

[466] Quanto ao princípio da proporcionalidade, ver supra p. 13 e ss.
[467] Cfr. Ac do TC 155/2007.
[468] Quanto ao juízo de ponderação, nunca é demais repetir as palavras de COSTA ANDRADE, *Subitamente...*, *RLJ* 137º, p. 284: "O juiz deve escrutinar autonomamente a versão carreada pela acusação, submetendo a apreciação crítica a sua pertinência e plausibilidade. (...) O Juiz tem o dever «de construir ele próprio e de forma auto-responsável um juízo» quanto à verificação, em concreto, dos pressupostos da medida. Um juízo a que naturalmente tem de assegurar fundamentação autónoma, bastante e expressa. (...) Tópicos face aos quais, dito de forma sincopada, o respeito pela reserva de juiz postula uma ruptura epistemológica ou, ao menos, uma descontinuidade metodológica, entre o juízo adiantado pela investigação e o do juiz. Que tem de subjectivizar e assumir de forma autónoma e auto-referente a decisão de autorizar ou recusar a medida
[469] O(s) concreto(s) direito individual, de um lado da balança; do outro, o direito à administração da justiça. Relativamente aos primeiros, para além dos clássicos direitos, convém ter presente que, nos últimos tempos, se vem falando em novos direitos, tais como o direito à palavra, à imagem, à autodeterminação informacional, à identidade genética, à integridade e confidencialidade dos sistemas informáticos.
[470] Segundo FIGUEIREDO DIAS, *Direito Processual Penal*, p. 59, "o processo penal constitui um dos lugares por excelência em que tem de encontrar-se a solução do conflito entre as exi-

7.3 Exames
7.3.1 *Definição*

O **exame** é o primeiro dos meios de obtenção da prova tipificados (art°s 171° a 173°).

O vocábulo exame provém do latim examen, que significa o facto de examinar a prova para demonstrar as capacidades do examinando num determinado assunto. O conceito legal de exame não se confunde, porém, com o seu conceito etimológico; trata-se de conceito normativo, conformado, por isso, pela própria lei[471].

"Por meio de exames das pessoas, dos lugares e das coisas, inspeccionam-se os vestígios que possa ter deixado o crime e todos os indícios relativos ao modo como e ao lugar onde foi praticado, às pessoas que o cometeram ou sobre as quais foi cometido" (n° 1 do art° 171°). É a partir deste preceito legal que, sem divergências, vem sendo entendido o "exame" como sendo «o meio de obtenção da prova através do qual a autoridade judiciária, o órgão de polícia criminal ou o perito percepcionam directamente os elementos úteis para a reconstituição dos factos e descoberta de verdade»"[472].

"A finalidade do exame é fixar documentalmente ou permitir a observação directa pelo tribunal de factos relevantes em matéria probatória", sejam vestígios

---

gências comunitárias e a liberdade de realização da personalidade individual. Aquelas podem postular, em verdade, uma «agressão» na esfera desta; agressão a que não falta a utilização de meios coercivos (prisão preventiva, exames, buscas, apreensões) e que mais difícil se torna de justificar e suportar por se dirigir, não a criminosos convictos, mas a meros «suspeitos» – tantas vezes inocentes – ou mesmo a «terceiros» (declarantes, testemunhas e até pessoas sem qualquer participação processual).

Daqui que o interesse comunitário na prevenção e repressão da criminalidade tenha de pôr-se limites – inultrapassáveis quando aquele interesse ponha em jogo a dignitas humana que pertence mesmo ao mais brutal delinquente; ultrapassáveis, mas só depois de cuidadosa ponderação da situação, quando conflitue com o legítimo interesse das pessoas em não serem afectadas na esfera das suas liberdades pessoais para além do que seja absolutamente indispensável à consecução do interesse comunitário. É através desta ponderação e da justa decisão do conflito que se exclui a possibilidade de abuso do poder da parte do próprio Estado ou dos órgãos a ele subordinados e se põe a força da sociedade ao serviço e sob o controlo do Direito; o que traduz só, afinal, aquela limitação do poder do Estado pela possibilidade de livre realização da personalidade ética do homem que constitui o mais autêntico critério de um verdadeiro Estado-de-direito.

[471] Acta n° 21, de 16 de Março de 1992, da *Comissão Revisora do Código de Processo Penal*.
[472] PIMENTA, Costa, *Código de Processo Penal Anotado*, em anotação ao preceito.

ou indícios, não exigindo do seu autor *"conhecimentos especiais de índole científica, técnica ou artística, caso em que há lugar a perícia e não a exame"*[473].
Pode ter por objecto pessoas, lugares ou coisas.

7.3.2 Distinção entre exames e perícias

O Código de Processo Penal de 1929 (artigos 175º e segs.), não distinguia os exames das perícias, sendo ambos realizados por peritos. O Código de Processo Penal de 1987 trata separadamente as perícias (artºs 151º a 163º) e os exames (artºs 171º a 173º).

Aparentemente, é fácil a distinção entre as duas figuras jurídicas: enquanto que a perícia é um *meio de prova* que tem lugar quando a percepção ou a apreciação dos factos exigem especiais conhecimentos técnicos, científicos ou artísticos[474] (artigo 151º), o exame é um *meio de obtenção da prova* pelo qual a autoridade judiciária, o órgão de polícia criminal ou o perito percepcionam directamente os elementos úteis para a reconstituição dos factos e descoberta de verdade; é uma actividade de recolha dos meios de prova, sejam pessoais ou reais, que não exige os aludidos especiais.

A facilidade é só aparente pois que são enormes as dificuldades na distinção. A dificuldade sobe de tom quando se sabe que na base de uma perícia está sempre um exame[475].

Os exames não exigem, de quem os faz, especiais conhecimentos, limitando-se o examinador a inspeccionar vestígios e indícios, que, depois, descreve em auto. O resultado está sujeito à livre apreciação do julgador.

As perícias, pelo contrário, exigem dos peritos os ditos conhecimentos especiais e, por isso, o juízo constante do relatório da perícia (que não os pressupostos de facto) presume-se subtraído à livre apreciação do julgador (artº 163º, nº 1), só podendo ser elidido com base em elemento de prova de igual ou superior valor, incluindo nova perícia.

7.3.3 Quando têm lugar os exames

Os exames podem ter lugar em qualquer das fases do processo penal em 1ª Instância: inquérito, instrução ou audiência de discussão e julgamento,

---

[473] MARQUES DA SILVA, Germano, *Curso* ..., II vol., p. 190.
[474] Para maiores desenvolvimentos ver LATAS, António José, *Processo Penal e Prova Pericial, Psicologia Forense*, Almedina, 2006, p. 97 (estudo gentilmente cedido pelo autor).
[475] Cfr. *Acta nº 21*, de 16 de Março de 1992, da *Comissão Revisora do Código de Processo Penal*.

por ordem da AJ[476]. Enquanto não estiver presente a AJ cabe a qualquer agente de autoridade tomar provisoriamente as providências urgentes para evitar que os vestígios se apaguem ou alterem (artº 171º, nº 4). Os exames podem ainda ser realizados, como medida de polícia, antes da instauração do inquérito [alínea a) do nº 2 do artº 249º] desde que a necessidade e a urgência para assegurar meios de prova o justifiquem.

Impende sobre a AJ e sobre os OPC[477] a obrigação de evitar, quando possível, que os vestígios se apaguem ou se alterem antes de serem examinados, proibindo-se, se necessário, e sob pena de desobediência[478], a entrada ou o trânsito de pessoas estranhas no local do crime ou quaisquer outros actos que possam prejudicar a descoberta da verdade (artº 171º, nº 2). *"Se os vestígios deixados pelo crime se encontrarem alterados ou tiverem desaparecido, descreve-se o estado em que se encontram as pessoas, os lugares e as coisas em que possam ter existido, procurando-se, quanto possível, reconstituí-los e descrevendo-se o modo, o tempo e as causas da alteração ou do desaparecimento"* (nº 3 do artº 171º).

Para ser levado a cabo um exame é necessário, obviamente, que se verifiquem os pressupostos gerais, referidos.

Os exames às pessoas levantam questões sensíveis, designadamente no que toca à densidade normativa da Lei habilitante e ainda quanto ao requisito da proporcionalidade em sentido lato, como veremos. Nalguns casos exige-se que o exame seja ordenado pelo juiz.

7.3.4 O arguido como sujeito do processo e como meio de prova

O arguido, como vimos, é sujeito do processo, ao qual são assegurados direitos e deveres processuais (art. 60º do CPP), maxime o direito de defesa (art. 32º-1 da CRP), para além de lhe ser conferida a presunção de inocência até ao trânsito em julgado da condenação (art. 32°-2 da CRP). Por isso, se exige que *"a utilização do arguido como meio de prova seja sempre limitada pelo integral respeito pela sua decisão de vontade (...): só no exercício de uma plena liberdade da vontade pode o arguido deci-*

---

[476] Autoridade Judiciária.
[477] Órgãos de Polícia Criminal.
[478] Se verificados, naturalmente, os requisitos legais. Neste sentido, SIMAS SANTOS,/LEAL HENRIQUES, *Código de Processo Penal anotado*, I vol., 2ª edição, Rei dos Livros, 1999, p. 876.

dir se e como deseja tomar posição perante a matéria que constitui objecto do processo"⁴⁷⁹.

Todavia, se recusar submeter-se a exame ordenado pela competente AJ, incorre *"na prática de um crime desobediência, previsto e punível pelo artigo 348º, nº 1 b), do Código Penal, depois de expressamente advertidos, nesse sentido, por aquela autoridade judiciária"*⁴⁸⁰.

Enquanto meio de prova, o arguido goza do chamado direito ao silêncio [artigo 61º, nº 1, alínea d)]. *"Neste sentido e resumidamente, o arguido não pode ser fraudulentamente induzido ou coagido a contribuir para a sua condenação, a carrear ou oferecer meios de prova contra a sua defesa. Quer no que toca aos factos relevantes para a chamada questão da «culpabilidade» quer no que respeita aos atinentes à medida da pena. Em ambos os domínios, não impende sobre o arguido um dever de colaboração nem sequer um dever de verdade"*⁴⁸¹.

Sendo embora um sujeito de direito, e gozando do princípio nemo tenetur se ipsum accusare, do princípio à não auto-incriminação, o certo é que a alínea d) do nº 2 do artº 61º do CPP, obriga o arguido a *"Sujeitar-se a diligências de prova (...) especificadas na lei e ordenadas e efectuadas por entidades competentes"*.

Como bem refere Figueiredo Dias⁴⁸², *"o arguido pode constituir também, como dissemos, meio de prova e, na verdade, em um duplo sentido:*

a) Em sentido material, através das declarações prestadas sobre os factos (...).

b) Em sentido formal, na medida em que o seu corpo e o seu estado corporal podem ser objecto de exames (artºs 175º e 178º – hoje 171º e 172º). (...)

Cumpre desde já anotar aqui que tais «exames» participam de uma como que dupla natureza: são, por um lado, meios de prova, enquanto neles se faça avultar o juízo que se emite sobre as qualidades ou características de uma pessoa (...); na medida, porém, em que o objecto do exame seja uma pessoa, que assim se vê constrangida a sofrer ou suportar uma actividade de investigação sobre si mesma, o exame constitui um verdadeiro meio de coacção processual – como claramente o inculca, de resto, a 2ª parte do corpo do art. 178º do CPP, ao estatuir que, para realização de um exame, pode «o juiz [hoje o MP] tornar efectivas as suas ordens, até com o auxílio da força...» (...).

---

⁴⁷⁹ Figueiredo Dias, *Jornadas* ...., pp. [27-28].
⁴⁸⁰ AUJ 14/2014.
⁴⁸¹ Costa Andrade, Manuel, *Sobre as proibições* ...., p. 121.
⁴⁸² *Curso* ..., pp [437-439].

7. OS MEIOS DE OBTENÇÃO DA PROVA

Sendo os exames, na parte referida, um meio de coacção processual, as normas que os permitem não poderão deixar de ser entendidas e aplicadas nos termos mais estritos, tal como sucede com os restantes meios de coacção (...)".

Porque assim, *"Se alguém pretender eximir-se ou obstar a qualquer exame devido ou a facultar coisa que deva ser examinada, pode ser compelido por decisão da autoridade judiciária competente"* (nº 1 do artigo 172º).

De resto, *"Ninguém pode eximir-se a ser submetido a qualquer exame médico--legal quando este se mostrar necessário ao inquérito ou à instrução de qualquer processo e desde que ordenado pela autoridade judiciária competente, nos termos da lei"* (artº 6º da Lei 45/2004, de 19/08).

Se o fizer, após ter sido solenemente advertido das consequências, será punido como autor de um crime de desobediência.

O critério da necessidade à investigação, aferido no caso concreto, tem de estar sempre presente.

Apesar de o arguido poder ser coagido a submeter-se a exame, o TC[483] considerou *"inconstitucional, por violação do disposto no artº 27º, nº 3, alínea f), da Constituição da República Portuguesa, a norma constante do artigo 172º, nº 1, do Código de Processo Penal, quando interpretado no sentido de que pode ser ordenada a detenção judicial de arguido, pelo tempo indispensável à realização de exame médico na sua pessoa e em caso de falta injustificada a diligência anteriormente designada para tal efeito, para garantir a sua comparência em tal diligência a efectuar sob a presidência e direcção de quem pratica o respectivo acto de exame médico".*

Tendo presente a doutrina transcrita, vem a jurisprudência entendendo que *"A recolha de amostra de sangue com vista ao apuramento de eventual condução sob estado de embriaguez, feita ao condutor, sem o seu consentimento, por não ter sido possível a realização de prova por pesquisa de álcool no ar expirado, após acidente de viação em que interveio, não viola a integridade física e moral do examinado nem constitui violação ao disposto nos artigos 25º e 32º nº8 da Constituição da República Portuguesa, nem do artº 126º do Código de Processo Penal"*[484]; e ainda que *"As intervenções corporais como modo de obtenção de prova, como seja a recolha de saliva através de zaragatoa bucal, podem ser obtidas por via com-*

---

[483] Ac 161/2005.
[484] Ac da RP de 19-10-2011, processo 294/10.3PTPRT.P1, in www.dgsi.pt

pulsiva, para determinação do perfil de ADN e posterior comparação com vestígios recolhidos no local do crime"[485].

7.3.5 Requisitos específicos dos exames

Todos os meios de obtenção da prova estão dependentes da verificação dos pressupostos gerais, referidos, e, por isso, também os exames. No que a estes diz respeito, quando se trata de exames pessoais, a Lei habilitante tem de ter uma tal densidade normativa[486] que não deixe nas mãos da administração qualquer réstia de discricionariedade.

É requisito material da realização dos exames a necessidade do mesmo à investigação. Necessidade que há-de resultar da existência de vestígios da prática de um crime ou de sinais que dele sejam consequência, seja de indícios relativos ao modo como e ao lugar onde foi praticado esse mesmo crime, às pessoas que o cometeram ou sobre as quais foi cometido, na medida em que visa a recolha de elementos de prova que estejam contidos nos aludidos vestígios, sinais ou indícios.

Falamos em *indícios* da prática do crime e dos *vestígios*, e não já em meras suspeitas da sua existência, porque a realização de exames às pessoas contende com diversos direitos individuais como, por ex., o direito à integridade moral e física, à liberdade de movimentos, à reserva da intimidade da vida privada, à palavra, à inviolabilidade de correspondência ou comunicações, consagrados constitucionalmente nos artºs 25º, 27º, 26º e 34º, e tutelados também, em termos infraconstitucionais, nos artºs 143º, 158º, 194º do C. Penal, e ainda nos artºs 80º e segs., do C. Civil. Assim, cumpre à AJ competente[487] averiguar, *em concreto*, se o exame é necessário, adequado e proporcional aos fins da investigação criminal, o que pressupõe a existência dos ditos indícios e um correcto juízo de ponderação dos interesses e dos direitos conflituantes face ao direito/dever de administração da justiça.

O consentimento do visado, livre e esclarecido, estando em causa direitos disponíveis, como em princípio estão, legitima a realização do exame.

---

[485] Ac da RP de 10/07/2013, processo 1728/12.8JAPRT.P1, in www.dgsi.pt
[486] Cfr., nota 458, supra.
[487] O Mº Pº no inquérito, o JIC na instrução e o juiz no julgamento. Quando se trate de exames sobre as características físicas e psíquicas das pessoas, o exame tem de ser sempre autorizado pelo juiz.

7.3.6 Os exames de ADN[488]

Pela sua importância e actualidade, e ainda porque hoje é necessário ter um completo domínio das matérias quando tem de se autorizar ou sindicar a realização de um meio de obtenção da prova, faremos uma abordagem perfunctória ao exame de ADN.

Em 1909 o biólogo britânico William Bateson apelidou de *"genética"* a ciência que acumulava cada vez mais conhecimentos em torno da hereditariedade biológica. Os cientistas *"intuíam que tinha de haver uma substância capaz de definir e organizar todas as funções que os seres vivos necessitam para viver e procriar"*[489].

Hoje, fala-se vulgarmente em Código Genético, entendido como o meio de interpretação e tradução de toda a informação do ADN, como *"sequência de bases ao longo da molécula de ADN que carrega a informação genética"*[490].

Foi em 1952 que Alfred Hershey e Martha Chase confirmaram que o ADN era efectivamente o material hereditário.

O ADN, anacrónimo de **á**cido **d**esoxirribo**n**ucleico, em inglês DNA, **d**eoxyribose **n**ucleic **a**cid, (...) *"é um composto orgânico cujas moléculas contêm as instruções genéticas que coordenam o desenvolvimento e funcionamento de todos os seres vivos e alguns vírus. (...) Os segmentos de ADN que são responsáveis por carregar a informação genética são denominados genes"*[491]; *"Trata-se de uma molécula ou substância composta por uma sucessão de unidades ou nucleótidos*[492] *que contém toda a informação genética (genes e regiões não codificantes) necessária para o desenvolvimento adequado dos seres vivos, em particular do ser humano"*[493].

---

[488] No desenvolvimento deste tema servir-nos-á de base o trabalho de LORENTE, José António, *Un detective llamado ADN*, Temas de Hoy, Madrid 2004. Por isso, todas as citações, sem qualquer indicação ou menção, serão para ele, indicando-se apenas a respectiva página.
[489] pp [19,20].
[490] *Enciclopédia Wikipédia*.
[491] *Enciclopédia Wikipédia*.
[492] Existem 4 tipos de nucleótidos, conhecidos por uma letra: Adenina (A), Citosina (C); Guanina (G) e Timina (T). A Adenina (A) e a Guanina (G) são chamadas de purinas; A Citosina (C) e a Timina (T) denominam-se pirimidinas. A Adenina (A) e a Timina (T) unem-se por um duplo enlace ou ponte de hidrogénio; a Citosina (C) e a Guanina (G) unem-se por um triplo enlace. Existe um quinto tipo de nucleótido chamado Uracilo (U), que não faz parte do ADN, mas do ácido ribonucleico.
[493] *Un detective ...*, p. 269.

"Em 1953 os cientistas britânicos James Watson e Francis Crick descobriram a estrutura em duplo hélice da molécula do ADN, sendo essa molécula capaz de: (1) Armazenar toda a informação necessária para que se desenvolva uma pessoa (ou qualquer outro ser vivo); (2) Utilizar um espaço tão pequeno que cada célula possa dar-se ao luxo de possuir a sua própria informação completa; (3) Replicar-se, multiplicar-se e copiar-se com absoluta perfeição cada vez que cria uma nova célula (o que acontece milhões de vezes ao dia num ser humano adulto); (4) Combinar-se as vezes que seja necessário para que os filhos não sejam idênticos ao pai ou à mãe, mas sim uma mistura ou combinação dos mesmos, e ainda de modo a que os diferentes irmãos, filhos do mesmo par (...) (excepto os gémeos verdadeiros, univitelinos); (5) Adaptar-se (...) para que os novos seres vivos disponham de uma maior facilidade para sobreviver num meio ambiente que também evolui"[494].

O ADN possui características que fazem com que *uma pessoa seja única e se distinga das demais* em resultado de o denominado genoma[495] (conjunto de ADN que possui cada célula), *"estar conformado no ser humano por 6.000 milhões de pares de base*[496], *que no organismo se dispõem de modo irregular nos 23 pares de cromossomas que se encontram no interior do núcleo"*[497].

O ADN não se altera com o tempo[498].

Importa salientar que há deformações genéticas que o exame de ADN facilmente descobre. Trata-se de *"alterações genéticas (...), facilmente detectáveis pela medicina preventiva*[499]. *(...). Este tipo de diagnóstico levanta receios por*

---

[494] *Idem*, pp [21,22].

[495] Conjunto de todos os factores hereditários da pessoa, que se encontra nos 23 pares de cromossomas (estrutura de ADN e proteínas associadas que contém o material genético dentro das células), que cada pessoa tem, sendo que cada metade dos pares provém do pai e a outra metade da mãe.

[496] Unidade composta por um par de nucleótidos complementares, que são os que conformam o ADN. Este encontra-se em forma de dupla cadeia, assim chamada pelo seu aparelhamento. Os nucleótidos unem-se em pares predeterminados – A Adenina (A) e a Timina (T) por um duplo enlace; a Citosina (C) e a Guanina (G) por um triplo enlace.

[497] *Idem*, p. 25.

[498] *Idem*, pp [26, 27].

[499] A análise é feita com base no ADN não codificante, que não contém informação sobre as características biológicas de cada pessoa e, por isso, não permite se obtenham informações sobre características pessoais, designadamente deformações congénitas ou comportamentos. Consequentemente, cremos que os receios, para além de injustificados, são despiciendos, não podendo confundir-se medicina preventiva com investigação criminal. Em nome a eticidade do Estado, também não se consegue antecipar a utilização de bases de dados médicas para efeitos diversos.

parte de pessoas e de grupos sociais de defesa dos direitos civis, que entendem que detectar alterações genéticas que nos informam de algo que pode ocorrer, constitui um ataque à liberdade individual"[500].

A análise do ADN é hoje imprescindível à investigação forense pelas inúmeras vantagens que lhe são reconhecidas, e que se sintetizam: *"(1) Aumenta a probabilidade de discriminação, seja pela exclusão – não foi este sujeito –, seja pela inclusão – foi este sujeito*[501]*, embora (raramente – e só nos casos de contaminação ou degradação) possa aparecer a possibilidade de não exclusão; (2) Permite o estudo de todo o tipo de indícios biológicos (sangue, sémen, pelos, saliva, tecidos moles, ossos, dentes, urina, fezes, suor, unhas, etc.); e não biológicos (fibras, tecidos, restos de pólvora e material de tiro, restos de terra, sementes, plantas e ervas, tinta, pintura, madeira, etc.); (3) O estudo carece de indícios mínimos, cujo tamanho seja muito pequeno, quase invisível ao olho humano; (4) Facilita a análise de amostras antigas e degradadas (...); (4) Permite o estudo de amostras contaminadas por meio da chamada extracção diferencial; (5) Permite o estudo de indícios atípicos: mesmo que na cena do crime se não encontrem indícios procedentes de pessoas, podem aí encontrar-se restos biológicos (...) que possam levar a relacionar uma pessoa com um determinado crime; (6) Não contende com o Código Genético. A análise é feita com base no ADN não codificante*[502]*, que representa cerca de 90% do total, o qual não permite se obtenham informações sobre características pessoais, designadamente deformações congénitas ou comportamentos; (7) Possibilita a criação de bases de dados muito efectivas e uma muito rápida comparação dos indícios recolhidos com os contidos na base"*[503].

A análise das amostras recolhidas (indícios) é feita em laboratório.

A recolha de indícios no corpo das pessoas exige a prática de um acto médico, entendido como *"toda a actividade lícita desenvolvida por um profissional legitimamente habilitado e conducente à cura de uma enfermidade ou à pro-*

---

[500] *Idem*, p. 38.
[501] Este exame tem de ser complementado por outros elementos de prova já que um determinado sujeito pode ter estado no local do crime e aí ter deixado os indícios que conduzem à análise do ADN, de inclusão, e não ter sido ele o autor do delito. Pense-se, por exemplo, nos casos de contaminação da amostra..
[502] Aquele que não transmite informação em forma de aminoácidos ou proteínas, e por isso, não contém informação sobre as características biológicas de cada pessoa. Contrapõe-se-lhe o codificante ou expressivo, aquele que conforma os genes, o Código Genético, que é capaz de transformar-se ou expressar-se em aminoácidos ou proteínas e, por isso, contém informação sobre as características biológicas de cada pessoa
[503] *Idem*, pp [146-150].

moção da saúde. Ora, a recolha de sangue, de saliva, de suor, de fezes ou qualquer outro indício biológico no corpo de uma pessoa, para efeitos de análise do ADN (...) não se destina à cura de uma enfermidade ou à promoção da saúde[504]*, e, por isso, vai para além do acto médico, tal como é definido. Daí que se levantem questões éticas, mesmo quando o consentimento informado do examinando é substituído por autorização ou ordem do Juiz, e mesmo quando a recolha de amostras não cause qualquer lesão corporal. E levantam-se porque, segundo alguns, é possível falar-se ainda em atentado à dignidade da pessoa humana"*[505].

Todavia, as questões éticas, apesar da ausência de consentimento, são ainda superáveis. *"Se analisarmos esta situação a partir de uma moral individual provavelmente chegaríamos à conclusão de que não seria ético submeter o suspeito a exame. Mas se partirmos do entendimento do homem como ser de uma sociedade que, por isso, está submetido a uma ordem moral, entendida como moral social, pode ver-se como ética uma actuação que de forma proporcional e sob a capa da legalidade ajude a estabelecer um dos valores superiores do ordenamento do Estado: a Justiça em confronto com a liberdade individual. As garantias da proporcionalidade e da legalidade, e o estabelecimento dos limites do respeito pelos direitos das pessoas, são da responsabilidade do Juiz, o qual valorará as circunstâncias do caso e os elementos que indiquem a necessidade de levar a cabo a recolha de amostras.*

Esta situação será, sem dúvida, facilitada se houver uma regulamentação adequada tanto na forma (existência de uma lei que regule o exercício dos direitos fundamentais) como no fundo (tratando as limitações, condições e tipo de amostras)[506]. *(...). Pois bem, a investigação pessoal não poderá levar-se a cabo «em nenhum caso mediante o emprego da força física, que será neste caso degradante e incompatível com a Constituição» (...). Graças à tecnologia do ADN (...) as amostras necessárias podem obter-se sem uso de qualquer meio coactivo ou de força física. Não obstante, se o suspeito nega a sua colaboração, exige-se a intervenção do juiz que, face a um juízo de ponderação dos direitos em conflito, possa determinar a recolha de indícios para estudar o ADN por meio da PCR*[507] *a partir de mínimos componentes*

---

[504] É impensável a recolha por meios ocultos ou enganosos por se tratar de métodos de prova proibidos que, por isso, são nulos, não podendo ser usados – artº 126º do CPP.
[505] Idem, p. 175.
[506] Sempre a questão da Lei habilitante suficientemente densa.
[507] É o anacrónimo da expressão inglesa (Polymerase Chain Reaction), que se traduz na reacção em cadeia da «polimerasa», que é uma técnica usada pela biologia molecular, cujo objectivo é garantir um grande número de cópias (apesar dos indícios serem mínimos) a partir de uma cópia do fragmento original, o molde.

orgânicos, como restos de salivas em copos, escova de dentes, boquilhas de cigarros, pelos no pente ou escova..."[508].

Se a questão ética pode assim ser superada, o certo é que se levantam imensas questões jurídicas, como o demonstra a parcimónia com que os legisladores de todo o Mundo têm vindo a tratar este tipo de exames, designadamente no que toca às bases de dados.

No Espaço da União Europeia, a Recomendação do Comité de Ministros do Conselho da Europa R (92) 1, de 10/2/1992, sobre o *"uso de análises do ácido desoxirribonucleico (ADN) no quadro de um sistema de justiça penal"* equivale a uma declaração de princípios gerais sobre como deverão legislar os diferentes países membros a este respeito. Nela se considera que a *"luta contra o crime, exige o recurso a métodos mais modernos e eficazes"* e que as *"técnicas de análise de ADN podem ter interesse para o sistema de justiça penal"*, devendo ser postas em prática de maneira fiável, sem prejuízo do respeito por *"princípios fundamentais, como a dignidade intrínseca do indivíduo, o respeito do corpo humano, os direitos de defesa e o princípio da proporcionalidade na administração da justiça penal"*. Para além da definição de *"análise de ADN"*, *"amostras"*, *"ficheiro de ADN"*, indicam-se princípios e recomendações a seguir pelos Estados-Membros, sobre essa matéria.

Pela Resolução do Conselho de 9/6/1997, relativa ao intercâmbio de resultados de análises de ADN, convida-se *"os Estados-Membros a considerarem a possibilidade de criar bases nacionais de dados de ADN"*, segundo as mesmas normas e de forma compatível, tendo em vista o intercâmbio dos resultados das análises de ADN e a futura criação de uma *"base de dados europeia"*.

A Resolução do Conselho de 25/6/2001, relativa ao intercâmbio de resultados de análises de ADN, parte do princípio de que é conveniente estabelecer uma primeira lista mínima dos marcadores de ADN, após o que dispõe: *"nas análises de ADN para fins judiciais, e a fim de facilitar o intercâmbio de resultados de análises de ADN, os Estados-Membros são convidados a utilizar pelo menos os marcadores de ADN enumerados na lista constante do anexo I, que constituem a ESS"*; os *"Estados-Membros são convidados a obter resultados de análises ESS, utilizando técnicas de ADN cientificamente testadas e aprovadas, com base em estudos efectuados no âmbito do grupo de trabalho ADN da ENFSI;*

---

[508] *Idem*, pp [180, 181].

os Estados-Membros deverão estar em condições de especificar, se tal lhes for solicitado, os seus requisitos de qualidade e testes de aptidão usuais".

O Tratado de Prüm (Schengen III), assinado em 27 de Maio de 2005, instituiu um intercâmbio bilateral sobre impressões digitais e dados relativos ao ADN. Em breve será alargado a todos ou outros Estados-Membros, para além dos 7 signatários.

Um pouco por todo o Mundo a legislação prevê a existência de bases de dados, nalguns casos para efeitos meramente civis (como, por ex., o Brasil).

Portugal só em 2008 publicou Lei 5/2008, de 12/02, que *"Aprova a criação de uma base de dados de perfis de ADN para fins de identificação civil e criminal".*

No nº 1 do artº 1º estabelece *"os princípios de criação e manutenção de uma base de dados de perfis de ADN, para fins de identificação"*, e bem assim a *"regula(ção), recolha, tratamento e conservação de amostras de células humanas, a respectiva análise e obtenção de perfis de ADN, a metodologia de comparação de perfis de ADN, extraídos das amostras, bem como o tratamento e conservação da respectiva informação em ficheiro informático".*

"A base de dados de perfis de ADN serve ainda finalidades de investigação criminal" (nº 2 do artº 1º). As análises de ADN visam, exclusivamente finalidades de identificação civil e de investigação criminal, através da comparação de perfis de ADN relativos a amostras de material biológico colhido em pessoa, em cadáver, em parte de cadáver ou em local onde se proceda a recolhas com aquelas finalidades, bem como a comparação daqueles perfis com os existentes na base de dados de perfis de ADN, com as limitações previstas no artigo 20º (artº 4º).

São competentes para a análise laboratorial, o Laboratório de Polícia Científica da Polícia Judiciária e o Instituto Nacional de Medicina Legal (INML) (artº 5º). Todavia, segundo o disposto nos nºs 2 e 3 do mesmo preceito legal, na redacção da Lei 40/2013, de 25/06 *"A análise dos perfis de ADN pode ser realizada por outros laboratórios, mediante autorização do Ministério da Justiça e do ministério que exerça tutela sobre eles"*, sendo que *"Todos os laboratórios que procedem à análise laboratorial devem cumprir os requisitos científicos, técnicos e organizacionais internacionalmente estabelecidos".*

O artº 6º e seguintes regulam, em nosso entender, de forma clara e sem lacunas, e, portanto, com suficiente densidade normativa, a recolha de amostras, sendo a recolha coactiva, com finalidades de investigação criminal, tratada no artº 8º[509].

"A recolha de amostras em pessoas é realizada através de método não invasivo, que respeite a dignidade humana e a integridade física e moral individual, designadamente pela colheita de células da mucosa bucal ou outro equivalente, no estrito cumprimento dos princípios e regime do Código de Processo Penal" (artº 10º), assegurando-se o contraditório (nº 1 do artº 11º).

A análise restringe-se apenas àqueles marcadores de ADN que sejam absolutamente necessários à identificação do seu titular (nº 1 do artº 12º).

O artigo 15º, que regulamenta a criação de ficheiros, é o reflexo das reservas colocadas pelas associações cívicas dos direitos humanos à constituição de bases de dados de perfis de ADN, acautelando-se o sigilo.

Os dados recolhidos em processo-crime apenas são integrados na base de dados de perfis de ADN mediante despacho do magistrado competente no respectivo processo (nº 2 do artº 18º), constituindo pressu-

---

[509] Cujo texto é o seguinte:
1. A recolha de amostras em processo-crime é realizada a pedido do arguido ou ordenada, oficiosamente ou a requerimento, por despacho do juiz, a partir da constituição de arguido, ao abrigo do disposto no artigo 172º do Código de Processo Penal.
2. Quando não se tenha procedido à recolha da amostra nos termos do número anterior, é ordenada, mediante despacho do juiz de julgamento, e após trânsito em julgado, a recolha de amostras em condenado por crime doloso com pena concreta de prisão igual ou superior a 3 anos, ainda que esta tenha sido substituída.
3. Caso haja declaração de inimputabilidade e ao arguido seja aplicada uma medida de segurança, nos termos do nº 2 do artigo 91º do Código Penal, a recolha de amostra é realizada mediante despacho do juiz de julgamento quando não se tenha procedido à recolha da amostra nos termos do nº 1.
4. A recolha de amostras em cadáver, em parte de cadáver, em coisa ou em local onde se proceda a buscas com finalidades de investigação criminal realiza-se de acordo com o disposto no artigo 171º do Código de Processo Penal.
5. A recolha de amostras de ADN efectuada nos termos deste artigo implica a entrega, sempre que possível, no próprio acto, de documento de que constem a identificação do processo e os direitos e deveres decorrentes da aplicação da presente lei e, com as necessárias adaptações, da Lei nº 67/98, de 26 de Outubro (Lei da Protecção de Dados Pessoais).
6. Quando se trate de arguido em vários processos, simultâneos ou sucessivos, pode ser dispensada a recolha da amostra, mediante despacho judicial, sempre que não tenham decorrido cinco anos desde a primeira recolha e, em qualquer caso, quando a recolha se mostre desnecessária ou inviável.

posto obrigatório para a inserção dos dados a manutenção da cadeia de custódia da amostra respectiva (nº 4 do mesmo preceito)[510].

O artigo 20º permite o cruzamento de dados de perfis de ADN obtidos a partir das amostras colhidas em arguido, ao abrigo do disposto no nº 1 do artigo 8º, com os dados contidos nos ficheiros previstos nas alíneas b), d) e f) do nº 1 do artigo 15º

A Lei, na secção III, regulamenta ainda a conservação de perfis de ADN e dados pessoais, e no artº 31º a custódia das amostras. O artº 34º mande que *"as amostras são destruídas imediatamente após a obtenção do perfil de ADN, nos casos das alíneas a) e e) do nº 1 do artigo 15º"* (nº 1); que as *"colhidas ao abrigo do disposto no nº 1 do artigo 8º só podem ser utilizadas como meio probatório no respectivo processo"* (nº 2); que *"as referentes aos casos previstos nas alíneas b), c), d) e f) do nº 1 do artigo 15º são destruídas, respectivamente, nos prazos previstos no nº 1 do artigo 26º".*

Pode, hoje, com segurança, afirmar-se que a Lei 5/2008 permite a recolha de amostras biológicas para efeitos de exame de ADN. Lex habemos.

Porque assim, reunidos os pressupostos legais, concluindo-se no exame de ponderação a fazer pelo JIC pela imprescindibilidade do exame ao apuramento da verdade material, nada obsta a que se ordene a realização do exame, mesmo que coactivamente.

À balança da ponderação terão de ser levados, de um lado, os valores subjacentes à administração da justiça, a gravidade do crime – em abstracto e em concreto – e bem assim a necessidade do exame; do outro, os direitos protegidos do examinando, como o direito de autodeterminação informacional, o direito à identidade genética, o direito à saúde e, até, em determinadas circunstâncias, o direito à integridade física.

Nunca esquecendo, no juízo de ponderação, o elevado potencial de intromissão e devassa do exame, que devem ser conjugados com o princípio da subsidiariedade[511].

O TC[512], ainda antes de publicada a Lei 5/2008, já entendia, de forma arrojada, convenhamos, e com a nossa discordância, que os artigos 61º, nº 3, alínea d), 172º, nº 1, ambos do Código de Processo, e o artº 6º, nº 1 da Lei 45/2004, interpretados de forma combinada, continham a norma

---

[510] Quanto à denominada cadeia de custódia é de todo interesse o citado estudo de Lorente, *Un detective...*, pp [131-134].
[511] O princípio está suficientemente descrito nas pp [5-9] deste trabalho.
[512] Ac 155/2007.

de habilitação que permitia coactivamente submeter o arguido a recolhas biológicas para exames de ADN.

A recusa a submeter-se a exame de ADN, se advertido pela competente Autoridade Judiciária, faz incorrer o agente em crime de desobediência[513].

7.3.7 Exames no âmbito dos crimes de tráfico de estupefaciente

"Quando houver indícios de que alguém oculta ou transporta no seu corpo estupefacientes ou substâncias psicotrópicas, é ordenada revista e, se necessário, procede-se a perícia" (nº 1 do artº 53º do DL 15/93, de 22/01).

O nº 2 refere que *"O visado pode ser conduzido a unidade hospitalar ou a outro estabelecimento adequado e aí permanecer pelo tempo estritamente necessário à realização da perícia"*.

Diz o nº 3 que, *"Na falta de consentimento do visado, mas sem prejuízo do que se refere no nº 1 do artigo anterior (realização urgente de perícia a toxicodependente), a realização da revista ou perícia depende de prévia autorização da autoridade judiciária competente, devendo esta, sempre que possível, presidir à diligência"*.

Finalmente, o nº 4 estatui: *"Quem, depois de devidamente advertido das consequências penais do seu acto, se recusar a ser submetido a revista ou a perícia autorizada nos termos do número anterior é punido com pena de prisão até 2 anos ou com pena de multa até 240 dias"*.

A perícia, como se referiu, tem na sua origem um exame realizado ao suspeito.

Este tipo de exames levanta o mesmo tipo de problemas dos exames de ADN. Agora com um acrescido, que é o de apurar da legalidade da punição da recusa de submissão a exame; e da punição do agente com pena de prisão até 2 anos ou com pena de multa até 240 dias[514].

Se bem interpretamos o preceito, crê-se que, depois da recusa, sancionada com a pena referida, após a advertência de desobediência, a autoridade judiciária competente pode coagir o examinado ao exame, devendo, sempre que possível, presidir à diligência.

---

[513] É esta a doutrina do Acórdão Uniformizador de Jurisprudência 14/2014.
[514] Pode colocar-se a possibilidade de violação do princípio non bis in idem; e ainda da legalidade da punição pois que só pode o agente ser punido por desobediência se a lei não prever outra solução.

Trata-se de momentos distintos, sucessivos[515], embora a finalidade última seja sempre a do apuramento da verdade material.

A autoridade judiciária competente é o Juiz[516] sempre que o acto contender, de forma relevante, com direitos, liberdades e garantias fundamentais, *"pelas mesmas razões que justificam essa dependência no caso dos actos que constam da lista constante do artigo 269º do Código de Processo Penal, isto é, por consubstanciar intervenção significativa nos direitos fundamentais do arguido, da prévia autorização do juiz de instrução"*[517].

Não contendendo, de forma relevante, com aqueles direitos fundamentais, será o Mº Pº a ordenar o exame, no inquérito.

7.3.8 *Exames para detecção de álcool nos condutores e peões*

O artigo 152º do C. Estrada manda que os condutores, as pessoas que se propuserem iniciar a condução, e os peões, sempre que estes sejam intervenientes em acidentes de trânsito, se submetam às provas estabelecidas para a detecção dos estados de influenciado pelo álcool ou por substâncias psicotrópicas, sob pena de desobediência[518].

O nº 1 do artigo 153º do mesmo Diploma Legal dispõe que *"O exame de pesquisa de álcool no ar expirado é realizado por autoridade ou agente de autoridade*[519] *mediante a utilização de aparelho aprovado para o efeito"*, por meio de *"teste no ar expirado, efectuado em analisador qualitativo"*, sendo a *"quan-*

---

[515] Daí que se afaste a violação do princípio non bis in idem.
[516] Nesta questão divergimos da posição de VERDELHO, Pedro, *Jornadas sobre a revisão do Código de Processo Penal*, Revista do CEJ, 1º Semestre de 2008, p. 158, que entende que "pertence ao Ministério Público, na fase de inquérito, a competência para ordenar certas revistas e perícias, não autorizadas pelo visado, quando haja suspeita de que alguém tem no seu corpo produtos estupefacientes".
[517] Citado acórdão 155/2007 do TC.
[518] O Ac 226/99 do TC, para além de outros, considerou conforme à Constituição a punição da conduta de recusa de submissão a exame de pesquisa de álcool, ligada à condução de veículo ou à contribuição para acidente de viação porquanto "denota sempre também uma componente de desobediência ao agente de autoridade que realiza o exame" (...), "Componente, esta, que o legislador pode valorar mais ou menos no estabelecimento da moldura penal da pena principal ou das penas acessórias, e que, pelo menos via de regra, não assumirá relevo autónomo na incriminação da condução sob o efeito do álcool (aliás, também integradora de comportamentos negligentes), prevista agora no artigo 292º do Código Penal.
[519] O Ac do TC 319/95 concluiu que não havia violação de direitos fundamentais quando se permite que a autoridade policial faça o denominado "exame de sopro" sem a presença do Mº Pº.

tificação da taxa de álcool no sangue feita por teste no ar expirado, efectuado em analisador quantitativo, ou por análise no sangue" (nºs 1 e 2 do Regulamento de fiscalização da condução sob influência do álcool ou de substâncias psicotrópicas, aprovado pela Lei 18/2007, de 17/05).

Se o resultado do exame de pesquisa de álcool no ar expirado, efectuado em analisador qualitativo, for positivo, a autoridade ou o agente de autoridade deve notificar o examinando, por escrito, ou, se tal não for possível, verbalmente, daquele resultado, das sanções legais dele decorrentes, de que pode, de imediato, requerer a realização de contraprova e de que deve suportar todas as despesas originadas por esta contraprova no caso de resultado positivo (nº 2 do artº 153º do C. Estrada).

Segundo o nº 4 do mesmo preceito legal, a contraprova deve ser realizada, de acordo com a vontade do examinando, por meio de novo exame, a efectuar através de aparelho aprovado; ou por meio de análise de sangue: *"Se o examinando preferir a realização de uma análise de sangue, deve ser conduzido, o mais rapidamente possível, a estabelecimento oficial de saúde, a fim de ser colhida a quantidade de sangue necessária para o efeito"*, sendo que *"O resultado da contraprova prevalece sobre o resultado do exame inicial"* (nºs 5 e 6 do artº 153º do C. Estrada[520]).

Segundo o nº 1 do artº 4º do mesmo Regulamento, *"quando, após três tentativas sucessivas, o examinando não conseguir expelir ar em quantidade suficiente para a realização do teste em analisador quantitativo, ou quando as condições físicas em que se encontra não lhe permitam a realização daquele teste, é realizada análise de sangue".*

Dos preceitos transcritos se vê que a *pesquisa de álcool* no sangue será feita por meio de analisador qualitativo do ar expirado; e que a *determinação da taxa* de alcoolemia no sangue é feita por meio de analisador quantitativo de ar expirado.

---

[520] O TC – Acs 488/2009 e 24/2010 – julgou organicamente inconstitucional o artº 153º, nº 6 do C. Estrada, na parte em que refere que a contraprova respeita a crime de condução de veículo em estado de embriaguez e seja consubstanciada em exame de pesquisa de álcool no ar expirado. Já o Ac 485/2011, em Plenário, "pelos fundamentos dos Acs 488/2009 e 24/2010, e da decisão sumária 394/2010, declara, **com força obrigatória geral** a inconstitucionalidade da norma constante do artigo 153º, nº 6, do Código da Estrada, na redacção do DL. 44/2005, de 23/FEV, na parte em que a contraprova respeita a crime de condução em estado de embriaguez e seja consubstanciada em exame de pesquisa de álcool no ar expirado".

Nas condições previstas na lei – impossibilidade de submissão a exame pelo método de aspirado por motivo de saúde ou acidente, ou requerimento para contraprova – poderá fazer-se o exame por análise de sangue.

Este tipo de exames, maxime o de colheita de sangue, contende com direitos fundamentais – liberdade de movimentos, integridade física e moral, identidade pessoal e reserva da intimidade da vida privada, tutelados pelos artºs 27º, 25º e 26º da CRP e pelos artºs 158º, 143º e 192º e 193º do C. Penal, respectivamente. Daí que a lei coloque na disponibilidade dos examinandos (a sua vontade livre e esclarecida é condição sine qua non da efectivação) a submissão ou não aos aludidos exames, embora, se a eles se não submeterem, se sujeitem a crime de desobediência[521].

A contraprova, e a escolha do meio de a realizar, ficam na disponibilidade do examinando.

Questões delicadas se levantam quando, na sequência de acidente, condutores e peões sejam conduzidos ao hospital e não prestem o seu consentimento para a realização do exame de álcool, seja porque não querem, seja porque não estão em condições físicas de o prestar. Das disposições conjugadas dos artºs 156º e 153º do C. Estrada, cremos que se pode extrair as seguintes conclusões:

– Se o condutor ou o peão estão em condições físicas de prestar o consentimento, a vontade livre e esclarecida do examinando é soberana: pode aceitar fazer o exame de sangue, e tudo se passa em conformidade com o

---

[521] O TC – Acs 275/2009, 23/2010 – entendeu que padece de inconstitucionalidade orgânica a incriminação da não submissão a exame como desobediência prevista pelas disposições conjugadas dos artºs 152º, nº 3 e 158º, nº 8 do C. Estrada. No mesmo sentido o Ac da RP de 9/12/2009, processo 1421/08.6PTPRT.P1, in www.dgsi.pt: I – Para o suprimento do direito de o condutor/sinistrado poder livremente recusar a colheita de sangue para efeitos de análise ao grau de alcoolémia do condutor, na medida em que esta alteração legislativa tem um conteúdo inovatório, necessitava o legislador governamental da autorização legislativa, pois que a decisão normativa primária cabia à Assembleia da República, por força da alínea c) do nº 1 do art. 165º da CRP. II – Assim, a colheita de sangue para aqueles fins, ao abrigo dos actuais artigos 152º, nº 3, 153º, nº 8 e 156º, nº 2, todos do Código da Estrada, na redacção dada pelo DL 44/2005, de 23 de Fevereiro – sendo este último preceito já desde a redacção dada pelo DL 265-A/2001, de 28 de Setembro – sem possibilitar ao condutor a sua recusa, está ferida de inconstitucionalidade orgânica. III – Nestes termos, a concreta recolha de sangue ao arguido recorrente que serviu de base para apurar o seu grau de alcoolémia, constitui prova ilegal, inválida ou nula, que não pode produzir efeitos em juízo. O TC – Ac do TC 424/2011, tirado em Plenário – veio por termo à controvérsia e não julgou inconstitucional a norma do artº 153º, nº 8 do C. da Estrada, na redacção dada pelo DL 44/2005, de 23 de Fevereiro.

7. OS MEIOS DE OBTENÇÃO DA PROVA

legalmente previsto; ou pode recusar-se a efectuá-lo. Caso o recuse, fica sujeito a duas consequências, cumulativas: (a) a ser submetido a julgamento pela prática de um crime de desobediência; (b) a inversão do ónus da prova em caso de acidente, no que diz respeito ao direito de regresso da seguradora. Com efeito, *"Impendendo sobre a Companhia de Seguros, em ordem a excluir a sua responsabilidade, o ónus de provar que o condutor do veículo segurado estava sob o efeito do* **álcool** *no momento do acidente e que este estado foi causal da ocorrência do mesmo, dá-se a inversão do ónus da prova, nos termos do artº 344º, nº 2 do Código Civil, se aquele condutor se recusar a efectuar o teste de alcoolemia, passando a recair sobre o segurado o encargo de fazer a demonstração de que a condução não estava a ser feita sob influência do* **álcool**"[522].

– Se o condutor ou o peão não estão em condições físicas de prestar o consentimento, com Pedro Soares Albergaria e Pedro Mendes Lima[523] afirmamos: *"Nos casos em que o examinando ficou inconsciente, traumatizado, ou em qualquer caso, impossibilitado de escolher, e por isso de requerer ou recusar o exame sanguíneo, não estamos perante nem um consentimento activo e nem perante um dissentimento também activo. Cremos que, nestas circunstâncias, se está perante situação análoga à prevista no artº 249º do CPP, a merecer o mesmo tratamento: incumbe ao médico proceder à colheita e exame a fim de assegurar os meios de prova, após o que elaborará o relatório a que alude o artº 253º do CPP. Será a ele que compete fazer a ponderação dos valores ou interesses conflituantes, tendo em especial atenção o comando legal do artº 156º do C. Estrada, designadamente dos seus nºs 2 e 3 (...)*

A CRP, nestas condições, não impede tal recolha e exame. Com efeito, como bem referem Gomes Canotilho e Vital Moreira[524], «*problema típico é o de saber se o direito à integridade pessoal impede o estabelecimento de* **deveres públicos dos cidadãos** *que se traduzam (ou impliquem) intervenções no corpo das pessoas (v.g.,*

---

[522] Ac. do STJ de 13/11/2007, in www.dgsi.pt, processo 0713584, Não é pacífica a jurisprudência do STJ relativa à interpretação da alínea c) do artº 27º do DL 291/2007, de 21 de Agosto, havendo quem defenda que tal preceito legal "atribui à entidade seguradora o direito de regresso contra o condutor do veículo culpado pela eclosão do sinistro, sempre que a condução se tenha operado com uma taxa de alcoolemia superior à legalmente admitida e sem necessidade de comprovar o nexo de causalidade adequada entre a condução sob o efeito do álcool e o acidente" – Ac do STJ de 28/11/2013, processo 995/10.6TVPRT.P1.S1, in www.dgsi.pt. Em sentido contrário, veja-se o voto de vencido no mesmo acórdão.
[523] *Condução em Estado de Embriaguez, Aspectos Processuais e Substantivos*, www.verbojuridico.net.
[524] *Constituição ...*, p. 456.

vacinação, colheita de sangue para testes alcoolémicos, etc.)» A resposta é seguramente negativa desde que a obrigação não comporte a sua execução forçada"[525].

O Tribunal Constitucional[526] decidiu *"não julgar inconstitucional a interpretação normativa, extraída da conjugação do art. 4º, nºs 1 e 2, do Regulamento de Fiscalização da Condução sob Influência do Álcool ou de Substâncias Psicotrópicas, aprovado pela Lei nº 18/2007, de 17 de Maio, e do art. 156º, nº 2, do Código da Estrada, segundo a qual o condutor, interveniente em acidente de viação, que se encontre fisicamente incapaz de realizar o exame de pesquisa de álcool no ar expirado, deve ser sujeito a colheita de amostra de sangue, por médico de estabelecimento oficial de saúde, para posterior exame de diagnóstico do estado de influenciado pelo álcool, nomeadamente para efeitos da sua responsabilização criminal, ainda que o seu estado não lhe permita prestar ou recusar o consentimento a tal colheita".*

A Comissão Europeia dos Direitos do Homem, por decisão de 4/12/1978, em sentido inteiramente coincidente com a jurisprudência dos nossos Tribunais Superiores[527], teve oportunidade de afirmar que *"uma intervenção tão banal como o exame de sangue"* não é incompatível com o artº 2º, nº 1 do Regulamento da dita Comissão. E não viola o disposto nem no artº 5º e nem no artº 3º da DUDH, já que não se trata nem de tortura, nem de tratamento cruel, desumano ou degradante.

7.3.9 Exames susceptíveis de ofender o pudor das pessoas

"Os exames susceptíveis de ofender o pudor das pessoas devem respeitar a dignidade e, na medida do possível, o pudor de quem a eles se submeter. Ao exame só assistem quem a ele proceder e a autoridade judiciária competente, podendo o examinando fazer-se acompanhar de pessoa da sua confiança, se não houver perigo na demora, e devendo ser informado de que possui essa faculdade" (n.º 3 do artº 172º).

Estes exames estão sujeitos aos *"mesmos princípios que norteiam a efectivação de um qualquer exame – a sua realização deve ser inspirada por critérios objectivos de estrita aquisição de prova e de necessidade para a investigação,*

---

[525] Veja-se a este propósito o Ac. STJ de 97.05.20, *CJ, Acs do STJ*, tomo II, pág. 91.
[526] Ac do TC 418/2013.
[527] A título meramente exemplificativo, veja-se o Ac da RP de 19-10-2011, processo 294/10.3PTPRT.P1, in www.dgsi.pt, em cujo sumário se lê: "A recolha de amostra de sangue com vista ao apuramento de eventual condução sob estado de embriaguez, feita ao condutor, sem o seu consentimento, por não ter sido possível a realização de prova por pesquisa de álcool no ar expirado, após acidente de viação em que interveio, não viola a integridade física e moral do examinado nem constitui violação ao disposto nos artigos 25º e 32º nº 8 da Constituição da República Portuguesa, nem do artº 126º do Código de Processo Penal".

devendo consequentemente ser ordenados apenas quando necessários para assegurar os fins e interesses que subjazem ao próprio processo penal"[528].

A especialidade consiste em que, *"sendo manifesta a intenção de se fazer valer o maior respeito pela dignidade e pudor do examinado, institui-se a faculdade de este se fazer acompanhar de pessoa da sua confiança (se não ocorrer perigo na demora) e impôs-se a restrição quanto à presença de pessoas no acto (circunscrita aos que o realizam e à autoridade judiciária competente)"*[529].

Naturalmente, "pessoa da sua confiança" pode ser o Defensor.

O desrespeito do formalismo constitui mera irregularidade processual podendo, no entanto, dar causa a procedimento criminal contra a pessoa que o levar a cabo com ofensa do pudor, se estiverem reunidos os requisitos do artº 192º do C. Penal[530].

7.3.10 A intervenção da autoridade judiciária

Os exames podem ser autorizados ou ordenados, em regra:

(a) No inquérito, pelo Ministério Público;

(b) Na Instrução, pelo Juiz de Instrução Criminal;

(c) Em sede de julgamento, pelo Juiz do processo.

Comporta a regra importantes excepções. No que diz respeito ao exame de coisas, para além das autoridades judiciárias referidas, o OPC, que tenha competência delegada para a instrução do processo, pode ordenar a realização de exame.

Os exames nas pessoas estão sujeitos a regras mais apertadas.

No inquérito o dominus do processo é o Ministério Público, que, por regra, determinará a realização das diligências reputadas pertinentes e adequadas à investigação do crime e dos seus agentes. No entanto, a alínea b) do nº 1 do artigo 269º do CPP, na redacção da Lei 48/2007, de 29/08, atribui competência exclusiva ao juiz de instrução para ordenar ou autorizar a efectivação de exames, nos termos do nº 2 do artº 172º, ou seja, aqueles em que se pretenda averiguar algo sobre características físicas ou psíquicas de pessoas[531].

---

[528] SIMAS SANTOS/LEAL HENRIQUES, *Código* ..., I vol., p. 874.
[529] *Ibidem*.
[530] Neste sentido, COSTA ANDRADE, das proibições ..., p. 85.
[531] VERDELHO, Pedro, «Técnica no novo *CPP exames, perícias e prova digital*», *Jornadas sobre a revisão do Código de Processo Penal", Revista do CEJ, 1º Semestre de 2008*, p. 158, entende que "pertence ao Ministério Público, na fase de inquérito, a competência para ordenar certas revistas

Já antes o TC[532], com toda a razão, entendia que, sempre que o acto *"contenda, de forma relevante, com direitos, liberdades e garantias fundamentais, a sua admissibilidade no decurso da fase de inquérito depende, pelas mesmas razões que justificam essa dependência no caso dos actos que constam da lista constante do artigo 269º do Código de Processo Penal, isto é, por consubstanciar intervenção significativa nos direitos fundamentais do arguido, da prévia autorização do juiz de instrução".*

Porque assim, sempre que a efectivação de exames contenda com direitos, liberdades e garantias, de forma grave, os mesmos só podem ser ordenados ou autorizados pelo JIC.

Diferente da ordem ou autorização é a execução. Esta será levada a cabo, normalmente, durante o inquérito e a instrução por órgãos de polícia criminal. A estes compete também, como já vimos, assegurar o não extravio dos meios de prova, mesmo antes da intervenção da autoridade judiciária, fazendo uso das providências cautelares necessárias [artºs 171º, nºs 2, 3 e 4 e 249º, nº 1 e nº 2, al. a) do CPP].

7.3.11 A realização de exames em violação da lei

"A violação ou a inobservância das disposições da lei do processo penal só determina a nulidade do acto quando esta for expressamente cominada na lei" (nº 1 do artº 118º).

O nº 3 do mesmo preceito expressamente refere que *"As disposições do presente título não prejudicam as normas deste Código relativas a proibições de prova".*

As imperfeições processuais, que não constituem nulidade, são, em regra, submetidas ao regime das irregularidades consagrado no artº 123º do CPP.

Consagra o CPP o sistema das nulidades taxativas.

Os exames, quando efectuados mediante tortura, coacção, ofensa da integridade física ou moral da pessoas, ou ainda mediante intromissão na vida privada, fora dos casos previstos na lei e sem consentimento do visado, constituem prova proibida, não podendo ser utilizada (artº 126º),

---

e perícias, não autorizadas pelo visado, quando haja suspeita de que alguém tem no seu corpo produtos estupefacientes". Com o devido respeito, entendemos que tais exames têm de ser ordenados pelo Juiz precisamente por estarem em causa direitos fundamentais, maxime o direito à intimidade e à integridade física.

[532] Citado Ac 155/2007.

salvo para procedimento criminal e/ou disciplinar contra o responsável pela sua realização. E podem ainda servir de fundamento a recurso de revisão – alínea e) do nº 1 do artº 449º[533].

Se apenas não foi respeitado o formalismo legal, que não contenda com a intimidade, estamos perante a violação de uma regra de produção de prova que, quando muito, constitui mera irregularidade.

Costa Andrade[534] dá o exemplo do *"exame no corpo da mulher, susceptível de ofender o seu pudor, que deve ser feito por uma mulher ou um médico. O facto de o não ser não configura qualquer proibição de prova ou nulidade, pois que, como Amelung acentua, do que se trata é apenas de salvaguardar o sentimento de pudor da mulher e não de lhe garantir uma qualquer posição de domínio sobre a informação".*

7.3.12 A influência da doutrina e da jurisprudência na evolução legislativa

O CPP de 1929 não fazia a distinção entre exames e perícias.

O artº 175º do CPP29, sob a epígrafe *"Exames"*, rezava: *"Nos corpos de delito verificar-se-ão, por meio de exames, plantas devidamente conferidas, decalques, fotografias ou quaisquer outros processos, os vestígios que possa ter deixado a infracção, o estado do lugar em que foi cometida e todos os indícios relativos ao modo como foi praticada e às pessoas que a cometeram".*

Corresponde-lhe, com ligeiras diferenças, o nº 1 do artº 171º do CPPV: *"Por meio de exames das pessoas, dos lugares e das coisas, inspeccionam-se os vestígios que possa ter deixado o crime e todos os indícios relativos ao modo como e ao lugar onde foi praticado, às pessoas que o cometeram ou sobre as quais foi cometido".*

Ao artigo 176º do CPP29 corresponde, quase ipsis verbis, os nºs 2 e 3 do artº 171º. Dispunha aquele preceito: *"Logo que tenha notícia da prática de qualquer infracção que possa deixar vestígios, o juiz[535] providenciará imediatamente para evitar, tanto quanto possível, que esses vestígios se apaguem ou alterem, antes de serem devidamente examinados, proibindo, quando for necessário, sob pena de desobediência, a entrada ou trânsito de pessoas estranhas no lugar do*

---

[533] Para maiores desenvolvimentos, para além da imprescindível obra de Costa Andrade, consultar Mendes, Paulo de Sousa, *Jornadas de Direito Processual Penal e Direitos Fundamentais*, pp [146-154].
[534] *Das proibições....*, p 85.
[535] A referência ao juiz tem de ser entendida no quadro do sistema vigente à data, no qual a Instrução Preparatória, muito semelhante ao actual inquérito, era dirigida pelo JIC.

crime ou quaisquer outros actos que possam prejudicar a descoberta da verdade. O mesmo deverá fazer qualquer autoridade ou agente da autoridade que para isso tenha competência.

§ único. Se os vestígios deixados pela infracção se encontrarem alterados ou tiverem desaparecido, o juiz fará descrever o estado em que encontrou, no acto do exame, as coisas ou pessoas em que possam ter existido, procurando, quanto possível, reconstituí-los, descrevendo o modo, o tempo e as causas por que se deu essa alteração ou desaparecimento".

Dispõe o n.º 2 art.º 171.º do CPPV: *"Logo que houver notícia da prática de crime, providencia-se para evitar, quando possível, que os seus vestígios se apaguem ou alterem antes de serem examinados, proibindo-se, se necessário[536], a entrada ou o trânsito de pessoas estranhas no local do crime ou quaisquer outros actos que possam prejudicar a descoberta da verdade". Acrescenta o n.º 3: "Se os vestígios deixados pelo crime se encontrarem alterados ou tiverem desaparecido, descreve-se o estado em que se encontram as pessoas, os lugares e as coisas em que possam ter existido, procurando-se, quanto possível, reconstituí-los e descrevendo-se o modo, o tempo e as causas da alteração ou do desaparecimento".*

Dispunha o art.º 177.º do CPP29: *"O juiz, quando se proceda a exame no lugar da infracção, pode sempre ordenar que ninguém se afaste dele, sob pena de desobediência, e obrigar, com o auxílio da força pública, se for necessário, as pessoas que pretendam afastar-se a que nele se conservem enquanto for indispensável a sua presença".*

Dispõe o art.º 173.º do CPPV: *"1. A autoridade judiciária ou o órgão de polícia criminal competentes podem determinar que alguma ou algumas pessoas se não afastem do local do exame e obrigar, com o auxílio da força pública, se necessário, as que pretenderem afastar-se a que nele se conservem enquanto o exame não terminar e a sua presença for indispensável. 2. É correspondentemente aplicável o disposto no n.º 4 do artigo 171.º".* Ou seja, *"Enquanto não estiver presente no local a autoridade judiciária ou o órgão de polícia criminal competentes, cabe a qualquer agente da autoridade tomar provisoriamente as providências referidas no n.º 2, se de outro modo houver perigo iminente para obtenção da prova".*

Parece poder concluir-se que há coincidência nos preceitos legais transcritos.

Deve realçar-se que a intervenção do agente da autoridade é apenas admitida a título provisório, enquanto não estiver no local a AJ ou o OPC,

---

[536] Já supra referimos que a pena de desobediência também comina o não acatamento da proibição.

e serve para impedir a entrada ou o trânsito de pessoas estranhas no local do crime ou quaisquer outros actos que possam prejudicar a descoberta da verdade, evitando-se que se apaguem ou alterem os vestígios do crime. Neste particular o legislador limitou-se a dar corpo legal ao que já era prática corrente, como mandavam as regras do bom senso, sendo que no domínio do CPP29 a força pública actuava sob as ordens da autoridade judiciária ou o órgão de polícia criminal competentes. Apesar de não se fazer referência hoje à pena de desobediência, é evidente que quem desobedecer à ordem do agente da autoridade, formal e substancialmente legítima, verificados os restantes pressupostos legais, incorre na prática de um crime de desobediência.

Finalmente, o artigo 178º do CPP29, com a epígrafe *"obrigatoriedade de sujeição a exame"*, tinha a seguinte redacção: *"Ninguém pode eximir-se a sofrer qualquer exame ou a facultar quaisquer coisas que devam ser examinadas, quando isso for necessário para a instrução de qualquer processo, podendo o juiz tornar efectivas as suas ordens, até com o auxílio da força, sem prejuízo do disposto nos artigos 209º e 210º.*

§ único. Os exames que possam ofender o pudor das pessoas examinadas só deverão realizar-se quando forem indispensáveis para a instrução. Ao exame assistirão somente o juiz e os peritos, podendo o examinando fazer-se acompanhar de uma ou duas pessoas de sua confiança, devendo ser prevenido de que tem esta faculdade".

Dispunha o artigo 172º do CPPV, antes da revisão operada pela Lei 48/2007, de 29/08:

1. Se alguém pretender eximir-se ou obstar a qualquer exame devido ou a facultar coisa que deva ser examinada, pode ser compelido por decisão da autoridade judiciária competente;

2. Os exames susceptíveis de ofender o pudor das pessoas devem respeitar a dignidade e, na medida do possível, o pudor de quem a eles se submeter. Ao exame só assistem quem a ele proceder e a autoridade judiciária competente, podendo o examinando fazer-se acompanhar de pessoa da sua confiança, se não houver perigo na demora, e devendo ser informado de que possui essa faculdade".

Também a correspondência é praticamente total. Suprimiu-se a expressão *"só deverão realizar-se quando forem indispensáveis para a instrução"* porque desnecessária e tautológica já que os exames só podem ser ordenados ou realizados se e quando o princípio da proporcionalidade, que inclui a adequação, a exigibilidade e a proporcionalidade stricto sensu, estiver assegurado.

Em suma: o Código de Processo Penal de 1987 não contém nenhuma alteração de fundo relativamente ao Código de Processo Penal de 1928, no que aos exames diz respeito. O legislador de 1987 reconheceu que no regime então vigente pouco ou nada havia a alterar porque era actual e completo [cfr. item 35) do artº 2º da Lei 43/86, de 26 de Setembro, Lei de Autorização Legislativa].

As diversas revisões que sofreu o Código de Processo Penal de 1987 não mexeram, pois, com os artºs 171º, 172º e 173º. Até que a Lei 48/2007, de 29/08, que, justamente, já foi objecto de inúmeras críticas[537], alterou o regime dos exames, introduzindo, ex novo, um nº 2: *"É correspondentemente aplicável o disposto no nº 2 do artigo 154º e nos nºs 5 e 6 do artigo 156º".*

O anterior número 2 passou a nº 3.

A alteração foi, por conseguinte, feita de forma reflexa, por remissão para o regime da prova pericial.

A redacção do nº 2 do artº 154º, também ela resultante da Lei 48/2007, é a seguinte: *"Quando se tratar de perícia sobre características físicas ou psíquicas de pessoa que não haja prestado consentimento, o despacho previsto no número anterior é da competência do juiz, que pondera a necessidade da sua realização, tendo em conta o direito à integridade pessoal e à reserva da intimidade do visado".*

Que alterações surgiram, então, e qual a sua aparente razão?

– A primeira traduz-se na obrigatoriedade de o despacho a determinar ou a autorizar o exame sobre características físicas ou psíquicas de pessoa, que não haja prestado consentimento, *ter de ser proferido pelo Juiz, mesmo na fase do inquérito.* Tomou o legislador claro partido na controvérsia doutrinária e jurisprudencial a este respeito:

a) – Para uns[538], o despacho, proferido em inquérito, deveria ser da autoria do Mº Pº, atendendo a que nenhum preceito legal exigia a intervenção do JIC.

b) – Para outros, tinha de ser proferido pelo JIC. Era esta a posição do TC[539], no seguimento da melhor doutrina[540], que considerava que os

---

[537] De forma contundente, não só pelo carácter fragmentário da lei, a reboque de processos mediáticos, mas fundamentalmente pela "oportunidade perdida" atendendo ao pacto sobre a justiça em que se fundamentou, veja-se a entrevista de COSTA ANDRADE ao "Correio da Manhã" do dia 30 de Setembro de 2007, críticas essas em que reincide em *Bruscamente...*, *RLJ* 137º, nºs 3948 a 3951.

[538] Ac da RP de 13/09/2006, processo 0641683, in www.dgsi.pt

[539] Ac 155/2007.

[540] COSTA ANDRADE, *Proibições...*, pp. [127-132].

exames sobre características físicas de pessoas, que não hajam prestado consentimento, configuram ataque a direitos fundamentais dos cidadãos. Por isso, acertadamente, concluía-se que só podiam ser determinados ou autorizados pelo Juiz, em processo em curso: *"A competência para a instrução pertence a um juiz. (...) O inquérito compreende, nos precisos termos da nova lei, o conjunto de diligências que visam investigar a existência de um crime, determinar os seus agentes e a responsabilidade deles e descobrir e recolher as provas, em ordem à decisão sobre a acusação. (...) A intervenção do juiz (...) justifica-se «para salvaguardar a liberdade e a segurança dos cidadãos no decurso do processo-crime e para garantir que a prova canalizada para o processo foi obtida com respeito pelos direitos fundamentais».*

Tornando-se necessária, nesta fase, a prática de actos que directamente se prendam com a esfera dos direitos fundamentais das pessoas, tais actos deverão ser autorizados – e alguns deles (os que deverem constituir «actos judiciais» para efeitos dos artigos 205º e 206º da Constituição) mesmo praticados – pelo juiz de instrução.» (...).

Assim ocorre em toda a fase de inquérito ao Ministério Público confiada pelo CPP actual (...), justificando-se a intervenção do juiz-garante sempre que afectado aquele núcleo – consoante o elenco de situações descritas nos artigos 268º e 269º».

Face ao exposto, só pode concluir-se que, contendendo o acto em causa, de forma relevante, com direitos, liberdades e garantias fundamentais, a sua admissibilidade no decurso da fase de inquérito depende, pelas mesmas razões que justificam essa dependência no caso dos actos que constam da lista constante do artigo 269º do Código de Processo Penal, isto é, por consubstanciar intervenção significativa nos direitos fundamentais do arguido, da prévia autorização do juiz de instrução".

O legislador acolheu inequivocamente a posição de Costa Andrade e do TC, exigindo *"despacho do juiz, uma vez que estão em causa actos relativos a direitos fundamentais que só ele pode praticar, por força do nº 4 do artº 32º da Constituição"* (preâmbulo do anteprojecto de revisão do CPP).

A alteração legislativa, pelo que fica dito, era desnecessária.

– A segunda alteração, resultante ainda da remissão para o nº 2 do artº 154º, consiste na necessidade de ponderação de direitos individuais, que o legislador restringiu à integridade pessoal e à reserva da intimidade do visado, com o direito/dever de administração da justiça.

Como demonstramos, sempre a Autoridade Judiciária tem de levar à balança da ponderação os direitos individuais comprimidos, em obediência ao princípio da proporcionalidade consagrado no nº 2 do artº 18º da CRP. Como, já antes, o legislador deve fazer, por referência aos bens jurídicos conflituantes, que deve identificar com rigor[541].

A este respeito, afirmam Gomes Canotilho e Vital Moreira[542]: *"Outro problema é o de saber se o conteúdo essencial é uma realidade de natureza absoluta ou relativa, isto é, se só pode conhecer-se em cada caso concreto, mediante uma ponderação de bens ou interesses concorrentes (conteúdo relativo) ou se ele possui substancialidade própria, delimitável independentemente da colisão de interesses verificada no caso concreto (conteúdo absoluto). A questão do conteúdo essencial de um direito não pode equacionar-se senão em confronto com outro bem; mas, nos termos da Constituição, nunca essa ponderação poderá conduzir à aniquilação de qualquer direito fundamental. A garantia do conteúdo essencial é um mais em relação ao princípio da proporcionalidade"*. (...)

"Haverá de recorrer-se, porventura, a uma teoria mista, a um tempo absoluta e relativa: relativa, porque a própria delimitação do núcleo essencial dos direitos, liberdades e garantias tem de articular-se com a necessidade de protecção de outros bens ou direitos constitucionalmente garantidos; absoluta, porque, em última análise, para não existir aniquilação do núcleo essencial, é necessário que haja sempre um resto substancial de direito, liberdade e garantia, que assegure a sua utilidade constitucional".

De novo no texto legal, a limitação da ponderação aos direitos individuais de integridade pessoal e de reserva da intimidade do visado.

Quis desta forma o legislador, se bem pensamos, por um lado, dar corpo legal à necessidade de constar da Lei os bens jurídicos a ponderar; e, por outro, aproximar-se da posição do TC[543], que considerava que deviam ser ponderados o direito à liberdade de movimentos, o direito à integridade física e moral, o direito à identidade pessoal e à reserva da intimidade da vida privada, afastando-se da do STJ[544], que defendia que havia apenas que ponderar o direito à integridade pessoal, sobretudo física, sendo esta, embora *"tão diminuta, epidérmica e insignificante que bem se pode dizer estar-se longe de constituir violação do direito, ao menos em termos de atingir o seu conteúdo essencial"*.

---

[541] Costa Andrade, *Bruscamente ..., RLJ*, 137º 281.
[542] *Constituição* ..., p. 395.
[543] Ac 155/2007.
[544] Ac de 11/03/97, processo 96A901, in www.dgsi.pt

Alguma doutrina[545], da qual o legislador também expressamente se afastou, considerava que este tipo de exames, feito sem o consentimento do examinado, pode violar o direito à liberdade de movimentos, o direito à integridade física, o direito ao silêncio, o direito à não auto-incriminação e o direito à presunção de inocência.

– A terceira alteração resulta da remissão do nº 2 do artº 172º do CPP para os nºs 5 e 6 do artº 156º, nos quais se estatui:

"5. As perícias referidas no nº 2 do artigo 154º são realizadas por médico ou outra pessoa legalmente autorizada e não podem criar perigo para a saúde do visado.

6. Quando se tratar de análises de sangue ou de outras células corporais, os exames efectuados e as amostras recolhidas só podem ser utilizados no processo em curso ou em outro já instaurado, devendo ser destruídos, mediante despacho do juiz, logo que não sejam necessários".

O nº 5 do artº 156º impõe aquilo que a ciência e o bom senso mandavam, ou seja, que os exames sobre características físicas ou psíquicas das pessoas sejam realizadas por médico ou outra pessoa legalmente autorizada, não podendo, em caso algum, por em perigo a saúde do visado, valor que também está ligada à dignidade da pessoa humana.

Em nosso entender, com a alteração quis-se, desde logo, harmonizar o CPP com a Lei 45/2004, de 19/08 que, de resto, já exige (artº 21º) que os exames e perícias de clínica médico-legal e forense sejam realizados por um ou dois peritos médicos, auxiliados por um profissional de enfermagem; por outro, salientar que a salvaguarda da dignidade da pessoa humana é uma exigência constitucional. A doutrina do Ac do TC 155/2007, e as discussões doutrinária feitas em revistas da especialidade, terão também pesado na decisão legislativa.

– A quarta alteração, também resultante da remissão do nº 2 do artº 172º para o nº 6 do artº 156º, no qual se determina que, *"Quando se tratar de análises de sangue ou de outras células corporais, os exames efectuados e as amostras recolhidas só podem ser utilizados no processo em curso ou em outro já instaurado, devendo ser destruídos, mediante despacho do juiz, logo que não sejam necessários"*, visa responder às preocupações das associações de direitos cívicos quanto à criação de bases de dados de perfis genéticos, que reclamam que os resultados dos exames à características físicas ou psíquicas dos indivíduos, quando levados a cabo, devam ser destruídos logo que

---

[545] Cfr. LORENTE, José António, *Un detective* ..., p. 176.

desnecessários[546]. Preocupações essas que o Parecer 30/2005 da PGR, de forma indirecta, embora, e a propósito do tratamento de dados, já nos dava conta. Para além disso, dá corpo o preceito a uma regra lógica e imprescindível: se há que fazer ponderação de direitos, a mesma só pode ser feita dentro de um processo, seja em curso ou já instaurado. O Juiz não decide sem que tenha um processo para o poder fazer.

– A quinta e última alteração, por força da remissão para o nº 6 do artº 156º, veio permitir que as análises de sangue ou de outras células corporais, possam ser utilizadas noutro processo já instaurado. Tratou-se de normativizar os denominados efeitos à distância, quanto aos exames, por razões de celeridade e economia processual, permitindo que aqueles são usados em outro processo esteja instaurado, o que se entende face à obrigatoriedade de destruição dos exames e amostras logo que desnecessárias.

Pedro Verdelho[547] levanta a *"dúvida quanto ao concreto momento em que deve proceder-se à destruição das amostras e do relatório pericial (ou, se for o caso, do auto de exame). A lei refere, como se disse, que tal deverá acontecer «logo que não sejam necessários» tais elementos. Evidentemente, esse momento variará de acordo com as circunstâncias específicas de cada processo. Por outro lado, dependerá de cada concreto processo ter já cumprido, ou não, toda a sua marcha processual. Dependerá ainda, por último, da possibilidade que haja – ou não –, no caso concreto, de esse mesmo processo poder ser reaberto. Assim, por exemplo, quanto a processos de inquérito que não tenham ultrapassado essa mesma fase, por terem sido arquivados pelo Ministério Público, poderá dizer-se que havendo sempre a possibilidade de virem a ser reabertos se surgirem novas provas, as amostras e os relatórios apenas deixarão de ser necessários quando prescrever o procedimento criminal quanto aos factos e crimes em causa e portanto deixar de ser possível proceder criminalmente no caso concreto. Já quanto a processos que tenham passado a fase do julgamento, face às possibilidades resultantes do Código de Processo Penal e sobretudo das inovações introduzidas no Código Penal quanto à aplicação no tempo da lei mais favorável, a solução pode ser mais complexa. Como regra, terá que procurar-se em cada caso*

---

[546] A Lei 5/2008, de 12/02, ainda não estava em vigor à data da alteração legislativa. E nem o legislador levou em linha de conta aquele que viria a ser o seu conteúdo, pese as Recomendações Europeia citadas. Daí que agora se levantem dificuldades na sua conjugação.
[547] "Técnica do Novo CPP: exames, perícias e prova digital", *Revista do CEJ, número 9 (especial)*, 1º Semestre de 2008, p. 157.

concreto, mesmo após o trânsito em julgado da última decisão, o momento em que o processo já não possa ser objecto de qual reapreciação por via de recurso ou outra. Em muitos casos, esse momento será o da prescrição do procedimento criminal ou o da prescrição da pena".

O legislador, no que toca aos perfis de ADN e dados pessoais, veio, no artº 26 da Lei 5/2008, introduzir um conjunto de regras, precisas, que ajudam a resolver a dúvida, se não directamente, pelo menos por analogia.

7.4 Revistas

7.4.1 *Definição*

"Quando houver indícios de que alguém oculta na sua pessoa quaisquer objectos relacionados com um crime ou que possam servir de prova, é ordenada revista" (nº 1 do artº 174º).

A revista é, assim, um meio de obtenção da prova consistente em exame ou inspecção a *uma pessoa* com vista à apreensão de objectos que as pessoas, *nelas próprias,* escondam ou ocultem como, p. ex., estupefaciente ou armas, que estejam relacionados com um crime ou que possam servir de meio de prova de um crime.

7.4.2 *Requisitos específicos da revista*

Para se levar a cabo uma diligência tendente a obter um meio de prova é sempre necessário que estejam reunidos os pressupostos gerais (permissão constitucional, existência de Lei habilitante, necessidade da medida para salvaguarda de outro direito ou interesse constitucionalmente protegido, proporcionalidade, não podendo a sua realização implicar diminuição da extensão e alcance do conteúdo essencial dos preceitos constitucionais)[548].

No que à revista diz respeito, é ainda necessário que haja indícios (não simples suspeitas) de que alguém, qualquer *pessoa*, oculta em si quaisquer objectos relacionados com um crime ou que possam servir de prova (requisito material).

---

[548] Cfr. citado Ac do TC 155/2007.

A revista pode, pois, recair sobre *qualquer pessoa* que oculte os referidos objectos e não apenas sobre o autor, o comparticipante do crime, ou sobre aquele que pratique actos de favorecimento pessoal puníveis (artº 367º do C. Penal)[549].

A efectivação de uma revista importa compressão de direitos individuais, constitucionalmente protegidos, designadamente os direitos à integridade moral (artº 25º, nº 1 da CRP) e à identidade pessoal e intimidade da vida privada (artº 26º, nº 1 da CRP).

O CPP permite a revista sempre que os ditos indícios se refiram a um *qualquer tipo de crime*, abstraindo da gravidade ou danosidade social. Todavia, atendendo à óbvia compressão de direitos individuais, no juízo de ponderação a fazer pela AJ não pode deixar de estar presente o princípio da proporcionalidade (em sentido lato) e, por isso também, a gravidade do ilícito ou a danosidade social do ilícito.

Também os OPC, quando efectuem revistas cautelares[550], ao abrigo do disposto no artº 251º, devem fazer o aludido juízo de ponderação.

A revista poderá ser efectuada *a qualquer hora do dia ou da noite*.

Salvo nas situações de flagrante delito ou de revistas cautelares, efectuadas estas em caso de fuga eminente ou de detenção, ou ainda quando as pessoas tenham de participar ou assistir a qualquer acto processual, terá de ser levada a cabo no âmbito de um processo em curso[551], nos quais a AJ fará o juízo de ponderação.

7.4.3 *A intervenção da autoridade judiciária*

"*As revistas (...) são autorizadas ou ordenadas por despacho pela autoridade judiciária competente, devendo esta, sempre que possível, presidir à diligência*" (nº 3 do artº 174º).

---

[549] Neste sentido, CAVALEIRO DE FERREIRA, *Curso* ..., II vol., p. 373.
[550] O Ac da RC de 16/3/2011, processo 3082/09.6PCCBR.C1, in www.dgsi.pt, defende que "As *revistas* **podem ser efectuadas por órgão de polícia criminal,** *sem prévia autorização* **da autoridade judiciária competente,** quer como *meio de obtenção de prova*, no âmbito do disposto no artº 174º, quer como *medida cautelar e de polícia*, no âmbito do disposto no artº 251º, ambos do C. Proc. Penal".
[551] Leis especiais regulam as revistas em situações concretas, como se verá.

7. OS MEIOS DE OBTENÇÃO DA PROVA

Excepciona-se (nº 5 do artº 174º) os casos:

(a) De terrorismo[552], criminalidade violenta[553] ou altamente organizada[554], quando haja fundados indícios da prática iminente de crime que ponha em grave risco a vida ou a integridade de qualquer pessoa;

(b) Em que os visados consintam, desde que o consentimento prestado fique, por qualquer forma, documentado;

(c) Aquando de detenção em flagrante[555] por crime a que corresponda pena de prisão[556]; e ainda

(d) (artº 251º) as revistas efectuadas *em situações de urgência*, ou seja:

α) a revista de suspeitos em caso de fuga iminente ou de detenção;

β) a revista de pessoas que tenham de participar ou pretendam assistir a qualquer acto processual ou que, na qualidade de suspeitos, devam ser conduzidos a posto policial, sempre que houver razões para crer que

---

[552] Entende-se por «Terrorismo» as condutas que integrarem os crimes de organização terrorista, terrorismo e terrorismo internacional [alínea i) do artº 1º do CPP]. Cfr. a Lei 52/2003, de 23/08.

[553] A 'Criminalidade violenta' compreende as condutas que dolosamente se dirigirem contra a vida, a integridade física, a liberdade pessoal, a liberdade e autodeterminação sexual ou a autoridade pública e forem puníveis com pena de prisão de máximo igual ou superior a 5 anos [alínea i) do artº 1º do CPP]; a 'Criminalidade especialmente violenta' as condutas previstas na alínea anterior puníveis com pena de prisão de máximo igual ou superior a 8 anos [alínea j) do mesmo preceito legal, na redacção da Lei nº 26/2010, de 30 de Agosto].

A «Criminalidade violenta» compreende as condutas que dolosamente se dirigirem contra a vida, a integridade física ou a liberdade das pessoas e forem puníveis com pena de prisão de máximo igual ou superior a 5 anos [alínea j) do artº 1º do CPP], fazendo ainda a lei (al. l) referência a «Criminalidade especialmente violenta» como sendo aquela em que as condutas previstas na alínea anterior puníveis são com pena de prisão de máximo igual ou superior a 8 anos.

[554] A «Criminalidade altamente organizada» abrange as condutas que integrarem crimes de associação criminosa, tráfico de pessoas, tráfico de armas, tráfico de estupefacientes ou de substâncias psicotrópicas, corrupção, tráfico de influência ou branqueamento [alínea m) do artº 1º do CPP].

[555] Segundo o artº 256º do CPP, É flagrante delito todo o crime que se está cometendo ou se acabou de cometer (nº 1). Reputa-se também flagrante delito o caso em que o agente for, logo após o crime, perseguido por qualquer pessoa ou encontrado com objecto ou sinais que mostrem claramente que acabou de o cometer ou nele participar (nº 2). Em caso de crime permanente, o estado de flagrante delito só persiste enquanto se mantiverem sinais que mostrem claramente que o crime está a ser cometido e o agente está nele a participar (nº 3).

[556] Pode levantar-se aqui a questão de conformação constitucional, se a revista for autorizada nos crimes que correspondem a bagatelas penais, por violação do princípio da proporcionalidade (cfr., no entanto, o Ac do TC 7/87).

ocultam armas ou outros objectos com os quais possam praticar actos de violência.

Em todas estas situações excepcionais, a revista pode ser levada a cabo por órgão de polícia criminal que, posteriormente, a comunicará ao JIC em ordem a ser por este apreciada e validada.

As primeiras, consideradas revistas sujeitas ao regime-regra de ordem ou autorização por parte da autoridade judiciária competente são levadas a cabo, na sequência de despacho da AJ[557], após concluir pela existência dos pressupostos gerais, de que há indícios de que qualquer *pessoa* oculta em si quaisquer objectos relacionados com um crime ou que possam servir de prova, e ainda que deve prevalecer o direito à administração da justiça. A autoridade judiciária – Ministério Público, no inquérito, o JIC na instrução, e o Juiz do julgamento nesta fase processual – deve, sempre que possível, presidir à diligência.

Nas segundas, as excepcionais, prescinde-se de autorização ou ordem prévia da AJ.

O que é entendível: por um lado, porque se considera o consentimento válido e operante já não estão em causa bens jurídicos que ofendam a dignidade da pessoa humana; por outro, porque, na situação de flagrante delito importa usar de cautelas acrescidas na medida em que o detido demonstrou ser capaz de delinquir e, por isso, também, em princípio, de reiterar a conduta; por outro, ainda, nos crimes de terrorismo, de criminalidade violenta ou altamente organizada, ou nos crimes que ponham em grave risco[558] a vida ou a integridade de qualquer pessoa, a gravidade da situação justifica a adopção de medidas de excepção imediatas para garantir a segurança da comunidade, que ela própria reclama, nestes

---

[557] O terem sido ordenadas ou autorizadas sem despacho expresso configura mera irregularidade. Assim decidiu o Ac da RP de 12/12/2007, processo 0714692, in www.dgsi.pt. O STJ, por acórdão de 8/11/95, BMJ 451º-238 diz que pode configurar, quando muito, nulidade suprível.

[558] Segundo Fernando Gonçalves/outros, *O agente infiltrado*...., p. 220, "a alusão a «grave risco» refere-se à vida ou integridade física de qualquer pessoa e não a quaisquer outros bens jurídicos, como por exemplo, o património. Este «grave risco» é constado pelo agente, antecipadamente, mediante uma análise ex ante das circunstâncias que o rodeiam e das suas possibilidades concretas. (...) O risco há-de, pois, ser relevante, sério, de dimensão bastante ou suficientemente importante, tendo em conta a pessoa média comum, colocada em condições idênticas e possuindo as mesmas aptidões e capacidades pessoais do órgão de polícia criminal, para justificar a revista sem prévia autorização ou ordem da autoridade judiciária".

7. OS MEIOS DE OBTENÇÃO DA PROVA

casos. Trata-se de *"comportamentos desenvolvidos com base em regras, em lugar de conduta espontânea e impulsiva"*[559], e, por isso, altamente perigosos. Diz a experiência comum que, nestes casos, são enormes as probabilidades de reiteração criminosa, com uso de armas ou engenhos explosivos, o que pode fazer perigar a vida e saúde de uma determinada comunidade. A necessidade de neutralizar esses comportamentos é por demais evidente. O legislador, ele próprio, fez a ponderação dos direitos conflituantes, chegando à conclusão que o direito à vida ou a integridade de qualquer pessoa deve sempre prevalecer sobre os direitos individuais do criminoso organizado, em sentido lato. Conclusão a que se chegaria em concreto.

Finalmente, nos restantes casos, denominados de *"medidas preventivas ou de segurança"*[560] – *"detenção em flagrante por crime a que corresponda pena de prisão"*; de *"suspeitos em caso de fuga iminente ou de detenção"*; ou de *"pessoas que tenham de participar ou pretendam assistir a qualquer acto processual ou que, na qualidade de suspeitos, devam ser conduzidos a posto policial, sempre que houver razões para crer que ocultam armas ou outros objectos com os quais possam praticar actos de violência"* – a Lei permite se possa fazer revista sem prévia ordem ou autorização da AJ por razões de segurança, absolutamente essenciais para a garantia do bem-estar social e psicológico dos cidadãos. Trata-se de medida que a comunidade reclama, e se justifica pela imprevisibilidade das situações tratando-se, em verdade, de *"uma nítida medida cautelar, de uma actividade típica de polícia"*[561]. *"A urgência da medida e a utilidade para o processo justificam a atribuição de competência às polícias para a sua prática, ainda antes de lhes serem ordenadas ou autorizadas (...). Estes procedimentos cautelares, justamente porque o são, não podem prescindir do imediatismo da decisão e da acção, sob pena de a investigação criminal ser relegada ainda mais para o rol das inutilidades"*[562].

Anabela Miranda Rodrigues[563] justifica deste modo as medidas cautelares: *"Assim, quanto às medidas cautelares e de polícia cumpre desde logo salien-*

---

[559] GÜNTER JAKOBS/MELIÁ, Manuel Cancio, *Derecho penal del enemigo*, Editorial Aranzadi, SA, Navarra, 2ª edição, p. 24.
[560] GUEDES VALENTE, Manuel Monteiro, *Revistas e Buscas*, Almedina 2005, 2ª edição, p. 21.
[561] MAIA GONÇALVES, Manuel Lopes, *Código de Processo Penal Anotado*, 10ª ed., Almedina, Coimbra 1999, p. 489.
[562] Ac do STJ de 7/4/2005 in www.dgsi.pt, processo com o nº 05P767.
[563] *Jornadas de Direito Processual Penal*, Ed. do CEJ, Almedina 1997, pp [70,71].

tar que se trata de uma categoria conceitual nova no nosso direito processual penal. A sua consagração visa, através da tomada imediata de providências pelos órgãos de polícia criminal, sem prévia autorização da autoridade judiciária competente, acautelar a obtenção de meios de prova que, de outra forma, poderiam irremediavelmente perder-se, provocando danos irreparáveis na obtenção das finalidades do processo. E isto, quer devido à natureza perecível de certos meios de prova, quer ainda dado o carácter urgente dos actos a praticar. O que se observa é, pois, que através da sua consagração, se prefere a eficácia da acção conseguida ao rigor dos princípios. Esta opção representa, entretanto, por parte do legislador, a consciência clara de que a realização de uma investigação criminal necessita, para ser eficaz, de ter ao seu dispor certos meios que são afinal, na prática, os meios «normais» de actuação naquelas fases em que a prova se estrutura. Assim, respeita-se, por um lado, a nova filosofia do futuro Código assente na legalização dos meios de actuação que até aqui se encontravam numa zona de semi-clandestinidade; por outro lado, a consciência muito nítida de que a sua consagração representa um risco, assumido pelo Código, de utilização abusiva dessas medidas, levou a apertar os critérios que legitimam a intervenção das polícias nesses casos – restringe-se a tomada de medidas a «actos urgentes» (artigo 251º, nº 1 e 252º, nº 2) – e a introduzir o limite da intervenção homologadora da autoridade judiciária (art. 251º, nº 2 e 252º, nº 3)".

Em conclusão: as revistas podem ser normais ou gerais (as autorizadas ou ordenadas pela autoridade judiciária competente); excepcionais (as referidas no nº 5 do artº 174º); e cautelares (as referidas no artº 251º).

A realização das revistas excepcionais e cautelares são *"sob pena de nulidade*[564], *imediatamente comunicada ao juiz de instrução e por este apreciada em ordem à sua validação"* (nº 6 do artº 174º, e nº 2 do artº 251º).

Considera o TC[565] que o regime excepcional se conforma com a CRP.

7.4.4 *A comunicação à autoridade judiciária das revistas não autorizadas*

O nº 6 do artº 174º refere que, nos casos referidos na alínea a) do número anterior (de terrorismo, criminalidade violenta ou altamente organizada, ou quando haja fundados indícios da prática iminente de crime que ponha em grave risco a vida ou a integridade de qualquer pessoa), a realização da diligência é, sob pena de nulidade, imediatamente comunicada ao juiz de instrução e por este apreciada em ordem à sua validação.

---

[564] Segundo Germano Marques da Silva, *Curso...*, II vol., p. 196, trata-se de verdadeira proibição de prova, afirmação que subscrevemos.
[565] Ac 7/87.

7. OS MEIOS DE OBTENÇÃO DA PROVA

Tal preceito é aplicável às revistas cautelares, ex vi no nº 2 do artº 251º.
Suscita o preceito algumas dificuldades de interpretação:
– No que tange à entidade competente para validar as revistas não ordenadas ou autorizadas, Marques Ferreira[566] diz que *"não se vislumbram razões para que durante o inquérito não deva ser o Mº Pº a proceder à apreciação e validação das revistas (...) uma vez que tem competência para as autorizar (artº 174º, nº 3) e tal acto não consta do elenco dos que competem exclusivamente ao juiz de instrução em sede de inquérito"*. Fernando Gonçalves, e outros[567] afirmam que só nos casos de terrorismo, criminalidade violenta ou altamente organizada a comunicação deve ser feita a comunicação ao Juiz de Instrução, como consta da letra da lei. Em todos os outros casos, a comunicação deve ser feita ao Mº Pº. O STJ[568] defende que deve ser o juiz a validar todas as revistas não autorizadas (em caso de detenção em flagrante delito será validada conjuntamente com a detenção), mesmo em caso de consentimento do visado. E isto apesar de poderem ser autorizadas pelo Mº Pº em inquérito. Precisamente porque, ao efectuar uma revista, os OPC estão a comprimir, e de forma grave, direitos fundamentais dos cidadãos.

Crê-se que a posição do STJ é a que se harmoniza com os princípios do Estado de Direito que mandam que o JIC intervenha na sua veste de juiz das liberdades, com função garantística, sempre que esteja em causa a compressão de direitos fundamentais, para controlo da legalidade.

O legislador de 2007, sabendo da divergência doutrinária referida, entendeu, como noutros casos, não tomar partido na vexata quaestio.

– Também não é pacífica a interpretação do conceito indeterminado *"imediatamente"* (comunicada), que tem sido objecto de múltiplos entendimentos, desde *"tempo mais rápido possível"*, passando por *"logo que possível"*, continuando com *"a maior brevidade possível"*, chegando até a *"tempo oportuno"*.

A comunicação visa o controlo judicial da medida. Tendo-se comprimido direitos individuais do visado, sem ordem ou autorização da AJ, deve ser feita a esta a comunicação para efeitos de apreciação e validação, no mais curto espaço de tempo, de *"imediato"*.

---

[566] *Jornadas....* CEJ, p. 267.
[567] *O agente infiltrado....*, p. 223.
[568] Ac. do STJ de 8/1/98 in *CJ, Acs. do STJ*, ano VI, tomo I, p. 158.

A jurisprudência do TC⁵⁶⁹, a respeito das buscas (a situação é equivalente) considera: *"A Constituição não impõe qualquer prazo para que a realização da busca seja comunicada ao juiz (...). Mas bem se compreende que a ausência da estatuição constitucional não queira significar desinteresse do legislador constitucional quanto à concretização da garantia, antes representa a oneração do legislador ordinário com o encargo de encontrar uma solução que satisfaça com suficiência a já mencionada exigência. Há, pois, que aceitar que nos casos, necessariamente excepcionais, em que a autorização judicial da busca domiciliária ocorre a posteriori, o controlo judicial deva ser exercido imediatamente, como diz a lei (nº 5 do artigo 174º)".* Na sequência, considerou o prazo de 48 horas como sendo um prazo razoável para a comunicação: *"Não pode, por isso, ter-se por desproporcionada, injustificada ou violadora das disposições constitucionais a interpretação que considera que a comunicação a posteriori da busca possa ser efectuada com a apresentação do detido, dentro das 48 horas seguintes à diligência, da qual resultou a própria prisão do arguido".*

Mais uma vez, na reforma de 2007, o legislador falhou, esqueceu o tratamento global e harmónico que devem ter os institutos jurídicos e, apesar de saber das dificuldades que o vocábulo suscitava e suscita na prática judiciária e, apesar de, em sede de escutas, ter substituído o vocábulo *"imediatamente"* por um prazo fixo, olvidou o nº 6 do artº 174º.

– No que diz respeito à forma como deve ser feita a validação, as opiniões doutrinária e jurisprudencial convergem: o JIC tem de se certificar que foram respeitados, na íntegra, os pressupostos e os requisitos de validade⁵⁷⁰, sem o que estaremos perante proibição de prova. E pode fazê-lo de forma expressa ou tácita: *"mais do que os termos literais ou verbais do despacho, o que releva é que, da interpretação da decisão em causa, se possa deduzir, de forma incontroversa e inquestionável, que o juiz teve por válidos os elementos probatórios obtidos através da busca submetida a apreciação jurisdicional"*⁵⁷¹.

– Uma última questão, que é verdadeira vexata quaestio: o nº 6 do artº 174º do CPP considera nula a revista efectuada em caso de terrorismo, criminalidade violenta ou altamente organizada, quando haja fundados indícios da prática iminente de crime que ponha em grave risco a vida ou a integridade de qualquer pessoa, se não for imediatamente comuni-

---

⁵⁶⁹ Por todos, o Ac 285/2007.
⁵⁷⁰ Assim, Marques da Silva, Germano, *Curso ...* II vol., p. 196.
⁵⁷¹ Ac do TC 274/2007. No mesmo sentido, isto é, de que o JIC pode fazer a validação da revista de forma implícita, cfr. o Ac do STJ de 8/1/98, *CJ, Acs do STJ*, ano VI, tomo I, p. 158.

cada ao juiz de instrução e por este apreciada em ordem à sua validação. Porque o preceito omite a expressão *"não podendo ser utilizadas"*[572], qual a consequência de tal nulidade?

Para uns[573], a recusa de validação tem como efeito a proibição de prova, nos termos do art° 126°, n° 3: *"A validação respeita, naturalmente, à verificação dos pressupostos e dos requisitos de validade da revista efectuada. Em caso de recusa da validação da revista, a consequência processual é a **nulidade** da mesma. Ou seja, a recusa de validação tem como efeito a **proibição de prova**, por força do disposto nos art°s 32°, n° 8 da CRP e 126°, n° 3 do CPP, para além de eventual responsabilidade criminal, civil e disciplinar de quem efectuou a diligência"*[574].

Para outros[575], trata-se de nulidade sanável.

Decidiu o TC[576] que deveria *"agora ser praticado o acto omitido"*. O Tribunal considerou que *"a sanação a posteriori da nulidade não se configura com uma solução arbitrária e desrazoável, ou seja, como um meio legal restritivo desproporcionado ou excessivo em relação aos fins prosseguidos"*. E reconheceu que *"até à validação da busca e podendo, entretanto, prosseguir a investigação com base nos resultados dessa diligência, existe um momento de incerteza sobre a verificação dos pressupostos legais da mesma diligência, com o aparente risco de vir a ser proferida uma decisão de não validação quando aqueles resultados já proporcionaram a obtenção de outras provas"*. Por isso, entendeu-se que *"mesmo neste caso – de hipotética não validação – o (...) regime estabelecido no artigo 122° do CPP assegura que os actos subsequentes sejam declarados inválidos se dependerem do acto que não obtém a necessária validação"*, e sendo certo que a outra hipótese – a da validação em acto ulterior – *"nunca porá em causa as garantias de defesa do arguido"*.

Deveria o legislador de 2007 ter tomado partido na querela. E não o fez. Ou antes, fê-lo pela negativa permitindo, como se realçou antes, a utilização do argumento a contrario por via da nova redacção do n° 3 do art° 126°: sempre que a lei não fale em *"não podendo ser utilizadas"* esta-

---

[572] Costa Andrade, como se referiu, alude à possibilidade de uso, nestes casos, do argumento a contrario retirado da nova redacção do n° 3 do art° 126°, com todas as consequências perversas.
[573] MARQUES DA SILVA, Germano, *Curso* ..., p. 196; MARQUES FERREIRA, *Jornadas* ..., pp. [265,266].
[574] GONÇALVES, Fernando/Outros, Infiltrado ..., p. 223
[575] Ac do TC 192/2001; no mesmo sentido o Ac. do STJ de 27/1/98 in BMJ 473°-166, e in www.dgsi.pt., processo 97P1045.
[576] Ac. 192/2001.

remos perante nulidade sanável e, por isso, a prova pode ser valorada se a nulidade não for tempestivamente arguida.

Como in casu omite a expressão, a situação, segundo alguns, poderá apenas ser reconduzível a esta nulidade.

7.4.5 *Formalidades da revista*

As revistas, que podem ser levadas a cabo a qualquer hora, embora com respeito pelo direito ao descanso, são executadas pelo OPC no prazo máximo de 30 dias (artº 174º, nº 4) a contar da data em que lhe for entregue o despacho a ordenar ou autorizar a revista[577], embora nada obste a que a própria autoridade judiciária as leve a cabo, devendo, sempre que possível, presidir à diligência (artº 174º, nº 3).

"Antes de se proceder a revista é entregue ao visado, salvo nos casos do nº 5 do artigo anterior, cópia do despacho que a determinou, no qual se faz menção de que aquele pode indicar, para presenciar a diligência, pessoa da sua confiança e que se apresente sem delonga" (nº 1 do artº 175º) e que pode, naturalmente, ser o Advogado.

Do despacho constam, obrigatoriamente, as razões da efectivação da revista, por referência aos factos e ao crime indiciado.

"A revista deve respeitar a dignidade pessoal e, na medida do possível, o pudor do visado" (nº 2 do artº 175º). Com Costa Andrade[578] entendemos que o não respeito da formalidade não configura qualquer proibição de prova ou nulidade, já que, *"do que se trata é apenas de salvaguardar o sentimento de pudor (...) e não de lhe garantir uma qualquer posição de domínio sobre a informação"*. Por isso, estaremos perante simples irregularidade.

Guedes Valente[579], ao invés, afirma que o não respeito do pudor do visado poderá conduzir a *"uma nulidade da diligência por ser ofensivo da integridade física ou moral da pessoa revistada, conforme nº 2 do artº 175º em conjugação com o artº 126º do CPP ex vi nº 8 do artº 32º da CRP..."*.

O nº 3 do artº 176º autoriza se proceda a revista de pessoas que se encontrem no lugar da busca (recorde-se que pode ser revistada *qualquer pessoa*), se quem ordenar ou efectuar a busca tiver razões para presumir que se verificam os pressupostos do nº 1 do artigo 174, ou seja, que haja

---

[577] Entende-se ser esta a interpretação que melhor se ajusta à realidade processual, conciliando a segurança jurídica com as finalidades da diligência.
[578] *Proibições....*, p. 85.
[579] *Revistas e Buscas*, Almedina 2005, 2ª edição, pp [54,55].

7. OS MEIOS DE OBTENÇÃO DA PROVA

indícios de que essas pessoas ocultam em si quaisquer objectos que possam estar relacionados com um crime ou que possam servir de prova. Nas revistas excepcionais e cautelares, deve, resumidamente, indicar-se ao visado as razões da mesma. Por um lado, para integral garantia do seu direito de defesa. Por outro, porque a tal obriga o dever de lealdade[580], subjacente a todos os meios de prova [cfr. artº 126º do CPP, especialmente a al. a) do nº 2]. Simultaneamente, será o visado informado de que pode indicar, para presenciar a diligência, pessoa da sua confiança, desde que tal presença se não traduza em manobra dilatória.

Se a revista for excepcional, o OPC lavra auto do qual constem todas as menções relevantes, e que em tudo deve ser equivalente ao relatório referido no nº 1 do artº 253º, submetendo-o, de imediato, ao JIC para apreciação e validação (nº 6 do artº 174º).

Se a revista for levada a cabo no âmbito das medidas cautelares ou de polícia, o OPC elabora relatório onde menciona as investigações levadas a cabo, os resultados das mesmas, a descrição dos factos apurados e as provas recolhidas (artº 253º, nº 1). O relatório é remetido ao JIC para apreciação e validação (nº 6 do artº 174º, ex vi do nº 2 do artº 253º).

7.4.6 *Revistas com especificidades*

Diversas Leis avulsas regulamentam as revistas e sujeitam-nos a regimes próprios, com formalismos mais ou menos apertados. Passamos a enumerá-las:

- Revista no âmbito da Lei da droga: DL 15/93, de 22/01 (artº 53º)[581];
- Revista efectuada ao suspeito de consumo de estupefacientes, pelas autoridades policiais (e não OPC) (artº 4º da Lei 30/2000, de 29/11);
- Revista efectuada ao abrigo da Lei 17/2009, de 6 de Maio, que alterou o regime jurídico das armas e munições (cfr. nº 3 do artº 109º);
- Revista efectuada no âmbito do RGIF (artº 49º DL 376-A/89, de 25 de Outubro);
- Revista efectuada nos Estabelecimentos Prisionais, quer aos visitantes (nº 2 do artº 61º e nº 4 do artº 63º, ambos da Lei 115/2009, de

---

[580] Sobre o princípio da lealdade, ver MARQUES DA SILVA, Germano, *Curso* ..., III vol., p. 30.
[581] É de grande interesse, quanto às revistas efectuadas no âmbito da Lei dos Estupefacientes, o Ac. do STJ de 27/1/98, já citado, in *BMJ* 473º-166.

12/10 – CEPMS), quer aos reclusos (nº 2 do artº 88º da citada Lei 115/2009, de 12/10);
• Revistas efectuadas nos Centros Educativos (DL 323-D/2000, de 20/12), quer aos educandos (artº 84º), quer aos visitantes (artº 86º);
• Revista efectuada à entrada dos recintos desportivos pelas forças de segurança (artº 25º da Lei 39/2009, de 30/07), e por seguranças privados (artº 19º da Lei 34/2013, de 16/05);
• Revistas efectuadas por Órgãos de Polícia Municipal (nº 4 do artº 3º da Lei 19/2004, de 20/05)[582].

7.4.7 *A influência da doutrina e da jurisprudência na evolução legislativa*
O Código de Processo Penal de 1929 não fazia a distinção entre revistas, buscas e apreensões, tratando-as em conjunto nos artigos 203º e seguintes.

No que concerne às revistas, dispunha o artº 203º: *"Quando haja indícios de que alguma pessoa tem em seu poder papéis ou outros objectos cuja apreensão for necessária para instrução do processo, ou quando o arguido ou outra pessoa que deva ser presa se tenha refugiado em lugares daquela natureza, o juiz, em despacho fundamentado, oficiosamente, a requerimento do Ministério Público, da parte acusadora ou do arguido admitido a intervir no processo, indicará as razões da suspeita e mandará proceder à busca e apreensão ou prisão.*

§ 1.º (...).

§ 2.º À busca e apreensão judiciais assistirá o Ministério Público, e poderão assistir a parte acusadora e a pessoa que esteja na posse do lugar em que a diligência se realiza. O réu será sempre presente à busca, quando o juiz entender que é necessário, ou se estiver preso na sede da comarca, podendo fazer-se assistir por defensor; fora disso, poderá assistir ou fazer-se representar pelo seu defensor, se tiver sido admitido

---

[582] Segundo Parecer da PGR de 8 de Maio de 2008, a revista enquanto medida cautelar de polícia, pode ser levada a cabo pelos órgãos de polícia municipal "nos casos expressamente previstos na lei (princípio da tipicidade legal), desde que verificado o respectivo condicionalismo legal, ou seja, no que respeita à revista de prevenção e segurança, desde que existam razões para crer que as pessoas visadas ocultam armas ou outros objectos com os quais possam praticar actos de violência. No que especificamente se prende com a revista de segurança, a sua efectivação está expressamente contemplada no artigo 3º, nº 4, da Lei nº 19/2004, no âmbito do exercício dos poderes de autoridade dos órgãos de polícia municipal, nos termos já referidos. Também na sequência da detenção de suspeitos de crime punível com pena de prisão, em caso de flagrante delito [artigo 4º, nº 1, alínea e), da Lei nº 19/2004], os agentes da polícia municipal devem proceder à sua revista por motivos de segurança própria e de terceiros [cfr. artigo 174º, nº 5, alínea c), do CPP".

a intervir no processo e o juiz entender que a sua assistência ou do representante não é prejudicial à descoberta da verdade. Para este fim, será notificado o defensor ou o réu, se tiverem domicílio na sede da comarca, sem prejuízo da realização da diligência.

§ 3.º A estas diligências assistirão também, sendo possível, duas testemunhas".

Escrevia Cavaleiro de Ferreira[583]: *"Os objectos a apreender podem encontrar-se escondidos ou ocultos em pessoas. Para efectuar a apreensão é indispensável então restringir um direito pessoal, passando revista à pessoa que os oculta. A revista só é legítima se houver a fundada suspeita da ocultação, reconhecida competentemente. A legitimidade da busca em pessoas, ou revista, resulta dos artºs 203º e 178º do Código de Processo Penal. (...)*

Não só o arguido, mas também terceiros, desde que fundadamente se suspeite que ocultam eles próprios provas reais da infracção, podem ser submetidos a revista se não facultarem voluntariamente os objectos procurados".

Se compararmos o regime da revista consagrado no CPP de 1929, com o regime hoje vigente, supra analisado, teremos de concluir que há diferenças de vulto entre os dois.

Com efeito, se é certo que em termos de requisitos há uma continuidade (para além da fundada suspeita da ocultação, era imprescindível que os papéis ou outros objectos fossem necessários para instrução do processo em curso, era ao juiz – única entidade competente para a instrução do processo – quem competia fazer o juízo de ponderação, só a autorizando quando o valor justiça devesse prevalecer sobre os valores a sacrificar), já em termos de controlo judicial e de formalidades é enorme a diferença de regimes.

O CPP29 permitia que a autoridade policial fizesse, sem autorização, a revista a pessoa que se encontrasse em lugar acessível. Para além disso o posterior controlo judicial inexistia, salvo se tivesse de lavrar auto de apreensão. O regime, assim descrito, seria materialmente inconstitucional à luz da Constituição de 1976.

Por outro lado, não regulava a lei as formalidades da revista, especialmente no que toca às que possam ofender o pudor. A lei é hoje bem mais exigente, o que se compreende atendendo à filosofia garantística que subjaz a todo o Processo Penal.

---

[583] *Curso...*, II vol., p. 373.

A redacção dos artigos 174º e 175º do CPP vigente, para além de muito mais clara, é mais precisa, foi ao encontro da realidade social dos tempos modernos e teve em linha de conta a Constituição da República e os seus princípios.

O DL 78/87, de 17 de Dezembro revogou o CPP29 e aprovou o CPP de 1987.

O regime das revistas foi imposto, por um lado, pela necessidade de conformação com a CRP 1976; e, por outro, pela realidade social existente à data, completamente diferente da de 1929.

Escapou o CPP, no que ao regime das revistas diz respeito, às anteriores 14 alterações legislativas. Todavia, a Lei 48/2007, de 29 de Dezembro alterou, por aditamento de um número, o artigo 174º; e, aparentemente, alterou o artº 175º do CPP.

Sendo imagem de marca do legislador de 2007 não justificar as alterações, impõe-se tentar *"adivinhar"* o que estava no espírito do legislador, ao alterar o regime das revistas. Consistiram as alterações:

– No artº 174º foi introduzido, ex novo, o nº 4: *"O despacho previsto no número anterior tem um prazo de validade máxima de 30 dias, sob pena de nulidade"*. Refere-se, naturalmente, ao despacho da autoridade judiciária a ordenar ou autorizar a revista.

– O anterior nº 4 passou a nº 5, fazendo-se as necessárias adaptações: onde se falava em *"exigências contidas no número anterior"*, passou a falar-se em *"exigências contidas no nº 3"*. Ou seja, nenhuma alteração.

– O nº 5 passou a nº 6, igualmente sem qualquer alteração.

– No artigo seguinte, o artº 175º, apenas se substituiu no nº 1, o nº *"4"* por *"5"* para fazer a correspondência com o aditamento de um número (o nº 4) ao artigo 174º.

– No nº 1 do artº 176º, a remissão que era feita para o artº 174º, nº 4 passou a ser feita, obviamente, para o nº 5 do artº 174º.

Ou seja, a única alteração ao regime consistiu no aditamento do nº 4 do artº 174º.

O CPP não impunha um prazo máximo de validade ao despacho que autorizava ou determinava a revista. O que significava que o OPC o usava, passe a expressão, com o seu quê de hiperbólico, a seu bel-prazer, pois tinha nas mãos um *"cheque em branco"*.

A jurisprudência estava dividida quanto ao prazo de cumprimento da ordem ou autorização.

– O STJ[584] decidiu que *"é indiferente à validade legal de uma diligência de busca[585] que a mesma tivesse sido realizada no próprio dia ou nos dias imediatos em que foram emitidas e entregues os competentes mandados à entidade policial competente para a investigação desses factos. Não tendo o Juiz de Instrução prescrito um prazo para a efectiva realização da diligência, ela pode sempre vir a ter lugar até à conclusão do inquérito"*. Isto é, o OPC podia efectuar a busca quando o entendesse desde que na fase do inquérito.

– O TRL[586], defendendo que a busca não é um acto processual, mas um acto de inquérito ou de instrução, consoante a fase em que seja realizada, decidiu que não está sujeita ao prazo de 10 dias, estabelecido no nº 1 do artº 105º do CPP. Assim, na senda do acórdão do STJ referido, entendeu que a diligência podia ser levada a cabo se e enquanto decorresse a fase processual em que fora ordenada ou autorizada.

– O TC[587] debruçou-se sobre a não consagração legal de um prazo máximo para efectivação da ordem ou autorização (embora a respeito das escutas telefónicas) acabando por afirmar que podia correr-se o risco de uma *"manipulação da oportunidade da autorização concedida em termos de questionar a lisura e objectividade"* da actuação do órgão de polícia criminal encarregue da execução, o que é sempre de censurar.

Também a melhor doutrina[588] apontava no sentido de que *"valerá a pena evoluir para a fixação de termo certo na autorização da escuta[589], não só para permitir o mais fácil controlo da sua cessação (vantagem óbvia), mas também para acelerar os procedimentos policiais. A autorização por determinado número de dias (por exemplo, trinta) dá aos investigadores um espaço de manobra que eles gerem como bem entendem"*.

O legislador foi sensível a estes argumentos e fixou um prazo máximo de 30 dias de validade da ordem ou autorização para a revista. Em nome, pensa-se, da certeza e segurança jurídicas, sempre de aplaudir.

O prazo conta-se da entrega ao OPC do mandado, o que concilia as vantagens da segurança com as do efectivo controlo e ainda da finalidade da diligência.

---

[584] Ac de 16/02/94, processo 044386, in www.dgsi.pt
[585] A doutrina vale para as revistas atenta a similitude.
[586] Ac de 16/04/1996, inédito, ao que sabemos.
[587] Ac 4/06.
[588] Cfr. MATA-MOUROS, Maria de Fátima, *Sob escuta*, Principia 2003, p. 24.
[589] A doutrina é válida para a revista e para a busca.

Embora de forma indirecta – por força da alteração do artº 1º do CPP pela Lei 48/2007[590] –, mas com evidente repercussão no regime das revistas, foram alterados os conceitos[591] de terrorismo, criminalidade violenta, especialmente violenta e altamente organizada, o que era exigido pela comunidade internacional, preocupada com as condições de segurança, e ainda pelo nº 3 do artº 34º da CRP resultante da revisão operada pela Lei Constitucional 1/01, de 12/12.

7.5 Buscas
7.5.1 *Noção*

As buscas são meios de obtenção da prova levadas a cabo em lugar reservado ou não livremente acessível ao público, quando houver indícios de que nesses locais se esconde o arguido, ou outra pessoa que deva ser detida, ou que neles se encontram quaisquer objectos relacionados com um crime ou que possam servir de prova no processo em curso.

A busca visa, pois, a detenção do arguido ou de outra pessoa, ou a descoberta de objectos relacionados com um crime ou que possam servir de prova no processo.

As buscas são levadas a cabo pela autoridade judiciária competente ou, por ordem ou autorização desta, pelos OPC, nos casos previstos na lei. Ou ainda por estes, sem precedência de ordem ou autorização, nos casos excepcionais, que analisaremos.

As buscas podem ser domiciliárias (as que são levadas a cabo no domicílio do visado), ou não domiciliárias. Há ainda buscas sujeitas a regime especial.

7.5.2 *Requisitos específicos da busca*

Para se levar a cabo uma diligência tendente a obter um meio de prova é necessário que estejam reunidos os pressupostos gerais (permissão

---

[590] Quanto a esta alteração legislativa, censurando especialmente o facto de se ter transformado um preceito aberto – só aquelas incriminações podiam configurar casos de terrorismo, criminalidade violenta ou altamente organizada, mas não os configuravam necessariamente, o que dependia de critério judicial – em preceito de "sentido total e circular", pois que, agora, só pertencem à categoria os crimes enunciados, mas, também, "todos os factos subsumíveis numa das incriminações do catálogo integram necessariamente a respectiva categoria", com todas as consequências aberrantes que daí resulta, mesmo em matéria de revistas, ver Costa Andrade, *Bruscamente...*, RLJ, 137º, pp. [224-228].

[591] A preocupação securitária está aqui bem patente.

7. OS MEIOS DE OBTENÇÃO DA PROVA

constitucional, existência de Lei habilitante, necessidade da medida para salvaguarda de outro direito ou interesse constitucionalmente protegido, proporcionalidade, não podendo a sua realização implicar diminuição da extensão e alcance do conteúdo essencial dos preceitos constitucionais)[592]. E é ainda necessário, no caso da busca, que haja indícios[593] (não meras suspeitas atento o princípio da proporcionalidade e ao carácter intrusiva da busca, de devassa) de que o arguido, outra pessoa que deva ser detida, quaisquer objectos relacionados com um crime[594], qualquer crime[595] ou que possam servir de prova, se encontram em lugar reservado ou não livremente acessível ao público.

As buscas brigam com direitos individuais tutelados quer pela Constituição, quer pelo direito penal, quer pelo direito civil, como o direito à intimidade da vida privada (artº 26º, nº 1 da CRP, 190º, 192º do C. Penal e 80º do C. Civil), à não intromissão na vida privada (artº 32º, nº 8 da CRP, 192º e 193º do C. Penal), à não intromissão em lugares reservados ou não livremente acessíveis ao público (artº 32º, nº 8 da CRP e 191º do C. Penal).

Como bem refere o TC[596] não pode esquecer-se que o carácter intrusivo da busca *"tem uma incidência virtualmente lesiva, de devassa, sobre as pessoas que ocupam o espaço que é alvo da busca".*

---

[592] Cfr. citado Ac do TC 155/2007.
[593] A Relação de Coimbra – Ac de 3/3/2010, processo 359/09.4GBOBR-A.C1, in www.dgsi.pt –, doutrina que "a categoria de indício não corresponde a uma certeza de determinado facto, sequer à existência de prova, ainda que controversa do mesmo, podendo corresponder simplesmente a um estado de suposição a que se chegou analisando a realidade transmitida para investigação com recurso a raciocínio lógico fundado nas regras da experiência; a materialização da suspeita ou dos indícios não tem de coincidir forçosamente com a existência prévia de prova mas com um estado de coisas que indique, em face das regras da experiência, que essa prova é possível, como seja uma queixa apresentada e devidamente circunstanciada, vigilância efectuada pelas entidades policiais que dê conhecimento de factos integradores de crime e possa posteriormente materializar-se em prova, testemunhos recolhidos informalmente que posteriormente se possam materializar em prova e obviamente meios de prova previamente produzidos; que é perante a existência de uma suspeita consistente da prática de um crime que se pode e deve concluir pela necessidade de uma busca e que se pode concluir pela sua adequação e racionalidade. Por isso, exigir mais do que uma suspeita fundamentada ou se se quiser mais do que indícios, seria negar à busca o que dela se pretende e a sua razão de ser, a obtenção de prova.
[594] O que pressupõe a existência de um processo em curso.
[595] No juízo de ponderação deverá estar sempre presente o tipo de crime em confronto com a danosidade social da medida e, por isso, a busca não deverá ser efectuada em casos bagatelares.
[596] Acórdão 216/2012.

A AJ, antes de ordenar ou autorizar a busca, no denominado regime-
-regra, deve certificar-se de que estão reunidos todos os pressupostos e
requisitos, como deve concluir, após ponderação, em concreto, de que
deve prevalecer o direito à administração da justiça.

A falta dos pressupostos e requisitos gera proibição de prova (artº
126º, nº 3) pelo que os meios de prova obtidos na sequência da sua realização não podem, em princípio, ser admitidos no processo[597]; se já tiverem sido admitidos não podem ser valorados; se já tiverem sido valorados,
a decisão fica viciada[598], podendo a descoberta do meio de prova proibido
ser fundamento de recurso de revisão [alínea e) do nº 1 do artº 449º].

7.5.3 Formalidades da busca

As buscas são levadas a cabo pelo OPC, no prazo máximo de 30 dias (artº
174º, nº 4), a contar da data em que lhes for entregue o despacho a ordenar ou autorizar a busca[599], devendo a autoridade judiciária, sempre que
possível, presidir à diligência (artº 174º, nº 3). As buscas a escritórios de
advogados e consultórios médicos são, sob pena de nulidade, presididas
pessoalmente pelo Juiz (artº 177º, nº 5).

"*Antes de se proceder à busca, é entregue, salvo nos casos do nº 5 do artigo
174º*[600], *a quem tiver a disponibilidade*[601] *do lugar em que a diligência se realiza,*

---

[597] Cfr., supra, a doutrina dos frutos da árvore envenenada.
[598] Para um estudo aprofundado das proibições de prova resultantes da falta de pressupostos atinentes às buscas, cfr. o estudo de PINTO, Ana Luísa, *Revista do Ministério Público*, Ano 28, pp [53-56].
[599] Entende-se ser esta a interpretação que melhor se ajusta à realidade processual, conci-liando a segurança com o controlo e ainda com as finalidades da diligência.
[600] São aqueles em que a busca pode ser feita sem ordem ou autorização da autoridade judi-ciária.
[601] A lei fala em pessoa que tiver a disponibilidade do lugar e não em "visado" com a busca, o que significa que pode ser o proprietário, o arrendatário, o locatário ou o mero usufrui-dor precário. Segundo o STJ (Ac do STJ de 12/10/2011, processo 4565/07.8TAVNG.S1, in www.dgsi.pt, "o visado pela busca é a pessoa que ocupa o lugar e o utiliza para um fim que a autoridade suspeita ser ilícito. Assim, o visado pela busca não tem de ser o titular do direito ao domicílio, podendo, nesses casos, a diligência realizada permitir a recolha de meios de obtenção de prova contra o arguido se no decurso da investigação for indiciada a prática de um crime". Tal interpretação é avalizada pelo TC (Ac 126/2013) na medida em que julgou inconstitucional, por violação do nº 3 do artigo 34º da Constituição, a norma da alínea b) do nº 3, com referência al. b) do nº 2, do artº 177º do Código de Processo Penal, quando inter-pretada no sentido de que o consentimento para a busca no domicílio do arguido possa ser dado por pessoa diferente deste, mesmo que tal pessoa seja um co-domiciliado com disponi-

cópia do despacho⁶⁰² que a determinou, na qual se faz menção de que pode assistir à diligência⁶⁰³ e fazer-se acompanhar ou substituir por pessoa da sua confiança⁶⁰⁴ e que se apresente sem delonga, isto é, que tal acompanhamento ou substituição não sirva de pretexto para manobras dilatórias" (nº 1 do artº 176º).

"Faltando as pessoas referidas no número anterior, a cópia é, sempre que possível, entregue a um parente, a um vizinho, ao porteiro ou a alguém que o substitua"⁶⁰⁵ (nº 2 do artº 176º).

"Juntamente com a busca ou durante ela pode proceder-se a revista de pessoas que se encontrem no lugar, se quem ordenar ou efectuar a busca tiver razões para presumir que se verificam os pressupostos do nº 1 do artigo 174º. Pode igualmente proceder-se como se dispõe no artigo 173º" (nº 3 do artº 176º), ou seja, a autoridade judiciária ou o órgão de polícia criminal competentes podem determinar que alguma ou algumas pessoas se não afastem do local e obrigar, com o auxílio da força pública, se necessário, e sob a cominação de desobediência⁶⁰⁶, a que nele se conservem enquanto a busca não terminar e a sua presença for indispensável. Podem proibir, se necessário, a entrada ou trânsito de pessoas estranhas no local ou quaisquer outros actos que possam prejudicar a descoberta da verdade (nº 2 do artº 171º). E podem ainda efectuar apreensões (nºs 4 a 6 do artº 178º)⁶⁰⁷. Trata-se de

---

bilidade da habitação em causa. No entanto, é o mesmo T̶C̶ (Ac do TC 216/2012) que julga não inconstitucional a interpretação normativa, extraída da conjugação dos artigos 174º, nºˢ 2 e 3, 177º, nº 1 e 269º, nº 1, alínea c), todos do Código de Processo Penal, segundo a qual a autorização judicial de busca domiciliária, em situações de partilha por diversos indivíduos de uma habitação, pode abarcar as divisões onde cada um dos indivíduos desenvolve a sua vida, ainda que não visado por tal diligência.

⁶⁰² A falta de entrega de cópia do despacho que determinou a busca à pessoa que a esta assistiu constitui, quando muito, nulidade suprível – Ac. do STJ de 8/11/1995 in BMJ 451º-238

⁶⁰³ "A omissão desta formalidade não é cominada pela lei com nulidade (cfr. artigos 176, 118, 119 e 120 do CPP), pelo que constitui mera irregularidade" – Ac do STJ de 15/12/1998, processo 98P1081, in www.dgsi.pt. Porém, se quem tiver a disponibilidade do lugar onde a diligência se realiza não for autorizado a assistir à diligência, ou a mesma se fizer às ocultas, entendemos que estamos perante prova proibida, que não pode ser utilizada, nos termos das alínea d) e a) do nº 2 do artº 126º do CPP.

⁶⁰⁴ Que pode ser, naturalmente, o Advogado.

⁶⁰⁵ O TC, pelo AC 16/97, entendeu que o preceito legal é conforme à CRP.

⁶⁰⁶ Se verificados os pressupostos formais e materiais.

⁶⁰⁷ "Consagra-se, assim, no domínio das buscas, a tese da admissibilidade da apreensão e valoração de todos os conhecimentos fortuitos" – Pinto, Ana Luísa Revista do Mº Pº., Ano 28º, p. 38, nota (32).

providências levadas a cabo para garantir a eficácia da busca no que toca à recolha do material probatório.

Se a busca não foi previamente autorizada, nos casos em que tal é admissível, deve o OPC dizer à pessoa que tem a disponibilidade do lugar, fazendo constar do auto, as razões que fundamentam a busca, não só para garantir o direito de defesa do visado, mas também para possibilitar o posterior controlo pelo JIC, que terá de a validar, apreciando os pressupostos.

Com Marques Ferreira[608] defendemos que *"o disposto no artº 175º, nº 2 relativamente às formalidades da revista se deverá aplicar analogicamente à busca não obstante o legislador ter omitido qualquer referência expressa a tal aplicação nos casos e busca".* Assim, a busca *"deve respeitar a dignidade pessoal e, na medida do possível, o pudor do visado"*, porque a tanto obriga o princípio da dignidade da pessoa humana.

"A inobservância das formalidades enunciadas no artigo 176º constitui mera irregularidade"[609].

O despacho que autoriza ou ordena a busca tem um prazo de validade máximo de 30 dias, contados da entrega do despacho ao OPC, sob pena de nulidade (nº 4 do artº 174º). Este prazo pode ser prorrogado por iguais períodos desde que, relativamente a cada um deles, continuem a verificar-se os pressupostos de admissibilidade[610].

7.5.4 *Buscas não domiciliárias*

Definem-se por exclusão de partes: são todas aquelas que não são domiciliárias, isto é, as que não são efectuadas em domicílios, entendidos estes de forma ampla, como veremos, e que, por isso, não estão sujeitas a regime especial.

---

[608] *Jornadas ...CEJ*, 265.
[609] Ac do STJ de 15/07/92 in BMJ 419º-608 e in www.dgsi.pt, processo 042974. No mesmo sentido o Ac do STJ de 8/11/1995 in BMJ 451º-238. Expressivamente afirma-se no Ac da RP de 9-11-2011, processo 309/07.2PQPRT.P1, in www.dgsi.pt: "Há que distinguir entre a nulidade da prova obtida por meio de uma busca, que determina a inutilidade processual dessa prova, nos termos do art. 126º do Código de Processo Penal, e a nulidade da própria busca, por inobservância de um seu requisito formal, sujeita, ela sim, ao regime das nulidades processuais".
[610] Neste sentido, RIBEIRO, Vinício, *Código de Processo Penal, Notas e Comentários*, Coimbra Editora 2008, p. 356.

Nas buscas não domiciliárias incluem-se, por exemplo, os automóveis, as garagens, as oficinas, os quintais, os jardins, desde que não serviam de domicílio. E incluem-se ainda os quartos anexos a discoteca onde se pratiquem actos sexuais remunerados[611].

Os lugares onde se levam a cabo as buscas, a qualquer hora do dia ou da noite, não têm de ser de propriedade dos agentes do crime, bastando que haja indícios de que neles se encontram as pessoas ou os objectos buscados. Daí que a lei (artº 176º, nº 1) se refira a pessoa que tiver a disponibilidade do lugar, e não a visado.

7.5.4.1 *A intervenção da autoridade judiciária nas buscas não domiciliárias*

As considerações tecidas a respeito das revistas (o artº 174º trata em conjunto os dois meios de obtenção da prova) valem inteiramente para as buscas não domiciliárias. Assim, *"as revistas e as buscas são autorizadas ou ordenadas por despacho pela autoridade judiciária competente, devendo esta, sempre que possível, presidir à diligência"* (nº 3 do artº 174º). Trata-se do regime-regra.

Excepciona o nº 5 do artº 174º, as buscas efectuadas por órgão de polícia criminal nos casos:

(a) De terrorismo, criminalidade violenta ou altamente organizada, quando haja fundados indícios da prática iminente de crime que ponha em grave risco a vida ou a integridade de qualquer pessoa;

(b) Em que os visados consintam, desde que o consentimento prestado fique, por qualquer forma, documentado; ou

(c) Aquando de detenção em flagrante por crime a que corresponda pena de prisão, caso em que a busca será submetida a validação pelo JIC.

Estamos aqui perante regime-excepcional.

O artº 51º do DL 15/93, de 22/01 (diploma do tráfico de estupefacientes) equipara, para efeitos do disposto no CPP, a casos de terrorismo, criminalidade violenta ou altamente organizada as condutas que integrem os crimes previstos no artºs 21º a 24º e 28º desse diploma. Destarte, as buscas não domiciliárias efectuadas no âmbito dos crimes de estupefacientes caem no regime de excepção referido, ou seja, não estão subordinadas a prévia ordem ou autorização da autoridade judiciária competente.

---

[611] Ac do TC 364/2006.

Também a alínea a) do artº 251º excepciona da ordem ou autorização da autoridade judiciária as buscas cautelares, ou seja, as que são efectuadas pelos OPC em situações de urgência: a realizar no lugar em que se encontrarem suspeitos, em caso de fuga iminente ou de detenção, sempre que tiverem fundada razão para crer que neles se ocultam objectos relacionados com o crime, susceptíveis de servirem a prova e que de outra forma poderiam perder-se. Ressalva, porém, a lei a busca domiciliária, que terá de ser sempre autorizada pelo juiz. Trata-se, aqui, *"de uma nítida medida cautelar, de uma actividade típica de polícia, visando evitar a perda de um meio de prova que poderá desaparecer se não forem tomadas cautelas imediatas"*[612].

Quanto à justificação para as buscas sujeitas ao regime excepcional do nº 5 do artº 174º, remetemos para o que dissemos a respeito das revistas[613].

Em conclusão: A regra é a de que as buscas são autorizadas ou ordenadas por despacho[614] da autoridade judiciária competente – o Ministério Público no inquérito, o JIC na instrução, e o Juiz do julgamento nesta fase processual – que, após se certificar de que estão reunidos todos os pressupostos legais, pondera os direitos conflituantes no caso concreto. Concluindo pela prevalência do direito à administração da justiça, autorizará a busca, devendo, sempre que possível, presidir à diligência.

Excepcionam-se os casos referidos no nº 5 do artº 174º, que podem ser levadas a cabo por órgão de polícia criminal sem que tenha obtido a referida autorização, conquanto estejam sujeitas a validação judicial.

As buscas não domiciliárias podem, pois, ser normais ou gerais (as autorizadas ou ordenadas pelo juiz): regime-regra; excepcionais (as referidas no nº 5 do artº 174º), e cautelares (as indicadas no artº 251º).

A realização das buscas excepcionais e cautelares são, *"sob pena de nulidade*[615], *imediatamente comunicadas ao juiz de instrução e por este apreciadas em ordem à sua validação"* (nº 6 do artº 174º, e nº 2 do artº 251º), consistente na apreciação dos pressupostos legais. As dificuldades de interpretação do

---

[612] MAIA GONÇALVES, Manuel Lopes, *Código de Processo Penal Anotado*, 10ª ed., Almedina, Coimbra 1999, p. 489.

[613] Supra, 7.4.3.

[614] O terem sido ordenadas ou autorizadas sem despacho expresso configura mera irregularidade. Assim decidiu o Ac da RP de 12/12/2007, processo 0714692, in www.dgsi.pt. O STJ, por acórdão de 8/11/95, BMJ 451º-238 diz que pode configurar, quando muito, nulidade suprível.

[615] A não validação implica que a prova seja considerada proibida, não podendo ser utilizada, como melhor vimos a propósito das revistas.

nº 6 do artº 174º foram tratadas no âmbito das revistas[616], para onde, mais uma vez, remetemos.

Os OPC que procederem a buscas cautelares elaboram um relatório onde mencionam, de forma resumida, as investigações levadas a cabo, os resultados das mesmas, a descrição dos factos apurados e as provas recolhidas (artº 253º, nº 1). O relatório é remetido ao juiz de instrução, conforme defendemos[617], pesem os entendimentos em contrário (artº 253º, nº 2). Se procederem a buscas no âmbito do regime excepcional, lavram auto que contenha aqueles elementos para que o Juiz possa apreciar dos pressupostos e validar a busca.

7.5.4.2 *O consentimento do visado*

As buscas não domiciliárias podem ser efectuadas sem autorização ou ordem da autoridade judiciária sempre que os *visados* consintam, desde que o consentimento prestado fique, por qualquer forma, documentado, conforme se estatui na alínea c) do nº 5 do artº 174º do CPP.

O consentimento, como se sabe, tem de ser livre e esclarecido.

Inexistindo autorização, e não estando em causa os casos das alíneas a) e c) do nº 5 do artº 174º, para que o OPC leve a caso uma busca não domiciliária, a lei exige consentimento do "visado".

O conceito de visado não é pacífico. Para o surpreendermos é necessário trazer à colação o nº 1 do artº 176º do CPP, em cujo preceito se exige que, antes de se proceder à busca (autorizada ou ordenada), se entregue cópia do despacho a quem *"tiver a disponibilidade do lugar"*.

Ou seja, de um lado, na busca ordenada ou autorizada, entrega-se cópia do despacho a quem *"tiver a disponibilidade do lugar*; do outro, na busca realizada sem ordem ou autorização, mas com consentimento, exige-se que *o visado* o preste, de forma livre e esclarecida sem o que não será válido, ficando, por qualquer forma, documentado.

Porque o intérprete tem de presumir que o legislador consagrou as soluções mais adequadas (artº 9º do C. Civil), deverá concluir-se que estamos perante conceitos distintos.

Se há unanimidade doutrinal e jurisprudencial no sentido de que tem *"a disponibilidade do lugar"* qualquer pessoa ligada por qualquer título à

---

[616] Cfr., supra, 7.4.4.
[617] Cfr., supra, 7.4.4.

coisa, incluindo o mero possuidor precário, outrotanto não acontece com o conceito de *"visado"*.

A jurisprudência está dividida a este respeito. A título de exemplo:

– O Ac. do STJ de 5 de Junho de 1991[618] afirma que o consentimento pode ser dado por quem tiver a livre disponibilidade dos lugares onde se efectua a busca e que pode não ser a pessoa visada pela diligência;

– O Ac. da RC de 10 de Julho de 1991[619] diz que *"o termo «visado» deve ser entendido em sentido amplo, abrangendo as pessoas de que pode depender a busca, que tanto pode ser o arguido, se tiver os objectos na sua posse ou ocupar certa área, ou qualquer outra pessoa que estiver nessas circunstâncias"*;

– O Ac do STJ de 11 de Março de 1993[620] refere que o consentimento pode ser dado pelo dono da casa, que era pai do visado.

– O Ac do STJ de 8 de Fevereiro de 1995[621] considera que o consentimento tem de ser dado por quem seja visado pela diligência (o arguido) e seja titular do direito à inviolabilidade do domicílio, não bastando a mera disponibilidade do lugar de habitação: *"a pessoa visada com a diligência era a arguida pelo que só esta poderia dar o consentimento (...); ela apresentava-se como única titular do direito à inviolabilidade do domicílio".*

– O Ac da RE de 17 de Setembro de 2009[622] afirma que o consentimento para a busca no quarto onde o visado tem pernoitado só pode ser dado pelo próprio.

– O TC[623] julgou inconstitucionais as normas dos artº 174º, nº 4 (hoje nº 5), alínea b), 177º, nº 2 e 178º, nº 3, do CPP de 1987 na interpretação segundo a qual a busca em casa habitada realizada sem prévia autorização judicial pode ser realizada por OPC desde que se verifique o consentimento de quem, não sendo visado por tal diligência, tiver a disponibilidade do lugar de habitação em que a busca seja efectuada. O que significa que o conceito de visado passa pelo arguido ou, pelo menos, pelo suspeito, que terá de ter a disponibilidade da habitação. Doutrina essa que reiterou[624] quando afirma: *"O Tribunal Constitucional julga inconstitu-*

---

[618] *BMJ* 408º-162.
[619] *CJ*, Ano XVI, tomo 4, p. 127.
[620] *BMJ* 425º-423.
[621] *CJ, Acs do STJ*, Ano III, tomo I, p. 194.
[622] CJ, XXXIV, IV, p. 263.
[623] Ac de 14 de Julho de 1994, in *II Série do DR* de 12 de Dezembro de 1994.
[624] Ac 126/2013.

cional, por violação do nº 3 do artigo 34º da Constituição, a norma da alínea b) do nº 3, com referência al. b) do nº 2, do artº 177º do Código de Processo Penal, quando interpretada no sentido de que o consentimento para a busca no domicílio do arguido possa ser dado por pessoa diferente deste, mesmo que tal pessoa seja um co-domiciliado com disponibilidade da habitação em causa".

O legislador de 2007 bem podia ter tomado partido na dissidência jurisprudencial, optando, como devia, em nosso entender, pela posição do Ac do STJ de 8 de Fevereiro de 1995, corroborada pelo TC.

O consentimento tem de ficar *"por qualquer forma documentado"* – alínea b) do nº 5 do artº 174º do CPP – não se exigindo qualquer formalismo específico e, por isso, pode ser dado verbalmente conquanto fique documentado.

7.5.4.3 Buscas em escritório de advogado ou consultório médico

As buscas em escritório de advogado ou em consultório médico, para além dos pressupostos gerais, exigem sempre que sejam ordenadas pelo juiz e ainda que, sob pena de nulidade, este a elas presida pessoalmente, avisando previamente o presidente do Conselho local da Ordem dos Advogados ou da Ordem dos Médicos, para que o mesmo, ou um seu delegado, possa estar presente (nº 5 do artº 177º).

"Os avisos a efectuar (...) têm de ser compatíveis com o segredo que este tipo de diligências exige para se obter êxito na sua realização, por isso que o aviso tenha por finalidade exclusiva permitir a presença do representante do organismo em causa e não dar a conhecer previamente as razões da diligência ou, eventualmente, a identificação do objecto da busca ou, sequer, do perseguido criminalmente"[625].

"Os condicionalismos impostos às buscas em consultórios médicos, escritórios de advogados e estabelecimentos de saúde visam a compatibilização do interesse na descoberta da verdade e na realização da justiça criminal com as regras deontológicas do exercício da advocacia e da medicina, designadamente, as relativas ao segredo profissional"[626].

Ao efectuar uma busca a escritório de advogado, que exerce "uma actividade privada mas de interesse público", há que ter presente que o advogado está sujeito ao dever de segredo profissional, que só pode ser derrogado em casos muito excepcionais (nº 4 do artº 87º do EOA), veri-

---

[625] MARQUES FERREIRA, *Jornadas ...* CEJ, p. 267.
[626] PINTO, Ana Luísa, *Revista do Ministério Público*, Ano 28, pp [53-56].

ficados que estejam os requisitos e observado o formalismo previstos no artº 135º do CPP.

O dever de sigilo vincula o advogado, mesmo contra a vontade, no interesse do seu cliente e tem o seu fundamento ético-jurídico não só no princípio da confiança e na natureza social da função forense, mas sobretudo no manifesto interesse público que constitui a função do Advogado como servidor da Justiça[627].

Daí que na busca, obrigatoriamente presidida pelo Juiz, não se permita, sob pena de nulidade, a apreensão de documentos abrangidos pelo segredo profissional, salvo se eles mesmos constituírem objecto ou elemento de um crime; ou a apreensão de correspondência, excepto se respeitar a facto criminoso relativamente ao qual o advogado tenha sido constituído arguido (artº 71º do EOA).

A Lei possibilita ao Advogado reclamar para o Presidente da Relação relativamente aos objectos apreendidos. A reclamação pode ser apresentada, na ausência do Advogado, por qualquer familiar ou empregado presente ou pelo próprio representante da Ordem dos Advogados. Assim se garante a preservação do segredo profissional, sobrestando o juiz na diligência relativamente aos documentos ou objectos que forem postos em causa. Deverão, então, ser acondicionados, sem ser lidos nem examinados, em volume selado (artº 72º do mesmo Estatuto), aguardando a decisão da reclamação.

7.5.4.4 Buscas em estabelecimento oficial de saúde

A busca a estabelecimento oficial de saúde exige, para além dos pressupostos gerais, que seja ordenada pelo juiz, que, embora deva presidir à diligência, sempre que possível (nº 3 do artº 174º), não está obrigado a comparecer[628].

---

[627] ARNAULT, António, *Iniciação à Advocacia – História – Deontologia – Questões Práticas*, 5ª edição, Coimbra Editora, 2000, pp. 65 e ss.
[628] É diferente a posição de Simas Santos e Leal-Henriques, *Código* ..., I vol., p. 895: "finalmente (nº 4) fala a lei em buscas em estabelecimentos oficiais de saúde. Aqui seguir-se-ão as regras prescritas para as buscas em escritório de advogado ou consultório médico, sendo o aviso prévio dirigido ao conselho directivo ou de gestão do estabelecimento. Cremos que neste caso – e contrariamente à opinião de MARQUES FERREIRA, ob. cit.., 267 – é obrigatória a presidência do juiz ao acto, além do mais porque o nº 4 do artigo apenas se limita a dizer a quem deve ser dirigido o aviso prévio, mantendo em tudo o mais a doutrina do nº 3.

É ainda obrigatório avisar-se previamente o Presidente do Conselho Directivo ou de Gestão do estabelecimento ou a quem legalmente o substituir, para que o mesmo, ou um seu delegado, possa estar presente (nº 6 do artº 177º). O aviso apenas tem em vista permitir a presença do representante do estabelecimento de saúde em causa.

7.5.4.5 *Buscas em órgãos de comunicação social*

De acordo com o nº 6 do artº 11º do Estatuto do Jornalista, aprovado pela Lei 1/99, na redacção da Lei 64/2007, de 20 de Dezembro, *"A busca em órgãos de comunicação social só pode ser ordenada ou autorizada pelo juiz, o qual preside pessoalmente à diligência, avisando previamente o presidente da organização sindical dos jornalistas com maior representatividade para que o mesmo, ou um seu delegado, possa estar presente, sob reserva de confidencialidade".*

O nº 7 do mesmo preceito consagra importante restrição: *"O material utilizado pelos jornalistas no exercício da sua profissão só pode ser apreendido no decurso das buscas em órgãos de comunicação social previstas no número anterior ou efectuadas nas mesmas condições noutros lugares mediante mandado de juiz, nos casos em que seja legalmente admissível a quebra do sigilo profissional".*

E complementa o nº 8: *"O material obtido em qualquer das acções previstas nos números anteriores que permita a identificação de uma fonte de informação é selado e remetido ao tribunal competente para ordenar a quebra do sigilo, que apenas pode autorizar a sua utilização como prova quando a quebra tenha efectivamente sido ordenada".*

É importante ter sempre presente que o direito à liberdade de informação está na génese do Estado de Direito e, por isso, exige-se um juízo de ponderação particularmente exigente quando este direito está em causa. A imprescindibilidade para a investigação e a subsidiariedade têm aqui enorme peso.

7.5.5.6 *Outras buscas com especificidades*

A lei 17/2009, de 6 de Maio, que veio alterar o regime jurídico das armas e munições, no artº 109º permite a realização de revistas a viaturas ou equipamentos onde haja indícios da existência de armas ou munições.

Trata-se, como é bom de ver, de buscas e não de revistas.

E trata-se de buscas cautelares, submetidas ao regime destas (artº 253º e 251º do CPP), com validação pelo JIC ou Mº Pº (artº 251º, nº 2 do CPP).

Já antes, a revogada Lei 5/2006, de 23 de Fevereiro, permitia as mesmas buscas.

A Lei 8/97, de 12/04, no artº 5º, autoriza as forças de segurança a realizar buscas e revistas tendentes a detectar a introdução ou presença de armas e substâncias ou engenhos explosivos ou pirotécnicos nos estabelecimentos de ensino ou recintos onde ocorram manifestações referidas no nº 1 do artigo 1º.

O DL 323-D/2000, de 20/12, em ordem a assegurar a tranquilidade, disciplina e segurança no Centro Educativo, permite se faça a inspecção (rectius, busca) a locais e dependências individuais ou colectivas, a levar a cabo pelo pessoal educativo[629].

7.5.5 *Buscas domiciliárias*
7.5.5.1 *Conceito de domicílio*
Busca domiciliária é aquela que é levada a cabo numa casa habitada ou numa sua dependência fechada (nº 1 do artº 177º).

Tem de ser, em regra, ordenada ou autorizada pelo juiz.

"A busca domiciliária será a diligência efectuada num local que se enquadre no conceito normativo constitucional de domicílio, com o objectivo de descobrir, recolher e apreender objectos – provas reais materiais – que permitam, através do seu exame e interpretação, indicar se existiu ou não crime e, em caso afirmativo, localizar e contactar os seus agentes para posterior apresentação ao tribunal"[630].

A CRP, no artº 34º, nº 1 protege a inviolabilidade do domicílio, entendido esta como direito à não ingerência de terceiro, seja a que título for.

No nº 2, porém, autoriza a entrada no domicílio, contra a vontade dos cidadãos, se ordenada pela autoridade judicial competente, nos casos e segundo as formas previstos na lei.

O nº 3 proíbe a entrada durante a noite no domicílio de qualquer pessoa sem o seu consentimento, salvo em situação de flagrante delito ou mediante autorização judicial em casos de criminalidade especialmente violenta ou altamente organizada, incluindo o terrorismo e o tráfico de pessoas, de armas e de estupefacientes, nos termos previstos na lei.

É neste enquadramento constitucional que o regime das buscas domiciliárias há-de ser entendido.

---

[629] Oferece-nos sérias dúvidas a conformidade constitucional do preceito enquanto prescinde da intervenção da AJ, sendo certo que se trata do domicílio do educando.
[630] VALENTE, Manuel Monteiro Guedes, *Revistas e Buscas ...* , p. 105.

A inviolabilidade do domicílio é também protegida no artº 12º da DUDH[631], no artº 8º da CEDH[632] e no artº 17º do PIDCP[633].
Goza de tutela penal no artº 190º do C. Penal[634].
O conceito de domicílio é normativo. *"Tendo em conta o sentido constitucional deste direito, tem de entender-se por domicílio, desde logo, o local onde se habita – a habitação –, seja permanente, seja eventual; seja principal ou secundária. Por isso, ele não pode equivaler ao sentido civilístico, que restringe o domicílio à residência habitual[635] (mas, certamente incluindo também as habitações precárias, como tendas, «roulottes», embarcações), abrangendo também a residência ocasional (como o quarto de hotel) ou, ainda, os locais de trabalho (escritórios, etc.). Dada a sua função constitucional, esta garantia deve estender-se quer ao domicílio voluntário geral, quer ao domicílio profissional (CCivil, artºs 82º e 83º). A protecção do domicílio é também extensível, na medida do que seja equiparável, aos locais de trabalho (escritórios, etc.). (...)*
Não se consideram «candidatos positivos» do âmbito de protecção do direito à inviolabilidade do domicílio nem a recolha, nem o tratamento de dados relacionados com uma determinada habitação (fotografia da habitação, registo de visi-

---

[631] "Ninguém sofrerá intromissões arbitrárias na sua vida privada, na sua família, no seu domicílio ou na sua correspondência, nem ataques à sua honra e reputação. Contra tais intromissões ou ataques toda a pessoa tem direito a protecção da lei".

[632] (1) Qualquer pessoa tem direito ao respeito da sua vida privada e familiar, do seu domicílio e da sua correspondência. (2) Não pode haver ingerência da autoridade pública no exercício deste direito senão quando esta ingerência estiver prevista na lei e constituir uma providência que, numa sociedade democrática, seja necessária para a segurança nacional, para a segurança pública, para o bem-estar económico do país, a defesa da ordem e a prevenção das infracções penais, a protecção da saúde ou da moral, ou a protecção dos direitos e das liberdades de terceiros.

[633] (1) Ninguém será objecto de intervenções arbitrárias ou ilegais na sua vida privada, na sua família, no seu domicílio ou na sua correspondência, nem de atentados ilegais à sua honra e à sua reputação. (2) Toda e qualquer pessoa tem direito à protecção da lei contra tais intervenções ou tais atentados.

[634] (1) Quem, sem consentimento, se introduzir na habitação de outra pessoa ou nela permanecer depois de intimado a retirar-se é punido com pena de prisão até um ano ou com pena de multa até 240 dias. (2) Na mesma pena incorre quem, com intenção de perturbar a vida privada, a paz e o sossego de outra pessoa, telefonar para a sua habitação ou para o seu telemóvel. (3) Se o crime previsto no nº 1 for cometido de noite ou em lugar ermo, por meio de violência ou ameaça de violência, com uso de arma ou por meio de arrombamento, escalamento ou chave falsa, ou por três ou mais pessoas, o agente é punido com pena de prisão até três anos ou com pena de multa.

[635] Como não pode ser restringido ao conceito jurídico de residência.

tantes) (...). De igual modo, ficam fora do âmbito de protecção determinadas agressões à habitação e ao morador da habitação, como poluições. (...) O domicílio não é violado somente quando se entra na morada de alguém sem o seu consentimento. Os modernos meios técnicos possibilitam a invasão e devassa do domicílio mediante meios electrónicos, que, além disso, permitem também a devassa das conversas e da vida privada dos moradores. A inviolabilidade do domicílio é seguramente incompatível com tais mecanismos.

Os titulares do direito à inviolabilidade de domicílio são as pessoas físicas que habitam uma residência, independentemente das relações jurídicas subjacentes (ex.: propriedade, arrendamento, posse) e da respectiva nacionalidade. Esta titularidade estende-se a todos os membros da família e a pessoas com estatuto especial (...)"[636].

Igual entendimento tem o TC[637]: *"«a inviolabilidade do domicílio (...) exprime (...) a garantia do direito à reserva da intimidade da vida privada e familiar, genericamente afirmado no artigo 26º, nº 1, da CRP» (...) «por isso mesmo, tal garantia se não limita a proteger o domicílio, entendido este em sentido estrito, no sentido civilístico de residência habitual; antes, e de acordo com a interpretação que dela tradicionalmente é feita, tem uma dimensão mais ampla, isto é, e mais especificamente, tem por objecto a habitação humana, aquele espaço fechado e vedado a estranhos, onde, recatada e livremente, se desenvolve toda uma série de condutas e procedimentos característicos da vida privada e familiar» (...)".*

Já muito antes assim se decidira: o conceito compreende *"aquele espaço fechado e vedado a estranhos onde recatada e livremente se desenvolve toda uma série de condutas e procedimentos característicos da vida privada e familiar"*[638]. *"O conceito de domicílio não pode, porém, ser desprendido do conceito de residência – que corresponde, aliás, ao seu sentido comum (...)"*[639].

Vai no mesmo sentido a posição de Costa Andrade[640], que considerou o domicílio como *"«o último refúgio» espacial para a expressão da privacidade e intimidade"*[641].

---

[636] Gomes Canotilho/Vital Moreira, *Constituição...*, pp [540, 541].
[637] Ac TC 278/2007.
[638] Ac do TC 452/89.
[639] Ac do TC 364/2006.
[640] *Sobre as proibições....*, p. 50.
[641] *Bruscamente no Verão passado ...*, RLJ, 137º-336.

Tendo o conceito, como tem, uma dimensão ampla[642], normativa, nele são abrangidas as habitações precárias, como tendas[643], «roulottes», embarcações, o quarto de hotel, bem como os locais de e os escritórios desde que aí resida, seja a que título for, o detentor. Mas já não abrange as garagens[644], as oficinas de automóveis e barracões anexos[645], os automóveis, os quintais e os jardins, que não sirvam de habitação. Como não abrange, diz o TC, os quartos anexos a discoteca onde se pratiquem actos sexuais remunerados[646],[647].

Nos casos em que a mesma habitação é partilhada por diversos indivíduos, o TC[648] afirma que a autorização de busca domiciliária pode abarcar as divisões onde cada um desenvolve a sua vida, ainda que não visado por tal diligência na medida em que se *"a obrigatoriedade de que a extensão da busca judicialmente autorizada estivesse limitada aos espaços integrantes do domicílio comum, especialmente destinados ao uso do suspeito ou do arguido, com exclusão dos restantes que lhe são acessíveis, determinaria uma desproporcionada ineficácia da diligência"*, a qual *"tem uma incidência sobretudo espacial e não pessoal"*.

7.5.5.2 Requisitos da busca domiciliária

Como as restantes buscas, para além dos pressupostos gerais, a busca domiciliária só poderá ser levada a cabo se houver indícios de que o arguido ou outra pessoa que deva ser detida, ou quaisquer objectos relacionados

---

[642] O Tribunal Constitucional alemão integra no conceito de habitação a "esfera espacial em que a vida privada possa desenvolver-se sem perturbação" e, por isso, "abrange todos os espaços subtraídos à entrada do público através de uma vedação e convertidos em lugares de realização da vida privada" – apud Costa Andrade, *RLJ* 138º-111.

[643] "Apesar de ter residência fixa noutro local, deve ser havida como residência a tenda de uma cigano na qual esteja a viver com a companheira e os filhos e onde tenha pertencentes domésticos e roupas" – Ac da RE de 4/7/1995, *CJ*, XX, 4, p. 283.

[644] Ac do TC 67/97.

[645] Ac do TC 192/2001.

[646] Ac do TC 364/2006.

[647] Costa Andrade, RLJ 137º, 104 e segs., defende solução oposta, isto é, "os quartos anexos a uma casa de alterne onde as prostitutas recebem, em privado, os seus «clientes» para a prática de actos sexuais, configuram – ou se se quiser, valem como – durante o tempo em que isso acontece, uma habitação ou um domicílio". Aliás, em coerência com o conceito de domicílio que nos fornece: "«último refúgio» espacial para a expressão da privacidade e intimidade", sendo certo que as relações sexuais são, por excelência, "expressão livre da intimidade".

[648] Ac 216/2012.

com um crime ou que possam servir de prova, se encontram numa *"casa habitada"* ou *"numa sua dependência fechada"*.

Visa, pois, a recolha de elementos probatórios, seja a detenção do próprio arguido ou de qualquer outra pessoa, seja a recolha de objectos relacionados com um crime, seja recolha de objectos que possam servir de prova.

Aos direitos protegidos da intimidade à vida privada, da não intromissão na vida privada, da não entrada em lugar reservado, acresce, agora, o direito à inviolabilidade do domicílio que terá também de ser levado em linha de conta no juízo de ponderação a efectuar pela autoridade judiciária competente.

Nunca de mais realçar que não basta a mera suspeita, antes se exige que haja indícios, sinais, ou marcas de que, em casa habitada ou numa sua dependência fechada, se esconde o arguido, ou outra pessoa que deva ser detida, ou que neles se encontram quaisquer objectos relacionados com um crime ou que possam servir de prova (requisito específico).

Ou seja, a suspeita tem de ser fundada (requisito material).

Por isso, afirma a Relação do Porto[649], *"uma carta anónima, desacompanhada de qualquer outro indício, e sem que o próprio texto daquela aponte algum facto concreto susceptível de investigação, não é suficiente para autorizar a realização de uma busca domiciliária, sob pena de se abrir a porta à devassa da vida privada"*.

Os elementos de prova recolhidos em busca efectuada sem que estejam reunidos os pressupostos e os requisitos materiais, são considerados prova proibida (artº 126º, nº 3).

7.5.5.3 *A intervenção da autoridade judiciária na busca domiciliária*

Em regra, *"a busca em casa habitada ou numa sua dependência fechada só pode ser ordenada ou autorizada pelo juiz"*[650].

Excepcionalmente, segundo o nº 3 do artº 177º, as buscas domiciliárias podem também ser ordenadas pelo Ministério Público ou ser efectuadas por órgão de polícia criminal, entre as 7 e as 21 horas (considerado dia) nos casos referidos no nº 5 do artigo 174º: de terrorismo, criminalidade

---

[649] Ac da RP de 12/02/2014, processo 89/13.2GACHV-A.P1, in www.dgsi.pt
[650] Como vem afirmando o TC (por todos os Ac216/2012, a intervenção do Juiz é exigida pela preocupação de controlar a legalidade da diligência e, bem assim, garantir os direitos fundamentais dos cidadãos, no caso, o direito à inviolabilidade do domicílio".

violenta ou altamente organizada, quando haja fundados indícios da prática iminente de crime que ponha em grave risco a vida ou a integridade de qualquer pessoa; em que os visados consintam, desde que o consentimento prestado fique, por qualquer forma, documentado; ou aquando de detenção em flagrante por crime a que corresponda pena de prisão.

E podem também ser ordenadas pelo Ministério Público ou ser efectuadas por órgão de polícia criminal, entre as 21 e as 7 horas (de noite), nos casos de consentimento do visado, documentado por qualquer forma, ou de detenção em flagrante delito pela prática de crime punível com pena de prisão superior, no seu máximo, a 3 anos.

Também aqui, no dizer de Anabela Rodrigues, o legislador optou pela *"eficácia da acção conseguida ao rigor dos princípios"*, em nome de posições securitárias.

As buscas domiciliárias efectuadas por órgão de polícia criminal, sem consentimento do visado e fora de flagrante delito, estão sujeitas a validação pelo JIC, que vai apurar se as mesmas foram efectuadas com observância dos pressupostos legais (nº 6 do artigo 174º, ex vi do nº 4 do artº 177º).

A não validação implica proibição de prova e, por maioria de razão, também a busca realizada sem mandado ou autorização por quem tem para tanto legitimidade constitui proibição de prova[651].

7.5.5.4 *O conceito normativo "noite"*

O regime-regra é de que as buscas domiciliárias só podem ser efectuadas *"entre as 7 e as 21 horas, sob pena de nulidade"* (artº 177º, nº 1) precisamente porque a CRP, no nº 3 do artº 34º, proíbe a entrada durante a noite no domicílio de qualquer pessoa sem o seu consentimento. Após a revisão operada pela Lei Constitucional 1/01, de 12/12, aquele preceito excepciona a entrada durante a noite aos casos de consentimento relevante e ainda às situações de flagrante delito ou de autorização judicial em casos de criminalidade especialmente violenta ou altamente organizada, incluindo o terrorismo e o tráfico de pessoas, de armas e de estupefacientes, nos termos previstos na lei.

---

[651] O Ac da RE de 17/09/2009, CJ, XXXIV, IV, p. 263, ao contrário, defende que a busca realizada sem mandado ou autorização por quem tem para tanto legitimidade constitui nulidade dependente de arguição pelo que não pode ser conhecida e declarada oficiosamente pelo JIC.

O conceito *"noite"* é normativo e tem a ver com o denominado período de descanso. *"O alcance e limite do termo noite utilizado pelo legislador constitucional não se fundamenta em razões de ordem naturalística ou meteorológica antes sendo necessário estabelecer o seu sentido normativo. Neste sentido, noite equivalerá ao «período de descanso» ou de «recolhimento» para esse efeito, que em Portugal ocorre entre as 21 e as 7 horas para a generalidade das pessoas, e não tem de coincidir necessariamente com a totalidade do período de ausência da luminosidade solar"*[652].

A lei de autorização legislativa (Lei 43/86, de 23/09, item 27) deixou nas mãos do legislador do CPP a *"concretização do horário em que são admitidas as buscas domiciliárias ..."*, tendo este entendido que o período *"noite"* se estende entre as 21 horas e as 7 horas.

A regra – a busca em casa habitada ou numa sua dependência fechada só pode ser ordenada ou autorizada pelo juiz e efectuada entre as 7 e as 21 horas – comporta, como vimos, excepções, admitidas agora pelo texto constitucional. Assim:

– A busca autorizada pelo juiz pode também ser efectuada entre as 21 e as 7 horas, em três situações distintas:

(1) Nos casos de terrorismo ou criminalidade especialmente violenta ou altamente organizada (a eles se equiparam os crimes previstos nos artºs 21º a 24º e 28º do DL 15/93, de 22/01);

(2) Nos casos de consentimento do visado, cujo conceito já escalpelizamos[653], documentado por qualquer forma;

(3) Nos casos de flagrante delito pela prática de crime punível com pena de prisão superior, no seu máximo, a 3 anos.

– O Ministério Público pode ordenar buscas domiciliárias, no período da noite, mas tão-só nos casos de consentimento do visado, documentado por qualquer forma, ou de flagrante delito pela prática de crime punível com pena de prisão superior, no seu máximo, a 3 anos;

---

[652] MARQUES FERREIRA, *Jornadas...*CEJ, p. 266. No mesmo sentido, MARQUES DA SILVA, Germano, *Curso ...*, II vol. p. 195.

[653] Visado é apenas a pessoa sobre quem recai a suspeita da prática do crime (o arguido, se já constituído), cujos objectos se procuram, com ele relacionados e que possam servir de prova, e que seja titular do direito à inviolabilidade do domicílio, não bastando a mera disponibilidade do lugar de habitação. Não pode confundir-se com pessoa que tem a disponibilidade do lugar, que pode ser o possuidor precário.

– O órgão de polícia criminal pode efectuar buscas domiciliárias, no período da noite, mas tão-só nos casos de consentimento do visado, documentado por qualquer forma, ou de flagrante delito pela prática de crime punível com pena de prisão superior, no seu máximo, a 3 anos.

O consentimento tem de ficar *"por qualquer forma documentado"* – alínea b) do nº 5 do artº 174º do CPP – não se exigindo, pois, qualquer formalismo específico e, por isso, pode ser dado verbalmente conquanto fique documentado.

7.5.5.5 *Buscas ao domicílio pessoal ou profissional dos Magistrados Judiciais e do Ministério Público*

Segundo os artigos 16º, nº 3 do Estatuto dos Magistrados Judiciais (EMJ) e 91º, nº 4 do Estatuto do Ministério Público (EMP) as buscas são sempre presididas pelo juiz competente, tendo em atenção o foro especial de que gozam, devendo previamente ser avisado o respectivo Conselho Superior para que um seu Membro possa estar presente.

7.5.5.6 *A Busca on-Line*

Os sistemas informáticos podem também ser alvo de uma normal busca, sujeita ao regime descrito. Mas pode ainda haver um *"conjunto de intromissões nos sistemas informáticos, feitas através da internet e que se actualizam na observação, busca, cópia, vigilância, etc., dos dados presentes naqueles sistemas informáticos"*[654].

"A busca online não configura uma invasão arbitrária do domicílio. Pacífico em qualquer caso que ela não está coberta pelas normas processuais penais que legitimam a violação do domicílio, no contexto da clássica figura das buscas. E a conclusão não pode ser outra na direcção da violação do sigilo das telecomunicações. Agora pela razão simples mas decisiva de que a busca online não actualiza nenhuma intromissão, devassa ou perturbação na transmissão de notícias através da telecomunicação. Sendo ela própria um acto de telecomunicação e suposto que o computador-alvo esteja ligado à internet, ela não incide nem recai sobre um acto de telecomunicação. É, em síntese, uma acção de telecomunicação cujo objecto não é telecomunicação. (...).

---

[654] Costa Andrade, Manuel, *Bruscamente no Verão passado...*, RLJ 137º [343, 344]

Os diferentes ordenamentos jurídicos positivos hoje vigentes não apresentam dispositivos normativos susceptíveis de oferecer justificação e legitimação à prática da busca on-line"[655].

A Lei 19/2009, de 15/09, ao que se crê, permite a busca on-line. Caso se entenda que não tem suficiente densidade normativa, tal implica, segundo Costa Andrade, que a busca on-line não possa ser realizada, seja em que circunstância for, por falta de um pressuposto cuja inexistência implicaria violação do princípio da legalidade. E isto porque *"o que é tecnicamente possível, não é, só por si e sem mais, legítimo. Só o será se e na medida em que estiver coberto por expressa e inequívoca intervenção do legislador"*[656].

7.5.5.7 A influência da doutrina e da jurisprudência na evolução legislativa

O Código de Processo Penal de 1929 tratava das buscas nos artºs 203º e segs. A busca, tal como hoje, destinava-se *"à apreensão de provas reais (...) ou à captura de pessoas que devam ser presas"*[657]. E tal como hoje, podia ser levada a cabo quando houvesse indícios de que alguma pessoa tinha em seu poder ou que se encontram em algum lugar, papéis ou outro objectos cuja apreensão for necessária para instrução do processo (artº 203º do CPP29).

A lei distinguia entre lugares de acesso livre e buscas em casa habitada (artº 204º do CPP29), aquele por exclusão de partes.

Há, nesta parte, uma similitude de regimes.

À busca e apreensão judiciais assistiam o Mº Pº, e podia assistir a parte acusadora e a pessoa que esteja na posse do lugar em que a diligência se realiza (§ 2º do artº 203º).

O CPPV não exige a assistência do Mº Pº quando seja o Juiz a ordenar ou autorizar a busca. No entanto, deve presidir à diligência, quando ele, Mº Pº, a ordena ou autorizada, *"sempre que possível"*. O particular, que seja parte acusadora, em circunstância alguma pode estar presente, o que bem se compreende se tivermos presente que apenas o Mº Pº é o titular da acção penal, sendo direito exclusivo do Estado o jus puniendi, jamais se admitindo a vindicta privada. O assistente é mero colaborador do Mº

---

[655] *Idem*, p. 344.
[656] *Idem*, p. 334.
[657] CAVALEIRO DE FERREIRA, Manuel, *Curso* ..., II vol., p. 368.

P.º (art.º 69º, n.º 1 do CPPV). Compreende-se a proibição no âmbito da filosofia subjacente ao CPP87.

No CPP29, o réu só estaria presente na busca quando o juiz o entendesse como necessário, podendo fazer-se assistir por defensor, se tivesse já sido admitido a intervir no processo e o juiz entendesse que a sua assistência ou do representante não é prejudicial à descoberta da verdade[658]. Para este fim, seria notificado o defensor ou o réu, se tiverem domicílio na sede da comarca, sem prejuízo da realização da diligência.

Hoje, o arguido *"pode assistir à diligência e fazer-se acompanhar ou substituir por pessoa da sua confiança que se apresente sem delonga"* (artº 176º, nº 1).

Pessoa da sua confiança pode ser, sem qualquer dúvida, o defensor.

Ainda aqui, a justificar a alteração, a filosofia garantística subjacente ao CPP87, que considera o arguido como sujeito e não como objecto do processo.

As buscas em consultórios médicos eram regulamentadas pelo DL 32.171, de 29 de Julho de 1942, exigindo-se no artº 26º que fossem ser presididos pelo juiz ou outra autoridade que os tenha ordenado, ou seu substituto legal, devendo ser convocada, *"para assistir a ela, o presidente do Conselho Regional da Ordem nas comarcas onde existir tal Conselho, o qual poderá delegar em quaisquer outros vogais".*

As buscas em escritórios de advogados estavam sujeitas a idêntico regime. Segundo o artº 583º do Estatuto Judiciário, a busca *"no escritório ou outro arquivo do advogado devem ser presididos pelo juiz ou outra autoridade que os tenha ordenado ou por quem imediatamente os substitua"*, devendo ser convidado (sic) o presidente distrital da Ordem dos Advogados, e, na sua falta um outro advogado, indicando-se preferencialmente qual.

É evidente a semelhança do regime com o actual.

O CPPV regulamentou ex novo as buscas a estabelecimento oficial de saúde nos termos que ficaram descritos.

O artigo 204º do CPP29 dispunha sobre a busca em casa habitada: O juiz não poderá proceder à busca e apreensão em casa habitada, ou suas dependências fechadas, antes do nascer nem depois do pôr-do-sol, salvo se a pessoa em poder de quem se encontra o edifício o consentir.

---

[658] Esta norma seria considerada inconstitucional à luz da Constituição de 1976 por violar o direito de defesa, maxime o direito consagrado no nº 3 do artº 32º.

A busca no domicílio só podia ser ordenada pelo juiz[659], que tinha de a ela presidir. Não podia ser levada a cabo durante a noite, salvo consentimento de quem tivesse a disponibilidade do lugar. Se iniciada durante o dia, podia continuar pela noite dentro.

O CPPV, como se referiu, consagra um regime regra, um regime excepcional e um regime ainda mais excepcional. Tal diploma é hoje, nesta matéria, muito mais securitário que o CPP29, pese as garantias de que gozam os suspeitos e os arguidos. Regime a que não será alheio o vento que sopra do outro lado do Atlântico, bem como as preocupações com as organizações terroristas. E ainda o fenómeno incontornável da globalização e de abertura de fronteiras. Trata-se de opção pela *"eficácia da acção"* em detrimento do *"rigor dos princípios"*, no dizer, como antes vimos, de Anabela Rodrigues.

Não era assim antes da alteração legislativa operada pela Lei 48/2007, de 29/08, que modificou o nº 2 do artº 177º do CPP, aditando-lhe os nºs 3 e 4.

O anterior nº 2 do artº 177º do CPP tinha a seguinte redacção: *"Nos casos referidos no artigo 174º, nº 4, alíneas a) e b),* – de terrorismo, criminalidade violenta ou altamente organizada, quando haja fundados indícios da prática iminente de crime que ponha em grave risco a vida ou a integridade de qualquer pessoa; em que os visados consintam, desde que o consentimento prestado fique, por qualquer forma, documentado – *as buscas domiciliárias podem também ser ordenadas pelo Ministério Público ou ser efectuadas por órgãos de polícia criminal. É correspondentemente aplicável o disposto no artigo 174º, nº 5".*

Corresponde-lhe a actual alínea a) do nº 3 do actual artigo 177º: *"As buscas domiciliárias podem também ser ordenadas pelo Ministério Público ou ser efectuadas por órgão de polícia criminal: a) Nos casos referidos no nº 5 (o anterior nº 4 é hoje o nº 5, sem alteração de redacção) do artigo 174º, entre as 7 e as 21 horas".*

Na prática, apenas acrescentou que as buscas domiciliárias podem também ser ordenadas pelo Ministério Público ou ser efectuadas por órgão de polícia criminal *"aquando da detenção em flagrante delito por crime a que corresponda pena de prisão"*, isto é, permitiu que tais buscas sejam também

---

[659] O nº 3 do artº 2º do citado DL 605/5 alterou o CPP e permitia que as buscas domiciliárias fossem autorizadas pelo Ministério Público. O preceito foi declarado inconstitucional pela Comissão Constitucional (a actual redacção do nº 3 do artº 34º da CRP resultou da revisão da Constituição operada pela Lei 1/01, de 12/12, e a decisão da CC é anterior).

7. OS MEIOS DE OBTENÇÃO DA PROVA

efectuadas nos casos da alínea c) do nº 5 do artº 174º, e não só nos casos das alíneas a) e b). O que se compreende por razões de política criminal, atendendo às responsabilidades que Portugal tem de assumir, enquanto Membro da UE, no âmbito da cooperação judiciária internacional.

Verdadeiramente inovador é o actual nº 2 do artº 177º, que permite que o juiz ordene ou autorize buscas domiciliárias nocturnas, isto é, *"entre as 21 e as 7 horas"*, nos casos de:

a) Terrorismo ou criminalidade especialmente violenta ou altamente organizada;
b) Consentimento do visado, documentado por qualquer forma;
c) Flagrante delito pela prática de crime punível com pena de prisão superior, no seu máximo, a 3 anos.

Como é inovadora a alínea b) do nº 3 do artº 177º do CPP ao permitir que a busca domiciliária nocturna possa ser ordenada pelo Ministério Público ou ser efectuada por órgão de polícia criminal nos casos referidos nas alíneas b) e c) do número anterior, ou seja, quando haja consentimento do visado, documentado por qualquer forma; ou em caso de flagrante delito pela prática de crime punível com pena de prisão superior, no seu máximo, a 3 anos.

Quando a busca for efectuada por órgão de polícia criminal é imediatamente comunicada ao juiz de instrução e por este apreciada em ordem à sua validação (nº 4 do artº 174º).

O legislador pretende explicar a alteração no preâmbulo do Anteprojecto de Revisão do Código de Processo Penal: *"Dando expressão ao disposto no artigo 34º, nº 3, da Constituição, na versão da Lei Constitucional nº 1/2001, admite-se a realização de buscas domiciliárias nocturnas, entre as 21 e as 7 horas, nos casos de terrorismo, criminalidade especialmente violenta ou altamente organizada, consentimento do visado e flagrante delito pela prática de crime punível com prisão superior a três anos (artigo 177°). A autorização é dada por juiz, mas o Ministério Público e os órgãos de polícia criminal podem assumir à iniciativa, sujeita a validação judicial, nos casos de consentimento e flagrante delito. Nesta última hipótese, a dispensa de autorização judicial decorre também da revisão constitucional de 2001, que fez caducar a jurisprudência anterior do Tribunal Constitucional"*.

Formalmente assim é: compatibilizou-se o CPP com a Constituição da República, que permite a efectivação de buscas domiciliárias nocturnas, em determinadas condições.

A verdadeira razão da alteração legislativa resume-se, em nosso entender, a duas palavras: globalização e terrorismo. Que já terão estado na origem da alteração do artº 34º da CRP. No dizer de Anabela Rodrigues[660], *"Os níveis extraordinariamente altos que atingem actualmente as expectativas e exigências dos cidadãos em matéria de «segurança», motivadas, em grande parte, pelo «risco» e «ameaça» que significam as novas formas de criminalidade, maxime, a criminalidade organizada. (...) Ontem, o crime era uma preocupação secundária (...). Hoje, a segurança tornou-se uma preocupação permanente, os agentes da administração da justiça estão na boca de cena e a criminalidade organizada, ao mesmo tempo encoberta e ameaçadora, é em larga medida responsável, conjuntamente com a criminalidade de massa, por esta alteração do estado de coisas e por uma transformação da atitude social face ao crime. A sociedade não oferece mais um direito penal que realmente seja uma garantia de liberdade: à magna carta do delinquente a sociedade opõe a magna carta do cidadão, o reclamo por um arsenal de meios efectivos de luta contra o crime e a repressão da violência (...).*

Criminólogos e políticos coincidem na convicção de que a criminalidade organizada é uma criminalidade qualitativamente nova. Sublinha-se que as ameaças que estão unidas a este tipo de criminalidade não constituem unicamente aumentos quantitativos de perigos conhecidos até agora, antes alcançam um nível de perigo social até ao momento desconhecido. (...) O direito penal, mas sobretudo o direito processual penal, foram dotados de instrumentos de combate que por vezes se opõem às tradições vigentes e é também uma nova qualidade de combate à criminalidade que se instaura. (...). Aos novos e grandes «riscos», a modernidade respondeu com a razão técnica-instrumental ou razão instrumental calculadora".

Será esta razão que verdadeiramente justifica as alterações legislativas de 2007, ditadas pela necessidade de alcançar uma maior eficácia no controlo da criminalidade, reclamada pela comunidade internacional, especialmente após o 11 de Setembro de 2001, numa sociedade global, no nosso caso integrada numa Europa sem fronteiras. A título de exemplo:

– O Conselho de Segurança das Nações Unidas adoptou 2 Resoluções, a 1269, que recomenda aos Governos que adoptem legislação no sentido de considerarem os actos terroristas como delitos criminais graves; e a 1373, que recomenda aos Governos que tomem as *"medidas necessárias para prevenir o cometimento de actos terroristas";*

---

[660] Prefácio da obra *Lei e Crime, o agente infiltrado versus o agente provocador*, da autoria de GONÇALVES, Fernando e outros, Almedina 2001, pp [5-8].

– O Grupo de Acção Financeira Internacional (GAFI), na Recomendação Especial IX, sugere que *"os países (devem) assegurar que as suas autoridades competentes disponham de poderes para bloquear ou reter numerário ou outros instrumentos negociáveis ao portador que suspeitem estar ligados ao financiamento do terrorismo ou branqueamento de capitais (...)"*;
   – O Comité de Ministros do Conselho da Europa adoptou, em Junho de 2002, a Decisão-Quadro 2002/475/JAI, na qual se estabelecem *"As linhas directrizes sobre os direitos do homem e a luta contra o terrorismo"*. O Comité convida ao países do Conselho da Europa, entre os quais Portugal, a estabelecer *"regras jurisdicionais para garantir que a infracção terrorista possa ser objecto de uma incriminação eficaz"*.
   – Em 16 de Maio de 2005 foi assinada a Convenção de Varsóvia que impõe a adopção de medidas que sejam tidas por necessárias para que as infracções referentes a actividades terroristas sejam efectivamente punidas, e que as penas sejam proporcionadas e dissuasivas.
   – Em 27 de Maio de 2005 foi assinado o Tratado de Prüm, entre cujos objectivos figura o de *"Intensificar a luta contra o terrorismo, através de um intercâmbio de dados alargado"*, e de *"Realizar actividades operacionais conjuntas no âmbito da cooperação policial, tais como patrulhas comuns, controlo de pessoas, equipas de análise e grupos de vigilância"*. Para tanto, diz-se, devem os Países Signatários garantir a eficácia das investigações, agilizando processos. Em 23 de Junho de 2007 Portugal solicitou a adesão ao Acordo de Prüm.

Todas estas Recomendações e Sugestões, a sugerirem eficácia nas investigações, impuseram ao legislador português as alterações, que este justificou em termos formais.

A outra grande alteração legislativa resultante da revisão de 2007 resume-se ao nº 4 do artº 174º do CPP que impõe que o despacho a ordenar ou autorizar a busca tenha um prazo de validade máxima de 30 dias, sob pena de nulidade, e cuja justificação já referimos a respeito das revistas: tomar partido na discussão acerca do *"cheque-em-branco"* passado ao OPC[661].

Todas as outras alterações são de mera concordância: Os nºs 4 e 5 do artº 174º passaram a ser os nºs 5 e 6 (introduziu-se ex novo o nº 4; No nº 5 faz-se a remissão para o nº *"3"* e não já para o *"número anterior"*; No nº 1 do artº 176º substitui-se a expressão *"artigo 174º, nº 4"* pela expressão *"nº 5 do*

---

[661] Cfr., supra, 7.4.7.

artº 174º" pela passagem do anterior nº 4 a nº 5; colocou-se uma vírgula à frente do vocábulo *"realiza"*.

Em resumo: Se é certo que o legislador de 2007 resolveu uma questão controvertida (a de saber qual era o prazo de validade do mandado de busca) e foi de encontro às exigências da Comunidade Internacional no que toca à adopção de medidas de eficácia, rectius, securitárias, quanto às buscas, flexibilizando a sua efectivação, designadamente no que diz respeito às buscas domiciliárias no período da noite, não menos certo é que se demitiu da sua obrigação de tratar diversas questões controvertidas, como, por ex:

– Não concretizou os conceitos de domicílio e nem do vocábulo *"imediatamente"* constante do nº 6 do artº 174º do CPP;

– Não esclareceu se as nulidades dos artºs 174º e 178º são relativas, como afirma alguma jurisprudência[662], ou se devem ser tratadas como proibição de prova, como outros defendem, o que constitui vexata quaestio;

– Não explicitou quem deve validar as buscas não ordenadas ou autorizadas nos casos em que podia ser o Mº Pº a ordená-las ou a autorizá-las;

– Como nada disse a respeito da possibilidade de validação tácita da busca não ordenada e nem autorizada, embora, neste âmbito, a jurisprudência esteja consolidada – possibilidade de validação implícita, desde que tal resulte inequivocamente do teor da decisão do juiz[663].

Por outro lado, em vez de o solucionar, o legislador *"entendeu"* que deveria fazer parte do problema, ampliando-o e, assim, colocou o aplicador da lei perante uma nova questão, da sua exclusiva responsabilidade: a de saber como se conta o prazo de 30 dias a que alude o nº 4 do artº 174º: da data da prolação do despacho? Ou, antes, da data em que tal despacho é entregue ao OPC, como defendemos?

7.6 Apreensões

7.6.1 Definição

A apreensão é o meio de obtenção da prova que se destina a colocar à disposição do processo, tornando-o indisponível para o proprietário ou detentor, *"os objectos que tiverem servido ou estivessem destinados a servir a prá-*

---

[662] Por todos, ver o Ac do STJ de 23/04/1992, BMJ 416º-536.
[663] Ver Ac do STJ de 8/01/1998, *CJ*, Acs do STJ, VI, tomo 1, p. 158; Ac do TC 278/2007.

tica de um crime, os que constituírem o seu produto, lucro, preço ou recompensa, e bem assim todos os objectos que tiverem sido deixados pelo agente no local do crime ou quaisquer outros susceptíveis de servir a prova" (artº 178º, nº 1).

Diz respeito apenas às provas reais, que *"devem encontrar-se à disposição do tribunal porque a sua utilização comum pode fazer-lhes perder essas qualidades de provas; é indispensável, não somente garantir a sua existência, mas ainda mais evitar alterações que modifiquem ou diminuam o seu valor como prova"*[664].

A apreensão pode ter natureza preventiva, conservatória ou probatória[665]/[666].

A apreensão preventiva visa evitar que os objectos que serviram ou estavam destinados para a prática de um crime venham a ser utilizados no cometimento de novos ilícitos. Para tanto, recolhem-se as provas necessárias à investigação, os objectos que tiverem servido ou estivessem destinados a servir a prática de um crime, ou os que a ele estejam ligados, de forma directa ou indirecta. E, naturalmente, preservam-se os aludidos meios de prova.

A apreensão conservatória tem o propósito de obstar que as consequências da actividade criminosa sejam agravadas, mediante a perda, destruição ou desaparecimento dos objectos que possam constituir o produto, lucro, preço ou recompensa dessa mesma actividade.

A apreensão probatória, que anda intimamente ligada à preventiva, pretende acautelar a integridade e disponibilidade dos meios de prova.

Não se pode confundir a apreensão, enquanto meio de obtenção da prova, com a apreensão efectuada na sequência do arresto preventivo a que alude o artº 228º em que a finalidade é *"garantir o pagamento da quantia pecuniária, da taxa de justiça, das custas do processo ou de qualquer outra dívida para com o Estado relacionada com o crime e ainda com o pagamento da indemnização ou outras obrigações civis derivadas do crime"*. Por isso, podem ser apreendidos objectos que não estão relacionados com o crime, que não têm finalidades investigatórias.

---

[664] CAVALEIRO DE FERREIRA, Manuel, *Curso* ..., II vol., p. 376.
[665] Assim, o Ac da RP de 28/10/2009, CJ, XXXIV, IV, p. 227.
[666] MARQUES DA SILVA, Germano, *Curso* ..., II Vol. p. 197, assinala-lhe ainda uma outra função, que, segundo entendemos, cai na alçada do chamado arresto preventivo: a de assegurar os bens necessários à execução.

A apreensão, enquanto meio de obtenção da prova, coloca à disposição do processo os instrumentos do crime ou com ele relacionados, para se obterem meios de prova.

7.6.2 A perda de objectos a favor do Estado

Os objectos que tiverem servido ou estivessem destinados a servir a prática de um crime, os que constituírem o seu produto, lucro, preço ou recompensa, podem ser declarados perdidos a favor do Estado. É o que resulta do nº 1 do artº 109º do C. Penal: podem ser declarados perdidos a favor do Estado *"os objectos que tiverem servido ou estivessem destinados a servir para a prática de um facto ilícito típico, ou que por este tiverem sido produzidos, quando, pela sua natureza ou pelas circunstâncias do caso, puserem em perigo a segurança das pessoas, a moral ou a ordem públicas, ou oferecerem sério risco de ser utilizados para o cometimento de novos factos ilícitos típicos"*, *"ainda que nenhuma pessoa determinada possa ser punida pelo facto"* (nº 2).

Não há lugar, em princípio, à perda de objectos se estes *"não pertencerem, à data do facto, a nenhum dos agentes ou beneficiários, ou não lhes pertencerem no momento em que a perda foi decretada"* (nº 1 do artº 110º do C. Penal).

Todavia, *"ainda que os objectos pertençam a terceiro, é decretada a perda quando os seus titulares tiverem concorrido, de forma censurável, para a sua utilização ou produção, ou do facto tiverem retirado vantagens; ou ainda quando os objectos forem, por qualquer título, adquiridos após a prática do facto, conhecendo os adquirentes a sua proveniência"* (nº 2 do artº 110º do C. Penal). Neste caso *"a autoridade judiciária ordena a presença do interessado e ouve-o"*, *"salvo se esta presença não for possível"* (nº 7 do artº 178º), a fim de conformar o juízo provisório de perda a favor do Estado, cumprindo o contraditório.

Em outro local[667], afirmamos que os objectos podem ser declarados perdidos a favor do Estado quando, cumulativamente:

– Tenham servido à prática de um facto ilícito-típico (e não, necessariamente, à prática de um crime). Segundo Figueiredo Dias[668] *"o primeiro dos pressupostos a que obedece a perda, por um lado, dos instrumentos[669] e,*

---

[667] Ac do TRP de 14 de Novembro de 2007, processo 0714689, in www.dgsi.pt
[668] *As consequências jurídicas do crime*, pp 617 e segs.
[669] "A definição de instrumento do crime não suscita, em abstracto, dificuldades de monta. Por eles se entendem os objectos (coisas) utilizados como meio(s) de realização crime, v. g.: a pistola no homicídio; a navalha na ofensa corporal; o automóvel no qual se transporta o contrabando, ou a vítima para o local em que é violada, ou com o qual se atropela alguém, ou

por outro lado, do produto do crime, é que os instrumentos tenham sido utilizados numa actividade criminosa ou o produto resulte desta. (...) Não é necessário nem que o crime se haja consumado (art. 107º: estavam destinados a servir...»), nem sequer que alguma pessoa determinada possa ser perseguida ou condenada ou aquela actividade criminosa (art. 107º-2). Quais os requisitos que conformam a referida actividade criminosa é questão de mais complexa e duvidosa solução. O art. 107°-1 fala em «prática de um crime», parecendo assim que a perda só pode ser decretada se no caso se verificar a totalidade dos pressupostos de que depende a existência de um crime.

Logo o artº 107º-2 desmente radicalmente esta asserção, ao estabelecer que o instituto funciona mesmo quando ninguém possa ser perseguido ou condenado. (...)

Na hipótese do art. 107º-1, isto é, quando o processo penal corra contra pessoa determinada, a melhor doutrina parece ser a de considerar que pressuposto da perda não é necessariamente a prática de um «crime», mas a «simples verificação de um facto ilícito-típico». (...)

Diversa é a situação contemplada no art. 107º-2, em que «nenhuma pessoa determinada (...) [pode] ser criminalmente perseguida ou condenada». Aqui cabem seguramente os casos em que o agente do facto está determinado, mas o processo deve ser arquivado por qualquer causa de extinção da responsabilidade ou por falta de pressupostos processuais. Mas pode pensar-se que cabem igualmente as hipóteses em que não possa sequer ser determinado o agente ou agentes do facto: v. g., aparecendo uma pessoa morta a tiro com uma arma perto de si, provando-se que foi assassinada, mas sendo impossível determinar quem é o agente, a arma seria declarada perdida, nos termos do art. 107º-2. Na primeira hipótese, os requisitos parece deverem ser os mesmos anteriormente expostos. Na segunda parece que tem de bastar a verificação de um tipo objectivo de ilícito (...) quando tal for possível mantendo-se desconhecida a pessoa do agente. (...) Esta consideração crítica convida a que, iure dato, se interprete o disposto no art. 107-2 nos termos mais restritivos que se tornem viáveis, nomeadamente restringindo o seu âmbito de aplicação aos casos em que o agente está determinado, mas não pode, por falta de pressupostos de punibilidade, ser perseguido e (ou) condenado. O que implicaria que, nestes casos, pressuposto da perda seria somente a verificação de um facto ilícito-típico no preciso sentido da doutrina do crime; em todo o caso, portanto, um ilícito onde

no qual se foge do local do acidente, omitindo o auxílio; ou a impressora na qual se imprime a moeda falsa. (...)" – *Ibidem*

estivesse presente não só o tipo de ilícito objectivo, como o tipo de ilícito subjectivo, doloso ou negligente".

– O segundo dos pressupostos prende-se com a perigosidade do objecto: *"A finalidade atribuída pela lei vigente à perda dos instrumentos e do produto do crime é exclusivamente preventiva. Isso se revela pela circunstância de, nos termos do art. 107º-1, nem todos os objectos que constituam instrumentos ou produto do facto deverem ser declarados perdidos, mas apenas aqueles que, «pela sua natureza ou pelas circunstâncias do caso, puserem em perigo a segurança das pessoas, a moral ou a ordem públicas, ou oferecerem sério risco de serem utilizados para o cometimento de novos crimes» (...), aqueles instrumentos ou produtos que, atenta a sua natureza intrínseca, isto é, a sua específica e co-natural utilidade social, se mostrem especialmente vocacionados para a prática criminosa e devam por isso considerar-se objectos perigosos. (...)*

Questão é saber sob que ponto de vista deve ser avaliada a perigosidade referida: se sob o ponto de vista objectivo da coisa em si mesma considerada, ou antes sob o ponto de vista subjectivo, mais rigorosamente, sob o ponto de vista do relacionamento entre a coisa e um determinado sujeito.

O ponto de vista objectivo parece dever impor-se como ponto de partida. (...). O objecto mais anódino (um lençol, uma meia de seda, um lápis ou uma caneta), pode tornar-se em objecto hoc sensu «perigoso» quando detido por um indivíduo perigoso. Declarar a perda nestes casos, porém, significaria procurar atalhar a perigosidade do agente, não – como é finalidade do instituto – a perigosidade do objecto (...). Em primeira linha, por conseguinte, deve ser a perigosidade do objecto em si mesmo considerado, independentemente da pessoa que o detém – o tratar-se de uma arma, de um explosivo, de moeda contrafeita ou de cunhos para a fabricar, etc. – que justificam a perspectiva político-criminal, a perda.

Sem prejuízo do que fica dito, a referida perigosidade do objecto não deve ser avaliada em abstracto, mas em concreto, isto é, nas concretas condições em que ele possa ser utilizado (às «circunstâncias do caso» se refere expressamente o art. 107º-1). Um revólver, p. ex., é um objecto «em si» perigoso; mas que terá deixado de o ser se, após o tiro que constituiu meio de cometimento do ilícito-típico, a engrenagem tiver ficado danificada por forma irreparável. Esta conexão entre a perigosidade do objecto e as concretas circunstâncias do caso pode acabar por «implicar uma referência ao próprio agente» (ponto de vista subjectivo). (...)"[670].

---

[670] FIGUEIREDO DIAS, Jorge, *As consequências jurídicas do crime*, pp 618 e segs.

Se reunidos os pressupostos referidos, o objecto poderá ser declarado perdido a favor do Estado e, como tal, apreendido preventivamente.

7.6.3 *Os instrumentos e os produtos do crime*
Segundo Gil Moreira dos Santos[671], instrumentos do crime são os «Instrumenta sceleris», os objectos que serviram ou estivessem destinados à prática da infracção (v.g., as chaves falsas, a impressora). Deles se distinguem os produtos do crime, sejam os «producta sceleris» – os que constituem o produto da infracção (rádio furtado, documento falsificado); seja os «fructa sceleris» – os que constituem o seu lucro, preço ou recompensa (a dádiva que se obteve com a venda ou entrega do objecto furtado).

Todos eles devem ser apreendidos; e, para além deles, devem ainda ser apreendidos os objectos que, não sendo nem instrumento nem produto do crime, tiverem sido deixados no local do crime pelo agente, ou quaisquer outros, desde que susceptíveis de servir a prova (artigo 178º).

7.6.4 *Requisitos da apreensão*
Para se levar a cabo uma apreensão é necessário que estejam reunidos os pressupostos gerais (seja permitida pela Constituição, haja Lei habilitante, seja necessária à salvaguarda de outro direito ou interesse constitucionalmente protegido, adequada para o efeito e proporcional a esse objectivo, e não diminua a extensão e o alcance do conteúdo essencial dos preceitos constitucionais).

E é ainda necessário que os objectos (requisitos específicos):
1. Tenham servido ou estivessem destinados a servir a prática de um crime, seja ele qual for (assim não acontece na apreensão de correspondência, caso em que o crime investigado tem ser punível com pena de prisão superior, no seu máximo, a três anos);
2. Constituam o seu produto, lucro, preço ou recompensa;
3. Tenham sido deixados pelo agente no local do crime; *ou*
4. Sejam susceptíveis de servir a prova do crime.

A apreensão de objectos pode violar os direitos à reserva da vida privada, à intimidade pessoal e à propriedade privada, tutelados pelos artºs 26º e 62º da CRP e também tutelados jurídico-penalmente. Na apreen-

---

[671] *Noções de Processo Penal*, Editorial o Oiro do Dia, 1987, p. 238.

são de correspondência ofende-se ainda o direito à inviolabilidade de correspondência, tutelado pelo artº 34º da CRP.

Constatando-se que estão reunidos os pressupostos gerais, e bem assim um dos requisitos específicos referidos, e concluindo-se pela prevalência do direito à administração da justiça sobre os direitos individuais citados, deverá apreender-se o objecto em causa.

Igual juízo de ponderação deve fazer o OPC quando efectuar apreensões no âmbito das atribuições que lhe estão cometidas pelo nº 4 do artº 178º.

7.6.5 *Guarda e venda dos objectos*

Uma vez apreendidos, os objectos devem ser *"juntos ao processo, quando possível, e, quando não, confiados à guarda do funcionário de justiça adstrito ao processo ou de um depositário, de tudo se fazendo menção nos autos"* (artº 178º, nº 2), apenas devendo ser levantada a apreensão se e quando forem desnecessários para efeito de prova (nº 1 do artº 186º) desde que, naturalmente, não sejam susceptíveis de ser declarados perdidos a favor do Estado.

Os objectos apreendidos devem ser selados (artº 184º), obedecendo o levantamento dos selos a formalismo próprio.

Os originais dos documentos só devem ser apreendidos se forem necessários à investigação. Quando tal não suceda, será junto aos autos cópia dos documentos apreendidos, restituindo-se o original a quem de direito (artº 183º). Se, todavia, for apreendido original, que deva ser conservado, *"dele pode ser feita cópia ou extraída certidão e entregue a quem legitimamente o detinha. Na cópia e na certidão é feita menção expressa da apreensão"* (II parte do nº 1 do artº 183º).

Do auto de apreensão será entregue cópia, sempre que solicitada, a quem legitimamente detinha o documento ou o objecto apreendidos (nº 2 do artº 183º).

A apreensão pode recair sobre coisas sem valor, perecíveis, perigosas ou deterioráveis. Neste caso, *"a autoridade judiciária pode ordenar, conforme os casos, a sua venda ou afectação a finalidade pública ou socialmente útil, as medidas de conservação ou manutenção necessárias ou a sua destruição imediata"* (nº 1 do artº 185º), salvaguardadas as exigências de prova, designadamente documentando-se a coisa.

Se houver lugar à venda, e salvo disposição legal em contrário, a autoridade judiciária determina qual a forma a que deve obedecer a venda, de entre as previstas na lei processual civil, revertendo o produto para o Estado após a dedução das despesas resultantes da guarda, conservação e venda (nºs 2 e 3 do artº 185º).

7.6.5.1 *O regime especial dos veículos apreendidos*
Para evitar a mais que constatada degradação dos veículos automóveis apreendidos, a Lei 25/81, de 21/08, autorizou (artº 10º) a afectação ao parque automóvel do Estado dos veículos apreendidos em processo-crime, que *fossem susceptíveis de vir a ser declarados perdidos a favor do Estado*, desde que, cumulativamente:

(1) A conservação assim o aconselhasse;
(2) Fossem desnecessários para a fase instrutória do processo;
(3) Tivessem decorrido seis meses sobre a apreensão sem que o inquérito ou instrução se mostrem concluídos; ou um ano sem que tenha sido proferida sentença final.

O DL 31/85, de 25/01[672], revogou a Lei 25/81, de 21 de Agosto, reconhecendo expressamente que o fim que visava não foi alcançado.

Segundo ele, os veículos automóveis:

(a) apreendidos em processo-crime ou de contra-ordenação que sejam susceptíveis de vir a ser declarados perdidos a favor do Estado;
(b) declarados perdidos definitivamente a favor do Estado;
(c) em situação de abandono por declaração expressa ou acto inequívoco do seu proprietário;
(d) em situação de abandono declarado por autoridade competente;
(e) considerados abandonados nos restantes casos previstos na lei, decorridos que sejam 90 dias sobre a apreensão, cumpridas as formalidades legais,

São colocados, por ordem da AJ, à disposição da Direcção-Geral do Património do Estado.

O dono ou legítimo possuidor do veículo automóvel será notificado de que o veículo foi posto à disposição da DGPE e de que poderá requerer ao juiz de instrução competente ou à autoridade administrativa que superintende no processo de contra-ordenação que profira despacho em

---

[672] Este diploma foi parcialmente alterado pelo DL 26/97, de 23 de Janeiro

que aprecie, provisoriamente, a susceptibilidade ou não de perda da viatura, a final, em favor do Estado, sendo a decisão da autoridade administrativa susceptível de recurso para o tribunal comum.

Se o juiz de instrução ou a autoridade administrativa decidir provisoriamente pela insusceptibilidade de perda a favor do Estado, ordenará a restituição da posse do veículo automóvel ao seu dono ou legítimo possuidor logo que se torne desnecessário para a instrução. Sendo susceptível de perda a favor do Estado, e se a DGPE informar que o veículo automóvel declarado perdido ou abandonado em favor do Estado não reúne condições para ser afectado ao parque do Estado ou para ser desmantelado com vista à sua integração num banco de componentes, a entidade competente dar-lhe-á o destino previsto na lei que, na falta de disposição especial, será a venda da viatura, revertendo o produto para o Estado.

Reunindo condições, será afectado ao uso do organismo do Estado, podendo ser utilizado provisoriamente pelos OPC.

O DL 11/2007[673] define o regime jurídico da avaliação, utilização, alienação e indemnização de bens apreendidos pelos órgãos de polícia criminal, no âmbito de processos crime e contra-ordenacionais, que sejam susceptíveis de vir a ser declarados perdidos a favor do Estado e regula os respectivos procedimentos, esclarecendo que a avaliação, venda ou afectação de bens perecíveis, perigosos ou deterioráveis se efectua nos termos previstos no CPP.

Segundo o nº 2 do artº 2º do DL 11/2007, os objectos susceptíveis de vir a ser declarados perdidos a favor do Estado podem ser utilizados provisoriamente pelos OPC, através de declaração de utilidade operacional, desde a sua apreensão e até à declaração de perda ou de restituição, mediante despacho fundamentado do responsável máximo da respectiva instituição.

Caso os veículos colocados à disposição da Direcção-Geral do Património do Estado não venham a ser declarados perdidos a favor do Estado, o proprietário será indemnizado de acordo com os critérios fixados no DL 11/2007.

7.6.6 *A intervenção da autoridade judiciária*

As apreensões são autorizadas ou ordenadas por despacho da autoridade judiciária (nº 3 do artº 178º), não fazendo a lei, nem neste preceito,

---

[673] Complementado pela Portaria 1215/2007, de 20 de Setembro.

7. OS MEIOS DE OBTENÇÃO DA PROVA

nem nos art°s 268º e 269º qualquer reserva a favor do JIC (salvo as apreensões de correspondência, em consultório médico ou de advogado, ou em estabelecimento bancário). Por isso, as apreensões devem ser ordenadas ou autorizadas pelo Mº Pº no inquérito, pelo JIC na instrução, e pelo juiz do julgamento nesta fase processual.

Todavia, *"Compete aos órgãos de polícia criminal, mesmo antes de receberem ordem da autoridade judiciária competente para procederem a investigações, praticar os actos cautelares necessários e urgentes para assegurar os meios de prova"* (artº 249º, nº 1).

Daí que, *"os órgãos de polícia criminal podem efectuar apreensões no decurso de revistas ou de buscas ou quando haja urgência ou perigo na demora, nos termos previstos na alínea c) do nº 2 do artigo 249º"* (nº 4 do artº 178º), isto é, no âmbito de medidas cautelares e de urgência, quando necessárias à conservação ou manutenção dos objectos apreendidos. Incumbe-lhes ainda, mesmo depois da intervenção da autoridade judiciária, *"assegurar novos meios de prova de que tiverem conhecimento, sem prejuízo de deverem dar deles notícia imediata àquela autoridade"* (nº 3 do artº 249º).

O regime de excepção justifica-se pela eficácia da investigação pois que nem sempre a AJ pode, com urgência, responder às solicitações da investigação criminal.

"As apreensões efectuadas por órgão de polícia criminal são sujeitas a validação pela autoridade judiciária, no prazo máximo de setenta e duas horas" (nº 5 do artº 178º).

Institui-se regime de validação análogo ao das revistas e buscas não autorizadas.

Da mesma forma que deve ser o Mº Pº no inquérito, o JIC na instrução, e o juiz do julgamento nesta fase processual, a ordenar ou autorizar as apreensões, devem ser estas mesmas autoridades, consoante a fase processual, a validar as apreensões porquanto não existe norma equivalente à do nº 6 do artº 174º, que obriga a que a validação das revistas e das buscas não autorizadas seja feita pelo JIC.

Para validar a apreensão, a AJ lavra despacho fundamentado, no qual aprecia os pressupostos legais, fazendo o indispensável juízo de ponderação. A não validação, naturalmente por inexistência dos pressupostos, implica que o meio de prova obtido seja considerado proibido [al. c) do nº 2 do artº 126º].

O prazo de 72 horas para a validação tem sido objecto de decisões jurisprudenciais contraditórias:

– Para uns[674], *"o prazo de 72 horas é o prazo para a AJ validar a apreensão. Porém, decorrido esse prazo sem que se tenha procedido à validação, a apreensão só seria inválida se a irregularidade tiver sido arguida nos termos e dentro do prazo do artigo 123º, nº 1";*

– Para outros[675], *"aquele prazo (...) relaciona-se com a sujeição das apreensões, por banda do órgão de polícia criminal à validação pela autoridade judiciária".* E isto porque tal interpretação *"é a que é imposta pela mera interpretação literal (...). E as coisas são de tal maneira assim que, se esse fosse o sentido da norma, certamente que a lei não deixaria de ter uma outra redacção, qual seja a de que assentasse em que a validação pela autoridade judiciária das apreensões efectuadas por órgão de polícia criminal devia ser proferida no prazo máximo de setenta e duas horas (um exemplo deste tipo de redacção, com a imposição de um prazo à autoridade judiciária, encontra-se no art. 141º, nº 1, do C. de Processo Penal).*

Depois, se atentarmos no que a lei estatui relativamente a outros meios de obtenção de prova (assim são porque possibilitam a obtenção dos meios de prova – v. Germano Marques da Silva, in Curso de Processo Penal, II, 3ª ed. revista e actualizada, 2002, pág. 209), facilmente percebemos que não é esse o sentido ajustado, pois, quanto às revistas e buscas, o que se regula é o momento da comunicação em ordem à apreciação e validação por parte do juiz de instrução (artºs 174º, nº 5, e 177º, nº 2, do C. de Processo Penal), o mesmo se passando quanto às escutas telefónicas, com o auto da intercepção e gravação, juntamente com as fitas gravadas a serem levadas ao conhecimento do juiz para a pertinente ordem de transcrição e (ou) destruição (art. 188º, nºs 1 e 3, do C. de Processo Penal)".

Neste último sentido se argumentou[676]: *"«São sujeitas a validação (...); não necessariamente «validadas» no prazo máximo de setenta e duas horas. O que se compreende: o prazo fixado destina-se a pressionar a rápida comunicação da apreensão à autoridade judiciária, uma vez que ela não teve conhecimento directo da sua realização [não a ordenou ou autorizou]. Como refere o Acórdão do STJ, de 17-05-2007 [Relator: Pereira Madeira]: «Tal prazo tem tão-somente por escopo controlar os actos processuais com reflexos sobre direitos, nomeadamente sobre o direito de propriedade, impondo-se à autoridade que tome posição sobre o motivo das*

---

[674] Ac da RL de 6/11/2007, processo 4233/2007.5, in www.dgsi.pt
[675] Ac da RP de 17/01/2007, processo 0644955, in www.dgsi.pt
[676] Ac da RP de 7/11/2007, processo 0745888, in www.dgsi.pt. No mesmo sentido o Ac da RC de 9/01/2008, processo 2/05.0GAAND.C1.

apreensões levadas a cabo de forma a evitar que se conservem apreendidos bens cuja apreensão já se não legitime. Parece-nos que deste normativo não advém de forma directa quaisquer direitos para os titulares dos bens apreendidos".

Sendo um prazo ordenador, a não validação dentro do prazo referido de 72 horas só pode dar origem a responsabilidade disciplinar, se for caso disso. E nada mais.

Da exclusiva competência do juiz, mesmo na fase do inquérito, é a declaração de perda a favor do Estado dos bens apreendidos, atendendo a que se restringe, e de forma grave, o direito fundamental à propriedade privada[677].

7.6.7 Modificação da medida

"Os titulares de bens ou direitos objecto de apreensão podem requerer ao juiz de instrução a modificação ou revogação da medida" (nº 6 do artº 178º), ou seja, podem requerer o levantamento da apreensão, a sua substituição por outra medida ou até a conversão da apreensão em arresto. Neste caso, o incidente, a decidir pelo JIC, observado o contraditório, corre em separado (nº 5 do artigo 68º).

O conceito de *"titular de bens ou direitos"*, é um conceito amplo, que não abrange *"apenas a quem seja proprietário do bem ou direito apreendido. Com efeito, pode acontecer (...) que o titular do direito de propriedade não seja imediatamente afectado com a apreensão. A possibilidade de requerer, ainda na fase do inquérito, a revogação da apreensão, só tem utilidade prática e efectiva para quem detenha o direito de usar e fruir o bem. (...). O interesse que fundamenta a legitimidade (neste incidente, como em toda a legitimidade processual) há-de aferir-se sempre pela utilidade que o seu titular há-de retirar da providência requerida."*[678].

7.6.8 A apreensão de correspondência

O conceito de correspondência é amplo, abrangendo as comunicações postais e as comunicações electrónicas. Quando se apreende correspondência, para além do ataque que se faz ao direito à reserva da vida privada, à intimidade pessoal e à propriedade privada, tutelados pelos artºs 26º e 62º da CRP, ataca-se ainda o direito à inviolabilidade de correspon-

---

[677] Neste sentido, consultar o Ac da RL de 18/04/1990, processo 0258153; e ainda o Ac da RP de 17/04/2006, processo0414164, ambos in www.dgsi.pt. Cfr. ainda o exórdio do DL59/98, de 13/01.

[678] Ac da RP de 21/01/2004, processo 0315777, in www.dgsi.pt

dência, tutelado pelo artº 34º da CRP, pelo artº 12º da DUDH, pelo nº 1 do artº 8º da CEDH e ainda pelo artº 17º do PIDCP.

Por isso, a Lei rodeou essa apreensão de especiais cautelas, estabelecendo um regime mais "apertado" do que o regime geral das apreensões:

– Desde logo, sob pena de nulidade, não podendo ser utilizada (artº 126º, nº 3) só o juiz pode autorizar ou ordenar, por despacho, a apreensão, mesmo nas estações de correios e de telecomunicações, de cartas, encomendas, valores, telegramas ou qualquer outra correspondência (nº 1 do artº 179º). O legislador cumpriu a determinação da Lei de autorização Legislativa (Lei 43/86, de 26/09) que, no item 29 do nº 2 do artº 2º, impõe que haja *"restrição absoluta a favor do juiz instrutor da competência para ordenar apreensão ou qualquer outro meio de controle da correspondência"*, ao mesmo tempo que harmonizou o preceito não só com a alínea b) do nº 1 do artº 269º, no qual se atribui competência exclusiva ao juiz de instrução para ordenar ou autorizar apreensões de correspondência, mas também com o princípio geral do Processo Penal segundo o qual o juiz deve intervir sempre que esteja em causa violação grave de direitos fundamentais, sendo que os direitos tutelados, supra referidos, são fundamentais, e a apreensão da correspondência viola, de forma grave, esses mesmos direitos.

– Depois, exige que haja "fundadas razões", e não simples suspeitas, para se crer que, *cumulativamente* (mesmo nº 1 do artº 179º):

(a) A correspondência foi expedida pelo suspeito ou lhe é dirigida, mesmo que sob nome diverso ou através de pessoa diversa;

(b) Está em causa crime punível com pena de prisão superior, no seu máximo, a 3 anos (e não já qualquer tipo de crime); e

(c) A diligência se revelará de grande interesse para a descoberta da verdade ou para a prova.

Ou seja, aos pressupostos gerais acrescem os requisitos agora enumerados, sendo aqui o juízo de necessidade bem mais exigente.

– Ademais, estabelece a obrigatoriedade de o juiz que tiver autorizado ou ordenado a diligência ser a primeira pessoa a tomar conhecimento do conteúdo da correspondência apreendida, isto é, tem de lhe ser transmitida intacta (*"nos casos em que deva proceder-se à apreensão de correspondência, os órgãos de polícia criminal transmitem-na intacta ao juiz que tiver autorizado ou ordenado a diligência"* (nº 1 do artº 252º)[679].

---

[679] MARQUES DA SILVA, Germano, *Curso* ...., II vol., p 198 e III vol., p. 69. MARQUES FERREIRA, *Jornadas* ... CEJ, p. 268, sem argumentar, afirma: "Com excepção ao procedimento descrito

7. OS MEIOS DE OBTENÇÃO DA PROVA

O TRL[680] decidiu que, *"Da conjugação do disposto no nº 1 al. a) com o disposto no nº 3 do art. 179º, do CPP, deduz-se que este preceito só abrange as situações em que a correspondência foi expedida pelo suspeito ou lhe é dirigida e a mesma ainda não foi entregue ao destinatário. Só assim se compreende que o juiz que tiver ordenado ou autorizado a diligência seja a primeira pessoa a tomar conhecimento do conteúdo da correspondência apreendida. Se a mesma já foi entregue ao destinatário, já não é possível que tome conhecimento da mesma em primeiro lugar"*.

Se o Juiz considerar relevante para a prova a correspondência apreendida, depois de dela tomar conhecimento, fá-la juntar ao processo; caso contrário, restitui-a a quem de direito, não podendo ela ser utilizada como meio de prova; e fica ligado por dever de segredo relativamente àquilo de que tiver tomado conhecimento e não tiver interesse para a prova (nº 3 do artº 179º).

Tratando-se de encomendas ou valores fechados (já não correspondência) susceptíveis de serem apreendidos, se os OPC tiverem fundadas razões para crer que podem conter informações úteis à investigação de um crime ou conduzir à sua descoberta, e que podem perder-se em caso de demora, informam do facto, pelo meio mais rápido, o juiz, o qual pode autorizar a sua abertura imediata (nº 2 do artº 252º).

A Procuradoria-Geral da República[681], fazendo a distinção do tratamento a dar à correspondência e aos pacotes e encomendas postais, formulou as seguintes conclusões:

"1. O sigilo de «correspondência Postal» consiste na proibição de leitura de qualquer correspondência, mesmo que não encerrada em invólucro fechado, e de mera abertura da correspondência fechada, bem assim na proibição de revelação a terceiros do conteúdo de qualquer mensagem ou informação de que se tomou conhecimento, devida ou indevidamente, das relações entre remetentes e destinatários e das direcções de uns e outros (artigo 13 do Decreto-Lei n 188/81, de 2 de Julho);

2. O sigilo da correspondência estatuído nos nºs 1 e 4 do artigo 34 da Constituição da República não abrange os pacotes e encomendas postais, contendo mercadorias, que devem ser apresentados a fiscalização alfandegária (...)".

---

admite-se que, em casos justificados, o juiz possa autorizar os órgãos de polícia criminal a proceder a abertura imediata da correspondência apreendida (artº 252º, nº 2).
[680] Ac de 22/01/2004, processo 9802/2003-9, in www.dgsi.pt
[681] Parecer 15/1995.

Por isso, os pacotes e encomendas postais estão sujeitos ao regime geral das apreensões, afastando-se do regime específico da apreensão de correspondência, maxime, não carecendo da intervenção do juiz.

Os OPC, sempre que tiverem fundadas razões para crer que qualquer correspondência, existente nas estações de correios e de telecomunicações, pode conter informações úteis à investigação de um crime ou conduzir à sua descoberta, e que podem perder-se em caso de demora, podem ordenar a suspensão da remessa (nº 3 do artº 252º), ordem essa que, de acordo com o nº 3 do artº 253º do CPP, será submetida a validação pelo JIC. Se a ordem não for convalidada no prazo de quarenta e oito horas, por despacho fundamentado do juiz, no qual aprecia a existência dos pressupostos, a correspondência é remetida ao destinatário. A correspondência permanece apreendida na estação de correios por esse lapso de tempo (48 horas a contar da apreensão).

7.6.8.1 *A correspondência com o defensor*

O nº 2 do artº 179º proíbe, *"sob pena de nulidade, não podendo ser utilizada*[682], *a apreensão e qualquer outra forma de controlo da correspondência entre o arguido e o seu defensor, salvo se o juiz tiver fundadas razões para crer que aquela constitui objecto ou elemento de um crime"*. Também aqui o legislador cumpriu a disposição da Lei de Autorização Legislativa (Lei 43/86, de 26/09) que, no item 29 do nº 2 do artº 2º, proíbe a intercepção de correspondência entre o arguido e o seu defensor. Na prática, compatibilizou-se o *"interesse na descoberta da verdade e na realização da justiça criminal com as regras deontológicas do exercício da advocacia, relativas ao segredo profissional"*[683].

Como decorre do preceito legal, não fica sujeita ao regime da correspondência trocada entre o arguido e o seu defensor a correspondência sobre a qual o juiz tiver *fundadas razões* para crer que constitui objecto ou elemento de um crime. Pela simples razão de que, num Estado de Direito Democrático, ninguém goza de impunidade. Por isso, se há suspeita de que essa correspondência constitui objecto ou elemento de um crime, o defensor é também ele suspeito da prática de um crime, devendo, neste caso, sujeitar-se ao regime geral. *"Quando tiver de ocorrer, deve restringir-se aos casos em que o advogado toma parte na actividade criminosa (cfr. artº 60º, nº 4*

---

[682] nº 3 do artº 126º do CPP.
[683] PINTO, Ana Luísa, *Revista do Ministério Público*, Ano 28, pp [53-56].

do DL 84/84)"[684], não pondo em causa as relações com os restantes mandantes, e nem os legítimos direitos individuais destes.

7.6.9 Apreensões com especificidades

7.6.9.1 A apreensão em escritório de advogado[685] ou em consultório médico

Tratando-se de apreensão em escritório de advogado ou em consultório médico, a diligência é, sob pena de nulidade[686], presidida pessoalmente pelo juiz, o qual avisa previamente o presidente do conselho local da Ordem dos Advogados ou da Ordem dos Médicos, para que o mesmo, ou um seu delegado, possa estar presente. Se o consultório médico se localizar em estabelecimento oficial de saúde, o aviso é feito ao presidente do conselho directivo ou de gestão do estabelecimento ou a quem legalmente o substituir (artº 177º, nºs 5 e 6, ex vi do nº 1 do artº 180º).

"Os avisos a efectuar ao presidente do conselho local dos Advogados ou dos Médicos (...) têm de ser compatíveis com o segredo que este tipo de diligências exige para se obter êxito na sua realização, por isso que o aviso tenha por finalidade exclusiva permitir a presença do representante do organismo em causa e não dar a conhecer previamente as razões da diligência"[687].

"Nos casos referidos no número anterior não é permitida, sob pena de nulidade, a apreensão de documentos abrangidos pelo segredo profissional, ou abrangidos por segredo profissional médico, salvo se eles mesmos constituírem objecto ou elemento de um crime" (nº 2 do artº 180º).

Visa aqui a lei proteger a vida privada de terceiros.

Deve ter-se presente que o segredo profissional só pode ser levantado quando estejam reunidos os requisitos do artº 135º. Daí que a apreensão de documentos abrangidos pelo segredo profissional esteja, também ela, por uma questão de coerência e harmonia legislativas, sujeita ao mesmo regime.

O juiz que tiver autorizado ou ordenado a apreensão é a primeira pessoa a tomar conhecimento do conteúdo do objecto apreendido. Se o considerar relevante para a prova, fá-la juntar ao processo; caso contrário, restitui-a a quem de direito, não podendo ser utilizada como meio de

---

[684] SIMAS SANTOS/LEAL HENRIQUES, *Código* ... I vol., p. 911.
[685] Cfr., supra, 7.5.4.3.
[686] Não podendo ser usada, nos termos do nº 3 do artº 126º do CPP.
[687] PINTO, Ana Luísa, *Revista do Ministério Público*, Ano 28, pp [53-56].

prova, e fica ligado por dever de segredo (nº 3 do artº 179º, ex vi do disposto no nº 3 do artº 180º).

7.6.9.2 *Apreensão em estabelecimento bancário*

Segundo o nº 1 do artº 181º do CPP, *"o juiz procede à apreensão em bancos ou outras instituições de crédito de documentos, títulos, valores, quantias e quaisquer outros objectos, mesmo que em cofres individuais, quando tiver fundadas razões para crer que eles estão relacionados com um crime e se revelarão de grande interesse para a descoberta da verdade ou para a prova, mesmo que não pertençam ao arguido ou não estejam depositados em seu nome".*

A apreensão em estabelecimento bancário só pode, pois, ser levada a cabo, por *intervenção pessoal do juiz*, em estabelecimento bancário, desde que verificados dois requisitos, cumulativos:

(1) Houver fundadas razões para crer que estão relacionados com um crime; e

(2) Houver fundadas razões para crer que se revelarão de grande interesse para a descoberta da verdade ou para a prova, mesmo que não pertençam ao arguido ou não estejam depositados em seu nome.

O Ac. do STJ nº 2/2008[688], uniformizador de jurisprudência, veio separar as águas e distinguiu os casos em que deve ter lugar a dispensa de segredo bancário – escusa legítima – daqueloutros em que não há lugar à dispensa de segredo, permitindo a apreensão – escusa ilegítima.

Assim, se a escusa for legítima, o que ocorre quando *"resultar do cumprimento de um dever legal, isto é, do cumprimento do dever de segredo a que a instituição bancária está obrigada"*, *"terá a escusa de ser suscitada perante o tribunal de hierarquia superior a dispensa de sigilo"*. Se a recusa for ilegítima, o que sucede *"quando o facto ou elemento solicitado não estiver compreendido no âmbito do sigilo bancário (nº 2 do artigo 78º do regime jurídico das instituições de crédito) ou tiver havido consentimento por parte do titular da conta"* a autoridade judiciária ordena a prestação de informações.

A doutrina vale para os casos de apreensão de documentos, títulos, valores, quantias e quaisquer outros objectos, mesmo que em cofres individuais, existentes em estabelecimentos bancárias pelo que o juiz só pode determinar a apreensão se houver escusa ilegítima por parte do estabelecimento bancário.

---

[688] Publicado na série I-A do DR de 31 de Março de 2008.

7. OS MEIOS DE OBTENÇÃO DA PROVA

Entre os valores a apreender conta-se, naturalmente, o saldo bancário, que é um meio de obtenção da prova, *"mas que poderá simultaneamente funcionar como meio de prova e como medida cautelar destinada a assegurar o cumprimento de certos efeitos de direito substantivo que estão associados à prática do ilícito penal, como seja a perda desses valores a favor do Estado.*

No sentido da sua caracterização como meio de prova aponta o facto de o artigo 181º, nº 1, permitir a apreensão de valores depositados em estabelecimentos bancários, não apenas quando se encontrem relacionados com o crime, mas também cumulativamente quando se revelem de «grande interesse para a descoberta da verdade ou para a prova», o que faz supor que as quantias apreendidas podem apresentar um valor probatório específico que deva ser tido em consideração na fase de julgamento"[689].

"O juiz pode examinar a correspondência e qualquer documentação bancárias para descoberta dos objectos a apreender nos termos do número anterior" (nº 2 do artº 181º). "O exame é feito pessoalmente pelo juiz, coadjuvado, quando necessário, por órgãos de polícia criminal e por técnicos qualificados, ficando ligados por dever de segredo relativamente a tudo aquilo de que tiverem tomado conhecimento e não tiver interesse para a prova" (nº 3 do artº 181º).

A criminalidade organizada e a económico-financeira, e bem assim o branqueamento e financiamento de terrorismo, sujeitam a regras próprias, mais flexíveis, o levantamento do sigilo bancário (cfr. Leis 5/2002, de 11 de Janeiro e Lei 25/2008, de 5 de Junho).

7.6.9.3 *Apreensão de objectos e documentos em poder de outras pessoas sujeitas a segredo*

O nº 1 do artº 182º manda que as pessoas indicadas nos artigos 135º a 137º – os ministros de religião ou confissão religiosa, os advogados, médicos, jornalistas, (...) funcionários e as demais pessoas a quem a lei permitir ou impuser que guardem segredo – apresentem à autoridade judiciária, quando esta o ordenar, os documentos ou quaisquer objectos que tiverem na sua posse e devam ser apreendidos.

Autoridade judiciária é aqui o Mº Pº ou o Juiz, conforme a fase processual em que a apreensão seja ordenada.

---

[689] Ac do TC 294/2008.

As referidas pessoas só não apresentarão os documentos ou objectos se, por escrito, invocarem segredo profissional, de funcionário ou segredo de Estado[690].

Se a recusa se fundar em segredo profissional ou de funcionário (que não segredo religioso já que este é absoluto e, por isso, insusceptível de levantamento), pode o mesmo vir a ser dispensado nos termos previstos nos nºs 2 e 3 do artigo 135º e no nº 2 do artigo 136º. Se a recusa se fundar em segredo de Estado, deve este ser confirmado, no prazo de 30 dias, por intermédio do Ministro da Justiça. Decorrido este prazo sem a confirmação ter sido obtida, os documentos ou objectos devem ser entregues.

7.6.9.4 *Apreensão de cartões de telemóvel*[691]

O STJ[692] considera que a apreensão de cartões de telemóveis está sujeita ao regime das escutas telefónicas. Com efeito, afirma, *"Divergimos da conclusão daquele autor[693] no caso de as mensagens já terem sido lidas, porque, quer as mensagens tenham sido lidas ou não pelo destinatário, o que nem sempre se torna de destrinça fácil, sobretudo se e quando algum do «software» de gestão de correio electrónico possibilita marcar como aberta ou não aberta uma mensagem, por vontade do seu destinatário, independentemente de ter sido ou não lida, aquele tem sempre o direito a não ver essa correspondência que lhe foi endereçada devassada por alguém, sem sua autorização, constituindo a leitura dessa correspondência intromissão absolutamente ilegítima nela, atentado ao direito à inviolabilidade da mesma, consagrado no artº 34º nº 4, da Constituição.*

A mensagem (vulgo SMS) tem um específico destinatário e enquanto arquivada no cartão do telemóvel, assiste àquele o direito a não ver o teor daquela divulgado, o que não sucedeu no caso vertente quando a Polícia Judiciária, procedeu à leitura do cartão telemóvel, sem prévia autorização judicial ou validação daquela".

Se já assim entendia o STJ antes da alteração do CPP operada pela Lei 48/2007, de 29/08, por maioria de razão o entenderá após a revisão. Com efeito, legislador de 2007 fez a sua opção[694], sujeitando ao regime

---

[690] Não invocando o segredo podem ficar sujeitos a procedimento criminal por desobediência, devendo os mesmo ser apreendidos coactivamente.
[691] Sobre o tema, mais aprofundadamente, infra 7.7.14.
[692] Ac de 20/09/2006, processo 06P2321, in www.dgsi.pt
[693] VERDELHO, Pedro.
[694] A respeito do regime de equiparação às escutas telefónicas, veremos quais as posições que se perfilavam infra em 7.7.14.

das escutas telefónicas todo o correio electrónico, mesmo que guardado em suporte digital.

Na realidade, a nova redacção do nº 1 do artº 189º do CPP passou a ser a seguinte: *"O disposto nos artigos 187º e 188º é correspondentemente aplicável às conversações ou comunicações transmitidas por qualquer meio técnico diferente do telefone, designadamente correio electrónico ou outras formas de transmissão de dados por via telemática, mesmo que se encontrem guardadas em suporte digital, e à intercepção das comunicações entre presentes".*

Por isso, se assim for entendido, para além dos pressupostos gerais, é necessário que haja despacho do juiz para obter e juntar aos autos dados sobre a localização celular ou o tráfego de comunicações, restringindo-se tal meio de prova aos crimes e pessoas referidos no âmbito do regime das escutas (artigo 189º).

Costa Andrade[695], no entanto, criticando a solução da Lei, afirma que *"o mesmo (objecto idóneo de busca e, por isso, não sujeito ao regime das telecomunicações) valendo para a informação (conteúdos e dados de comunicação) guardada no cartão SIM de um telemóvel e relativa a conversações e mensagens (v.g. SMS) expedidas ou recebidas. E é assim porquanto, a partir do momento da entrada dos dados na esfera de domínio do destinatário, este deixa de estar naquela «específica situação de perigo» e de carência de tutela que são, já o vimos que são, próprias do tempo em que a comunicação está exposta ao domínio e à heteronomia do sistema de telecomunicações".*

Já depois da revisão do CPP operada em 2007, a jurisprudência da Relações vai no sentido de que o tratamento dos dados guardados no cartão SIM deve ser tratado como correspondência escrita. Assim:

– Em 12 de Outubro de 2009, a Relação de Guimarães publicou acórdão[696] em cujo sumário se lê: *"A obtenção e junção aos autos de transcrição de mensagem escrita guardada em telemóvel, não têm de ser autorizados pelo juiz, para serem válidos como meios de prova";*

– Em 27 de Janeiro de 2010, a Relação do Porto publicou acórdão[697], no qual se lê: *"A leitura feita pela PJ de mensagem registada no cartão SIM de um telemóvel que já entrou na esfera de domínio do destinatário, não se configura como intercepção de conversação ou comunicação telefónica para efeitos da apli-*

---

[695] *Bruscamente...*, RLJ 137º-340.
[696] CJ, XXXIV, IV, p. 293.
[697] Processo 896/07.5JAPRT.P1 in www.dgsi.pt

cação dos artigos 187º e 188º, nem lhe é aplicável a extensão enunciada no artigo 189º nº 1, todos do CPP". Por isso, acrescenta, "A mensagem via telemóvel já recebida deverá ter o mesmo tratamento da correspondência escrita, que circula através do tradicional sistema postal: recebida mas ainda não aberta pelo destinatário, aplicar-se-á, à respectiva apreensão, o estabelecido no artigo 179º do CPP; recebida, aberta e guardada pelo destinatário, já não beneficiará do regime de protecção da reserva da correspondência e das comunicações, podendo ser apreendida para valer como mero documento escrito". E isto porque, argumenta-se, "A leitura de uma mensagem registada no cartão «SIM», que já entrou na esfera de domínio do destinatário, não se configura como intercepção de conversação ou comunicação telefónica, para efeitos de se lhe aplicarem directamente as regras dos artigos 187º e 188º, do CPP. É que, como refere Pedro Verdelho, Técnica do Novo CPP: Exames, Perícias e Prova Digital, Revista do CEJ, 1º semestre de 2008, nº 9, pg. 164, «uma comunicação, pela sua natureza, é uma realidade dinâmica: vai de um lado para outro, entre um emissor e um receptor (...) é uma comunicação enquanto circula nas redes» E que assim é revelou o legislador ao denominar de «intercepção» a interferência naquelas realidades, sendo certo que interceptar significa efectivamente «interromper o curso de», «cortar», «fazer parar», «impedir», ou seja, interferir em algo que está a decorrer". Por outro lado, o artº 189º do CPP "rege para as conversações ou comunicações transmitidas por qualquer meio técnico <u>diferente do telefone</u> (sublinhado nosso) e o telemóvel é telefone".

– Em 11 de Janeiro de 2011, a Relação de Lisboa[698] decidiu que "A Lei do Cibercrime (Lei nº 109/09, de 15 Set.), ao remeter no seu art. 17, quanto à apreensão de mensagens de correio electrónico ou registos de comunicações de natureza semelhante, para o regime geral previsto no Código de Processo Penal, determina a aplicação deste regime na sua totalidade, sem redução do seu âmbito; As mensagens de correio electrónico ou registos de comunicações de natureza semelhante, que se afigurem de grande interesse para a descoberta da verdade ou para a prova, podem ser apreendidas, aplicando-se correspondentemente o regime de apreensão de correspondência previsto no CPP; Tais apreensões têm de ser autorizadas ou determinadas por despacho judicial, devendo ser o juiz a primeira pessoa a tomar conhecimento do conteúdo da correspondência apreendida, sob pena de nulidade".

– Em 12 de Maio de 2013 2012, a Relação do Porto[699] entendeu que "As mensagens, depois de recebidas, deixam de ter a essência de uma comunicação em

---

[698] Ac da RL de 11/01/2011, processo 5412/08.9TDLSB-A.L1-5, in www.dgsi.pt
[699] Ac da RP de 22/05/2013, processo 74/07.3PASTS.P1, in www.dgsi.pt

7. OS MEIOS DE OBTENÇÃO DA PROVA

transmissão para passarem a ser uma comunicação já recebida, que terá porventura a mesma essência da correspondência, em nada se distinguindo de uma carta remetida por correio físico. Tendo sido já recebidas, se já foram abertas e porventura lidas e mantidas no computador ou no telemóvel, não deverão ter mais protecção que as cartas em papel que são recebidas, abertas ou porventura guardadas numa gaveta, numa pasta ou num arquivo, visto o disposto no art. 194º, nº 1 do C. Penal"[700].

7.6.10 Restituição dos objectos apreendidos

"Logo que se tornar desnecessário manter a apreensão para efeito de prova, os objectos apreendidos são restituídos a quem de direito" (nº 1 do artº 186º). O que significa, a contrario senso, que enquanto forem necessários para o processo, não só para efeitos de prova, mas também para se assegurar a eventual declaração de perda a favor do Estado[701], deve manter-se a apreensão.

A desnecessidade de manter a apreensão ocorre quando não integram o objecto da prática de qualquer crime e nem sejam susceptíveis de vir a ser declarados perdidos a favor do Estado.

Houve quem defendesse, em requerimento apresentado num processo, que os objectos só deviam manter-se apreendidos se e apenas enquanto não fossem ultrapassados os prazos das fases processuais em que fosse decretada a apreensão.

Decidiu o TC[702]: *"Podendo manter-se o seu interesse quer para efeitos probatórios quer para garantia do cumprimento de certas consequências jurídicas da prática do crime, a manutenção da apreensão de bens ou valores não está, por isso, necessariamente dependente da observância dos prazos de duração do inquérito, aparecendo antes interligada com as finalidades do processo penal (...).*

É certo que o nº 1 do citado artigo 186º também admite que os objectos apreendidos possam ser restituídos a quem de direito «logo que se tornar desnecessário manter a apreensão para efeito de prova»; mas isso apenas demonstra que não há lugar à restituição quando tenham terminado os prazos de duração do inquérito, mas apenas quando deixem de se verificar os requisitos de que a lei faz depender a utilização desse meio de obtenção de prova (...).

---

[700] Em sentido inteiramente coincidente, o Ac da RL de 24/09/2013, processo 145/10.9GE-ALM.L2-5, in www.dgsi.pt
[701] Neste sentido o Ac da RL de 1/10/97, processo 0055313, in www.dgsi.pt
[702] Ac do TC 294/2008.

A apreensão de bens ou valores que constituam o produto do crime não está relacionada, por isso, com quaisquer vicissitudes processuais, mas unicamente com os próprios fins do processo penal, e é justificada à luz do interesse da realização da justiça, nas suas componentes de interesse na descoberta da verdade e de interesse na execução das consequências legais do ilícito penal".

Os objectos são restituídos, diz a lei, *"a quem de direito"*, conceito que não é coincidente com o de proprietário. Com efeito, o preceito em causa tem de ser conjugado com a norma do nº 6 do artº 178º, onde se fala de *"titular de bens ou direitos"*, sendo este um conceito amplo, que não abrange *"apenas a quem seja proprietário do bem ou direito apreendido"* (...), mas também *"quem detenha o direito de usar e fruir o bem"*[703].

Também assim o entende o STJ[704]: *"Nos termos do art. 186º, nº 2, do CPP, os objectos apreendidos, uma vez transitada em julgado a decisão, serão restituídos a quem de direito, isto é, a quem prove ser proprietário deles ou titular de um qualquer direito real relativamente a tais objectos"*. Caso de trate de veículos automóveis, *"n̄ao podem serem restituídos (...) sem que os mesmos estejam registados em nome de quem pede a sua restituição, sendo que a situação jurídica relativa aos ditos veículos deve ser regularizada, com a respectiva actualização registral, no prazo de 60 dias, contados pelo menos da data da apreensão, em conformidade com o preceituado no citado dispositivo do CPP, em articulação com o disposto no art. 162º, al. e), do CE e em conjugação com os artºs. 1º, 3º e 5º do DL 54/75, de 12-02 (...)".*

A desnecessidade deve ser reconhecida pelo Mº Pº no inquérito; pelo JIC na instrução; e pelo juiz que preside à fase do julgamento[705].

Para além da desnecessidade para o processo, os objectos apreendidos, que não tenham sido declarados perdidos a favor do Estado, são restituídos a quem de direito, logo que transite em julgado a sentença (

nº 2 do artº 186º). As pessoas a quem devam ser restituídos os objectos são notificadas para procederem ao seu levantamento no prazo máximo de 90 dias, findo o qual passam a suportar os custos resultantes do seu depósito (nº 3 do artº 186º).

"A notificação não pode ser feita por remissão genérica para dispositivos legais que o normal cidadão não sabe o que dizem. Exige-se que essa notificação identi-

---

[703] Ac da RP de 21/01/2004, processo 0315777, in www.dgsi.pt
[704] Ac de 21/12/2006, processo 06P4047, in www.dgsi.pt
[705] Neste sentido o Ac da RL de 4/06/97, processo 0030913, in www.dgsi.pt

7. OS MEIOS DE OBTENÇÃO DA PROVA

fique os objectos a restituir, o prazo em que se pode proceder ao seu levantamento, a quantificação dos custos a suportar, caso o levantamento não ocorra no prazo e, finalmente, que elucide da cominação de perdimento a lavor do Estado caso não sejam levantados no prazo de «um ano a contar da data da notificação"[706].
Em nome do direito à informação e do dever de fundamentação.

Decorrido que seja o prazo de um ano, a contar da notificação referida no número anterior, sem que tenham procedido ao levantamento dos objectos apreendidos, serão estes declarados perdidos a favor do Estado (nº 4 do artº 186º do CPP).

Se houver sido decretado o arresto preventivo não há lugar à restituição (nº 5 do artº 186º).

7.6.11 A influência da doutrina e da jurisprudência na evolução legislativa
Dos meios de obtenção da prova, o instituto das apreensões é, seguramente, o que está mais consolidado e, por isso, o que menos tem sido sujeito a alterações ao longo dos tempos.

O CPP de 1929 tratava das apreensões nos artºs 202º, 208º, 209º e 210º.

A apreensão em escritório de advogado era regulada no artº 583º do Estatuto Judiciário; e em consultório médico no Estatuto respectivo. Em ambos os casos a busca era obrigatoriamente presidida pelo Juiz que a ordenou, devendo ser notificado o Represente da Ordem para, querendo, estar presente.

O regime hoje vigente corresponde-lhe na íntegra.

O CPP29 não previa a apreensão em estabelecimento bancário.

O artº 202º dispunha: *"Serão apreendidas e examinadas todas as armas e instrumentos que serviram à infracção ou estavam destinadas para ela e bem assim todos os objectos que forem deixados pelos delinquentes no local do crime, ou quaisquer outros cujo exame seja necessário para a instrução. Os objectos apreendidos serão juntos ao processo, quando possível, e, quando o não seja, confiados à guarda do escrivão do processo ou de um depositário. De tudo se fará menção no respectivo auto"*.

Corresponde-lhe o artº 178º do CPPV.

O artº 208º estipulava: *"Os papéis e objectos que não forem necessários à instrução da causa não poderão ser apreendidos, e, se posteriormente se reconhecer que o não deviam ter sido, serão imediatamente restituídos a quem de direito"*.

---

[706] Ac da RP de 16/9/2009, CJ, XXXIV, IV, p. 216.

Corresponde-lhe os artºs 178º, nº 1 e 186º do CPPV.

O CPP29, no § 2º do artº 450º, mandava que, na sentença final, o juiz ordenasse que fossem entregues aos ofendidos os objectos de que o réu pelo seu crime os tiver privado. E ainda que fosse ordenada a entrega a quem de direito de quaisquer objectos apreendidos e que não devessem considerar-se perdidos a favor do Estado.

Hoje, segundo o nº 2 do artº 186º, os objectos apreendidos, que não tenham sido declarados perdidos a favor do Estado, são restituídos a quem de direito, logo que transite em julgado a sentença.

O artº 209º prescrevia: *"Nas apreensões a realizar em repartições ou estabelecimentos públicos de qualquer natureza guardar-se-á a forma que estiver estabelecida nas respectivas leis e regulamentos e, na sua falta, o disposto neste código.*

§ único: Neste caso não se aplicará o disposto no artigo 205°; o juiz solicitará à autoridade ou estação competente que seja facultada a busca e apreensão".

Este preceito não passou para o CPP87, pelo menos com o conteúdo que dele consta, a que não será alheio o facto de ter terminado a denominada garantia administrativa.

O artº 182 regulamenta a apreensão de documentos nos casos compreendidos no citado artº 209º, mas já não faz referência às leis e regulamentos respectivos, mas antes ao dever de segredo profissional e de Estado, o que quadra com o Estado-de-direito, no qual todos estão vinculados ao império da lei.

O artº 210º, correspondente ao actual 179º, rezava: *"Nos correios e nas estações de telecomunicações poderão fazer-se buscas e apreensões de cartas, encomendas, valores, telegramas e qualquer outra correspondência dirigida ao arguido, ou outras pessoas que tenham relações com o crime, e poderá o juiz ou qualquer oficial de justiça ou agente da autoridade, por sua ordem, ter acesso aos referidos meios, para interceptar, gravar ou impedir comunicações, quando seja indispensável à instrução da causa, observando-se as disposições deste código em tudo o que não for regulado na respectiva legislação especial".*

O § 2º consignava a excepcionalidade da apreensão já que devia o juiz declarar previamente a sua necessidade em despacho fundamentado. Todavia, a mesma era permitida sempre que estivesse relacionada com crime, fosse ele qual fosse, isto é, não se exigia que fosse punível com pena de máximo abstracto superior a 3 anos.

Revogado o Código de Processo Penal de 1929, e já no domínio do CPP87, o regime jurídico das apreensões foi alterado pela Lei 59/98, de 13/01, aprovada na sequência da Proposta de Lei nº 157/VII, que justifica assim as modificações: *"Altera-se o art$^{\circ}$ 181° quanto à apreensão em estabelecimento bancário, de modo a abranger a apreensão de documentos, passam a prever-se expressamente, no artigo 185°, as medidas de conservação e manutenção necessárias a decretar pela autoridade judiciária quanto a coisas deterioráveis apreendidas. (...) O regime de apreensões, enquanto meio de obtenção de prova, é alterado tendo em vista, por um lado, uma maior eficiência no combate ao crime e, por outro, a necessidade de reforçar a tutela do direito de propriedade enquanto direito fundamental. Embora sem pôr em causa a sua natureza, permite-se que a medida possa ser levada a efeito por órgãos de polícia criminal no decurso de revistas ou buscas ou em caso de urgência ou perigo na demora, conferindo, por esta forma, maior exequibilidade às medidas de polícia; porém, exige-se, neste caso, a sua validação por autoridade judiciária, no prazo de setenta e duas horas. Por outro lado, introduz-se a possibilidade de apreciação da medida de apreensão pelo juiz de instrução, dadas as restrições impostas ao direito de propriedade, que deve ser eficazmente tutelado. Em consequência, altera-se o artigo 249°, n$^{\circ}$ 2, alínea c), de modo a harmonizar o regime das medidas de polícia com o novo regime da apreensão, e atribui-se claramente competência ao juiz de instrução para declarar a perda de bens apreendidos a favor do Estado quando o inquérito for arquivado, em paralelo com o que se dispõe em sede de decisão final [artigo 374°, n$^{\circ}$ 3, alínea c)]"*.

Sabe-se o porquê das alterações e estas respeitaram a vontade do legislador. Com efeito:

O art$^{\circ}$ 178°, foi alterado no seu n$^{\circ}$ 3, suprimindo-se a expressão *"salvo quando efectuadas no decurso de revistas ou de buscas, caso em que lhe são aplicáveis as disposições previstas neste Código para tais diligências"*. Passou a ter a seguinte redacção: *"As apreensões são autorizadas, ordenadas ou validadas por despacho da autoridade judiciária"*.

Aditou-se um n$^{\circ}$ 4, praticamente com a mesma redacção do segmento suprimido, mas harmonizado com as medidas cautelares, havendo a preocupação de dotar os OPC com meios mais eficazes de combate ao crime, agilizando as medidas de polícia, como era escopo do legislador.

Para além de que a alteração era imposta, em nosso entender, pelo conjunto de obrigações assumidas pelo Estado Português no âmbito do combate ao crime organizado, constatado o fenómeno da globalização.

Passou a ter s seguinte redacção: *"Os órgãos de polícia criminal podem efectuar apreensões no decurso de revistas ou de buscas ou quando haja urgência ou perigo na demora, nos termos previstos no artigo 249°, n$^{\circ}$ 2, alínea c)"*.

Num Estado de Direito, não podem as medidas cautelares, efectuadas pelos OPC, de motu próprio, deixar de ser alvo de apertado controlo por parte da AJ, que deverá verificar se as medidas foram levadas a cabo a coberto da legalidade (artº 2º da CRP). Por isso, introduziu-se, ex novo, o nº 5: *"As apreensões efectuadas por órgão de polícia criminal são sujeitas a validação pela autoridade judiciária, no prazo máximo de setenta e duas horas"*.

Não sendo validadas, passarão a integrar o rol das provas proibidas, sujeitando-se o apreensor a responsabilidade disciplinar e, verificados os respectivos pressupostos, também penal.

Também ex novo o nº 6: *"Os titulares de bens ou direitos objecto de apreensão podem requerer ao juiz de instrução a modificação ou revogação da medida. É correspondentemente aplicável o disposto no artigo 68°, nº 5".*

Procurou conciliar-se os interesses da instrução com os dos titulares dos bens, devendo prevalecer aqueles sempre que o objecto apreendido se revele de grande relevância para a descoberta da verdade e deva ser conservado.

O incidente para modificação ou revogação da medida, que pode correr em separado, é instruído de molde a não prejudicar o curso normal do processo.

Ainda ex novo o nº 7: *"Se os objectos apreendidos forem susceptíveis de ser declarados perdidos a favor do Estado e não pertencerem ao arguido, a autoridade judiciária ordena a presença do interessado e ouve-o. A autoridade judiciária prescinde da presença do interessado quando esta não for possível".*

Houve a preocupação de harmonizar o regime processual penal com regime penal, designadamente com o nº 2 do artº 110º, que permite que os objectos pertencentes a terceiros sejam declarados perdidos a favor do Estado se, para além dos requisitos específicos da declaração de perda, os seus titulares tiverem concorrido, de forma censurável, para a sua utilização ou produção, ou do facto tiverem retirado vantagens; ou ainda quando os objectos forem, por qualquer título, adquiridos após a prática do facto, conhecendo os adquirentes a sua proveniência.

Na base da audição dos interessados está, sem qualquer dúvida, a filosofia garantística subjacente ao CPP87, e o princípio da proibição de excesso. Àqueles são concedidos todos os meios de defesa, e, por isso, se cumpre o contraditório. A apreensão só se mantém se for indispensável ao processo, e pelo menor espaço de tempo possível.

7. OS MEIOS DE OBTENÇÃO DA PROVA

Também o nº 1 do artº 181º foi alterado:
– Substituiu-se a expressão *"autoridade judiciária"* por *"juiz"*, na prática se reconhecendo que o segredo bancário tutela direitos fundamentais dos cidadãos, e até do próprio Estado, cuja economia carece de um instituto tão importante como o segredo bancário. Por isso, de acordo com a jurisprudência altamente maioritária dos Tribunais Superiores, e unânime do TC, como amiúde já referimos, a violação desses direitos, considerada de grave, impõe seja um juiz a decidir da apreensão;
– Introduziu-se ex novo o vocábulo *"documentos"*, permitindo-se, como era vontade do legislador, expressa na Proposta de Lei, que o artº 181º abrangesse a apreensão de documentos em estabelecimento bancário. O que é lógico, coerente e estava, de resto, consignado na lei. Com efeito, se já era possível a apreensão de títulos, valores, quantias e quaisquer outros objectos depositados em bancos ou outras instituições de crédito, nos *"quaisquer outros objectos"* incluíam-se, naturalmente, os documentos.

O artigo 182º foi também objecto de alteração. Assim:
– No nº 1, onde se referia às pessoas indicadas nos *artºs 135º e 136º*, passa agora a referir-se às pessoas indicadas nos artigos *135º a 137º*, ou seja, inclui-se também as pessoas do artigo 137º, isto é, as pessoas sujeitas a segredo de Estado que, de resto, já constavam no nº 3 do referido preceito. Tratou-se, em nosso entender, de alteração para se obter simples coerência legislativa.
– No nº 2, onde constava *no artigo 135°, nº 2*, passou a constar *artigos 135º, nºˢ 2 e 3*. Já não se trata aqui de simples concordância ou coerência legislativa, mas da reparação *"de lapso evidente e para o qual a Procuradoria--Geral da República*[707] *havia alertado anteriormente. (...)* «Embora o nº 2 do artigo 182º remeta apenas para o nº 2 do artigo 135º, pensa-se que não pode deixar de entender-se esta remissão como abrangendo também o nº 3 do mesmo artigo 135º. A não se entender assim, significaria que, no âmbito do artigo 182º, se aceitaria apenas a primeira fase do incidente, tal como é construído pelo artigo 135º.*

Ou seja: se a autoridade judiciária concluísse pela legitimidade da recusa, não se passaria ao procedimento contemplado no nº 3 do artigo 135º para essa situação, o que paralisaria o sistema. Sendo assim, parece dever entender-se ter havido lapso na remissão, a qual deveria fazer expressa referência também ao nº 3".

---

[707] Apud SIMAS SANTOS/LEAL HENRIQUES, *Código....*, I vol., p. 919

Finalmente, foi alterado o art.º 185.º:

– A primeira alteração diz respeito à introdução do vocábulo *"deterioráveis"*, ampliando-se o preceito, fazendo-se corresponder à realidade pois que, de modo nenhum, se podem confundir coisas perecíveis (que desaparecem) com deterioráveis (que são sujeitas a alteração de qualidades), justificando estas medidas de conservação ou de manutenção tanto quanto aquelas, não havia razão para a diferença de tratamento.

– A segunda alteração consistiu em conferir poderes à autoridade judiciária para ordenar as *medidas de conservação ou manutenção necessárias*. Também aqui o legislador foi pragmático e visou alterar o estado de coisas em que se caíra pelo facto de os objectos apreendidos terem de permanecer à ordem do processo, a deteriorarem-se por força de intempéries, designadamente. O bom senso impunha o aludido aditamento.

Nova alteração legislativa só com a Lei 48/2007, de 29/12.

O legislador, mais uma vez, fugiu às explicações para a alteração e limitou-se a dizer no preâmbulo do anteprojecto de revisão: *"Estando em causa a apreensão de coisas sem valor, perecíveis, perigosas ou deterioráveis, a autoridade judiciária poderá ordenar a venda, a afectação a finalidade pública ou socialmente útil, as medidas de conservação ou manutenção necessárias ou a destruição imediata, conforme as circunstâncias (artigo 185.º). Após o trânsito em julgado da sentença, as pessoas a quem devam ser restituídas as coisas apreendidas são notificadas para as levantarem e, se o não fizerem, perdem essas coisas a favor do Estado no prazo de um ano (artigo 186.º)"*. Como se vê, não refere o porquê, como devia.

As alterações no âmbito da Lei 48/2007 reduziram-se, na prática, aos dois artigos referidos, já que a nova redacção do n.º 1 do art.º 180.º do CPP – *"À apreensão operada em escritório de advogado ou em consultório médico é correspondentemente aplicável o disposto nos n.ºˢ 5 e 6 do artigo 177.º"* – era imposta pela alteração do art.º 177.º. Na verdade, como os n.ºs 3 e 4 do art.º 177.º passaram a ser os n.ºs 5 e 6 do mesmo preceito, a remissão tinha de ser feita para o correspondente preceito.

O artigo 185.º era composto apenas pelo corpo do artigo: *"Se a apreensão respeitar a coisas perecíveis, perigosas ou deterioráveis, a autoridade judiciária pode ordenar, conforme os casos, a sua venda ou afectação a finalidade socialmente útil, destruição, ou as medidas de conservação ou manutenção necessárias"*.

Tem agora a seguinte redacção:

1. Se a apreensão respeitar a coisas sem valor, perecíveis, perigosas, deterioráveis ou cuja utilização implique perda de valor ou qualidades, a autoridade judiciária

7. OS MEIOS DE OBTENÇÃO DA PROVA

pode ordenar, conforme os casos, a sua venda ou afectação a finalidade pública ou socialmente útil, as medidas de conservação ou manutenção necessárias ou a sua destruição imediata.

2. Salvo disposição legal em contrário, a autoridade judiciária determina qual a forma a que deve obedecer a venda, de entre as previstas na lei processual civil.

3. O produto apurado nos termos do número anterior reverte para o Estado após a dedução das despesas resultantes da guarda, conservação e venda.

O nº 1, correspondente ao anterior preceito, foi objecto de três alterações:

– Ampliou-se o objecto da previsão, incluindo as coisas *sem valor* e ainda aquelas *cuja utilização implique perda de valor ou qualidades*.

– Na sequência lógica permite-se que, nestes casos, se ordene a *sua destruição imediata*.

– No que diz respeito à afectação terá agora de ser feita a finalidade *pública*, embora se continue a permitir que as coisas sejam afectas a fins socialmente úteis.

Todas as alterações eram exigidas por razões práticas, de bom senso.

No nº 2, e ressalvada legislação em contrário, permite-se que a autoridade judiciária determine qual a forma a que deve obedecer a venda, de entre as previstas na lei processual civil. Crê-se que o legislador quis tomar partido na controvertida questão da venda dos bens apreendidos em processo-crime:

– Para uns[708], a venda de objectos declarados perdidos a favor do Estado não se enquadra nos termos subsequentes do processo-crime, como resulta dos artºs 95º, 98º e 100º da Lei nº 3/99, de 13/1;

– Para outros[709], a venda era um incidente do próprio processo e que, por isso, deveria ter lugar no âmbito do mesmo, ordenada pela autoridade judiciária que presidisse à fase em que fosse efectuada. E mais se entendia que se aplicavam supletivamente as regras da lei processual civil por força do disposto no artº 4º.

O legislador resolveu a vexata quaestio, legislando neste último sentido.

O nº 3, reconhecendo que a venda é feita no processo, dá destino ao produto da venda efectuada, como se impunha.

---

[708] Parece que vai neste sentido o Ac da RC de 19/11/2002 in CJ, Ano XXVII, tomo V, p. 19; e o Ac da RP de 5/2/1997, processo 9611102, ambos in www.dgsi.pt
[709] Ac da RP de 22/04/1996, processo 9650020, in www.dgsi.pt

Finalmente, foi alterado o artº 186º: mantiveram-se inalterados os nºs 1, 2 e 3, embora este tenha passado a ser o nº 5. Os nºs 3 e 4 são inteiramente novos. Agora, se houver de restituir objectos, são notificadas as pessoas a quem devam ser restituídos para procederem ao seu levantamento, no prazo máximo de 90 dias, findo o qual passam a suportar os custos resultantes do seu depósito.

Deu-se corpo legal aos princípios da cooperação e da lealdade, o que permitiu introduzir a regra do nº 4: *"Se as pessoas referidas no número anterior não procederem ao levantamento no prazo de um ano a contar da notificação referida no número anterior, os objectos consideram-se perdidos a favor do Estado".*

Em benefício da superioridade ética do Estado.

Regra idêntica constava do artº 14º do Decreto 12.487, de 14 de Outubro de 1926, que regulava o processo de venda dos objectos declarados perdidos a favor do Estado e o depósito das quantia em dinheiro, apreendidas em, processo-crime. Revogado expressamente pela Lei 48/2007, tinha esta de regulamentar a matéria constante do Diploma revogado. Foi o que fez com a introdução dos nºs 3 e 4 do artº 186º, pondo ainda termo a alguma polémica jurisprudencial já que havia quem entendesse que o Decreto 12.487, de 14 de Outubro de 1926 não estava em vigor e, por isso, não havia norma que permitisse declarar perdidos a favor do Estado os objectos não reclamados dentro de certo prazo.

A Decisão-Quadro 2003/577/JAI do Conselho, datada de 22 de Julho de 2003, considerando o princípio do reconhecimento mútuo da cooperação judiciária na União, tanto em matéria civil como penal, e considerando que este deve aplicar-se aos despachos judiciais proferidos antes da realização dos julgamentos, em especial aos que permitam às autoridades judiciárias competentes recolher rapidamente as provas e apreender os bens que facilmente possam desaparecer, estabelece um conjunto de regras relativas a apreensão de bens e subsequente perda, designadamente na fase anterior ao julgamento. E impõe, no artº 14º, que os Estados-Membros adoptem as medidas necessárias para dar cumprimento às suas disposições, até 2 de Agosto de 2005.

Portugal ainda nenhuma medida adoptou com vista ao cumprimento da Decisão.

Não é preciso grandes capacidades premonitórias para se afirmar que não tardará a aparecer legislação nova no que tange às apreensões.

7.7 Escutas Telefónicas[710]
7.7.1 *Definição*

"As «escutas telefónicas» dizem respeito às intervenções que sofrem os particulares no exercício do seu direito fundamental à comunicação livre e de forma secreta, entre si, por meio de telefone"[711].

A intervenção telefónica pode definir-se como *"todo o acto de investigação, limitativo do direito fundamental ao segredo das comunicações, pelo qual o juiz de instrução, relativamente a um acto punível de especial gravidade e no decurso de um procedimento penal, decide, mediante decisão especialmente fundamentada, que pelo órgão de polícia criminal se proceda ao registo das chamadas a efectuar, ou à gravação por magnetofone das conversações telefónicas do suspeito durante o tempo imprescindível para poder pré-constituir a prova do facto punível e a participação do seu autor"*[712].

"Gravar significa fazer o registo técnico das palavras num suporte (fita magnética, disco, cassete, etc.) que torne possível a sua ulterior audição"[713]. Daí que a «intercepção e gravação» seja entendida como *"um conjunto de operações técnicas, levadas a cabo por instrumentos electrónicos de captação e registo de fluxos informacionais e comunicacionais digitais, com vista à sua guarda e conservação, em tempo real, num suporte electrónico-digital (de armazenamento – Disquete, CD, DVD, etc.) de um dado fluxo informacional ou comunicacional que, de outro modo, se teria «perdido» no seu acontecer espácio-temporalmente limitado"*[714].

"O procedimento de intercepção telefónica ou similar consubstancia-se na captação de uma comunicação entre pessoas diversas do interceptor por meio de um processo mecânico, sem conhecimento de, pelo menos, um dos interlocutores"[715].

"Nos termos do art.º 187.º, n.º 1 e 190.º (hoje, 189.º) do CPP, o instituto das «escutas telefónicas» abrange a «intercepção e gravação de conversações ou comunicações

---

[710] Para total e integral compreensão do regime jurídico das escutas telefónicas é imprescindível a leitura da obra de VEIGA, Armando / RODRIGUES, Benjamim Silva, *Escutas telefónicas, rumo à monitorização dos fluxos informacionais e comunicacionais digitais*, Coimbra Editora 2007, 2ª edição revista e ampliada, obra essa que seguiremos de perto na nossa exposição.
[711] Idem, p. 61.
[712] Sentença de 18/07/1993, do Supremo Tribunal Espanhol, citada pelos AA referidos, na op. cit., p. 66.
[713] ANDRADE, Manuel da Costa, *Comentário Conimbricense do Código Penal*, Direcção do Prof. Figueiredo Dias, Coimbra Editora, 1999, Tomo I, em anotação ao artigo 199º, p. 829.
[714] VEIGA/outro, *op. cit.*, p. 176.
[715] Conclusão 3º do *Parecer da PGR* 92/91.

telefónicas», bem como as levadas a cabo «por qualquer meio técnico diferente do telefone» e, ainda, a «intercepção de comunicação entre presentes»"[716].

Equiparável às escutas telefónicas é o regime das comunicações transmitidas por correio electrónico, abrangendo aquele *"qualquer mensagem textual, vocal, sonora ou gráfica enviada através de uma rede pública de comunicações que pode ser armazenada na rede ou no equipamento terminal do destinatário até este a recolher"* [alínea h) do artº 2º da Directiva 2002/58/CE].

As escutas telefónicas são, reconhecidamente, um meio de prova de elevada eficácia, especialmente no combate à grande criminalidade, à criminalidade organizada e à económico-financeira. Mas são também extraordinariamente intrusivas, provocadoras de elevada danosidade social. Se usadas sem moderação, esquecendo que são última ratio, se não forem objecto de permanente controlo judicial, estaremos a contribuir, seguramente, para a transformação do Estado-de-direito em Estado-policial.

No dizer de Costa Andrade[717], *"as escutas telefónicas têm uma danosidade social polimórfica (...) são o meio de prova mais invasivo dos direitos e liberdades fundamentais das pessoas. Desde logo, porque quem aplicar as escutas telefónicas nunca consegue limitar os danos. Os estragos têm uma dimensão subjectiva (apanhamos sempre mais pessoas do que queríamos apanhar) e lesam mais interesses do que aqueles que se queria lesar"*. Depois, porque *"com elas se lesam o «direito à palavra – o direito fundamental que todos temos a que a nossa palavra, não proferida em público, não seja gravada sem o nosso consentimento – (...), o direito à privacidade e à intimidade, a violação do estado processual activo, isto é, o direito que o arguido tem de não ter de contribuir positivamente para a sua condenação (...)"*[718].

Trata-se de danosidade sempre certa e segura, sempre presente e irredutível[719], que contrasta com a eficácia da justiça, na grande maioria das vezes reduzida, mas sempre incerta e contingente.

A escuta traduz-se *"num meio oculto de investigação e devassa, ela condena o suspeito a «ditar», inconsciente e incontrolavelmente, para o processo «confissões» auto-incriminatórias"*[720].

---

[716] VEIGA/outro, *op. cit.*, p. 165.

[717] ANDRADE, Manuel da Costa, Das escutas telefónicas, *I Congresso de Processo Penal*, Coordenação de VALENTE, Manuel Monteiro Guedes, Almedina 2005, pp [216, 217].

[718] A respeito da auto-incriminação, remetemos para a lição de Figueiredo Dias, *Curso...* pp. [437-439].

[719] ANDRADE, Manuel da Costa, *"Bruscamente ..."*, RLJ, 137º-227.

[720] *Idem*, p. 228.

Daí que as escutas devam ter carácter excepcional, senão mesmo residual, de última ratio: só se deve a elas recorrer se e quando os fins da prova não possam ser alcançados com o uso de meios menos danosos para os direitos fundamentais, ou seja, quando constitua um *"medida necessária, adequada e proporcional numa sociedade democrática para salvaguardar a segurança nacional, a defesa, a segurança pública e a prevenção, a investigação, a detecção e a repressão de infracções penais"* – artº 15º da Directiva 95/46/CE.

7.7.2 *Direitos fundamentais violados pelas escutas telefónicas*

O nº 1 do artº 34º da CRP proclama que *"O domicílio e o sigilo da correspondência e dos outros meios de comunicação privada são invioláveis".*

O nº 4 do mesmo preceito legal estabelece que *"É proibida toda a ingerência das autoridades públicas na correspondência, nas telecomunicações e nos demais meios de comunicação".* Ressalva, todavia, *"os casos previstos na lei em matéria de processo criminal".*

Com a inviolabilidade pretende-se, desde logo, defender o direito à confidencialidade da palavra falada (artº 26º, nº 1 da CRP), *"o direito à autodeterminação informacional e comunicacional das pessoas ao nível do uso dos sistemas ou redes informáticas e de comunicações electrónicas para o processamento, tratamento e transmissão dos seus fluxos informacionais e comunicacionais"*[721].

Quando se interfere nas comunicações comprimem-se direitos fundamentais, constitucionalmente protegidos, como, por exemplo, o direito à reserva da intimidade da vida privada e familiar[722],[723] (artº 26º, nº 1 da CRP), o direito à reserva quanto aos ficheiros informáticos (artº 35, nºs 2 e 4 da CRP), o direito à liberdade de informação (artº 37º da CRP). E até o direito ao livre desenvolvimento pessoal (artº 26º, nº 1 da CRP)

---

[721] VEIGA/outro, *op. cit.*, p. 63.
[722] Como refere Costa Andrade, *"Bruscamente ..."*, RLJ 138-119, quando se atinge a "área nuclear e inviolável da intimidade" "sobressai, por um lado, o carácter absoluto da tutela, com a subtracção à balança e aos juízos de ponderação; e, por outro lado, à prescrição de linhas articuladas de defesa e de reafirmação contrafáctica (...) sobreleva, sistematicamente reconhecida e proclamada, a sua inviolabilidade absoluta (...) se trata de erigir a área nuclear da intimidade como limite à investigação e perseguição" penais.
[723] Segundo GOMES CANOTILHO / VITAL MOREIRA, *Constituição* ... Vol. I, p. 467, o direito à reserva da intimidade da vida privada e familiar "analisa-se principalmente em dois direitos menores: a) o direito a impedir o acesso de estranhos a informações sobre a vida privada e familiar; b) o direito a que ninguém divulgue as informações que tenha sobre a vida familiar e privada de outrem".

e ao segredo profissional, que decorre do direito à reserva da intimidade da vida privada[724].

Gozam estes direitos também da protecção de textos internacionais, como do artº 12º da DUDH[725], e do nº 1 do artº 8º da CEDH[726].

De resto, *"É a partir do artigo 8° da CEDH que o Tribunal Europeu tem entendido que as intervenções nas comunicações (...) contendem directamente com o direito ao respeito da «vida privada» das pessoas e da sua correspondência"*[727].

E são ainda tutelados pelo ordenamento jurídico infraconstitucional:

– A Lei 41/2004, de 18 de Agosto, que transpõe a Directiva nº 2002/58/CE, de 12 de Julho, obriga as empresas que oferecem redes e ou serviços de comunicações electrónicas a garantir a inviolabilidade das comunicações, proibindo a escuta, a instalação de dispositivos de escuta, o armazenamento ou outros meios de intercepção ou vigilância de comunicações e dos respectivos dados de tráfego por terceiros sem o consentimento prévio e expresso dos utilizadores, excepcionando apenas os casos previstos na lei.

– O Código Civil, no nº 1 do artº 80º, determina que *"Todos devem guardar reserva quanto à intimidade da vida privada de outrem"*[728].

---

[724] O Ac do STJ, Uniformizador, com o nº 13/2009, DR, I, de 6/11/2009, afirma que "as escutas telefónicas, como meio de obtenção de prova particularmente intrusivo, caracterizam-se pela intromissão na intimidade da vida privada e familiar, na correspondência e na comunicação por meio da palavra falada, e acarretando, por isso, uma elevada e expansiva danosidade social".

[725] "Ninguém sofrerá intromissões arbitrárias na sua vida privada, na sua família, no seu domicílio ou na sua correspondência, nem ataques à sua honra e reputação. Contra tais intromissões ou ataques toda a pessoa tem direito a protecção da lei".

[726] Qualquer pessoa tem direito ao respeito da sua vida privada e familiar, do seu domicílio e da sua correspondência", (nº 1); acrescenta no nº 2: "Não pode haver ingerência da autoridade pública no exercício deste direito senão quando esta ingerência estiver prevista na lei e constituir uma providência que, numa sociedade democrática, seja necessária para a segurança nacional, para a segurança pública, para o bem-estar económico do país, a defesa da ordem e a prevenção das infracções penais, a protecção da saúde ou da moral, ou a protecção dos direitos e das liberdades de terceiros.

[727] *Idem*, pp [119-120].

[728] Para RABINDRANATH, V. A. Capelo de Sousa, *O Direito Geral de Personalidade*, Coimbra Editora 1995, p. 317, "a dignidade da natureza de cada homem, enquanto sujeito pensante dotado de liberdade e capaz de responsabilidade, outorga-lhe autonomia não apenas física mas também moral, particularmente, na condução da sua vida, na atribuição de fins a si mesmo, na eleição, criação e assunção da sua escala de valores" pelo que "tal autonomia, face à complexidade da vida social, pressupõe nomeadamente que cada homem possua uma

7. OS MEIOS DE OBTENÇÃO DA PROVA

esfera privada onde possa recolher-se (right to be alone)". Consequentemente, "a reserva juscivilisticamente tutelada abrange não só o respeito da intimidade da vida privada, em particular a intimidade da vida pessoal, familiar, doméstica, sentimental e sexual e inclusivamente os respectivos acontecimentos e trajectórias, mas ainda o respeito de outras camadas intermédias e periféricas da vida privada, como as reservas do domicílio e lugares adjacentes, da correspondência e outros meios de comunicação privada, dos dados pessoais informatizados, dos lazeres, dos rendimentos patrimoniais, e de demais elementos privados da actividade profissional e económica, bem como [...] a própria reserva sobre a individualidade privada do homem no seu ser para si mesmo, v.g. sobre o direito a estar só e sobre os caracteres de acesso privado do seu corpo, da sua saúde».

Esta dimensão de privacidade, acrescenta, não é incompatível com a existência na mesma de *"círculos* concêntricos de reserva, dotados de maior ou menor eficácia jurídica", desdobrando-se a reserva em "círculos de *resguardo,* nos quais se poderá tomar (em certas circunstâncias) conhecimento de determinadas manifestações das pessoas mas em que são ilícitos a divulgação ou o aproveitamento das mesmas, e em círculos *de sigilo,* nos quais são liminarmente ilícitas a intromissão e a tomada de conhecimento das respectivas manifestações".

Costa Andrade, *Comentário Conimbricense do Código Penal,* Coimbra Editora, 2007, tomo I, p. 729, partindo da doutrina dos três graus, afirma que tudo quanto se prenda com a denominada *"esfera de intimidade",* porque reconhecida a *"todas as pessoas,* independentemente do seu estatuto de *public figures* ou *pessoas da história do seu tempo",* constitui "barreira inviolável e, como tal, subtraída ao princípio geral *da ponderação de interesses* e em particular à *prossecução de interesses legítimos".* Diferentemente, "na *esfera da privacidade stricto sensu",* em que a "densidade e extensão são influenciadas pelo estatuto do portador concreto, pela sua maior ou menor exposição aos holofotes da publicidade" "a privacidade configura sempre um valor susceptível de *ponderação* para efeitos de justificação, nomeadamente a título *de prossecução de interesses legítimos».*

Consignou-se no *Parecer do Conselho Consultivo* da PGR nº 25/2009 in DR, II série, de 17/11/2009: "Atenta a sua integração na categoria dos direitos, liberdades e garantias, o direito à reserva da intimidade da vida privada e familiar encontra-se sujeito ao regime específico estabelecido na Constituição para esta categoria de direitos.

Esse regime desdobra-se numa dimensão material ou substancial e noutra orgânica ou formal.

Na dimensão material ou substancial sobressai a aplicabilidade directa deste direito e a circunstância de não poder ser restringido senão nos casos expressamente admitidos pela Constituição, conforme decorre do artigo 18º, nº 2, da lei Fundamental.

Além disso, nos termos daquele número do mesmo artigo, as intervenções restritivas, mesmo que constitucionalmente autorizadas, só serão legítimas se justificadas pela salvaguarda de outro direito fundamental ou de outro interesse constitucionalmente protegido.

Por outro lado, as leis restritivas, além do carácter geral e abstracto, têm de respeitar, em qualquer caso, o principio da proporcionalidade e o conteúdo essencial dos direitos e não podem «diminuir a extensão e o alcance do conteúdo essencial dos preceitos constitucionais», conforme resulta dos nº 2 e 3 daquele artigo 18°.

Na dimensão orgânica, destaca-se a exigência de que as restrições estão sujeitas a reserva de lei, apenas sendo legítimas as intervenções da Assembleia da República ou do Governo

– O Código Penal prevê e pune diversas condutas, violadoras dos aludidos direitos, que o legislador entendeu merecedoras de tutela jurídico-penal: No artº 190º: a violação de domicílio ou perturbação da vida privada; No artº 192º: a devassa da vida privada das pessoas[729], designadamente a intimidade da vida familiar ou sexual; No artº 194º: a intromissão e divulgação do conteúdo de telecomunicação, de cartas, encomendas ou escritos fechados; No artigo 195º: a revelação de segredos alheios de que tenha tomado conhecimento em razão do seu estado, ofício, emprego, profissão ou arte; No artº 199º: a gravação de palavras proferidas por outra pessoa e não destinadas ao público, e ainda a utilização por si ou terceiro de gravações, mesmo que licitamente produzidas; No artº 276º: a importação, fabrico, guarda, compra, venda, cedência ou aquisição a qualquer título, transporte, distribuição ou detenção de instrumento ou aparelhagem especificamente destinados à montagem de escuta telefónica, de violação de correspondência ou de telecomunicações; No artº 384º: o funcionário de serviços dos correios, telégrafos, telefones ou telecomunicações que revelar a terceiros comunicações feitas pelo correio, telégrafo, telefone ou outros meios de telecomunicações, de que teve conhecimento em razão das suas funções; que gravar ou revelar a terceiro o conteúdo, total ou parcial, das comunicações referidas, ou tornar-lhe possível ouvi-las ou tomar delas conhecimento; ou, ainda se permitir ou promover os factos referidos nas alíneas anteriores.

A protecção constitucional e infraconstitucional abrange tanto os dados de conteúdo como os de tráfego, isto é, tanto a comunicação propriamente dita, o conjunto de palavras que integram a mensagem (dados de conteúdo), como os números dos telefones envolvidos, a sua espécie, tipo de comunicação, a hora do início e a duração da chamada, o tipo de aparelhos usados e a identidade dos interlocutores (dados de tráfego)[730].

---

munido de autorização parlamentar, de acordo com o disposto no artigo 18.º, nº 2, da Constituição da República.

[729] Segundo Costa Andrade, *Comentário Conimbricense do Código Penal*, Tomo I, Coimbra Editora 2007, pp [727 e 728], "a proibição das práticas de devassa obedece em primeira linha aos interesses da pessoa. Trata-se de assegurar ao indivíduo o domínio sobre a sua esfera privada e, por via disso, um espaço de isolamento e auto-determinação resguardado contra intromissões e injunções da sociedade e do Estado".

[730] Na informática é costumes distinguir três tipos de dados: os dados de base, os dados de tráfego e os dados de conteúdo. "Os dados de base consistem nos elementos fornecidos pelo utilizador à empresa que fornece o acesso à rede e ou ao serviço de comunicações electrónicas,

A factura detalhada, porque dela constam os dados de tráfego, terá de ser considerada, ela própria, como dado de tráfego.

Naturalmente que o consentimento, sendo relevante, torna as condutas atípicas.

7.7.3 Pressupostos de admissibilidade das escutas

Os meios de obtenção da prova apenas são admissíveis desde que a CRP os autorize; estejam suficientemente sustentados em lei da Assembleia da República ou em decreto-lei autorizado; visem a salvaguarda de outro direito ou interesse constitucionalmente protegido; sejam necessários, adequados para o efeito e proporcionais ao objectivo; e ainda que sejam previstos de forma geral e abstracta, sem possibilidades de efeito retroactivo e sem diminuírem a extensão e o alcance do conteúdo essencial dos preceitos constitucionais.

A CRP autoriza a intercepção telefónica ou similar desde que a mesma seja necessária à investigação criminal (artº 34º, nº 4 da CRP).

As intercepções e gravações de conversações telefónicas estão sustentadas em lei aprovada pela Assembleia da República, com suficiente densidade normativa. Com efeito, os artigos 187º, 188º e 189º, do CPP, cuja redacção é resultante da revisão operada pela Lei 48/2007 (Lei da AR, portanto), respeitam a jurisprudência do TEDH, na qual se estabelece *"o conteúdo ou «qualidade mínima» que a lei restritiva necessita de revestir para legitimar a intervenção nas comunicações telefónicas"*. Porque assim, dela constam *"as categorias de pessoas susceptíveis de serem submetidas à escuta judicial*[731]; a

---

v.g., nome, morada, e os dados que aquela empresa fornece, em sentido inverso, ao utilizador para efeito de interligação à rede e ou ao serviço de comunicações electrónicas, v.g., número de acesso, nome de utilizador, password. Os dados de tráfego dizem respeito aos elementos funcionais da comunicação e permitem o envio da comunicação através de um rede de comunicações electrónicas, v.g., data e hora do início da sessão (log in) e do fim (log offf) da ligação ao serviço de acesso à Internet, endereço de IP atribuído pelo operador, volume de dados transmitidos, entre outros (compreende, intercalamos nós, como diz Costa Andrade, *RLJ* 137º-340, o se, o quando, o como, entre que pessoas ou entre que aparelhos a comunicação teve lugar ou foi tentada). Os dados de conteúdo baseiam-se no conteúdo da comunicação transmitida pela rede de comunicações electrónicas" – Veiga/outro, *op. cit.*, p. 437.

[731] A respeito do elenco de pessoas «escutáveis», afirma Costa Andrade in *«Bruscamente ....*, RLJ* Ano 137º, nº 3948, p. 139, nota (1), que ao fazer a transposição do correspondente preceito da StPO alemã, o legislador de 2007 o fez "«despoletado» da exigência de que a suspeita de mediação de notícias de ou para o suspeito seja fundada em «factos concretos» (...). O que equivale a dizer que o legislador pôs de pé uma inócua máscara de protecção".

natureza das infracções susceptíveis de poder dar lugar a ela; a fixação de um limite à duração da execução da medida, o procedimento de transcrição das conversações interceptadas; as precauções a observar para comunicar, intactas e completas, as gravações realizadas com vista ao controlo eventual pelo Juiz ou pela defesa; as circunstâncias nas quais se torna possível, ou deve proceder-se, ao apagamento ou destruição das fitas, no caso de desistência ou colocação em liberdade"[732].

Ou seja, a lei tem densidade normativa suficiente.

Só podem ser autorizadas intercepções telefónicas desde que adequadas, exigíveis e proporcionais à investigação em curso, indispensáveis à descoberta da verdade ou que a prova seria, de outra forma, impossível ou muito difícil de obter, isto é, quando a administração da justiça poderia ficar em causa se a medida não fosse levada a cabo.

7.7.4 Requisito material das escutas

As escutas têm carácter excepcional, até pela sua danosidade polimórfica e, por isso, só se deve a elas recorrer se e quando os fins da prova não possam ser alcançados com o uso de meios menos danosos para os direitos fundamentais: *"A intercepção e a gravação de conversações ou comunicações telefónicas só podem ser autorizadas (...) se houver razões para crer que a diligência é indispensável para a descoberta da verdade ou que a prova seria, de outra forma, impossível ou muito difícil de obter"* (artº 187º, nº 1).

A Lei, hoje, não deixa dúvidas quanto ao carácter excepcional[733], de última ratio da intercepção telefónica: só pode ser autorizada desde que:

(1) Haja razões para crer que a diligência é indispensável para a descoberta da verdade de um dos crimes do catálogo; ou

(2) Haja razões para crer que a prova seria, de outra forma, impossível ou muito difícil de obter.

No que ao requisito material diz respeito, houve a preocupação de respeitar a jurisprudência do TEDH[734], já que este, com base no artº 8º, fixou os seguintes princípios gerais:

(a) O adjectivo «necessária» não é sinónimo de «indispensável», mas também não tem a flexibilidade de outros termos tais como «admissível», «normal», «útil», «razoável» ou «oportuno» (...);

---

[732] Veiga/outro, *op. cit.*, p. 106.

[733] Crê-se ser unânime o entendimento de que o princípio da subsidiariedade sai reforçado da redacção do nº 1 do artº 187º resultante da reforma de 2007.

[734] Veiga/outro, *op. cit.*, pp [136,137].

(b) Os Estados contratantes gozam de uma certa margem de apreciação – não ilimitada – em matéria de restrições, mas a resolução final sobre a compatibilidade destas com a Convenção pertence ao Tribunal. (...);

(c) «Necessária numa sociedade democrática» significa que, para estar de acordo com a Convenção, a intervenção deve corresponder especialmente a «uma necessidade social imperiosa» e ser «proporcional à finalidade legítima perseguida». (...);

(d) Os artigos da Convenção que estabelecem uma excepção a um direito garantido devem ser interpretados restritivamente. (...);

(e) A necessidade de interferir no exercício do direito de um condenado recluso relativamente à sua correspondência deve apreciar-se em função das exigências normais e razoáveis da detenção. A «defesa da ordem» e a «prevenção de infracções penais», por exemplo, podem justificar interferências mais amplas relativamente a um recluso do que face a uma pessoa em liberdade. (...).

Podia e devia, no âmbito do requisito material, o legislador ter feito *"a exigência de uma suspeita, substanciada em factos e qualificada no grau de plausibilidade"*[735]. Ao não o fazer permitiu que as escutas continuem, apesar de excepcionais, a poderem ser realizadas com inusitada frequência porque o conceito de suspeito é demasiado amplo.

7.7.5 *Quem pode ser alvo de escuta*

Até à reforma de 2007, a Lei portuguesa era omissa quanto às pessoas «escutáveis», o que configurava grave e preocupante lacuna, que era suprida por critérios jurisprudenciais, nem sempre concordantes, e alguns muito discutíveis.

A Lei 48/2007, de 29/08, indo ao encontro à jurisprudência do TEDH, que exige que as leis dos Estados-Membros definam *"as categorias de pessoas que podem ser escutadas"*, introduziu o nº 4 do artº 187º.

Agora, a intercepção e a gravação só podem agora ser autorizadas, independentemente da titularidade do meio de comunicação usado, que pode ser do próprio, de terceiro ou público, contra:

(a) Suspeito ou arguido;

(b) Pessoa que sirva de intermediário, relativamente à qual haja fundadas razões para crer que recebe ou transmite mensagens destinadas ou provenientes de suspeito ou arguido; ou

---

[735] Costa Andrade, *Bruscamente ...*, RLJ 137º-346.

c) Vítima de crime, mediante o respectivo consentimento, efectivo ou presumido.

Por suspeito entende-se qualquer pessoa sobre a qual recaiam indícios seguros da prática de um crime grave, do catálogo[736]. Independentemente da sua forma de participação.

O arguido pode igualmente ser escutado. Ponto é que estejam verificados os requisitos materiais e formais, e pese o princípio da não auto-incriminação. O arguido é sujeito do processo (artº 60º do CPP) e tem direito ao silêncio (artigo 61º, nº 1, alínea d) do CPP). Se for alvo de escuta, poderá, pela via da palavra, estar a auto-incriminar-se, violando-se, em tese, o aludido direito ao silêncio.

Sendo embora um sujeito processual, e não objecto do mesmo, gozando, como goza, do princípio nemo tenetur se ipsum accusare, do princípio à não auto-incriminação, o certo é que a alínea d) do nº 2 do artº 61º do CPP, impõe ao o arguido o dever de *"Sujeitar-se a diligências de prova e a medidas de coacção e garantia patrimonial especificadas na lei e ordenadas e efectuadas por entidades competentes"*. Dever sujeitar-se não é sinónimo de sujeitar-se quando quiser, antes é sinónimo de ser coagido a sujeitar-se.

A Jurisprudência, maxime do TC[737], unanimemente considera que não há qualquer desconformidade constitucional da citada norma pelo que as autoridades judiciárias podem e devem aplicá-la. Por isso, terá o arguido de se sujeitar a escutas telefónicas desde que, obviamente, estejam reunidos os pressupostos e requisitos legais.

Pode ainda ser alvo de intercepção e gravação de conversações ou comunicações telefónicas a *"pessoa que sirva de intermediário, relativamente à qual haja fundadas razões para crer que recebe ou transmite mensagens destinadas ou provenientes de suspeito ou arguido"*. Quer a lei referir-se aos denominados *"terceiros mediadores"*, que são aqueles que estão numa relação directa ou imediata com o arguido; e ainda aqueles que estão numa relação mediata *"desde que ainda se mantenha a exigência de a informação se destinar ao arguido ou ser proveniente dele e houver a fundada suspeita de transmissão ao suspeito ou arguido (...). Até de um ponto de vista de prevenção, parece útil dispor da pos-*

---

[736] Deve interpretar-se restritivamente o preceito considerando suspeito apenas aquele sobre quem recaem indícios seguros de que cometeu um dos crimes do catálogo, precisamente pela elevada danosidade que resulta das escutas.

[737] Por todos, cfr. Ac do TC 155/2007 onde, desenvolvidamente, se dá conta da doutrina e jurisprudência relevante.

sibilidade de interceptar «terceiros», próximos do crime e/ou dos seus agentes, nem que apenas facilitem ou proporcionem meios ou viabilizam a execução do crime"[738].

A lei adoptou a noção ampla de «intermediário», como o reconhece a Relação de Lisboa[739], afirmando que «intermediário» *"será todo aquele que, pela sua proximidade com o arguido ou suspeito, seja por razões de ordem familiar, ou seja por razões de amizade, ou por quaisquer outras que levem ao contacto entre ambos, ainda que ocasional ou forçado, se prefigure como potencial interlocutor"*.

Relativamente aos terceiros que não são intermediários, ou seja, aqueles que comunicam com o suspeito ou com o arguido, mas que não recebem ou transmitem mensagens destinadas ou provenientes deles, ligadas aos crimes investigados, se eventualmente escutados, deverá o JIC determinar, de imediato, a destruição do suporte técnico pois que tais conversações são manifestamente estranhas ao processo, [alínea a) do nº 6 do artº 188º do CPP].

Podem ainda ser alvo de escutas as vítimas de crime. Ponto é que a escuta seja efectuada no seu próprio interesse e com o seu consentimento, expresso ou presumido.

O conceito de vítima deverá reconduzir-se, em regra, ao de ofendido, o que sucederá na maioria dos casos.

Quando a investigação se reporta a criminalidade organizada, casos há em que a colaboração de terceiros, designadamente de familiares da vítima, é imprescindível. Para poder abranger estes, adopta-se se um conceito amplo de vítima, isto é, são todos aqueles que com ela colaboram, que estejam a intermediar[740], como sucede, por exemplo, nos casos de sequestro.

7.7.6 *Tipos legais que admitem a possibilidade de efectuar escutas telefónicas*

A jurisprudência do TEDH indica a necessidade de a lei ordinária estabelecer *"a natureza das infracções susceptíveis de poder dar lugar a ela"*, escuta.

---

[738] TEIXEIRA, Carlos Adérito, Jornadas de Processo Penal, *Revista do CEJ*, nº 9 (especial), 1º semestre de 2008, pp [249-251].
[739] Ac. 6/12/2007, processo 1027/07-9, in www.dgsi.pt
[740] Neste sentido, ver TEIXEIRA, Carlos Adérito, Jornadas de Processo Penal, *Revista do CEJ*, nº 9 (especial), 1º semestre de 2008, pp [251,252].

O legislador português, no nº 1 do artº 187º, indo ao encontro da dita jurisprudência, enumerou os crimes relativamente aos quais podem ser efectuadas escutas telefónicas (crimes do catálogo), adoptando um duplo critério:
(a) O da gravidade do ilícito-típico; e
(b) o da danosidade social.

No primeiro caso, da gravidade do ilícito, prevê se autorizem escutas sempre que haja suspeita[741] da prática de um dos seguintes crimes: puníveis com pena de prisão superior, no seu máximo, a 3 anos; relativos ao tráfico de estupefacientes; de detenção de arma proibida e de tráfico de armas; de contrabando; de ameaça com prática de crime ou de abuso e simulação de sinais de perigo; de evasão, quando o arguido haja sido condenado por algum dos crimes previstos nas alíneas anteriores.

O critério da danosidade social presidiu à permissão de escutas sempre que os crimes investigados sejam os de injúria, de ameaça, de coacção, de devassa da vida privada e perturbação da paz e do sossego, desde que cometidos através de telefone.

Segundo a lei alemã, *"Não basta a gravidade abstracta, expressa na pertinência ao catálogo. Exige-se, para além disso, um juízo concreto de gravidade (traduzida, por exemplo, no alarme social provocado, no dano concretamente causado à vítima, nas demais circunstâncias do caso, etc.)"*[742].

Ao limitar a medida aos crimes referidos, o legislador respeitou, em termos abstractos, o critério da proporcionalidade (em sentido lato) consagrado no nº 2 do artº 18º da CRP.

Atento o princípio da especialidade, sendo a escuta autorizada para a investigação de um determinado tipo de crime, não pode, em princípio, servir para investigar um crime diverso, salvo os casos de efeitos à distância, que analisaremos.

---

[741] A lei exige apenas a suspeita da prática de um crime de catálogo e já não a «fundada» suspeita – no sentido do texto, ver Costa Andrade «*Bruscamente ...*, RLJ Ano 137º, nº 3948, p. 143. Entendemos, como antes afirmamos, que deve fazer-se interpretação restritiva do preceito até porque está em causa a violação de direitos fundamentais.
[742] *Idem*, p. 346.

7.7.7 A duração da medida

"A intercepção e a gravação de conversações ou comunicações são autorizadas pelo prazo máximo de três meses, renovável por períodos sujeitos ao mesmo limite, desde que se verifiquem os respectivos requisitos de admissibilidade" (nº 6 do artº 187º).

Estabeleceu-se um limite à duração da execução da medida – 3 meses –, que apenas permite prorrogação, por iguais períodos, em despacho fundamentado do Juiz, desde que se mantenham os pressupostos, e sempre na fase do inquérito. A medida deve cessar, de imediato, logo que seja desnecessária para a descoberta da verdade ou para a prova.

7.7.8 O princípio da jurisdicionalidade ou da reserva judicial

O item 25) do nº 2 do artº 2º da Lei 43/86, de 26 de Setembro (Lei de Autorização Legislativa) impôs ao legislador ordinário a *"Regulamentação rigorosa da admissibilidade de gravações, intercepção de correspondência e escutas telefónicas, mediante a salvaguarda da autorização judicial prévia (...)"*.

O artº 269º do CPP, na alínea e) do nº 1, prescreve que, durante o inquérito, compete exclusivamente ao juiz de instrução autorizar[743] a intercepção, gravação ou registo de conversações ou comunicações, nos termos dos artigos 187º e 189º.

Por sua vez, o nº 1 do artº 187º do CPP dispõe que a intercepção e a gravação de conversações ou comunicações telefónicas só podem ser autorizadas durante o inquérito por despacho fundamentado do juiz de instrução[744] e mediante requerimento do Ministério Público.

Dos preceitos legais transcritos se conclui que apenas o Juiz pode autorizar a intercepção, gravação ou registo de conversações ou comunicações. Ou seja, a lei impôs a reserva de competência para autorizar

---

[743] Deve entender-se que está revogado, por incompatibilidade, o segmento da norma que permitia ao JIC ordenar as escutas telefónicas.

[744] A lei, na sequência da reforma de 2007, é hoje bem mais exigente no que toca à fundamentação, o que deve ser levado a crédito da questão sempre presente da legitimação dos juízes. E bem assim da qualidade da decisão (cfr. Luigi Ferrajoli, *Revista Julgar* 06, Setembro--Dezembro 2008, p. 12). Como bem refere Costa Andrade, «Bruscamente no Verão Passado ...», *RLJ*, Ano 137º, nº 3948, p. 142, tal *exigência "obriga inter alia o Juiz a decidir na base da sua próxima e autónoma representação das coisas, maxime no que toca ao comprovado preenchimento dos pressupostos fácticos de princípios prescritos sub nomine subsidiariedade e suspeita fundada de ocorrência de crime de catálogo".*

escutas telefónicas a favor do Juiz de Instrução Criminal, competência essa que não pode ser delegada[745].

E tem de ser usada no âmbito de um processo em curso, a requerimento do Mº Pº, e apenas na fase do inquérito.

Competente é o JIC que tem competência material e territorial para levar a cabo os actos jurisdicionais atinentes ao concreto inquérito em que as escutas são autorizadas.

Excepcionalmente, por razões de eficácia e atenta a alta gravidade dos ilícitos-típicos em causa, a autorização para a escuta telefónica pode ser solicitada pelo Mº Pº ao juiz dos lugares onde eventualmente se puder efectivar a conversação ou comunicação telefónica ou da sede da entidade competente para a investigação criminal (nº 2 do artº 187º). É, todavia, necessário, neste caso, que se esteja perante um dos crimes do catálogo do nº 2 do artº 187º, nos quais a segurança do Estado ou das pessoas pode estar em causa.

Neste tipo de crimes, como é sabido, a investigação não se compadece com delongas, o que justifica o regime de excepção. Quando assim acontece, *"a autorização é levada, no prazo máximo de setenta e duas horas, ao conhecimento do juiz do processo, a quem cabe praticar os actos jurisdicionais subsequentes"* (nº 3 do artº 187º), designadamente o controlo judicial, desta forma se pondo termo ao regime de excepção.

Quando haja de ser autorizada a intercepção, a gravação e transcrição de conversações ou comunicações em que intervenham o Presidente da República, o Presidente da Assembleia da República ou o Primeiro-Ministro, a competência para a autorização é exclusiva do Presidente do Supremo Tribunal de Justiça (alínea b) do nº 2 do artº 11º do CPP).

A expressão *"em que intervenham"* tem de ser interpretada restritivamente, isto é, só pode ser autorizada a escuta se forem suspeitos, arguidos ou terceiros mediadores da prática de um dos crimes do nº 1 do artº 187º[746]. E deve ser de imediato destruída se assim não for.

---

[745] O princípio da intervenção obrigatória do JIC está bem longe de pôr termo às reservas que se levantam a respeito deste meio de obtenção da prova, designadamente da sua generalização. Com efeito, como afirma Costa Andrade, *"Bruscamente ..., RLJ*, 137º-228, *"tudo está nas mãos de um juiz que, não podendo dar cumprimento ao mandamento audiatur et altera pars, acaba – pelo menos tem sistematicamente acabado – por decidir em consonância com os inputs do Ministério Público".*

[746] Neste sentido, Teixeira, Carlos, *Jornadas de Processo Penal, Revista do CEJ*, 2007, p. 281.

7. OS MEIOS DE OBTENÇÃO DA PROVA

Ao JIC incumbe averiguar se estão reunidos os pressupostos gerais e os requisitos específicos; e incumbe-lhe ainda fazer o indispensável juízo de ponderação entre os direitos fundamentais conflituantes, devendo concluir pela prevalência do direito à administração da justiça. Recorde-se que as escutas são efectuadas para salvaguarda de um direito constitucionalmente protegido, o da administração da justiça, na qual estão em causa interesses superiores do Estado-de-direito. Mas estão em causa, do outro lado da balança, direitos e interesses constitucionalmente protegidos dos ofendidos, dos lesados, e até o da segurança que a todos diz respeito (nº 2 do artº 18º da CRP).

Concluindo, no aludido juízo de ponderação, pela imprescindibilidade da medida para a investigação, seja porque a diligência é indispensável para a descoberta da verdade de um dos crimes do catálogo, seja porque há razões para crer que a prova seria, de outra forma, impossível ou muito difícil de obter sem a autorização da intercepção e gravação das comunicações telefónicas, deve autorizar a efectivação da escuta.

Todavia, atento o princípio da especialidade, terá de dizer qual a finalidade específica da intercepção e gravação, ou seja, deve dizer qual o objecto da investigação, qual o concreto crime que se está a investigar, para evitar o denominado *"cheque em branco"* ou até a *"pesca à linha"*.

O despacho de autorização, que é anterior à execução da medida[747], tem de estar devidamente fundamentado[748] por imposição dos artºs 208º, nº 1 da CRP e 97º, nº 5 do CPP. Para demonstrar que estão reunidos os pressupostos, os requisitos e que deve prevalecer o direito à administração da justiça, do despacho deve constar:

"(1) A indicação de existência indícios[749] determinados de que alguém cometeu um dos crimes do catálogo ou cuja moldura penal é superior a três anos;

---

[747] "A autorização judicial deve ser sempre anterior à medida material de execução da intervenção, sob pena de ilegitimação (ilegalidade e inconstitucionalidade) da intervenção nos fluxos informacionais e comunicacionais digitais e da proibição de valoração do material assim obtido. Não se admite qualquer sistema de «ratificação», a posteriori, de medidas de ingerências nas comunicações privadas (telefónicas ou outras) que se tenham iniciado sem a sua prévia ordenação ou autorização pelo juiz de instrução e se verifiquem todos os requisitos legais necessários" – VEIGA/outro, *op. cit.*, p. 192.

[748] A falta de fundamentação configura irregularidade nos termos do artº 123º do CPP, embora haja quem defenda que, no caso específico das escutas, atento o disposto no artº 190º do CPP, se trata de nulidade sanável – cfr. VEIGA/outro, *op. cit.*, p. 197.

[749] "A jurisprudência do TEDH, no Caso Klass e outros versus Alemanha – STEDH de 6 de Setembro de 1978, esclareceu que a medida de ingerência nas comunicações telefónicas

(2) A Idoneidade e necessidade da medida para a descoberta da verdade ou para a prova;
(3) A Delimitação subjectiva: a pessoa a ser objecto da ingerência;
(4) A Delimitação objectiva: telefone(s) objecto(s) da medida (número de telefone a intervir);
(5) O Início, duração e cessação da medida;
(6) A razão de ciência em que se baseia o juízo de admissibilidade da intervenção;
(7) Cumprimento de alguns deveres acessórios, que se entenda dever fazer constar do despachos.

A violação da reserva judicial configura nulidade, não podendo as provas ser usadas por abusiva intromissão nas telecomunicações (artº 126º, nº 3)".

7.7.9 O controlo judicial da execução da medida

A efectivação de escutas telefónicas conflitua com diversos direitos fundamentais dos cidadãos, como vimos. Por isso, a lei exige um controlo permanente da medida por parte do JIC, sem o que as provas produzidas não poderão ser valoradas em julgamento (artº 126º, nº 3)[750].

"O controlo efectivo e contínuo[751] torna-se necessário, tendo em linha de conta que o juiz de instrução criminal também poderá (e deverá!) fazer cessar as escutas telefónicas se se convencer da sua ineficácia no referido processo onde foram decretadas ou autorizadas. Cabe ao juiz de instrução verificar, dinamicamente, e desde o momento inicial da autorização, o cumprimento do âmbito, duração e limites impostos ao acto de ingerência no segredo ou inviolabilidade das comunicações electrónicas privadas"[752].

---

apenas é possível quando existam dados de facto que permitam concluir ou supor que alguém tenta cometer, cometeu ou está a cometer uma infracção criminal grave. Exige-se, assim, que existam «boas razões» ou «fortes presunções de que as infracções estão em vias de serem cometidas». Deste modo, não deve ser lançada uma «escuta» com o intuito de confirmação da suspeita da prática do crime, tudo pelo contrário, tem de existir já uma suspeita fundada em factos determinados antes de lançar este meio de obtenção da prova de alta danosidade social" – VEIGA/outros, *op. cit.* p. 216. O que vem de encontro à posição por nós defendida.

[750] No sentido do texto, VEIGA/outro, *op. cit.*, p. 195.
[751] Que não é sinónimo de "em permanência física".
[752] VEIGA/outro, *op. cit.*, pp [292,293].

No controlo, o JIC apurará da realização das escutas em conformidade com o despacho que as autorizou, designadamente dos pressupostos, dos requisitos, e do respeito pelas formalidades.

Para efeitos de controlo judicial, o nº 3 do artº 188º determina que *"o órgão de polícia criminal referido no nº 1 leva ao conhecimento do Ministério Público, de 15 em 15 dias a partir do início da primeira intercepção efectuada no processo, os correspondentes suportes técnicos, bem como os respectivos autos e relatórios"*, prescrevendo o nº 4 que *"O Ministério Público leva ao conhecimento do juiz os elementos referidos no número anterior no prazo máximo de quarenta e oito horas"*.

"Para se inteirar do conteúdo das conversações ou comunicações, o juiz é coadjuvado, quando entender conveniente, por órgão de polícia criminal e nomeia, se necessário, intérprete" (nº 5 do artº 188º).

Dos preceitos legais transcritos se conclui:

(1) A escuta telefónica é autorizada pelo prazo máximo de 3 meses, prorrogável;

(2) De 15 em 15 dias, a partir do início da primeira intercepção efectuada no processo, o órgão de polícia criminal leva ao conhecimento do Ministério Público, os correspondentes suportes técnicos, bem como os respectivos autos e relatórios;

(3) O Ministério Público leva ao conhecimento do juiz os elementos referidos no número anterior no prazo máximo de quarenta e oito horas, ou seja, o juiz faz o controlo da legalidade da execução da medida e da sua necessidade de continuação. Para o efeito serve-se do relatório elaborado pelo OPC, no qual se indica as passagens relevantes para a prova. Pode, naturalmente, controlar os suportes técnicos, na sua totalidade.

Efectuado o controlo, no prazo máximo de 24 horas (artº 268º, nº 4 do CPP), o juiz pode decidir:

(a) Fazer cessar a escuta por desnecessidade ou porque a mesma não respeita os pressupostos em que assentou;

(b) Manter a mesma até ao término do prazo de 3 meses.

Em qualquer dos casos, deve:

- Ordenar a junção aos autos, a requerimento do Ministério Público, das transcrições e autos de conversações que sejam indispensáveis para fundamentar a aplicação de medidas de coacção ou de garantia patrimonial, à excepção do termo de identidade e residência (artº 188º, nº 7 do CPP).

- Determinar, de acordo com o nº 6 do artº 188º, a destruição imediata dos suportes técnicos e relatórios manifestamente estranhos ao processo, entendendo-se como tais: (a) Que disserem respeito a conversações em que não intervenham pessoas referidas no nº 4 do artigo anterior; (b) Que abranjam matérias cobertas pelo segredo profissional, de funcionário ou de Estado; ou (c) Cuja divulgação possa afectar gravemente direitos, liberdades e garantias[753].

Sempre que haja lugar a destruição, ficam todos os intervenientes vinculados ao dever de segredo relativamente às conversações de que tenham tomado conhecimento.

O TC[754] começou por defender que a destruição imediata dos suportes técnicos e relatórios, considerados manifestamente estranhos ao processo, sem que ao arguido tivesse sido dada a oportunidade de os consultar, violava preceitos constitucionais, maxime, o que confere ao arguido todas as garantias de defesa, o que, na prática, inviabilizava a aplicação do preceito legal.

Pelo Ac. 70/2008, tirado em *Plenário*, alterou a sua posição, afirmando *"que não existe uma qualquer violação do princípio do contraditório, no âmbito do processo de inquérito, pelo facto de o juiz de instrução, no exercício do poder processual que lhe confere a citada norma do artigo 188º, nº 3, do CPP, vir a ordenar a eliminação dos conteúdos das comunicações interceptadas ou de uma parte deles sem prévia audição do arguido"*. E isto porque *"Face à própria natureza essencialmente investigatória do processo de inquérito (...), o arguido não tem de se pronunciar sobre a relevância dos registos das escutas telefónicas, como não tem de tomar posição sobre o modo e o lugar da intercepção ou o circunstancialismo temporal em que ela deve ocorrer, aspectos que naturalmente relevam de critérios de oportunidade que só ao Ministério Público, sob pena de frustrarem os objectivos da investigação, cabe definir. (...)*

Em especial, a destruição de elementos recolhidos por irrelevância probatória não colide com o princípio do contraditório, que, tal como está constitucionalmente consagrado, apenas se torna aplicável nas fases subsequentes do processo penal, com excepção apenas de actos instrutórios que, praticados no âmbito do inquérito, possam pôr em causa directamente direitos do arguido, e cuja amplitude se circuns-

---

[753] Acertadamente, afirma Costa Andrade, *RLJ* 138º-120, que se tiver sido invadida a "área nuclear da intimidade (...) terá de suspender-se imediatamente a medida e proceder-se á destruição de todos os dados obtidos e atinentes à área nuclear da intimidade".
[754] Por todos, cfr. o Ac 660/06.

creve, como ficou dito, aos actos relativos à aplicação de medidas de coacção e às inquirições que devam ser feitas no inquérito para serem tomadas em conta no julgamento".

Na sequência, decidiu não julgar inconstitucional a norma do artº 188º, nº 3 do CPP, na redacção anterior à Lei 48/2007, de 29 de Agosto, quando interpretada no sentido de que o juiz de instrução pode destruir o material coligido através de escutas telefónicas, quando considerado não relevante, sem que antes o arguido dele tenha conhecimento e possa pronunciar-se sobre o eventual interesse para a defesa.

Não fora esta mudança radical de posição por parte do TC e o nº 6 do artº 188º do CPP não podia ter aplicação prática já que, em rigor, se poderiam inutilizar todas as provas obtidas mediante escutas telefónicas.

7.7.10 Escutas telefónicas com restrições ou impedimentos

7.7.10.1 As conversações com o defensor

O nº 5 do artº 187º do CPP proíbe a intercepção e a gravação de conversações ou comunicações entre o arguido e o seu defensor, salvo se o juiz tiver fundadas razões para crer que elas constituem objecto ou elemento de crime.

"A razão de ser da referida proibição legal de intercepção de conversas telefónicas entre o arguido e o seu defensor não se limita à salvaguarda do segredo profissional que impende sobre os advogados. (...) Ela encontra-se na necessidade que há de preservar os direitos da defesa, impedindo a sua devassa com a divulgação prematura do seu conteúdo aos investigadores"[755].

Costa Andrade, citando RUOLPHI[756], afirma: *"A tutela desta relação de confidencialidade não está apenas ao serviço dos interesses pessoais de cada defensor, mas também de todos os defensores, em geral, visando assegurar no futuro, em nome de prevalecentes razões próprias do Estado de Direito, uma prestação adequada da sua função processual".*

Não permitindo a lei a intercepção e a gravação de conversações ou comunicações entre o arguido e o seu defensor, permite-as, no entanto, se o juiz tiver fundadas razões para crer que elas constituem objecto ou elemento de crime já que, num Estado de Direito, ninguém goza de impunidade.

---

[755] MATA-MOUROS, Maria de Fátima, *Sob escuta*, Principia, 2003, p. 83. Ver supra 7.5.4.3.
[756] *Das Proibições...*, p. 296.

Todavia, o preceito carece de interpretação restritiva. Com Costa Andrade[757] dizemos que *"não cremos que o mero facto de as conversações ou comunicações constituírem objecto ou elemento de crime de Favorecimento pessoal, Auxílio material ou Receptação possa abrir sem mais a porta da escuta telefónica. (...) De igual modo, também a efectivação da responsabilidade penal do defensor, suspeito de comparticipação a qualquer título, terá de prosseguir sem o sacrifício da funcionalidade da defesa. Isto é: sem prejuízo da «esfera de segredo da defesa que não pode ser relativizada em nome dos interesses da investigação». Não dispondo, porém, o direito processual penal português do instituto da exclusão da defesa, será ao nível de instâncias como a proibição de produção ou de valoração da prova que há-de lograr-se o necessário splitting das provas".*

Em mais recente estudo[758], afirma o aludido Mestre que *"só são possíveis as escutas telefónicas ao defensor/advogado desde que existam factos que concretizem a suspeita fundada do cometimento de um dos crimes do catálogo, não devendo ser suficientes as simples situações de favorecimento pessoal, receptação e auxílio material.* Acrescenta que o juiz tem se se certificar de que estão reunidos dois requisitos:

– Desde logo, o respeito pela defesa, ou seja, a «condenação eventual do advogado não pode prejudicar a defesa. Tudo aquilo que pode ser valorado contra o advogado, não pode ser valorado contra o seu cliente». Em suma, nunca pode ser aproveitada a escuta da conversação telefónica com o advogado para prejudicar o cliente.

– Depois, deve conceder-se ao advogado o privilégio de as conversações só poderem ser valoradas contra ele, por crime do catálogo, e não já por favorecimento, auxílio material, receptação, etc.".

7.7.10.2 *As conversações com pessoas que estão a coberto do regime do segredo*
Não é unânime a doutrina neste âmbito.

– Para uns[759], "a «intencionalidade normativa» do artigo 187º, nº 3 do CPP, deve estender-se a outras profissões, de onde se salientam os médicos e os demais portadores de segredo profissional. Costa Andrade[760] defende que *"Face à consagração do estatuto privilegiado (e estabilizado) do defensor, em matéria de escutas telefónicas, na sua esfera de segredo da defesa, tudo*

---

[757] *Idem*, pp [298-300].
[758] *Das escutas telefónicas, I Congresso ...* p. 221.
[759] Veiga/outro, ob. cit., pp [254-257].
[760] Citado por Veiga/outro, *op. cit.*, p. 255.

aponta para que essa «referência paradigmática» seja projectada na «disciplina normativa dos demais portadores de segredo ou confiança juridicamente relevantes». Deveria, por isso, segundo alguma doutrina, propugnar-se uma interpretação restritiva do artigo 187º CPP, ao nível da delimitação do âmbito subjectivo, para conferir uma «tutela reforçada» às comunicações travadas entre o arguido e determinadas pessoas sujeitas a sigilo profissional (artigo 135° CPP).

A tudo isto acresce que a lei penal criminaliza, no artigo 195º do C.P. (Violação de segredo), as condutas de todos aqueles que revelem segredo alheio de que tenham tomado conhecimento em razão do seu estado, ofício, emprego, profissão ou arte. Impõe-se, por isso, uma interpretação restritiva, com vista a assegurar, «uma tutela privilegiada daquelas esferas de segredo e de relações de confiança», sob pena de uma contradição sistemática e valorativa. Deverá entender-se, actualmente, que as conversações e comunicações dos médicos com os seus pacientes não devem ser alvo de escutas telefónicas, a não ser que o juiz tenha fundadas razões para crer que elas constituem objecto ou elemento de crime. E isto porque «quem se submete a tratamento médico tem de poder contar que tudo o que o médico vier a conhecer no exercício da sua profissão sobre o seu estado de saúde permanece reservado, não chegando ao conhecimento de estranhos»".

Damião da Cunha[761] defende que, para além da excepção relativa ao defensor, a mesma *"pode valer para outros portadores de segredos, que sejam intermediários por causa dessa qualidade e apenas nessa qualidade".*

– Para outros[762], *"em face da actual construção legal, parece-me que relativamente aos mediadores de segredos profissionais ou outros (v.g. médico, jornalista, sacerdote, etc.) não há impedimento legal de serem escutados nas hipóteses em que não são suspeitos de crime de catálogo, desde que haja «fundadas razões» [art. 187º nº 4 al. b)]. É que o controle de segredos é feito* a posterior, *na triagem da informação daquilo que é estranho ao processo. De outro modo, à norma da proibição de interceptar conversações entre o arguido e seu defensor, deveria o legislador ter aditado, por coerência, proibição idêntica para os demais mediadores de segredos até porque há situações que justificariam uma restrição semelhante. O que significa que o legislador não estipulou uma proibição de produção (admissibilidade ou obtenção) de prova, relativamente aos propalados mediadores, mas antes uma proibição de valoração (aquisição ou utilizibilidade) de prova, quando verificados certos pressupostos (v.g. conteúdo da gravação manifestamente estranho ao*

---

[761] *Revista do CEJ*, nº 9 (especial), 1º semestre de 2008, p. 260.
[762] TEIXEIRA, Carlos Adérito, *Revista do CEJ*, nº 9 (especial), 1º semestre de 2008, p. 260.

processo ou intensidade e preponderância do sigilo). Ou seja, na formulação legal, autoriza-se a escuta de profissionais que lidam com segredos mas confere ao juiz competência para escrutinar os segredos que são manifestamente estranhos ao processo e a circunstância de se conferir tal controle no nº 6 do artº 188º é a demonstração de que é autorizada a sua intercepção".

7.7.10.3 *As conversações de titulares de cargos políticos*
Não beneficiam estes de qualquer privilégio ou protecção no que diz respeito às intercepções e gravações de conversações ou comunicações telefónicas. Podem, por isso, ser ordenadas desde que estejam verificados os pressupostos legais.

Todavia, nos termos da alínea b) do artº 11º do CPP, compete ao Presidente do Supremo Tribunal de Justiça, autorizar a intercepção, a gravação e a transcrição de conversações ou comunicações em que intervenham o Presidente da República, o Presidente da Assembleia da República ou o Primeiro-Ministro e determinar a respectiva destruição, nos termos dos artigos 187º a 190º.

7.7.10.4 *As conversações com familiares e afins*
Também aqui divergem as posições doutrinárias[763]:
– Para uns, *"o direito ao silêncio dessas pessoas não está ao serviço da salvaguarda de interesses societariamente relevantes, daí a sua não equiparação"*, podendo ser escutados.
– Para outros, *"aqueles que apelando para uma ideia de subsidiariedade, propendem a equiparar o segredo e confiança dos parentes e afins ao segredo profissional, sujeitando estes mediadores de notícia a uma menor exposição à devassa das escutas telefónicas. Do que não se pode duvidar é de que a lei permite o não depoimento, por parte de certas pessoas, pelo que as escutas telefónicas, relativamente às mesmas, frustram o âmbito de protecção dessa norma"*.

A situação é equiparável à dos portadores de segredos e, por isso, deve ter o mesmo tratamento legal. Em todo o caso, recusando os familiares depor em julgamento, ao abrigo de direito que a lei lhes confere, as conversas escutadas também não poderão ser valoradas.

---

[763] A este respeito, ver as diferentes posições em VEIGA/outro, *op. cit.*, p. 260.

7.7.11 Formalidades das escutas

Autorizada a escuta por despacho fundamentado do Juiz, na fase de inquérito, em processo em curso, a requerimento do Mº Pº, é aquele despacho entregue ao órgão de polícia criminal que efectuar a intercepção e a gravação. Este, por sua vez, lavra o correspondente auto de início da operação (artº 188º, nº 1).

Sem prejuízo do direito que assiste ao OPC, que procede à investigação, de tomar previamente conhecimento do conteúdo da comunicação interceptada a fim de poder praticar os actos cautelares necessários e urgentes (cfr. artºs 249º e 252º) para assegurar os meios de prova (nº 2 do artº 188º), deve aquele levar ao conhecimento do Ministério Público, de 15 em 15 dias a partir do início da primeira intercepção efectuada no processo, os correspondentes suportes técnicos, seja, as fitas originais, na sua totalidade, bem como os respectivos autos e relatórios, devendo destes constar as passagens relevantes para a prova, e nele descrevendo de modo sucinto o respectivo conteúdo e explicando o seu alcance para a descoberta da verdade (artº 188º, nº 3).

O Ministério Público, depois de fazer a selecção das passagens mais relevantes[764], leva ao conhecimento do juiz os elementos referidos no número anterior no prazo máximo de quarenta e oito horas (artº 188º, nº 4), a fim de as diligências serem submetidas ao competente controlo judicial.

Para se inteirar do conteúdo das conversações ou comunicações, o juiz é coadjuvado, quando entender conveniente, por órgão de polícia criminal e nomeia, se necessário, intérprete (artº 188º, nº 5).

Feito o controlo, pode o juiz determinar a imediata cessação da intercepção se a mesma se mostrar já desnecessária ou se não continuarem reunidos os pressupostos legais. Como pode, nada dizendo, permitir que a escuta seja continuada até ao prazo máximo de três meses (artº 187º, nº 6). No termo deste, para que a intercepção possa ser prorrogada, o juiz tem de proferir novo despacho fundamentado no qual demonstre a verificação actual dos pressupostos e requisitos legais.

Em todo o caso, deve:

– A requerimento do Ministério Público, e só a requerimento deste, ou seja, não oficiosamente[765], ordenar a transcrição e junção aos autos das

---

[764] Assim, VEIGA/outro, op. cit., p. 288.

[765] Assim o Ac do STJ 13/2009, Uniformizador, publicado na I série do DR de 6/11/2009. O elemento histórico aponta no sentido do acórdão, devendo prevalecer o princípio do pedido em claro prejuízo da verdade material, fim último do processo penal.

conversações e comunicações indispensáveis para fundamentar a aplicação de medidas de coacção ou de garantia patrimonial, à excepção do termo de identidade e residência.

– Determinar a destruição imediata dos suportes técnicos e relatórios manifestamente estranhos ao processo, tal como foram definidos (artº 188º, nº 6). Quis o legislador, com o preceito, proteger os direitos das pessoas atingidas com as escutas: *"Propósitos seguramente generosos, mas servidos por mãos estranhamente avaras. Dizemo-lo não tanto à vista de dispositivos inexpressivos, tautológicos e inócuos como o constante da alínea c) do citado nº 6, que faz depender a destruição dos registos fonográficos e dos relatórios da circunstância de «a divulgação poder afectar gravemente direitos, liberdades e garantias». Estranho, desde logo, que a referência à danosidade tenha sido feita apenas pela porta da «divulgação». Esquecendo-se que a simples persistência da gravação – a manutenção «em conserva» da palavra e a sua perpetuação contra a sua vocação natural para a volatilidade – constitui já um gravoso atentado ao direito fundamental à palavra. Depois, e no que especificamente concerne à «divulgação», não pode deixar de denunciar-se a circunstância de se admitir que a divulgação de uma escuta telefónica possa não afectar gravemente os direitos fundamentais. Como se tal facto não representasse, só por si e invariavelmente, um atentado a um conjunto de direitos fundamentais: desde a inviolabilidade das telecomunicações, à autodeterminação informacional, à reserva da vida privada até, mais uma vez, a palavra.*

Mais decisiva, todavia, no contexto que agora nos ocupa é a ausência de um dispositivo que faça impender sobre as autoridades judiciárias o dever de, chegado que seja o momento considerado adequado, informar as pessoas atingidas de que as suas conversações telefónicas foram interceptadas e gravadas"[766].

7.7.12 *Destino dos suportes*

Terminado o prazo da intercepção, que nunca pode ser estendido para além da fase do inquérito, os suportes técnicos bem como os relatórios ficam anexos aos autos, devendo garantir-se a confidencialidade.

A partir do encerramento do inquérito, o assistente e o arguido podem examinar os suportes técnicos das conversações ou comunicações e obter, à sua custa, cópia das partes que pretendam transcrever para juntar ao processo, bem como dos relatórios previstos no nº 1, até ao termo dos

---

[766] COSTA ANDRADE, Manuel, *Bruscamente ...*, RLJ 137º-347.

prazos previstos para requerer a abertura da instrução ou apresentar a contestação, respectivamente (artº 188º, nº 8).

O artº 188º, nº 9, só permite valham como prova as conversações ou comunicações que:

(a) O Ministério Público mandar transcrever ao órgão de polícia criminal que tiver efectuado a intercepção e a gravação e indicar como meio de prova na acusação;

(b) O arguido transcrever a partir das cópias previstas no número anterior e juntar ao requerimento de abertura da instrução ou à contestação; ou

(c) O assistente transcrever a partir das cópias previstas no número anterior e juntar ao processo no prazo previsto para requerer a abertura da instrução, ainda que não a requeira ou não tenha legitimidade para o efeito.

É, assim, claro que não compete ao Juiz mandar juntar aos autos qualquer transcrição, incumbindo tal tarefa ao Mº Pº, ao assistente e ao arguido.

Naturalmente que, em obediência ao princípio da verdade material e ao princípio do acusatório, integrado pelo princípio da investigação (artº 340º do CPP), o tribunal pode proceder à audição das gravações para aferir da correcção das transcrições já efectuadas, como pode determinar a junção aos autos de novas transcrições, sempre que o entender necessário à descoberta da verdade e à boa decisão da causa (nº 10 do artº 188º). Mas tal é feito em sede de julgamento (o preceito fala em tribunal e não em juiz), e destina-se a complementar a prova, não podendo o juiz substituir-se aos sujeitos processuais, a quem incumbe apresentar a prova[767].

As pessoas cujas conversações ou comunicações tiverem sido escutadas e transcritas podem examinar os respectivos suportes técnicos até ao encerramento da audiência de julgamento (nº 11 do artº 188º).

Os suportes podem, nos termos referidos, ter servido como meio de prova no processo em curso.

Como podem não ter sido nele usados. Neste caso, *"(...) são guardados em envelope lacrado, à ordem do tribunal, e destruídos após o trânsito em julgado da decisão que puser termo ao processo"* (nº 12 do artº 188º).

---

[767] Neste sentido, DAMIÃO DA CUNHA, José Manuel, *O caso julgado parcial*, p. 603.

Os que serviram como meio de prova, *"após o trânsito em julgado previsto no número anterior (...) são guardados em envelope lacrado, junto ao processo, e só podem ser utilizados em caso de interposição de recurso extraordinário"* (nº 13 do artº 188º). Por isso, só podem ser destruídos decorrido o prazo para interposição de recurso extraordinário.

7.7.13 Os conhecimentos de investigação, conhecimentos fortuitos e seu valor extra-processual. O efeito à distância das nulidades de prova

Por conhecimentos fortuitos entende-se aquele conjunto de factos que foi casualmente descoberto, que não era objecto de investigação, *"aqueles que não se reportam ao crime cuja investigação legitimou a sua realização"*[768]; *"Por conhecimento fortuito deverá entender-se a informação sobre a existência de determinado crime ou a identidade dos seus agentes, obtida no decurso da realização de uma escuta telefónica, que foi autorizada tendo em vista o apuramento de um outro crime, de idêntica ou de diferente natureza, praticado pelo mesmo ou por outro agente, desde que não recaia no âmbito dos chamados «conhecimentos de investigação»"*[769], ou seja, são aqueles que, no decurso de uma escuta, foram obtidos por mero acaso.

Contrapõe-se-lhes os conhecimentos da investigação, os que são objecto do próprio processo, isto é, os *"factos obtidos através de uma escuta telefónica que se inserem na mesma história de vida do crime investigado"*[770].

"Os conhecimentos fortuitos *configuram apenas uma zona parcelar de uma área problemática mais extensa. Onde se integram todas as constelações em que os dados e conhecimentos obtidos a partir de escutas validamente realizadas são (também) utilizados para* **fins diferentes** *daquele em nome do qual as escutas foram promovidas e realizadas. E que, numa perspectiva de conceptualização dogmática, são reconductíveis ao que designámos por* **alienação do fim**, *coenvolvendo, como tais, uma nova afronta ao direito fundamental à* **autodeterminação informacional**. *Pode tratar-se de utilizar os dados obtidos a coberto das normas e dos fins do processo penal no contexto de* **outras** *actividades estaduais (v. g., actividade policial de prevenção de perigos, processos disciplinares, contra-ordenacionais, disciplinares desportivos, etc.); como pode dar-se o movimento de sentido inverso. Para além destas movimentações «transfronteiriças» – entre o processo penal e outros*

---

[768] COSTA ANDRADE, Manuel, *Sobre as proibições...* p. 304.
[769] Ac da RE de 27-09-2011, processo 13/05.6GBSTB.E1, in www.dgsi.pt
[770] Ac da RP de 5/06/2013, processo 1885/10.8PIPRT.P1, in www.dgsi.pt

processos investigatórios exteriores – há também naturalmente as deslocações dentro do processo penal. Podendo, neste caso, ocorrer a título de: **conhecimentos fortuitos** *(aproveitamento dos dados na investigação de outros crimes e no contexto de outro processo criminal, distinto daquele em que se produziram as escutas); ou de* **conhecimentos-da-investigação** *(aproveitamento dos dados para a prova de crimes diferentes daquele que motivou e justificou a escuta, mas que mantêm com ele uma* **estreita e incindível conexão***).*

Procurando explicitar melhor as coisas, o que, numa caracterização sumária, verdadeiramente define a figura dos **conhecimentos da investigação** *e a distingue e contrapõe à dos* **conhecimentos fortuitos** *é a estrita conexão que subsiste entre os crimes a que se reportam os conhecimentos da investigação e o originário crime (do catálogo) que determina a escuta. Em termos tais que a investigação do crime originário já leva consigo a investigação dos outros crimes, como conhecimentos da(quela) investigação de que fazem parte. Por isso é que, diferentemente do que sucede nos* **conhecimentos fortuitos** *– em que o processamento do(s)* **outro(s)** *crime(s) tem, em princípio, de ocorrer* **noutro**(s) *processo (s) –* **os conhecimentos da investigação** *fazem parte do mesmo «pedaço de vida», devendo ser tratados no mesmo processo, a cujo objecto pertencem. Posta entre parênteses uma mais cuidada categorização daquela relação – concurso impróprio, concurso de normas ou outra – a verdade é que, tanto no plano histórico como sociológico, é o originário crime do catálogo que domina todo o conglomerado fáctico e lhe impõe o peso do seu próprio sentido: social, normativo, histórico, criminalístico, etc."*[771].

A lei portuguesa, antes da reforma de 2007, era omissa quanto aos conhecimentos fortuitos.

Costa Andrade[772] tratou dogmaticamente a questão, assim explanando: *"No estado actual das questões, não se afigura viável adiantar um critério conceptual susceptível de demarcar e contrapor em termos esgotantes e exclusivos as duas áreas em confronto. (...)*

Nesta linha, devem, desde logo, ter-se por pertinentes aos conhecimentos da investigação os factos que estejam numa relação de concurso ideal e aparente com o crime que motivou e legitimou a investigação por meio da escuta telefónica. O mesmo valendo para os delitos alternativos que com ele estejam numa relação de comprovação alternativa de factos. Consensual parece ainda, tanto na doutrina como na jurisprudência, que o mesmo terá de ser o entendimento quanto aos crimes

---

[771] COSTA ANDRADE, Manuel, *Bruscamente ..., RLJ* 137º [347, 348].
[772] *Sobre as proibições* pp. [304-312].

que, no momento em que é decidida a escuta em relação a uma associação criminosa, aparecem como constituindo a sua finalidade ou actividade. (...) À figura e ao regime dos conhecimentos da investigação deverão ainda levar-se as diferentes formas de comparticipação (autoria e cumplicidade), bem como as diferentes formas de favorecimento pessoal, auxílio material ou receptação. (...)".

Todos os outros serão conhecimentos fortuitos.

Também o STJ entende que se está perante conhecimentos de investigação quando os crimes estão em relação de alternatividade[773].

Ainda segundo o Autor que vimos seguindo, *"Não será arriscado apontar como praticamente isolados os autores que se pronunciam a favor da valoração, sem restrições, dos conhecimentos fortuitos. (...)*

*Na doutrina aceita-se generalizadamente a tese da jurisprudência, segundo a qual «**a valoração dos conhecimentos fortuitos só é possível no interior da classe dos crimes do catálogo**». (...) Nesta linha, e para emprestar operatividade à doutrina, os autores propendem para submeter os conhecimentos fortuitos a um juízo hipotético de intromissão, fazendo incidir sobre eles aquela ideia de «estado de necessidade investigatório» em nome da qual o legislador abre a porta à admissibilidade da devassa da escuta (...).*

*Temos por bem fundado o entendimento da doutrina e jurisprudência alemãs na parte em que reclamam como exigência mínima que os conhecimentos fortuitos **se reportem a um crime do catálogo**, seja, a uma das infracções previstas no artigo 187º do CPP. Para além disso, cremos, em segundo lugar, ser mais consistente a posição dos autores que, a par do crime do catálogo, fazem intervir exigências complementares tendentes a reproduzir aquele **estado de necessidade investigatório** que o legislador terá arquetipicamente representado como fundamento da legitimação (excepcional) das escutas telefónicas. (...) Parece, outrossim e em terceiro lugar, que em caso de perseguição de **associação criminosa** nada impedirá a valoração dos conhecimentos fortuitos relativos aos crimes que integram a finalidade ou actividade da associação".*

O legislador de 2007 conhecia a doutrina e as dificuldades suscitadas. Em vez de as resolver, limitou-se a aditar os nºs 7 e 8 ao artº 187º:

7. Sem prejuízo do disposto no artigo 248º, a gravação de conversações ou comunicações só pode ser utilizada em outro processo, em curso ou a instaurar, se tiver

---

[773] Ac do STJ de 06/05/2010, processo 156/00.2IDBRG.S1, in www.dgsi.pt e in CJ, Acs do STJ, XVIII, tomo II, pg. 181.

7. OS MEIOS DE OBTENÇÃO DA PROVA

resultado de intercepção de meio de comunicação utilizado por pessoa referida no nº 4 e na medida em que for indispensável à prova de crime previsto no nº 1.

8. Nos casos previstos no número anterior, os suportes técnicos das conversações ou comunicações e os despachos que fundamentaram as respectivas intercepções são juntos, mediante despacho do juiz, ao processo em que devam ser usados como meio de prova, sendo extraídas, se necessário, cópias para o efeito.

Ou seja, limitou-se a prever e regulamentar a utilização das gravações que contenham conhecimentos de investigação ou fortuitos em outro processo, em curso ou a instaurar, fazendo depender tal utilização do concurso cumulativo dos seguintes requisitos:

1. Tratar-se de pessoa escutável;
2. O crime do outro processo deverá ser também crime do catálogo;
3. A gravação é indispensável à prova desse crime.

Por outro lado, abordou de forma muito perfunctória o tratamento a que devem ser sujeitos os factos de que os órgãos de polícia criminal, que executem as intercepções, tiverem notícia no exercício destas funções, que não reúnam os aludidos requisitos, sabendo-se que o artº 248º, para o qual remete o nº 7 do artº 187º, obriga os órgãos de polícia criminal que tiverem notícia de um crime, por conhecimento próprio ou mediante denúncia a transmiti-la ao Ministério Público no mais curto prazo, que não pode exceder 10 dias. E que o nº 2 do artº 188º permite que o órgão de polícia criminal que proceder à investigação tome previamente conhecimento do conteúdo da comunicação interceptada a fim de poder praticar os actos cautelares necessários e urgentes para assegurar os meios de prova.

Cabe importante papel à doutrina e à jurisprudência no suprimento da lacuna legislativa, em todas as vertentes referidas.

O processo penal está subordinado ao princípio da legalidade. Faz, por isso, todo o sentido que, nos casos em que, em sede de intercepção telefónica se venha a indiciar um qualquer ilícito criminal, independentemente de ser do catálogo ou não, se faça a comunicação ao Mº Pº para efeitos de investigação, o que dará lugar à abertura de inquérito (artº 262º, nº 2).

Não se trata aqui de utilização das provas obtidas no processo em curso, mas apenas de seguir as denominadas *"pistas de investigação"*.

"O legislador, no desígnio de repressão do crime em níveis aceitáveis num Estado de Direito Democrático, procura fazer um aproveitamento de notícias sobre ilícitos

penais, obtidas por via de uma investigação «alheia», que, de outro modo, não lograria alcançar. A especificidade das informações que constituem meras «pistas» e não conhecimentos «probatórios» da investigação prende-se com a natureza dos crimes a que umas e outros dizem respeito – e que têm na base uma ideia de proporcionalidade – ou a verificação ou com a ausência de conexão com o facto criminoso que serviu de fundamento à autorização da escuta. Tal diferenciação material justifica, naturalmente, uma demarcação de regime jurídico e que o legislador acolheu através do segmento literal «sem prejuízo do disposto no artº 248°» (comunicação pelo OPC de notícias de crime ao MP), face à especificidade de aproveitamento (como prova) dos conhecimentos fortuitos, contida na solução estipulada nos nºs 7 e 8 do artº 187°"[774].

Diferente do mero seguimento das *"pistas de investigação"* é a utilização dos conhecimentos de investigação ou meramente fortuitos em outro processo, em curso ou a instaurar.

A II parte do nº 7 do artº 187º do CPP permite a utilização da gravação de conversações ou comunicações, quer se trate de conhecimentos de investigação ou fortuitos, em outro processo, *em curso ou a instaurar*, se, e cumulativamente:

(1) Tiver resultado de intercepção de meio de comunicação utilizado por pessoa referida no nº 4 (suspeito ou arguido; pessoa que sirva de intermediário, relativamente à qual haja fundadas razões para crer que recebe ou transmite mensagens destinadas ou provenientes de suspeito ou arguido; ou vítima de crime, neste caso, mediante o respectivo consentimento, efectivo ou presumido);

(2) For indispensável à prova de crime;

(3) O crime for um dos previstos no nº 1 do artº 187º (do catálogo).

De realçar que as escutas (que só podem ser efectuadas no âmbito de um processo em curso, na fase do inquérito, e a requerimento do Mº Pº), servem agora, verificados os pressupostos referidos (cumulativos, repete-se), também para *instaurar* um inquérito, e até mesmo para *serem remetidas para processo* que se encontre em fase de instrução ou de julgamento.

O legislador, nos normativos transcritos, não faz qualquer diferenciação entre conhecimentos de investigação e conhecimentos fortuitos.

Carlos Teixeira[775] refere que *"em matéria de «conhecimentos» que podem servir de prova, não se alcança facilmente se as normas do nº 7 e do nº 8 do artº*

---

[774] TEIXEIRA, Carlos Adérito, *Revista do CEJ*, nº 9 (especial), 1º semestre de 2008, p. 269.
[775] *Idem* p. 274.

7. OS MEIOS DE OBTENÇÃO DA PROVA

187º contemplam e diferenciam ou se, em alternativa, assimilam os conhecimentos de investigação aos conhecimentos fortuitos propriamente ditos. O texto da lei não traduz uma posição inequívoca, embora (...) nenhuma dúvida subsistirá quanto à utilizibilidade como prova dos «conhecimentos» (de investigação e fortuitos) obtidos na escuta, quando cumpram o quadro de exigências legais".

As escutas podem ser oponíveis em outro processo desde que tenham resultado de intercepção ao arguido, suspeito, intermediário ou vítima, independentemente de quem é o interlocutor (artº 187º, 4, ex vi do disposto no nº 7 do mesmo preceito legal), e desde que, naturalmente, no outro processo estejam verificados os pressupostos e requisito legal de autorização das escutas[776].

A doutrina comporta uma excepção: se a pessoa sobre a qual recaem os conhecimentos de investigação ou fortuitos for o Presidente da República, o Presidente da Assembleia da República ou o Primeiro-Ministro, porque a escuta só pode ser autorizada pelo Presidente do Supremo Tribunal de Justiça (artº 11º, nº 2, alínea b), ou se for outra pessoa que goze de foro especial, não podem tais conhecimentos ser utilizados (proibição de valoração) nem naquele processo nem em processo a instaurar por falta de um requisito formal: a autorização por juiz competente. Consequentemente, não podem ser valorados os elementos de prova constantes dos suportes técnicos.

Todavia, os conhecimentos adquiridos pelos OPC no exercício das suas funções de intercepção de conversações ou comunicações podem e devem servir como *"pistas de investigação"*[777].

Quando haja de utilizar em outro processo, em curso ou a instaurar, conhecimentos de investigação ou fortuitos, jamais são remetidos para essoutro os originais dos suportes técnicos, mas antes cópias dos mesmos.

Estas, bem como as cópias dos despachos que fundamentaram as respectivas intercepções, são juntos, mediante despacho do juiz do processo em que tiveram lugar as intercepções, ao processo em que devam ser usados como meio de prova.

---

[776] Neste sentido, TEIXEIRA, Carlos Adérito, *op. cit.*, pp [274-277]. A posição de ANDRADE, Manuel da Costa, *Bruscamente...*, RLJ 137º, pp [348-350], tem algumas nuances, que importa ponderar, e aponta o caminho que, de jure condendo, seria o correcto.

[777] Em termos não coincidentes com a nossa posição, ver ANDRADE, Manuel da Costa, em entrevista ao *Jornal Público* do dia 18 de Novembro de 2009; e MARQUES DA SILVA, Germano, em artigo publicado na *Revista da Ordem dos Advogados*, Novembro/Dezembro de 2009.

O legislador de 2007 foi, com facilidade se conclui, lacunoso no tratamento extra-processual dos conhecimentos de investigação e dos fortuitos.

Demitiu-se, em absoluto, das suas obrigações no que tange à regulamentação dos efeitos-à-distância e/ou efeitos expansivos das provas nulas, isto é, nada referiu sobre as provas mediatas obtidas a partir de provas nulas, sendo certo que se trata de vexata quaestio, como supra vimos nos itens 5.1.1., 5.1.2 e 5.1.3.

Que bem podia e devia ter resolvido por via legislativa.

Mais uma vez a doutrina e a jurisprudência terão de integrar a lacuna.

Até hoje, têm-no feito de forma não inteiramente coincidente, se não mesmo contraditória.

Costa Andrade[778] propõe um princípio de solução quanto aos efeitos à distância: *"O que nesta sede nos propomos é apenas esboçar um início de equacionação e de resposta à questão do efeito-à-distância no contexto do direito processual penal português. (...)*

Tudo, a começar, parece legitimar a afirmação de que no direito processual penal português se contêm casos inequívocos de efeito-à-distância. (...)

Determinante, em primeiro lugar, a circunstância de (...) o direito português ter associado as proibições de prova à figura e ao regime das nulidades. Isto em adimplemento da injunção constitucional constante do n.º 8 do artigo 32.º da CR, segundo o qual: «são nulas todas as provas obtidas mediante...». O que aponta para a submissão de princípio das proibições de prova à sanção prevista para as nulidades. Que, nos termos do n.º 1 do artigo 122.º do CPP, «tornam inválido o acto em que se verificarem, bem como os que dele dependerem e aquelas puderem afectar».

Em segundo lugar, (...) o legislador português optou por proibir, sem mais, a valoração de todas as provas obtidas mediante recurso aos métodos proibidos de prova. Uma formulação que parece denunciar a intencionalidade de, em vez de a circunscrever às declarações directamente obtidas, generalizar a proibição de valoração a todas as provas inquinadas pelo «veneno» do método proibido. (...)

À semelhança do que vimos suceder com outros ordenamentos jurídicos, também o direito processual penal português vigente apela para um aturado e filigrânico labor de exegese e hermenêutica. Um percurso que o intérprete e aplicador do direito terão, mais uma vez, de fazer despertos para a surpresa e singularidade do caso concreto, ditadas já pelo tipo de proibição de prova violada, já pela

---

[778] Idem, pp. [312-318].

natureza e relevo do direito, bem jurídico ou interesse sacrificado, já pelo sujeito passivo da violação (v. g. arguido ou testemunha), etc. (...).

Propomos algumas ilustrações do pertinente discurso hermenêutico. Para o que privilegiaremos a citação exemplificativa de uma ou outra das constelações típicas mais expressivas.

a) Começaremos, por recordar o que se nos afigura a manifestação paradigmática e porventura a mais unívoca de efeito-à-distância: a que decorre da utilização de métodos proibidos de prova contra o arguido.

α) Tudo se conjuga para impor aqui a comunicação da proibição de valoração à prova mediata. (...)

β) Duas observações adicionais ajudarão a precisar melhor o âmbito que, nesta área específica, há-de adscrever-se ao *efeito-à-distância*. Em primeiro lugar, as considerações expostas valem para a generalidade dos métodos proibidos de prova impostos ao arguido: tanto para as hipóteses de coacção, tortura e maus tratos como para os meios enganosos que hajam de subsumir-se na categoria e no regime dos métodos de prova proibidos pelo artigo 126° do CPP. (...)

Em segundo lugar, o efeito-à-distância só será de afastar quando tal seja imposto por razões atinentes ao nexo de causalidade ou de «imputação objectiva» entre a violação da proibição de produção da prova e a prova secundária. (...) Cremos, pelo contrário, que aqui terá mesmo de ultrapassar-se aquele «alto grau de probabilidade» de obtenção das provas mediatas para que remete ROXIN. Tudo sugere, assim, que se acompanhe BEULKE na parte em que este autor reclama exigências correspondentes às da convicção do juiz necessária para sustentar a condenação do arguido. (...) Uma compreensão das coisas que obriga a valorar pro reo os coeficientes de dúvida e indeterminação em concreto subsistentes.

b) No extremo oposto – sc., como hipótese inequívoca de exclusão do efeito-à--distância – estão as provas obtidas a partir da violação da hearsay evidence rule. Nada, com efeito, parece justificar que a proibição de valoração que inquine o testemunho-de-ouvir-dizer tenha também de precluir a valoração das provas que ele tenha tornado possíveis. (...)

c) (...) A partir daqui passa a intervir todo um conjunto de factores de relativização, a aumentar a complexidade problemática e a potenciar a dispersão das soluções prático-jurídicos. Como sucede, por exemplo, com o estatuto do sujeito passivo (concretamente, a testemunha com o seu dever de verdade e de colaboração com a justiça) ou com a danosidade social diferenciada dos diferentes tipos de provas proibidas, a reclamar áreas de tutela não necessariamente sobreponíveis. Tudo com reflexos óbvios na questão do efeito-à-distância.

Nesta linha (...), cremos poder sustentar que também as proibições de valoração decorrentes do regime das *escutas telefónicas andarão normalmente associadas ao efeito-à-distância. (...). E o princípio não deverá ser essencialmente outro quanto às proibições de prova ditadas pelo regime processual das gravações e fotografias ilícitas. Além do mais, pela circunstância de a proibição de valoração estar sistematicamente ligada à ilicitude penal (substantiva) da utilização processual da gravação ou fotografia. Dificilmente se compreendendo que, do ilícito penal cometido por via da valoração processual, sempre pudessem, afinal, colher-se os frutos indirectos ou mediatos".*

Pela nossa parte, na sequência daquela que consideramos ser a melhor doutrina e a melhor jurisprudência tanto do STJ como do TC, concluímos que as proibições de prova são autênticas limitações à descoberta da verdade material, que, em princípio, têm como efeito a nulidade do acto proibido e bem assim de todos aqueles que dele dependerem e puderem vir a ficar afectados. Pelo que tudo se passa como se essa prova proibida não existisse[779].

Excepciona-se os casos em que na falta de algum pressuposto formal, não está em causa o núcleo íntimo da privacidade, e se verifica um estado de necessidade investigatório que justifique a utilização da prova, o que pode conduzir à sua valoração nas condições supra referidas.

As provas produzidas derivadas das provas proibidas podem, todavia, ser válidas, se[780]:

– Tiverem o seu fundamento em fontes de prova independentes e, por isso, puderem ser destacadas da prova inválida anterior;

– A descoberta desses novos e posteriores factos se mostre inevitável mediante o decurso de outras diligências de prova, que já decorriam anteriormente ou em simultâneo;

– Não obstante a prova recolhida derivar de prova ilegal, podia ter sido alcançada através de meios de prova autónomos e distintos desta última, em termos tais que produzam uma decisiva atenuação da ilegalidade precedente.

Questão controvertida é ainda a de saber qual o valor dos conhecimentos de investigação e dos conhecimentos fortuitos se e quando cai o crime do catálogo.

---

[779] Sobre o tema, cfr. supra 5.1.1, 5.1.2 e 5.1.3.
[780] Neste sentido o Ac de 20/2/2008, CJ, Acs do STJ, 2008, I, p. 229; e o Ac do TC 198/2004.

7. OS MEIOS DE OBTENÇÃO DA PROVA

A Jurisprudência[781] entende que, se entre os crimes que legitimaram as escutas e aquele pelo qual o arguido veio a ser acusado, não há qualquer conexão para efeitos do disposto no artigo 24º, nº 1 do CPP, ou não há qualquer *unidade processual investigatória, "arquivado o inquérito quanto aos denominados crimes do «catálogo», não podem os conhecimentos obtidos com as escutas legalmente autorizadas, que são considerados como conhecimentos fortuitos, ser valorados em relação ao crime que subsiste e que não é do «catálogo»"*.

Mais se afirma no citado aresto que **nada justifica** que os dados legalmente obtidos através de escutas telefónicas, mesmo que se trate de conhecimentos da investigação, sejam extensíveis à prova dos factos de crime que não é do «catálogo» pois que, *"Ainda que se entenda que tais conhecimentos são considerados como conhecimentos de investigação, quer porque o crime para que se pretende usar os dados recolhidos nas escutas não é crime de catálogo, quer porque todos os crimes de catálogo, que estiveram na origem e fundamento das escutas autorizadas nos autos, caíram no despacho final do inquérito com o respectivo arquivamento, quer porque os factos relativos ao crime que subsiste não estão numa relação de concurso ideal e aparente com os crimes que motivaram e legitimaram a investigação por meio da escuta telefónica, quer porque não é delito que esteja numa relação de comprovação alternativa com os crimes que motivaram e legitimaram a investigação por meio de escuta telefónica, quer porque não se coloca a questão de aparecer como finalidade ou actividade de uma qualquer associação criminosa, quer porque não estamos face a formas diferentes de autoria ou cumplicidade num crime que esteve na origem e fundamento das escutas autorizadas nos autos, quer porque não estão em causa diferentes formas de favorecimento pessoal, auxílio material ou receptação"*.

Costa Andrade[782], com a autoridade que lhe é reconhecida, expendeu: *"A ser pertinente, como se nos afigura, a construção que fica sumariamente esboçada[783]* – **a queda do crime do catálogo exclui, sem mais, a proibição de valoração dos conhecimentos da investigação na prova do crime de conexão** – *estreita-se significativamente a margem de diferenciação entre os regimes*

---

[781] Ac da RP de 18/06/2014, processo 35/08.5JAPRT.P1, in www.dgsi.pt
[782] RLJ, 142º-377.
[783] O autor, se bem interpretamos, adere à doutrina maioritária segundo a qual *"a quebra do crime do catálogo determina a quebra do crime de conexão, não sendo possível valorar os conhecimentos da investigação para assegurar a prova e condenar os autores (dos crimes de conexão). De forma apodíctica, a quebra do crime do catálogo faz impender uma proibição de valoração sobre os conhecimentos da investigação".*

*dos **conhecimentos da investigação** e **dos conhecimentos fortuitos**. Regimes entre os quais medeia como decisivo momento de comunicabilidade, a obediência ao axioma: **não pode haver escutas sem crime do catálogo nem para além do crime do catálogo**.*

Um axioma a que, cada um a seu modo, ambos os regimes prestam tributo.

*a) Tal sucede, do lado dos **conhecimentos fortuitos** com a exigência de que o crime a que se reportam os conhecimentos fortuitos seja, também ele, um crime do catálogo. Isto nos termos e em consonância com o princípio da **intromissão alternativa hipotética**. Cujo conteúdo nuclear e mínimo significa precisamente a exigência de que a **mudança de fim** se faça **para um crime do catálogo**. E o que, de resto, está hoje expressamente consignado em matéria de escutas telefónicas no nº 7 do artigo 187º do Código de Processo Penal. Embora distinto do crime originário que motivou e justificou as escutas, a verdade é que também o outro crime, a que se reportam os conhecimentos, é um crime do catálogo.*

*Sendo líquido que tudo aqui decorre à sombra da presença contínua de crime do catálogo, compreende-se que **no regime dos conhecimentos fortuitos seja indiferente a «sorte» processual do crime originário que motivou as escutas**. Uma solução que, mais uma vez, tem por si o tributo consensual tanto de tribunais e autores como da própria lei positiva. A valoração dos conhecimentos fortuitos não será posta em causa mesmo que o crime originário tenha «morrido» em qualquer estádio do seu processamento: inquérito, acusação, instrução ou julgamento. Compreende-se, de resto, que seja assim. O originário crime do catálogo é substituído por outro, **também ele um crime do catálogo** e idóneo para o sub-rogar no cumprimento da insuprível exigência do catálogo. E, por vias disso, para assegurar a continuidade da legitimação que a lei associou àquela exigência.*

*O dogma **sem crime do catálogo não há escutas** (nem realização nem valoração) tem aqui a sua réplica ou corolário: **sem crime do catálogo não há valoração legítima dos conhecimentos fortuitos**.*

*b) Em contexto e condicionalismo diferentes, também o regime dos **conhecimentos da investigação** assegura o mesmo efeito. Isto na medida em que a queda do crime do catálogo determina, sem mais, a proibição de valoração dos conhecimentos obtidos na escuta. De todos os conhecimentos. **Também dos conhecimentos da investigação** relativos a crimes de conexão não pertinentes ao catálogo. Em definitivo, também deste lado só há escuta – tanto na dimensão de produção como de valoração – **se e enquanto subsistir a perseguição de um crime do catálogo**. Enquanto tal se dá, está assegurada a vinculação incindível entre a escuta e o crime do catálogo. Reversamente: a partir da perda do crime do catálogo, deixa,*

pura e simplesmente, de persistir a legitimidade da justiça penal para lançar mão das escutas e aproveitar os seus frutos.
Que passam a estar cobertos por inultrapassável proibição de valoração".

7.7.14 A extensão do regime das escutas telefónicas
O artº 189º do CPP, sob a epígrafe *"Extensão"*, dispõe:

1. O disposto nos artigos 187º e 188º é correspondentemente aplicável às conversações ou comunicações transmitidas por qualquer meio técnico diferente do telefone, designadamente correio electrónico ou outras formas de transmissão de dados por via telemática, mesmo que se encontrem guardadas em suporte digital, e à intercepção das comunicações entre presentes.

2. A obtenção e junção aos autos de dados sobre a localização celular ou de registos da realização de conversações ou comunicações só podem ser ordenadas ou autorizadas, em qualquer fase do processo, por despacho do juiz, quanto a crimes previstos no nº 1 do artigo 187º e em relação às pessoas referidas no nº 4 do mesmo artigo.

A extensão envolve cinco dimensões:
1. Do telefone a outros meios técnicos;
2. Da voz humana à imagem;
3. Da comunicação à distância à comunicação entre presentes;
4. Da ingerência (no conteúdo das) nas conversações ou comunicações à obtenção do registo de realização das mesmas;
5. Da ingerência «transambiental» à localização geográfica do aparelho técnico da comunicação[784].

O regime jurídico das escutas telefónicas *"é aplicável às conversações ou comunicações transmitidas por qualquer meio técnico diferente do telefone"*, ou seja, é aplicável às conversações ou comunicações efectuadas através de computador, de telefax, por mensagem SMS, ou outros. *"Já não se trata apenas de captar os fluxos comunicacionais que envolvam a palavra falada, também se abrangem outros fluxos informacionais e comunicacionais onde ganha relevância a palavra escrita (texto) o áudio e a imagem"*[785].

Equiparável às escutas telefónicas é o regime das comunicações transmitidas por correio electrónico, abrangendo aquele *"qualquer mensagem textual, vocal, sonora ou gráfica enviada através de uma rede pública de comunicações que pode ser armazenada na rede ou no equipamento terminal do destina-*

---

[784] Assim, TEIXEIRA, Carlos Adérito, *Revista do CEJ*, nº 9 (especial), 1º semestre de 2008, p. 281.
[785] VEIGA/outro, *op. cit.*, p. 357.

tário até este a recolher" [alínea h) do art.º 2º da Directiva 2002/58/CE]. Mesmo que guardadas em suporte digital. Assim, estas comunicações, só podem ser *"interceptadas"* se verificados os respectivos pressupostos: relacionadas com a investigação de crime de catálogo, disserem respeito a suspeito, arguido, terceiro mediador ou vítima, neste caso com o seu consentimento, a requerimento do Mº Pº, na fase do inquérito, sendo indispensáveis à investigação, mediante despacho fundamentado do JIC.

Carlos Teixeira[786] defende que as mensagens já impressas não estão contempladas pelo regime das escutas, por inadequação do objecto.

Costa Andrade[787] vai mais longe e afiança que *"o mesmo (objecto idóneo de busca e, por isso, não sujeito ao regime das telecomunicações) valendo para a informação (conteúdos e dados de comunicação) guardada no cartão SIM de um telemóvel e relativa a conversações e mensagens (v.g. SMS) expedidas ou recebidas. E é assim porquanto, a partir do momento da entrada dos dados na esfera de domínio do destinatário, este deixa de estar naquela «específica situação de perigo» e de carência de tutela que são, já o vimos que são, próprias do tempo em que a comunicação está exposta ao domínio e à heteronomia do sistema de telecomunicações. E, por causa disso, o destinatário passa a dispor de meios de auto-tutela, desde a instalação de sistemas de segurança, programas antivírus, codificação críptica, firewalls (programas que vigiam o tráfego na internet e avisam o titular do computador das tentativas de envio de programas, do género «cavalo de Tróia»), até ao apagamento ou destruição, pura e simples, dos dados.*

Importa, todavia, precisar que não deve identificar-se o fim do processo dinâmico da transmissão com a sua chegada ao (último) aparelho (telefone, computador, etc.) do destinatário. Como de todos os lados se reconhece e acentua, também aí pode revelar-se e actualizar-se a posição de domínio do sistema de telecomunicação. Que pode continuar a intrometer-se arbitrariamente no conteúdo e nos dados da comunicação à margem do controlo do(s) interlocutor(es)".

A mesma crítica aponta à solução que estende o regime das escutas ao correio electrónico guardado em suporte digital[788]: *"as telecomunica-*

---

[786] *Revista do CEJ*, nº 9 (especial), 1º semestre de 2008, p. 283.
[787] *Bruscamente...*, *RLJ* 137º-340.
[788] *Bruscamente...*, *RLJ* 137º, pp [337-342]. Conforme se pode ler no Parecer da PGR 45/12, in II série do DR de 25/1/2013, *"O suporte digital apresenta-se hoje claramente como o principal instrumento de arquivo e preservação de imagens, em particular de vídeos (que constituem, aparentemente, o principal foco de interesse da consulta) e na organização de registos e arquivos dos órgãos de comunicação social. Acresce que na maior parte dos casos a captação é empreendida por câmaras digitais*

7. OS MEIOS DE OBTENÇÃO DA PROVA

ções abrangem hoje um espectro alargado de procedimentos técnicos de transmissão incorpórea e individualmente direccionada de notícias ou dados, independentemente do meio de transmissão (por cabo ou rádio, analógico ou digital) e da forma de expressão (palavras, imagens, sons, sinais, etc.). A transmissão à distância de notícias ou dados actualiza-se hoje através de um universo de meios e de formas que ultrapassam em muito os procedimentos disponíveis à época da entrada em vigor do Código de Processo Penal (...).

Nem todos os dados produzidos (guardados, transmitidos) no contexto dos sistemas de telecomunicação, pertencem à telecomunicação em sentido técnico--jurídico. E, por causa disso, não são abrangidas pela área de tutela que a ordem jurídica, a começar pela Constituição, reservam às telecomunicações. Bem podendo acontecer – e tal dá-se com frequência – que certos dados, que começaram por nascer como «coisas» da telecomunicação, percam, a partir de certo momento, de certas vicissitudes da sua trajectória, a natureza de dados pertinentes às telecomunicações. E, nessa medida, deixem de estar à sombra da sua área de tutela. E passem a relevar no contexto e sob o regime de outros, contíguos e concorrentes direitos fundamentais. Como a inviolabilidade do domicílio, a autodeterminação informacional, a reserva da vida privada, a integridade e confidencialidade dos sistemas informáticos, etc. (...)

Somos assim forçados a balizar, com o rigor e a segurança possíveis, a compreensão e extensão do conceito de telecomunicação no âmbito do processo penal. (...) também aqui o que está em causa é assegurar o livre desenvolvimento da personalidade de cada um através da troca, à distância, de informações, notícias; pensamentos e opiniões, à margem da devassa da publicidade. O que está em causa é, em última instância, a tutela da privacidade. Mais precisamente e na formulação do Tribunal Constitucional Federal, da «privacidade à distância». Porque se trata de comunicação entre pessoas, separadas no espaço, ela tem de ser feita sob mediação necessária de terceiro, isto é, de um fornecedor de serviços de comunicação à distância, normalmente uma empresa de telecomunicação. Um procedimento em que, como precisa o Tribunal Constitucional Federal (22.8.2006), vai coenvolvida uma «perda de privacidade» (Verlust an Privatheit), uma vez que quem comunica tem de fazê-lo submetendo-se às especificidades e exigências daquele sistema de comunicação e confiar nele, para não dizer confiar-se a ele. «Conteúdo e cir-

---

em que embora as lentes, tal como nas câmaras analógicas, representem uma função inicial em que a luz é transmitida a um sensor a «imagem» registada no equipamento já corresponde a «dados informáticos». As imagens em suporte digital integram o conceito de prova em suporte eletrónico objeto de um regime especial de recolha de prova consagrado na lei do Cibercrime".

cunstâncias da transmissão de notícias estão, assim, expostas à intromissão fácil do terceiro ... (os que comunicam) não têm a possibilidade de assegurar, por eles próprios, a confidencialidade da comunicação». Nesta linha, a tutela jurídica da inviolabilidade das telecomunicações orienta-se para uma arquetípica ideia-limite. Que, atendo-nos ainda à formulação do mesmo Tribunal de Karlsruhe, podemos significar dizendo que se trata de, «na medida do possível, colocar as pessoas que comunicam através das telecomunicações numa situação tendencialmente igual à que teriam se estivessem numa comunicação entre presentes». (...)

A tutela do sigilo de telecomunicações, tanto constitucional como processual penal, está, assim, vinculada ao processamento da comunicação sob o domínio da empresa fornecedora do serviço de telecomunicações. Na formulação do Tribunal Constitucional: «a área de tutela do sigilo das telecomunicações compreende tanto o conteúdo da telecomunicação como as circunstâncias atinentes ao processo de comunicação. Fora do processo de comunicação já não são protegidos... os conteúdos e as circunstâncias da comunicação guardados na área de domínio do participante na comunicação». Só existe enquanto dura o processo dinâmico de transmissão, isto é, até ao momento em que a comunicação entra na esfera de domínio do destinatário. Vale dizer, até ao momento em que ela é recebida e lida pelo destinatário e, neste sentido, termina o processo de telecomunicação à distância.

Assim, depois de recebido, lido e guardado no computador do destinatário, um e-mail deixa de pertencer à área de tutela das telecomunicações.

Podendo, como tal, figurar como objecto idóneo de busca em sentido tradicional. Busca que pode ser executada já sob a forma de apreensão do computador, já – preferencialmente, porque menos lesiva – sob a forma de cópia. (...)

Do lado do correio electrónico parece dever continuar a adscrever-se o estatuto e o regime das telecomunicações aos e-mails que continuam (e enquanto continuam) no domínio – e, por causa disso, expostos à intromissão arbitrária – do provider. Quer isso aconteça antes quer depois da tomada de conhecimento pelo destinatário.

As coisas parecem naturalmente mais óbvias e são, em qualquer caso, mais consensuais em relação aos e-mails que não foram ainda abertos e lidos pelo destinatário, não obstante se poder considerar já «terminado» o processo de transmissão. Só que o conhecimento do destinatário pressupõe da parte deste um gesto necessário de «chamada» da mensagem, gesto que desencadeia um acto de telecomunicação (do provider para o destinatário). Isto em termos completamente diferentes do que sucede, por exemplo, com as mensagens de SMS recebidas no telemóvel mas ainda não lidas pelo seu detentor. Aqui o destinatário pode aceder directamente à men-

sagem, em relação à qual não subsiste, de resto, nenhum domínio por parte da empresa que oferece o serviço.

Apesar de as coisas serem aí menos claras, não faltam vozes credenciadas a advogar o mesmo entendimento e o mesmo regime para os e.mails que, depois de lidos pelo destinatário, são guardados no sistema do provider. Sustentando que o decisivo não está no que separa as duas situações (conhecimento / não-conhecimento pelo destinatário), mas o que elas têm em comum. E isso é: por um lado, o facto de persistir o domínio do provider sobre o documento e este continuar exposto à intromissão arbitrária. E, por outro lado, a circunstância de o acesso ao documento e o seu envio, v. g., à polícia ou ao Ministério Público, levar invariavelmente consigo a informação sobre dados da comunicação, inquestionavelmente cobertos pela área de tutela da inviolabilidade das telecomunicações".

A alteração legislativa de 2007, optando por diferente doutrina, acrescenta Costa Andrade, *"na parte em que estende o regime das escutas telefónicas ao e.mail guardado no computador do destinatário, veio onerar e dificultar desmesuradamente a investigação criminal, assegurando a estes documentos uma tutela mais consistente do que a oferecida pelo regime das buscas. Regime a que, em princípio, seriam (e deveriam) ser submetidas as intromissões nestes «documentos», não fora o gesto menos pensado do legislador de 2007 a aditar o inciso «mesmo que se encontrem guardados em suporte digital». É certo que, em boa hermenêutica – que fizesse prevalecer a força dos momentos sistemático e teleológico sobre o argumento literal – sempre poderia empreender-se uma interpretação restritiva, circunscrevendo o inciso aos e.mails guardados nos sistemas informáticos do provider. Isto é, àqueles e.mails que, já o vimos, numa interpretação que nos parece pertinente, é legítimo continuar a manter à sombra da categoria e da tutela jurídica das telecomunicações. Só que as coisas não são tão lineares: não pode, na verdade, esquecer-se que uma interpretação restritiva com este sentido e alcance configura uma verdadeira redução teleológica* in malem partem. *Sendo, como tal, constitucionalmente insustentável".*

O regime é também estendido da voz humana à imagem, ou seja, o regime das escutas telefónicas abrange também as comunicações vídeo, ou qualquer outra forma técnica de captação de imagem. Por isso, também os pressupostos das escutas têm de estar presentes sempre que haja *"intercepção"* dessas comunicações[789].

---

[789] Decidiu assim a RL, por acórdão de 28/05/2009, CJ, XXXIV, III, 135:
I – As regras de proibição de prova constitucionalmente definidas ou concretizadas pelo legislador ordinário na legislação processual penal, mormente o C.P.P., dirigem-se, em pri-

Ainda o regime jurídico das escutas telefónicas é estendido à intercepção de comunicações entre presentes, entre pessoas que estão de cara a cara, não podendo um destes gravar a conversa que tem com o outro, sob pena de não poder ser utilizada, para além de que sujeita o que executa a operação a procedimento criminal. O princípio da lealdade impõe a solução – são nulas todas as provas obtidas por meios enganosos (artº 126º). E é também estendido à obtenção do registo de realização de conversações ou comunicações.

Importa não confundir as conversas entre presentes, cara a cara, com as gravações consentidas ou com as gravações feitas pelo próprio. Como diz Costa Andrade[790], *"a gravação consentida (ou a sua utilização) configure a forma paradigmática da exclusão do ilícito típico. E isto não por força de qualquer justificação, ex vi consentimento, da lesão do bem jurídico. Do que aqui se trata é antes, e mais radical, da exclusão da tipicidade por força de insuprível ausência de lesão do bem jurídico. O consentimento que aqui pode intervir reconduz-se à figura dogmática do acordo"*[791].

---

meira mão, às instâncias formais de controle, designadamente, aos investigadores, Ministério Público e Juiz de Instrução.

II – No que respeita a provas obtidas por particulares e à tutela da vida privada, o legislador remete-nos para a tipificação dos ilícitos criminais previstos no Código Penal como tutela do direito fundamental à privacidade.

III – Não é a existência ou não de licença concedida pela CNPD para a colocação de câmaras de videovigilância que define a licitude ou ilicitude penal da recolha ou utilização das imagens, mas sim o artigo 199° do Código Penal que tipifica o crime de gravações e fotografias ilícitas.

IV – Nada impedia que o dono da câmara de videovigilância, antes de instaurado procedimento criminal, por crime de dano, contra as pessoas filmadas, procedesse à visualização das imagens recolhidas de forma penalmente não ilícita – já que captadas à vista de toda a gente e sem qualquer surpresa para os filmados.

V – Mesmo no caso de confirmação da invalidade do uso das imagens recolhidas, nada obstaria à consideração do testemunho de quem, através da prévia visualização das filmagens captadas, identificou os autores do dano, prova esta a apreciar livremente pelo tribunal nos termos do artigo 127º° do C.P.P.

VI – O uso das imagens captadas por câmara de videovigilância colocada pelo assistente na entrada do seu prédio rústico, desde que limitado à identificação do(s) autor(es) dos danos praticados na sua propriedade, e enquanto reportado ao momento da prática dos factos integradores dos referidos danos, configura um meio necessário e apto a repelir a agressão ilícita contra a propriedade do assistente.

[790] *Sobre as proibições ...*, p. 251.

[791] No sentido da licitude do uso, pelo ofendido, das gravações deixadas no seu telemóvel pelo arguido, cfr. o Ac da RP de 19/06/2002, in CJ, XXVII, tomo III, p. 218. No mesmo sen-

No que tange às conversas telefónicas ouvidas por um terceiro, é certo que *"o regime jurídico das telecomunicações apenas visa proteger a confiança na segurança e reserva dos sistemas (empresas) de telecomunicações e não a confiança na reserva e confidencialidade do(s) outro(s) interlocutor(es). Não há, pois, violação do sigilo de telecomunicações nas situações em que, à revelia do seu interlocutor, um dos intervenientes numa conversa telefónica permite que um terceiro, por exemplo um agente de autoridade, tenha acesso à conversação (utilizando, v. g., um segundo auscultador), a escute, registe e posteriormente valore no contexto da investigação e da produção da prova. O mesmo acontece se um dos participantes num programa de chat na internet e sem dar conhecimento aos demais no forum, autoriza um terceiro a participar na conversa"*[792].

Segundo o mesmo Mestre[793], não é correcta a solução legislativa pois que *"Também as conversas-ambiente (Raumgespriiche) caem fora da área de tutela e do regime material e adjectivo das telecomunicações. Temos agora em vista as conversas travadas entre presentes, não destinadas a serem transmitidas por telecomunicação mas que, sendo produzidas na proximidade de um aparelho (v. g., um telefone) activado, são por este captadas e transmitidas e podem ser interceptadas e gravadas. Constelação mais frequente: depois de acabar uma conversação telefónica, um utilizador não coloca devidamente o auscultador – ou, tratando-se de telemóvel, ao pretender desligá-lo, não carrega devidamente na tecla. Mantendo-se ligado, o aparelho capta e transmite as conversas que continuam a desenrolar-se no espaço em que ele se encontra. (...) As conversas que A e B mantiveram no automóvel não configuram um acto de telecomunicação, concretamente um acto de comunicação telefónica. Não são, por isso, abrangidas pelos dispositivos da lei processual penal que autorizam as intercepções das telecomunicações"*.

Finalmente, equipara a lei às escutas telefónicas a localização geográfica do aparelho técnico da comunicação, a recolha de dados de localização, *"aqueles que são tratados para efeitos do envio de uma comunicação através de uma rede de comunicações electrónicas ou para efeitos da facturação da mesma"*[794].

---

tido o Ac da RP de 17/12/1997, in *CJ*, XXII, tomo V, p. 240. Também VEIGA/outro, *op. cit.*, p. 358, defendem que "a gravação, nas caixas de correio ou no gravador, de certas chamadas, com o consentimento dos terceiros, visto que, expressamente, decidem deixar a mensagem oral após o sinal, não configura qualquer ataque ao direito à palavra".

[792] COSTA ANDRADE, Manuel, Bruscamente...., RLJ 137º-339.
[793] *Bruscamente...*, *RLJ*, 137º 341.
[794] VEIGA/outro, *op. cit.*, p. 440.

Por *"dados de localização"* entende-se, no dizer da alínea e) do art.º 2.º da Lei 41/2004, *"quaisquer dados tratados numa rede de comunicações electrónicas que indiquem a posição geográfica do equipamento terminal de um assinante ou de qualquer utilizador de um serviço de comunicações electrónicas acessível ao público"*.

A localização geográfica *"assenta na detecção de aparelhos que se ligam a células disseminadas pelo território e que garantem a «cobertura de rede» – sem interferir ou interceptar conteúdo da comunicação – a localização permite situar geograficamente a posição do aparelho ou a mudança de conexão para (outras) células e, assim, seguir a trajectória pelas zonas onde o aparelho se encontra a operar.*

Pode revelar-se uma boa técnica para localizar suspeitos ou até arguidos (...), mas também para localizar vítimas, por exemplo, de sequestros [presumindo-se o consentimento nos termos do n.º 4 al. c) do 187.º CPP]"[795].

Deve precisar-se, refere Costa Andrade[796], mais uma vez criticando a solução legal, que *"só os dados autênticos de comunicação (os «echten Verhindungsdaten» de que falam os autores alemães), isto é, só os dados que se reportam a comunicações efectivamente realizadas ou tentadas/falhadas entre pessoas, detêm aquele estatuto e regime (de dados de tráfego). Por vias disso, caem fora do regime e da área de tutela da inviolabilidade das telecomunicações os procedimentos de identificação do número de um aparelho de telemóvel ou do respectivo cartão (IMEI e IMSI*[797]*). O mesmo valendo para os consequentes dados obtidos, concretamente os dados de localização logrados através destes procedimentos. Na verdade, estes procedimentos não pressupõem qualquer acto de comunicação: basta que o telemóvel esteja em posição stand-by, isto é, ligado e apto para receber chamadas. Como impressivamente assinala o Tribunal Constitucional alemão (22.8.2006), aqui não há telecomunicação entre pessoas, mas apenas entre máquinas, que não gozam da tutela constitucional e processual penal. Na precisa formulação do Tribunal: «uma comunicação técnica entre aparelhos não apresenta o específico potencial de perigo face ao qual se erige a tutela do artigo 10.º da Lei Fundamental. O artigo 10.º da Lei*

---

[795] TEIXEIRA, Carlos Adérito, *Revista do CEJ*, n.º 9 (especial), 1.º semestre de 2008, p. 291.
[796] *Bruscamente...*, RLJ 137.º-341.
[797] Trata-se de dados de base, que compreendem, entre outros, "A identificação completa, morada e endereço de correio electrónico do titular de determinado blog, facebook ou outra rede social, bem como, o IP de criação dessa rede social e o IP onde foi efectuado determinado «post»" – Ac da RE de 22/04/2014, processo 1345/13.5TAPTM-A.E1, in www.dgsi.pt, entendendo-se como dados de tráfego aqueles que revelam o percurso da comunicação e outro eventual tráfego comunicacional da pessoa.

7. OS MEIOS DE OBTENÇÃO DA PROVA

Fundamental não segue o conceito estritamente técnico de telecomunicação ..., mas vincula-se ao portador pessoal do direito fundamental e à sua carência de tutela provocada pela mediação de terceiros no processo de comunicação. A identificação do IMSI ou IMEI pode seguramente pôr em causa a disponibilidade de um telemóvel para ser utilizado; mas não actualiza o perigo específico para a privacidade da comunicação derivado da utilização de um meio de comunicação». O mesmo devendo valer, por maioria de razão, para o chamado SMS silencioso («stillen SMS»)".

Como resulta do texto da lei, pode ocorrer em qualquer fase do processo, não apenas na fase de inquérito, por despacho do juiz, a requerimento do Mº Pº, do assistente ou do arguido, ou oficiosamente.

Ponto é que se trate de localização de suspeito, arguido, terceiro intermediário ou vítima, e estejam em causa crimes do nº 1 do artº 187º do CPP.

Afirma Pedro Verdelho[798]: *"A chamada localização celular vem configurada em duas vertentes diferentes: por um lado, é um meio de obtenção de prova, previsto no artigo 189º, nº 2; por outro, é uma medida cautelar e de polícia, prevista no artigo 252º-A, agora acrescentado ao CPP (...).*

No que respeita à primeira destas duas vertentes, (...) cria um novo meio de obtenção de prova. (...) A localização celular revela, por via da observação da sua ligação à rede telefónica móvel, a localização do detentor de determinado aparelho telefónico. Obter a localização celular tem, portanto, o mesmo intuito probatório de uma vigilância tradicional efectuada por agentes policiais sobre um determinado indivíduo. (...)

Nesta nova matéria a opção do Código revisto foi a de exigir, para a obtenção da informação em causa, a intervenção do juiz de instrução. Foi também a de aplicação do modelo de funcionamento das intercepções telefónicas, designadamente limitando-se a obtenção desta informação aos «crimes previstos no nº 1 do artigo 187º e em relação às pessoas referidas no nº 4» do mesmo artigo (...). Estes exigentes requisitos já não se colocam quanto à outra modalidade possível de localização celular/prevista no artigo 252º-A, desenhada como uma medida cautelar e de polícia. Sendo uma medida cautelar muito peculiar e especificamente dirigida a situações em que seja «necessário afastar perigo para a vida ou ofensa à integridade física grave» (artigo 252º-A, nº 1), afigura-se esta medida de aplicação prática pouco frequente. A iniciativa pode pertencer às autoridades policiais ou ao Mº Pº (e também ao juiz, em fase de instrução). Supõe sempre a intervenção do JIC, a quem deve ser

---

[798] *Revista do CEJ*, nº 9 (especial), 1º semestre de 2008, pp. [168-171].

comunicada a medida no prazo máximo de quarenta e oito horas (artigo 252º-A, nº 2), sob pena de a mesma ser nula (por força ex vi do artigo 252°-A, nº 4). (...)".

Ainda enquadrada no regime das escutas telefónicas está a denominada facturação detalhada.

"Não se compagina, o descobrir da «lista» de contactos telefónicos, que a facturação detalhada revela, com uma referência apressada a meios de prova como os obtidos à custa da inviolabilidade das comunicações telefónicas, por se quebrar com a mera aproximação de qualquer modelo abstractamente desenhado.

Trata-se de um meio de prova que contende com bens jurídicos pessoais que, de forma mais ou menos ostensiva e directa, revelam da esfera da privacidade e se caracterizam pela sua estrutura comunicativa e intersubjectiva. (...)

As facturas de telefonemas viabilizarão o acesso tanto à esfera jurídica do autor como do destinatário da comunicação. A revelação dos telefonemas só será muitas vezes possível à custa do sacrifício de «segredos de terceiro», deste modo se suscitando frequentes e não fáceis problemas de identificação do portador do bem jurídico (...) isto é, das pessoas concretamente atingidas com a sua revelação. A índole estruturalmente comunicativa destas expressões de liberdade erigidas em bem jurídico imprime um carácter invencivelmente ambivalente à intervenção de terceiro. Ela configurará a forma mais drástica de sacrifício, se imposta sem tutela do direito fundamental do próprio investigando, mas pior se atinge terceiro que não está a ser investigado"[799].

Por tal razão, a facturação teria de ser requerida pelo JIC, posição que o legislador de 2007 acolheu.

Armando Veiga e Benjamim Rodrigues criticam toda a solução legislativa pois que em vez de estipular um regime de extensão, deveria tratar todas as questões de forma autónoma, em instituto que abarque realidade tão actual com a das novas tecnologias de comunicação[800].

---

[799] Ac da RC de 7/03/2001 in *CJ*, Ano XXVI, tomo II, p. 44.
[800] Ob. cit., pp [359,360]. Também Damião da Cunha, *II Congresso de Processo Penal*, coordenação da Manuel Monteiro Guedes Valente, Almedina, 2006, p. 79, faz crítica contundente por entender que se "impõe uma solução global, à luz de princípios – e nomeadamente de princípios constitucionais – e de regulamentações específicas" o que jamais "pode passar pela previsão de «clausulas de extensão» ou de «adaptação» de regime, face aos meios de prova já existentes.

7.7.15 A falta de pressupostos para a intervenção nas comunicações e a violação das formalidades: suas consequências[801]

O artº 190º do CPP sanciona com a pena de nulidade a não observância dos requisitos e condições estabelecidos nos artigos 187º, 188º e 189º. O que significa que, aparentemente, o legislador submete ao mesmo regime a intervenção nas comunicações feita sem se verificarem os pressupostos legais e a intervenção feita sem observância do formalismo legal.

A doutrina e a jurisprudência, de que antes demos conta[802], encontram-se profundamente divididas e o legislador de 2007, em vez de contribuir para a solução do problema, passou a fazer parte do mesmo pois que, ao alterar o nº 3 do artº 126º, introduzindo a expressão *"não podendo ser utilizadas"*, permitiu se possa interpretar a lei no sentido de que, quando a lei não utilize essa expressão ou equivalente, então estaremos perante nulidade sanável pelo uso do argumento a contrario.

Armando Veiga e Benjamim Rodrigues[803] apontam as diversas posições, que, no fundo, visam responder a estas perguntas: Que sanções acarreta o desrespeito dos requisitos materiais das escutas telefónicas? E se apenas não forem observados os requisitos formais?

– Para uns[804], trata-se, em qualquer dos casos, de «prova ilícita», não podendo ser utilizada, já que na sua origem ou desenvolvimento se lesou um direito ou liberdade fundamental. Estão neste rol, por exemplo, Costa Andrade[805] e Damião da Cunha[806]. Refere este autor que a «intercepção/gravação e conhecimento (e aproveitamento processual) do conteúdo das telecomunicações, fazem parte da mesma «garantia judicial» (do mesmo valor constitucional), por tal forma que tanto é nula a prova obtida por escutas sem autorização do juiz, como é nula a prova

---

[801] RIBEIRO, Vinício, *Código de Processo Penal, Notas e Comentários*, Coimbra Editora, 2008, em anotação ao artº 190º, pp. [405-417] faz um desenvolvimento exaustivo de toda a doutrina e jurisprudência a respeito do tema.
[802] Supra 5.1.1.
[803] Op. cit., pp [261-266].
[804] Ver supra 5.1.1.
[805] *Bruscamente... RLJ* 137º, pp. 325 e segs. O autor defende que as situações estão parificadas. Se bem o interpretamos, nos casos em que não esteja em causa o núcleo íntimo da privacidade, podem os meios de prova obtidos com violação de formalidades ser usados desde que o estado de necessidade investigatório o justifique.
[806] Citado por VEIGA/outro, op. cit., pp. 262.

utilizada sem o conhecimento (imediato) ou sem intervenção valorativa (imediata) daquele juiz». Por um lado, teremos uma nulidade por não se verificarem os requisitos materiais e formais da intervenção nas comunicações e conversações privadas; e, por outro lado, teremos aquelas situações em que as escutas telefónicas não foram autorizadas ou ordenadas pelo juiz, mas, apesar disso, tiveram lugar – trata-se, em ambos os casos, de meio de prova nulo.

– Para outros, é necessário distinguir os casos em que se verifica a inobservância dos requisitos de admissibilidade das escutas telefónicas (artigo 187º CPP) dos casos de inobservância das formalidades (artigo 188º CPP), sustentando-se que somente na ausência dos primeiros estaríamos perante uma nulidade específica, probatória e insanável, nos termos do artigo 126º, nº 3 CPP, enquanto a inobservância das formalidades geraria nulidade sanável.

Vinício Ribeiro[807], louvando-se em acórdãos da Relação do Porto, relatados pelo Exmo Desembargador António Gama e pelo hoje Juiz Conselheiro Manuel Braz, escreve: *"a obtenção da prova em violação das regras ou pressupostos da sua admissibilidade, artº 187º do Código Processo Penal, desencadeia sempre e indiscutivelmente proibição de prova, proibição de valoração dessa prova proibida. Já as provas permitidas, legalmente ordenadas, mas obtidas, logradas e viabilizadas sem a observância de alguma(s) das respectivas formalidades legais, nomeadamente as referidas no artº 188º do Código Processo Penal, padecem de nulidade, sujeita ao regime de arguição dos artºs 120º e 121º do Código Processo Penal. Só excepcionalmente admitimos que o desrespeito das formalidades das operações possam configurar proibição de prova, dependendo a sua arrumação, nessa categoria, de uma consideração necessariamente casuística a levar a cabo com base no seguinte critério: constitui prova proibida aquela que foi obtida com violação das formalidades legais do artº 188º do Código Processo Penal, desde que essa violação afecte de modo intolerável ou desproporcionado, direitos liberdades e garantias constitucionais do arguido (Temos em vista concretamente o caso sobre que recaiu o Acórdão do Tribunal Constitucional nº 407/97, BMJ 467º, 199, na parte em que entendeu ser desproporcionado decidir da manutenção das escutas, da sua continuação, antes de estar junto aos autos o resultado das anteriores escutas, antes de se ter feito uma avaliação das escutas anteriores); de outro modo constitui, nulidade sujeita ao regime dos artºs 120º e 121º do Código Processo Penal, pois não*

---

[807] *Código de Processo Penal*, Notas e Comentários, pp [408,409].

é taxada de nulidade insanável no artº 189º Código Processo Penal, nem do catálogo das insanáveis do artº 119º do Código Processo Penal.

Repare-se a este propósito que o Tribunal Constitucional no Acórdão nº 407/97, conforme melhor se realça no respectivo voto de vencido, não decidiu que o entendimento veiculado na decisão do TRL – que sustentou que mesmo que tivesse ocorrido nulidade, ela era sanável, não implicando a sua sanação deverem ter-se por inválidas as escutas telefónicas levadas a cabo – era desconforme à Constituição.

Do exposto resulta, entre o mais, que o termo nulidade do artº 189º do Código Processo Penal, tal como no nº 8 do artº 32º da Constituição, foi utilizado pelo legislador incorrectamente do ponto de vista dogmático querendo abarcar uma realidade bicéfala quer as proibições de prova, quer as nulidades.

Esta solução parece-nos ser a que resulta da boa leitura dos normativos em questão, acautela a concordância prática entre os interesses conflituantes em causa, com respeito pelo núcleo essencial dos direitos e garantias do arguido, não inviabilizando na prática, por vícios puramente formais e que não atacam os direitos e garantias de defesa do arguido, a realização da justiça".

Já depois da alteração legislativa de 2007, o STJ[808] tratou do efeito expansivo da nulidade resultante da abusiva intromissão na vida privada, no domicílio, na correspondência ou nas telecomunicações, considerando que não pode ser igual ao das provas que ofendem a dignidade da pessoa humana (artº 126º, nº 1).

"Sobretudo quando a nulidade do meio utilizado (a «escuta telefónica») radique não nos seus «requisitos e condições de admissibilidade» (artº 187º) mas nos «requisitos formais» das correspondentes «operações». Pois que, sendo esta modalidade, ainda que igualmente proibida (artºs 126º, nº 1 e 3 e 189º), menos agressiva do conteúdo essencial da garantia constitucional da inviolabilidade das telecomunicações (art. 34º, nº 4 da Constituição), a optimização e a concordância prática dos interesses em conflito (inviolabilidade das comunicações telefónicas versus «verdade material» e «punição dos culpados mediante sentenciamento criminal em virtude de lei anterior que declare punível a acção») poderá reclamar a limitação – se submetida aos princípios da necessidade e da proporcionalidade – dos «interesses individuais, ainda que emanações de direitos fundamentais, que não contendam directamente com a garantia da dignidade da pessoa»".

---

[808] Ac de 31/91/2008, processo 06P4805, in www.dgsi.pt

Nos casos em que apenas não foram respeitadas as regras de produção de prova, que configuram, na caracterização de Figueiredo Dias[809], *"meras prescrições ordenativas de produção da prova"*, a violação *"não poderia acarretar a proibição de valorar como prova (...) mas unicamente a eventual responsabilidade (disciplinar, interna) do seu autor"*.

7.7.16 *A influência da doutrina e da jurisprudência na evolução legislativa*

O CPP29 tratava as escutas telefónicas de forma incipiente e lacunar, estipulando no artº 210º: *"Nos correios e nas estações de telecomunicações poderão fazer-se buscas e apreensões de cartas, encomendas, valores, telegramas e qualquer outra correspondência dirigida ao arguido, ou outras pessoas que tenham relações com o crime, e poderá o juiz ou qualquer oficial de justiça ou agente da autoridade, por sua ordem, ter acesso aos referidos meios, para interceptar, gravar ou impedir comunicações, quando seja indispensável à instrução da causa, observando-se as disposições deste código em tudo o que não for regulado na respectiva legislação especial".*

Estabelecia o requisito material: a diligência devia ser indispensável à instrução da causa; e consagrava-se a reserva judicial da autorização ou ordem de intercepção e gravação de comunicações. Nada mais!

Tal regime seria hoje considerado em desconformidade com o texto constitucional porque não suportado em lei com suficiente densidade normativa.

A Lei 43/86, de 26 de Setembro, Lei de autorização legislativa, no item 25 do nº 2 do artº 2º, autorizou o Governo a aprovar um novo Código de Processo Penal e, no que às escutas telefónicas diz respeito, impôs a *"regulamentação rigorosa da admissibilidade de gravações, intercepção de correspondência e escutas telefónicas, mediante a salvaguarda de autorização judicial prévia e a enumeração restritiva dos casos de admissibilidade, limitados quanto aos fundamentos e condições, não podendo em qualquer caso abranger os defensores, excepto se tiverem participação na actividade criminosa".*

Logo o artº 187º, nº 1 do CPP87 prescrevia que a intercepção e a gravação de conversações ou comunicações telefónicas só podem ser ordenadas ou autorizadas, por despacho do juiz, cumprindo a Lei de autorização.

No que à regulamentação rigorosa diz respeito, o texto da lei deixou muito a desejar:

---

[809] Apud, COSTA ANDRADE, Manuel, *Sobre as proibições...*, p. 84.

7. OS MEIOS DE OBTENÇÃO DA PROVA

– Desde logo, no que toca ao requisito material, autorizou-se a escutas *"se houver razões para crer que a diligência se revelará de grande interesse para a descoberta da verdade ou para a prova"*, isto é, usou-se conceito demasiado indeterminado (grande interesse para a descoberta da verdade ou para a prova), deixando nas mãos do juiz um amplo poder discricionário quando, atentos os valores em causa, se impõe certeza e segurança jurídicas, logo por referência à própria Lei.

– Por outro lado, se é certo que descrevia (taxativamente) os crimes que justificavam escuta telefónica, utilizando já o critério da gravidade combinado com o critério da danosidade social, menos certo não é que a lei era omissa quanto às «pessoas escutáveis», fase processual da escuta, tempo de duração desta e aproveitamento de conhecimentos fortuitos.

– Proibiu-se *"a intercepção e a gravação de conversações ou comunicações entre o arguido e o seu defensor, salvo se o juiz tiver fundadas razões para crer que elas constituem objecto ou elemento de crime"* (nº 3 do artº 187º, preceito que não mais foi alterado). O que era imposto pela DUDH e pela CEDH.

– Já o nº 2 do artº 187º permitia que a ordem ou autorização fosse solicitada ao juiz dos lugares onde eventualmente se puder efectivar a conversação ou comunicação telefónica ou da sede da entidade competente para a investigação criminal, desde que se tratasse de um crimes taxativamente indicados.

O artº 188º regulamentava a formalidades das operações.

– Apesar de prescrever que *"a intercepção e gravação a que se refere o artigo anterior é lavrado auto, o qual, junto com as fitas gravadas ou elementos análogos, é imediatamente levado ao conhecimento do juiz que tiver ordenado ou autorizado as operações"* (nº 1), omitia por completo quem fazia a intercepção, quando se iniciavam as operações e quando terminavam, como que permitindo a passagem de um *"cheque em branco"* a favor da autoridade policial. É certo que a lei exigia que o auto, de início da operação e bem assim o de gravação (entendemos nós), fosse ***"imediatamente*** *levado ao conhecimento do juiz que tiver ordenado ou autorizado as operações"*. Todavia, o vocábulo indeterminado *"imediatamente"* foi interpretado de forma tão dispare que causou enorme polémica, provocou o não aproveitamento de inúmeras escutas, e só veio a terminar com a redacção da Lei 48/2007, que o substituiu pelo limite temporal de *"15 em 15 dias"*. No essencial, perfilavam-se duas correntes jurisprudenciais:

(a) Uma que fazia equivaler o advérbio *"imediatamente"* a *"tão rápido quanto possível"*[810], a *"mais curto espaço de tempo"*, *"maior brevidade possível"*; e até havia quem entendesse que o auto, juntamente com as fitas gravadas ou elementos análogos, só deveria ser levado ao conhecimento do Juiz quando findasse o prazo concedido ou quando findassem as escutas[811];

(2) A outra, encabeçada pelo TC, entendia que o vocábulo *"imediatamente"* pressupunha um efectivo acompanhamento por parte do juiz, com permanente controlo[812].

– O nº 2 do artº 188º cometia ao juiz a tarefa de selecção dos elementos relevantes para a prova. Se assim os considerasse, fá-los-ia juntar ao processo; caso contrário, ordenava a sua destruição, ficando todos os participantes nas operações ligados por dever de segredo relativamente àquilo de que tenham tomado conhecimento. O TC, até à prolação do Ac. 70/2008, tirado em Plenário, entendia que violava o direito à defesa do arguido, e designadamente o direito ao contraditório, a destruição dos suportes sem que o arguido tivesse tido a possibilidade de os consultar.

– O nº 3 permitia que *"o arguido e o assistente, bem como as pessoas cujas conversações tiverem sido escutadas, pudessem examinar o auto para se inteirarem da conformidade das gravações e obterem, à sua custa, cópias dos elementos naquele referidos"*. Tratava-se de uma forma de controlo. Entendia-se que, na medida em que podiam obter cópias das gravações, também podiam requerer a junção aos autos dos elementos que considerassem relevantes.

– No nº 4 ressalva-se a possibilidade de o arguido e o assistente, bem como as pessoas cujas conversações tiverem sido escutadas, poderem examinar o auto para se inteirarem da conformidade das gravações e obterem, à sua custa, cópias dos elementos naquele referidos, nos casos em que as operações tiverem sido ordenadas no decurso do inquérito ou da instrução e o juiz que as ordenou não tivesse razões para crer que o conhecimento do auto ou das gravações pelo arguido ou pelo assistente poderia prejudicar as finalidades do inquérito ou da instrução, o que

---

[810] Por todos, ver o Ac da RP de 22/05/2005, processo 0542302, in www.dgsi.pt
[811] Ac da RL de 20/03/2001 in CJ, Ano XXVI, tomo II, p. 128.
[812] Por todos, ver Ac do TC 407/97; 374/2001; 528/2003; 379/2004; 487/2005.

ocorreria quando o processo estava em segredo de justiça. Afigurava-se-nos a proibição de constitucionalidade duvidosa.

O artº 190º estendia o regime, mas apenas *"às conversações ou comunicações transmitidas por qualquer meio técnico diferente do telefone"*, nos precisos termos em que tratamos a questão.

O artº 189º dispunha que *"Todos os requisitos e condições referidos nos artigos 187º e 188º são estabelecidos sob pena de nulidade"*, o que, naturalmente, levantava as dificuldades de interpretação que hoje levanta, e que deixamos consignadas.

A Lei 90-B/95, de 1 de Setembro, autorizou o Governo a rever o CPP e, na parte que ora interessa, a *"Dar nova redacção à alínea e) do nº 1 do artigo 187º, de modo a contemplar os crimes de injúria, de ameaça, de coacção, de devassa da vida privada e perturbação da paz e sossego, enquanto cometidos através do telefone, e à alínea f) do nº 2 do artigo 187º no sentido de as remissões aí referidas se considerarem efectuadas para os artigos 262º, 26º, na parte em que remete para o artigo 262º, e para o artigo 267º, na parte em que remete para os artigos 262º e 264º, todos do Código Penal"*.

O DL 317/95, de 28 de Novembro alterou o artº 187º do CPP em conformidade com a Lei de autorização, ao mesmo tempo que harmonizou o CPP com a alteração legislativa operada no Código Penal pelo DL 48/95, de 15 de Março.

Assim, ampliou-se os crimes *"escutáveis"*. Sendo já permitida a escuta quando estivessem em causa crimes de injúrias, de ameaças, de coacção e de intromissão na vida privada, quando cometidos através de telefone, continuou a mesma a ser permitida relativamente aos mesmos crimes. Todavia, substitui-se crimes de *"intromissão na vida privada"* por crimes *"de devassa da vida privada e de perturbação da paz e sossego"*.

O mesmo objectivo presidiu às alterações do nº 2.

Na alínea b), por razões de ordem sistemática, substitui-se *"287º"* por *"299º"*. O crime de associação criminosa passou a estar previsto no artigo 299º do Código Penal.

Da alínea c) constava: *"Contra a paz e a humanidade previstos no título II do livro II do Código Penal"*. Passou a constar: *"Contra a paz e a humanidade previstos no título III do livro II do Código Penal"*. Ou seja, harmonizou-se a lei processual penal com o Código Penal revisto.

Finalmente, a redacção da alínea f) era a seguinte: *"Falsificação de moeda ou títulos de crédito prevista nos artigos 237º, 240º e 244º do Código*

Penal". Passou a ser: *"f) Falsificação de moeda ou títulos equiparados a moeda prevista nos artigos 262º, 264º, na parte em que remete para o artigo 262º, e 267º, na parte em que remete para os artigos 262º e 264º, do Código Penal"*. Pura *"operação"* de harmonização.

Para além da dita harmonização, a ampliação dos crimes escutáveis obedeceu a critério de política legislativa.

A Lei 59/98, de 13/01 fez nova alteração ao regime das escutas telefónicas. Na sua génese esteve a Proposta de Lei 157/VII, em cuja exposição de motivos nada se diz relativamente às alterações propostas. Apesar disso introduziu alterações aos artºs 188º e 190º, que não foram de mero pormenor. Assim:

– Introduziu ex novo o nº 2 do artº 188º: *"O disposto no número anterior não impede que o órgão de polícia criminal que proceder à investigação tome previamente conhecimento do conteúdo da comunicação interceptada a fim de poder praticar os actos cautelares necessários e urgentes para assegurar os meios de prova"*. Prescindiu-se aqui do rigor dos princípios em benefício da eficácia da investigação e da segurança comunitária. Com efeito, não fazia sentido que, no decurso de uma intercepção telefónica, o OPC (deixou de haver dúvidas de que a competência para a intercepção é exclusiva do OPC) tomasse conhecimento de que, por exemplo, se iria cometer um atentado e, sem nada poder fazer, tivesse de esperar pela intervenção do JIC. Pode agora praticar os actos cautelares necessários e urgentes necessários para assegurar meios de prova, acompanhando, através da respectiva vigilância, acções que os «escutados» venham a praticar, no intuito exclusivo de colher meios de prova dos crimes em investigação, e eventual intervenção em flagrante delito.

– Introduziu, também ex novo, o nº 4 do mesmo preceito: *"Para efeitos de transcrição, o juiz pode ser coadjuvado, quando entender conveniente, por órgão de polícia criminal, podendo nomear, se necessário, intérprete. À transcrição aplica-se, com as necessárias adaptações, o disposto no artigo 101º, nºs 2 e 3"*. Trata-se do reconhecimento de que ao juiz era impossível fazer, ele próprio, a transcrição de todos os elementos relevantes, sendo certo que o OPC que fizera a escuta estava em melhor posição para indicar quais as passagens que serão relevantes para a investigação. Tudo sem prejuízo do poder/dever de controlo que recai sobre o juiz.

– O anterior nº 2 passou a ser o nº 3, com uma particularidade de relevo: *"Se o juiz considerar os elementos recolhidos, ou alguns deles, relevantes para* *a prova, <u>ordena a sua transcrição em auto</u> (...)"*. De novo apenas a parte sublinhada: *"ordena a sua transcrição em auto".* Quis o legislador, com a introdução de tal expressão, fazer realçar que ao Juiz compete, para além da ordem ou autorização de escutas telefónicas, o controlo judicial de todas as operações. Destarte, as operações de audição, transcrição e destruição de elementos desnecessários, são da exclusiva competência do Juiz. O que significou aderir à corrente jurisprudencial que assim entendia.

– No nº 5 introduziu-se de novo *"o auto de transcrição a que se refere o nº 3"* para fazer corresponder o preceito à nova redacção do nº 3, ficando agora claro que só são examinados os autos de transcrição, e não já as fitas gravadas. De realçar que a lei veio de encontro à melhor jurisprudência que entendia que o OPC estava obrigado a lavrar dois autos: o de início e fim de intercepção; e o de gravação. Aquele para controlo formal; este para controlo do conteúdo.

– Ainda, eliminou-se a parte que ressalvava a possibilidade de o arguido e o assistente, bem como as pessoas cujas conversações tiverem sido escutadas, poderem examinar o auto para se inteirarem da conformidade das gravações e obterem, à sua custa, cópias dos elementos naquele referidos, nos casos em que as operações tiverem sido ordenadas no decurso do inquérito ou da instrução e o juiz que as ordenou tiver razões para crer que o conhecimento do auto ou das gravações pelo arguido ou pelo assistente poderia prejudicar as finalidades do inquérito ou da instrução, o qual era de duvidosa constitucionalidade. Assim se garante o integral direito à defesa.

A lei 59/98 alterou ainda o artº 190º. Para além de concretizar alguns dos meios técnicos que são diferentes do telefone (o correio electrónico ou outras formas de transmissão de dados por via telemática), adaptando-se a lei às novas realidades científicas, o legislador estendeu o regime das escutas telefónicas às comunicações entre presentes.

Sendo criticável a opção, o certo é que o legislador tomou partido na questão controvertida – havia 5 posições doutrinárias[813] – e adoptou a posição defendida por Joel Timóteo.

O DL 320-C/2000 alterou o nº 1 do artº 188º, limitando-se a concretizar o conteúdo do auto de gravação, ao mesmo tempo que tomou partido na querela instalada relativamente ao que deveria constar do auto:

---

[813] Cfr. VEIGA/Outro, *op. cit.*, pp 361 e 365 e segs.

– Para uns[814], era obrigatória a transcrição integral das fitas gravadas sem o que o não se pode defender integralmente o suspeito ou o arguido;
– Para outros, na sequência da sentença do TEDH de 30/6/1988[815], deve fazer-se apenas a transcrição parcial, devendo ainda, acrescidamente, ser-se particularmente rigoroso na selecção das passagens consideradas relevantes, para evitar contender com a esfera íntima dos cidadãos.

O legislador, sem hesitações, optou pela última das posições citadas.

Finalmente, e não menos importante, as alterações operadas pela Lei 48/2007, de 29/08, que foram, para utilizar expressão popular, *"mais que muitas"*.

Em sede de preâmbulo do anteprojecto da Lei 48/2007, apresentado ao Governo, escreveu a Unidade de Missão: *"O regime de intercepção e gravação de conversações ou comunicações é modificado em múltiplos aspectos. Confina-se este meio de obtenção de prova à fase de inquérito e exige-se, de forma expressa, requerimento do Ministério Público e despacho fundamentado do juiz. Ao elenco de crimes contido no nº 1 do artigo 187.º acrescentam-se a ameaça com prática de crime, o abuso e simulação de sinais de perigo e a evasão quando o arguido tiver sido condenado por algum dos crimes desse elenco. O âmbito de pessoas que podem ser sujeitas a escutas é circunscrito a suspeitos, arguidos, intermediários e vítimas (neste caso, mediante o consentimento efectivo ou presumido). A autorização judicial vale por um prazo máximo e renovável de três meses. Esclarece-se que os conhecimentos fortuitos só podem valer como prova quando tiverem resultado de intercepção dirigida a pessoa e respeitante a crime constantes dos correspondentes elencos legais.*

No que respeita ao procedimento, estabelece-se que o órgão de polícia criminal que efectuar a intercepção e a gravação elabora, para além do auto, um relatório sobre o conteúdo da conversação e o seu alcance para a descoberta da verdade. O órgão de polícia criminal entrega os materiais ao Ministério Público de 15 em 15 dias e este apresenta-os ao juiz no prazo máximo de 48 horas. O juiz determina a destruição imediata dos suportes manifestamente estranhos ao processo que, em alternativa, respeitarem a conversações em que não intervenham pessoas constan-

---

[814] VEIGA/Outro, *op. cit.*, p. 324; MATA-MOUROS, Maria de Fátima, *Sob escuta...*, p. 65 parece defenderem esta tese. A doutrina estrangeira, e especialmente a jurisprudência do Supremo Tribunal Espanhol, citados por VEIGA/outro, pp. [324,325], defendem a necessidade de transcrição integral das fitas gravadas.
[815] Caso Valenzuela Contreras contra a Espanha.

tes do elenco legal, a matérias sujeitas a segredo profissional, de funcionário ou de Estado ou cuja revelação possa afectar gravemente direitos, liberdades e garantias. Além disso, o juiz determina, mediante requerimento do Ministério Público, a transcrição e junção aos autos das conversações e comunicações indispensáveis para fundamentar a aplicação de medidas de coacção ou garantia patrimonial.

A partir do encerramento do inquérito, o assistente e o arguido podem examinar e obter cópia das partes que pretendam transcrever para juntar ao processo. Valem como prova as conversações que o Ministério Público, o arguido e o assistente juntarem, podendo o tribunal, em obediência ao princípio da investigação, proceder à audição das gravações para determinar a correcção das transcrições ou a junção aos autos de novas transcrições. As pessoas cujas conversações ou comunicações tiverem sido escutadas e transcritas podem examinar os suportes técnicos até ao encerramento da audiência. Os suportes técnicos referentes a conversações ou a gravações que não forem transcritas são guardados em envelope lacrado e destruídos após o trânsito em julgado da decisão que puser termo ao processo. Os suportes que não forem destruídos são guardados após trânsito em julgado em envelope lacrado e só podem ser utilizados na hipótese de interposição de recurso extraordinário.

O regime descrito é aplicável a quaisquer outras formas de comunicação, nos termos do artigo 189°, esclarecendo-se agora que abrange o correio electrónico e outras formas de transmissão de dados por via telemática mesmo que se encontrem guardados em suporte digital. Exige-se também, de forma expressa, que haja despacho do juiz para obter e juntar aos autos dados sobre a localização celular ou o tráfego de comunicações, restringindo-se tal meio de prova aos crimes e pessoas referidos no âmbito do regime das escutas (artigo 189°)".

As intenções manifestadas em sede de preâmbulo passaram a letra de lei.

Importa começar por realçar que o legislador, nas alterações efectuadas, teve bem presentes duas posições jurisprudenciais de fundo:

– A primeira, com origem no Tribunal Europeu dos Direitos do Homem[816], na qual se sublinha a necessidade de preenchimento, pelas legislações nacionais, das condições exigidas pela sua jurisprudência, para evitar os abusos a que podem conduzir as escutas telefónicas. Referiu-se, então, nomeadamente, à necessidade de definição das infracções que podem dar origem às escutas, à fixação de um limite à duração de execução da medida, às condições de estabelecimento dos autos das conversações

---

[816] Ac de 18/3/2003, caso "Prado Bugallo" contra a Espanha 25/9/91.

interceptadas, bem como às precauções a tomar para comunicar intactas e completas as gravações efectuadas, de modo a permitir um possível controlo pelo juiz e pela defesa. E especialmente a jurisprudência do mesmo Tribunal[817], que refere que, *"tendo em conta a gravidade da ingerência na vida das pessoas que representa a escuta telefónica, precisou que não basta uma lei a prever essa possibilidade. Para prevenir o risco de arbítrio que o uso desta medida poderia acarretar, entende-se que uma tal lei deve conter uma série de garantias mínimas:*

(1) Definir as categorias de pessoas susceptíveis de serem colocadas em escutas telefónicas;

(2) A natureza das infracções que podem permitir essa escuta;

(3) A fixação de um limite de duração dessa medida;

(4) As condições do estabelecimento de processos verbais de síntese consignando as conversas interceptadas;

(5) As precauções a tomar para comunicar, intactos e completos, os registos realizados, para o controlo do juiz e da defesa;

(6) As circunstâncias nas quais pode e deve proceder-se ao apagamento ou destruição das fitas magnéticas, nomeadamente após uma absolvição ou o arquivamento do processo".

– A segunda, com origem no próprio TC, em consonância com a jurisprudência do TEDH, que impõe que qualquer violação de direitos fundamentais, para efeitos de obtenção de meios de prova, esteja a coberto de Lei ou DL autorizado, com suficiente densidade normativa, isto é, que não deixe nas mãos da administração qualquer possibilidade de arbítrio. Ainda o próprio TC tentou integrar o vocábulo indeterminado *"imediatamente"*, impondo o controlo permanente das escutas por parte do JIC.

Pese todas as críticas que, justamente, são feitas à reforma de 2007, o certo é que, neste particular, a reforma é positiva, regulamentando-se densamente o regime de intercepção e gravação de conversações ou comunicações.

Vejamos, então, quais foram as principais alterações ao texto legal. Começando, naturalmente, pelos requisitos:

– No que ao requisito material diz respeito, só se permite hoje a intercepção e a gravação de conversações ou comunicações telefónicas *"se houver razões para crer que a diligência é indispensável para a descoberta da verdade ou*

---

[817] Citada pelo Ac. do TC 6/2006.

que a prova seria, de outra forma, impossível ou muito difícil de obter", tendo-se substituído a expressão *"se revelará de grande interesse para a verdade ou para a prova"* pela expressão *"se houver razões para crer que a diligência é indispensável para a descoberta da verdade ou que a prova seria, de outra forma, impossível ou muito difícil de obter"*. O que vale por dizer que a intercepção e a gravação de conversações ou comunicações telefónicas está hoje sujeita a requisito bem mais apertado, pretendendo-se que a medida seja mesmo excepcional, de última ratio[818], só podendo ser levada a cabo se e quando todos os outros meios de obtenção da prova não consigam alcançar o fim desta. O legislador terá sido sensível às estatísticas[819], que penalizavam Portugal por comparação com os diferentes países da Europa e do Mundo, e às críticas que se levantavam relativamente à facilidade com que podiam ser autorizadas escutas telefónicas[820].

– Relativamente aos requisitos formais:
- As escutas telefónicas, ao contrário do que antes sucedida, que podiam ser ordenadas ou efectuadas por despacho do Juiz, mesmo oficiosamente, em qualquer fase do processo, só podem hoje ser *autorizadas* (não já ordenada) pelo Juiz, em despacho fundamentado[821], a requerimento do Mº Pº e na fase do inquérito. Procurou-se conciliar, harmonicamente, os campos de intervenção do Mº Pº, enquanto dominus do inquérito, e do JIC, que nele só deve intervir enquanto juiz das liberdades, em sintonia com a jurisprudência do TC. Além disso, aderiu-se à posição da jurisprudência maioritária que entendia que as escutas só deviam ser levadas a cabo em processo em curso (havia quem defendesse que *"o recurso às escutas telefónicas está legitimado, mesmo que o Mº Pº não tenha procedido à abertura de inquérito, desde que determinados factos tivessem sido denunciados ou participados criminalmente"*[822]).

---

[818] Propósito não alcançado, como demonstra Costa Andrade, *RLJ* 137º, estudo antes citado.
[819] Cfr. MATA-MOUROS, Maria de Fátima, *Revista do CEJ*, nº 9 (especial), 1º semestre de 2008, pp. [220,221].
[820] Cfr., entrevista de Alípio Ribeiro, então Procurador-Geral Distrital do Porto, ao semanário Expresso de 23/04/2005.
[821] Indicando as razões de facto e de direito em que assenta a sua decisão, demonstrando a existência de todos os pressupostos e fazendo o juízo de ponderação relativamente ao direito que deve prevalecer.
[822] LEITE, André Lamas, apud VEIGA/outro, p. 214.

- A autorização (e já não a ordem, vocábulo que foi eliminado, porque o juiz só autoriza escutas a requerimento do Mº Pº e não as ordena oficiosamente), a cargo exclusivamente do Juiz, é concedida pelo prazo fixo de três meses, renovável por iguais períodos de tempo desde que, no momento da prorrogação, continuem a subsistir os pressupostos legais, apreciados como no primeiro momento. É o Tribunal Europeu dos Direitos do Homem que refere a necessidade de fixação de um limite de duração dessa medida para prevenir o risco de arbítrio. Antes, era o juiz quem fixava o prazo. Para além de aleatório, podendo cada juiz fixar o prazo que lhe aprouvesse, nunca o critério deve ser judicial, em sede de direitos fundamentais, mas antes legal, certo, preciso, por todos cognoscível, como hoje sucede. Não diz a lei quantas vezes pode ser renovada a autorização e, por isso, deve entender-se que pode ser renovada as vezes que forem necessárias, desde que o processo esteja ainda na fase do inquérito, e verificados os pressupostos legais.
- Ampliou-se o regime de excepção relativamente aos crimes aditados de: (b) Sequestro, rapto e tomada de reféns; (c) Contra a identidade cultural e integridade pessoal, previstos no título III do livro II do Código Penal e previstos na Lei Penal Relativa às Violações do Direito Internacional Humanitário, para acolher as posições da comunidade internacional e para responder aos compromissos assumidos pelo Estado Português[823];
- Eliminou-se do preceito os crimes de produção e tráfico de estupefacientes porque a sua inclusão é tautológica face à remissão do artº 51º do DL 15/93, de 22/01.
- Foram acrescentados os crimes do catálogo, pela inclusão dos seguintes: (c) De detenção de arma proibida e de tráfico de armas; (d) De contrabando; (f) De ameaça com prática de crime ou de abuso e simulação de sinais de perigo; (g) De evasão, quando o arguido haja sido condenado por algum dos crimes previstos nas alíneas anteriores. Trata-se aqui de simples opção legislativa, que deve ser conjugada com a Lei 17/2006, de 23/05, que aprovou a Lei-Quadro de Política Criminal e com a Lei 51/2007, que definiu os objectivos, prioridades e orientações da política criminal.

---

[823] Cfr., supra, 7.5.5.7.

- No nº 4 do artº 187º, ex novo, e muito importante, definiu-se "«*o universo» dos potenciais destinatários das escutas*"[824]: (a) Suspeito ou arguido; (b) Pessoa que sirva de intermediário, relativamente à qual haja fundadas razões para crer que recebe ou transmite mensagens destinadas ou provenientes de suspeito ou arguido; ou (c) Vítima de crime, mediante o respectivo consentimento, efectivo ou presumido. Seguiu-se a jurisprudência do Tribunal Europeu dos Direitos do Homem[825], que entende que a lei deve definir as categorias de pessoas susceptíveis de serem colocadas em escutas telefónicas.
- No nº 7 do artº 187º regulamentou-se os conhecimentos fortuitos, e seu valor extra-processual, que apenas eram tratados a nível da doutrina: É nossa convicção que o legislador teve presente, parcialmente, a doutrina de Costa Andrade[826]. A distinção entre pistas de investigação e conhecimentos fortuitos justifica-se plenamente pelas razões que enumerámos.
- O nº 8 do artº 187º aparece para complementar a inovação do número anterior.

– No que às formalidades das operações de escuta diz respeito, também a alteração legislativa foi profunda. *"As soluções adoptadas tiveram por intuito: criar um regime, tanto quanto possível, claro quanto ao (modo e tempo de) conhecimento parte do juiz dos elementos relevantes obtidos com as escutas; eliminar as transcrições generalizadas; e, por fim, consagrar o acesso/exame do arguido aos suportes técnicos para efeito de eventual uso dos seus conteúdos no âmbito do seu direito de defesa"*[827].

Consistiram elas:
- O nº 1 do artº 188º do CPP que tinha a seguinte redacção: *"Da intercepção e gravação a que se refere o artigo anterior é lavrado auto, o qual, junto com as fitas gravadas ou elementos análogos, é imediatamente levado ao conhecimento do juiz que tiver ordenado ou autorizado as operações, com indicação das passagens das gravações ou elementos análogos considerados relevantes para a prova"*, passou a ter a seguinte: *"O órgão de polícia criminal que efectuar a intercepção e a gravação a que se refere o artigo anterior*

---

[824] Para usar expressão de DAMIÃO DA CUNHA, *Revista do CEJ*, nº 9 (especial), 1º semestre de 2008, p. 208.
[825] Citada pelo Ac. do TC 6/2006.
[826] *Sobre as proibições*, p. 275.
[827] DAMIÃO DA CUNHA, *Revista do CEJ*, nº 9 (especial), 1º semestre de 2008, p. 210.

lavra o correspondente auto e elabora relatório no qual indica as passagens relevantes para a prova, descreve de modo sucinto o respectivo conteúdo e explica o seu alcance para a descoberta da verdade". Conquanto a redacção anterior do preceito não fizesse menção à entidade a quem competia a operação, já a jurisprudência[828] defendia que, *"Por razões de eficiência e dos necessários meios técnicos e humanos disponíveis, as operações materiais de intercepção e gravação correrão normalmente a cargo da Polícia Judiciária como entidade competente para a investigação criminal – nº 2 do artigo 118º do CPP e artigo 18º da Lei nº 20/87, de 12 de Junho".* A Lei 48/2007 vinca a ideia ao falar em *"órgão de polícia criminal"* (alínea c) do artº 1º do CPP), considerando-se assente que cabe à PJ a competência exclusiva para execução do controlo das comunicações (artº 27º da Lei 53/2008, de 29/08, Lei de Segurança Interna). A anterior redacção referia-se apenas a auto. A actual redacção fala em auto e *"relatório no qual indica as passagens relevantes para a prova"*. A melhor doutrina[829] defendia, no domínio da anterior redacção, que se distinguiam dois autos na concretização do nº 1 do artº 188º do CPP:

(1) O auto relativo ao início e fim da intercepção e gravação de conversações e comunicações;

(2) O auto relativo à intercepção e gravação de conversações e comunicações, com indicação das passagens mais relevantes para a prova.

O legislador, sem qualquer dúvida, acolheu a referida doutrina e veio dizer que o OPC elabora, para além do auto, um relatório sobre o conteúdo da conversação e o seu alcance para a descoberta da verdade (no qual indica as passagens relevantes para a prova, descreve de modo sucinto o respectivo conteúdo e explica o seu alcance para a descoberta da verdade). *"Desta forma, o auto consiste num documento em que se regista o início da execução da operação material de intercepção e gravação. De outro lado, temos o relatório no qual o órgão de polícia criminal deverá efectuar as seguintes operações: i) indicar as passagens (das gravações) mais relevantes para a prova; ii) descrição de modo sucinto do conteúdo das passagens (das gravações) mais relevantes para a prova; iii) explicação do*

---

[828] Ac do STJ de 17/11/2001 in CJ, Acs. do STJ, Ano XIX, tomo I, p. 211.
[829] Parecer da PGR 92/91, cuja doutrina foi veiculada pelas *Circulares* 7/92 e 14/92.

alcance das passagens (das gravações) mais relevantes para a descoberta da verdade"[830].
- Introduziu-se ex novo o nº 3 e 4 do artº 188º: "*3. O órgão de polícia criminal referido no nº 1 leva ao conhecimento do Ministério Público, de 15 em 15 dias a partir do início da primeira intercepção efectuada no processo, os correspondentes suportes técnicos, bem como os respectivos autos e relatórios"; 4. "O Ministério Público leva ao conhecimento do juiz os elementos referidos no número anterior no prazo máximo de quarenta e oito horas"*. Na origem do preceito está a jurisprudência do Tribunal Europeu dos Direitos do Homem que *"exige"* que a legislação dos Estados, para prevenir o risco de arbítrio, contenha uma série de garantias mínimas, como *"as precauções a tomar para comunicar, intactos e completos, os registos realizados, para o controlo do juiz e da defesa"*. E está ainda a vexata quaestio da interpretação a dar ao vocábulo *"imediatamente"*, seguindo-se a posição do TC. Agora, é o Ministério Público, enquanto *"dominus"* do inquérito e titular da acção penal, quem passa a tomar conhecimento directo e imediato – de 15 em 15 dias *"após o início da primeira intercepção e gravação – dos elementos recolhidos, cabendo-lhe, posteriormente, nos termos do nº 4 levar ao conhecimento do juiz os suportes técnicos, os autos e os relatórios, no prazo de 48 horas"*[831]. Naturalmente que, *"para se inteirar do conteúdo das conversações ou comunicações, o juiz é coadjuvado, quando entender conveniente, por órgão de polícia criminal e nomeia, se necessário, intérprete"* (nº 5 do artº 188º do CPP.). Tal como, de resto, já acontecia por força do nº 4 do artº 188º na redacção anterior à Lei 48/2007.
- O anterior nº 3: "*Se o juiz considerar os elementos recolhidos, ou alguns deles, relevantes para a prova, ordena a sua transcrição em auto e fá-lo juntar ao processo; caso contrário, ordena a sua destruição, ficando todos os participantes nas operações ligados ao dever de segredo relativamente àquilo de que tenham tomado conhecimento"*, foi substituído pelo actual nº 6: "*Sem prejuízo do disposto no nº 7 do artigo anterior* (comunicação ao Mº Pº das pistas de investigação e aproveitamento da gravação de conversações ou comunicações em outro processo), *o juiz determina a destruição imediata dos suportes técnicos e relatórios manifestamente es-*

---

[830] VEIGA/outro, ob. cit., p. 488.
[831] VEIGA/outro, *op. cit.*, p. 490.

tranhos ao processo: a) Que disserem respeito a conversações em que não intervenham pessoas referidas no n.º 4 do artigo anterior; b) Que abranjam matérias cobertas pelo segredo profissional, de funcionário ou de Estado; ou c) Cuja divulgação possa afectar gravemente direitos, liberdades e garantias; ficando todos os intervenientes vinculados ao dever de segredo relativamente às conversações de que tenham tomado conhecimento". Na génese do preceito esteve novamente a jurisprudência do Tribunal Europeu dos Direitos do Homem que afirma que *"para prevenir o risco de arbítrio que o uso desta medida poderia acarretar, entendese que uma tal lei deve conter uma série de garantias mínimas"* indicando *"as circunstâncias nas quais pode e deve procederse ao apagamento ou destruição das fitas magnéticas, nomeadamente após uma absolvição ou o arquivamento do processo".* No que à destruição diz respeito, enquanto que a anterior redacção mandava que fossem destruídos os elementos recolhidos que não fossem relevantes para a prova, a nova redacção manda que sejam destruídos imediatamente os suportes técnicos e relatórios manifestamente estranhos ao processo, que refere de forma taxativa. O TC, em Plenário[832], considerou conforme à CRP tal destruição sem que ao arguido seja dado conhecimento do conteúdo dos autos a destruir. Se não forem destruídas, as fitas serão transcritas, ficando anexas aos autos. Durante o inquérito só serão juntas aos autos, por determinação do juiz, a requerimento do Ministério Público, os autos de transcrição indispensáveis para fundamentar a aplicação de medidas de coacção ou de garantia patrimonial, à excepção do termo de identidade e residência.

- O n.º 5 do art.º 188.º (versão anterior) permitia que *"o arguido e o assistente, bem como as pessoas cujas conversações tiverem sido escutadas, podem examinar o auto de transcrição a que se refere o n.º 3, para se inteirarem da conformidade das gravações e obterem, à sua custa, cópias dos elementos naquele referidos".* Tenha-se presente que no domínio da anterior redacção da lei, a regra era a do segredo de justiça e, por isso, salvo autorização judicial, o arguido e o assistente, bem como as pessoas cujas conversações tiverem sido escutadas, só podiam, em regra, examinar o auto de transcrição após o encerramento do inquérito. O actual n.º 8 dispõe: *"A partir do encerramento do inquérito, o assistente e o arguido*

---

[832] Ac. 70/2008.

7. OS MEIOS DE OBTENÇÃO DA PROVA

podem examinar os suportes técnicos das conversações ou comunicações e obter, à sua custa, cópia das partes que pretendam transcrever para juntar ao processo, bem como dos relatórios previstos no nº 1, até ao termo dos prazos previstos para requerer a abertura da instrução ou apresentar a contestação, respectivamente". A redacção do actual preceito é mais ampla e indica com maior exactidão em que consiste o acesso aos suportes técnicos onde se encontram as conversações e comunicações armazenadas. Limita-se temporalmente o exame dos suportes técnicos das conversações ou comunicações e obtenção de cópias das partes que pretendam transcrever nos autos, para efeitos de prova – termo dos prazos previstos para requerer a abertura da instrução ou apresentar a contestação. Naturalmente que, para efeitos diversos de prova no processo, podem sempre o assistente e o arguido examinar os suportes técnicos das conversações ou comunicações e obter, à sua custa, cópias. Como podem sugerir ao tribunal, ao abrigo do disposto no artº 340º do CPP, que ordene a junção de novas transcrições que sejam importantes à descoberta da verdade material. Foi o Tribunal Europeu dos Direitos do Homem[833] quem doutrinou que a lei deve conter as condições do estabelecimento de processos verbais de síntese consignando as conversas interceptadas, devendo adoptar as precauções a tomar para comunicar, intactos e completos, os registos realizados, para o controlo do juiz e da defesa.

- Inovador é o nº 9 do artº 188º, que prescreve: *"Só podem valer como prova as conversações ou comunicações que:*
  a) O Ministério Público mandar transcrever ao órgão de polícia criminal que tiver efectuado a intercepção e a gravação e indicar como meio de prova na acusação;
  b) O arguido transcrever a partir das cópias previstas no número anterior e juntar ao requerimento de abertura da instrução ou à contestação; ou
  c) O assistente transcrever a partir das cópias previstas no número anterior e juntar ao processo no prazo previsto para requerer a abertura da instrução, ainda que não a requeira ou não tenha legitimidade para o efeito".

Enquanto que no domínio da anterior legislação era ao juiz que incumbia fazer a selecção dos elementos relevantes para a prova, e fazê-los juntar aos autos, a nova lei põe esse ónus a cargo do Ministério

---

[833] Ac de 18/3/2003, caso "Prado Bugallo" contra a Espanha25/9/91.

Público, do arguido e do assistente, não podendo valer como prova quaisquer outras conversações ou comunicações.

Ressalva-se no nº 10, os casos em que *"O tribunal pode proceder à audição das gravações para determinar a correcção das transcrições já efectuadas ou a junção aos autos de novas transcrições, sempre que o entender necessário à descoberta da verdade e à boa decisão da causa"*.

A respeito da transcrição perfilavam-se várias teses doutrinárias, desde a tese da transcrição integral, à da transcrição parcial das fitas, passando pela tese da desnecessidade da transcrição, antes necessidade de audição das fitas. E, como em tudo, as teses mistas, de compromisso[834]. Optou o legislador por estas, salvaguardando no nº 10 o princípio do inquisitório e da verdade material, apesar de, contra ele, também neste campo ter enfatizado o princípio do pedido/dispositivo (cfr. nº 7).

- Também inovador é o nº 11 do artº 188º: *"As pessoas cujas conversações ou comunicações tiverem sido escutadas e transcritas podem examinar os respectivos suportes técnicos até ao encerramento da audiência de julgamento"*. Trata-se de uma forma de controlo e de garantia de legalidade da medida, que se justifica só por si.
- No que ao destino dos suportes diz respeito, é ainda o Tribunal Europeu dos Direitos do Homem quem refere que, para *"prevenir o risco de arbítrio que o uso desta medida poderia acarretar, entende-se que uma tal lei deve conter uma série de garantias mínimas"*, tais como *"As circunstâncias nas quais pode e deve proceder-se ao apagamento ou destruição das fitas magnéticas, nomeadamente após uma absolvição ou o arquivamento do processo"*. O legislador de 2007 foi de encontro a esta sugestão, distinguindo as comunicações ou conversações que serviram para fundamentar a decisão daquelas que a não fundamentaram. Assim:

α *"Os suportes técnicos referentes a conversações ou comunicações que não forem transcritas para servirem como meio de prova são guardados em envelope lacrado, à ordem do tribunal, e destruídos após o trânsito em julgado da decisão que puser termo ao processo"* (nº 12);

β *"Após o trânsito em julgado previsto no número anterior, os suportes técnicos que não forem destruídos*[835] são guardados em envelope lacrado,

---

[834] Ver desenvolvidamente essas teses em VEIGA/outro, *op. cit.*, pp [323-338].
[835] Porque serviram para fundamentar a decisão quanto à matéria de facto.

junto ao *processo, e só podem ser utilizados em caso de interposição de recurso extraordinário"*.

– Foi ainda alterado o anterior artº 190º do CPP. Na redacção da Lei 48/2007 o artº 190º passou a ser o 189º, por troca com este, por razões de ordem sistemática. Na anterior versão discutia-se o regime jurídico a que estavam submetidos os e-mails, quando guardados em suporte digital. Surgiram cinco teses bem distintas[836]:

– Pedro Verdelho, no caso de mensagem de correio electrónico obtida no decurso de uma investigação criminal *«em curso»*, defendia que estava sujeita ao regime da intercepção e gravação de conversações e comunicações telefónicas. Se já recebida, devia assumir a natureza de correspondência;

– Mouraz Lopes defendia que se tratava de «uma forma de transmissão de correspondência entre dois sujeitos efectuada através de uma rede informática (Net)» e, por isso, sujeita ao regime da apreensão de correspondência.

– Rogério Bravo entendia que as mensagens de correio electrónico, «desde que jacentes (recebidas) num *sistema informático, não são mais do que meros dados informáticos armazenados localmente»*. Assim, só será de aceitar a tese que a caracteriza «como dados armazenados em memória de massa de um sistema informático nas fases da emissão e da recepção, consistindo em dados de conteúdo aquando da sua transmissão electrónica». Por isso, o seu acesso estaria sujeito ao regime da intercepção das comunicações.

– Joel Timóteo defendia que a todo o correio electrónico, mesmo que armazenado em suporte digital, deveria ser aplicado o regime das escutas telefónicas.

– Armando Veiga e Benjamim Rodrigues defendiam a *"«fidelidade ao paradigma constitucional e legalmente ponderado» em matéria de intervenção nas comunicações (electrónicas) privadas e, por isso, não sujeita ao regime das escutas"*.

A Jurisprudência das Relações, pelo menos maioritariamente[837], aderia à tese de Pedro Verdelho.

O legislador fez a sua opção, no dizer de Costa Andrade, mal e de forma a dificultar a investigação, sujeitando ao regime das escutas telefónicas todo o correio electrónico, mesmo que guardado em suporte digital.

---

[836] Delas nos dão conta VEIGA, Armando / outro, *op. cit.*, pp. [363-380].
[837] Por todos, o Ac da RC de 29/03/2006, processo 607/06, in www.dgsi.pt

– Foi aditado um nº 2 ao artº 189º: *"A obtenção e junção aos autos de dados sobre a localização celular ou de registos da realização de conversações ou comunicações só podem ser ordenadas ou autorizadas, em qualquer fase do processo, por despacho do juiz, quanto a crimes previstos no nº 1 do artigo 187º e em relação às pessoas referidas no nº 4 do mesmo artigo"*. Trata-se de matéria nova, que teve presente o conteúdo das diversas Propostas de Lei apresentadas na AR sobre a matéria e, designadamente da Proposta de Lei nº 150/IX/3 (com razão havia quem defendesse que a matéria deveria ser objecto de legislação especial, avulsa). Também as Directivas Comunitárias sobre a matéria estiveram no horizonte do legislador.

– O artº 190º, anterior 189º, foi alterado pela exclusão do vocábulo *"todos"*. O legislador quer dizer de forma expressa que nem todos os requisitos e condições referidos nos artigos 187º, 188º e 189º são estabelecidos sob pena de nulidade insanável.

8. Bibliografia

AIRES DE SOUSA, Susana, «Agent provocateur e meios enganosos de prova. Algumas reflexões», in *Liber Discipulorum para Jorge Figueiredo Dias*, Coimbra Editora, 2003

ALBERGARIA, Pedro Soares/SIMAS, Pedro Mendes, «condução em estado de embriaguez, aspectos processuais e substantivos, *www.verbojur*

ARNAULT, António, *Iniciação à Advocacia – História – Deontologia – Questões Práticas*, 5ª edição, Coimbra Editora, 2000

ASCENSIO MELLLADO, *Derecho Procesal Penal*, 2004

BECCARIA, César, *De los delitos e de las penas*, Fondo de Cultura Económica, México, 2006, p. 216

CANOTILHO, J.J. Gomes, *Direito Constitucional e Teoria da Constituição*, Almedina, 7ª edição

CANOTILHO, J.J/VITAL MOREIRA, *Constituição da República Portuguesa Anotada*, 4º Edição revista, Coimbra Editora, 2007

CAVALEIRO DE FERREIRA, Manuel:
- *Curso de Processo Penal*, edição da Universidade Católica, 1981
- *Direito Penal Português*, I e II, Lisboa 1981 e 1982
- *Scientia Jurídica*, 164º e 165º

CORREIA, João Conde, *Revista do Ministério Público*, Ano 20º

COSTA ANDRADE, Manuel:
- *Sobre as proibições de prova em processo penal*, Coimbra Editora 2006, Reimpressão
- *Direito Penal Económico, Ciclo de Estudos*, CEJ, Coimbra 1985
- *Comentário Conimbricense do Código Penal*, Direcção de Figueiredo Dias, Coimbra Editora, 1999 (2 vols.)

- «Consenso e oportunidade», *Jornadas de Direito Processual Penal*, edição do CEJ, Almedina, Coimbra, 1997
- Das escutas telefónicas, *I Congresso de Processo Penal*, Coordenação de VALENTE, Manuel Monteiro Guedes, Almedina 2005
- «Bruscamente no Verão passado, a reforma do Código de Processo Penal – Observações críticas sobre uma lei que podia e devia ter sido diferente», *Revista de Legislação e Jurisprudência*, Ano 137º, nºs 3948, 3949, 3950 e 3951

DAMIÃO DA CUNHA, José Manuel:
- *O caso julgado parcial, questão da culpabilidade e questão da sanção num processo de estrutura acusatória*, Publicações Universidade Católica, Porto, 2002
- «Dos meios de obtenção da prova face à autonomia técnica e táctica dos órgãos de polícia criminal», *II Congresso de Processo Penal*, Coordenação de VALENTE, Manuel Monteiro Guedes, Almedina 2006
- «O regime legal das escutas telefónicas, algumas breves reflexões», *Revista do CEJ, nº 9 (especial), 1º Semestre de 2008*

DOTTI, RENÉ ARIEL, *Curso de Direito Penal*, Editora Forense, Rio de Janeiro, 2002

FIGUEIREDO DIAS, JORGE:
- *Direito Penal, Parte Geral*, Tomo I, Coimbra Editora, 2004
- *As consequências jurídicas do crime*, Lisboa, 1993
- *Temas Básicos da Doutrina Penal*, Coimbra Editora, 2001
- «Sobre o Actual Estado da Doutrina do Crime, *Revista Portuguesa de Ciência Criminal, 1991*
- *Direito Processual Penal*, Reimpressão, Coimbra Editora, 2004
- *Direito Processual Penal*, Lições coligidas por Maria João Antunes, Secção de Textos da Universidade de Coimbra, 1988-1989
- «Ónus de alegar e provar em processo penal?», *Revista de Legislação e Jurisprudência*, Ano 105º
- «Para uma Reforma Global do Processo Penal Português, *Para uma nova justiça penal*, Coimbra, 1983
- «Sobre os Sujeitos Processuais no Novo Código de Processo Penal, *Jornadas de Direito Processual Penal*, Edição do CEJ, Almedina, Coimbra 1997

FIGUEIREDO DIAS, Jorge/COSTA ANDRADE, Manuel, *Criminologia, o Homem Delinquente e a Sociedade Criminógena*, Coimbra Editora, 1997, 2ª Reimpressão

GALIANA, Luis-Andrés, *La Correlación de la Sentencia con la Acusación y La Defensa*, Thomson, Navarra, 2003

GONÇALVES, Fernando/ALVES, Manuel João/VALENTE, Manuel Monteiro Guedes, *Lei e Crime, o agente infiltrado versus o agente provocador*, Almedina 2001, p. 206.

GONZÁLEZ, José Maria Alcaide, *A prova ilícita penal, decadência e extinção*, Editorial Lei 57, 2013

8. BIBLIOGRAFIA

Isasca, Frederico, *Alteração Substancial dos Factos e Sua Relevância no Processo Penal Português*, Almedina, 2ª edição, 1995

Jakobs, Günter/Meliá, Manuel Cancio, *Derecho Penal del Enemigo*, Cuadernos Civitas, Thomson Civitas, 2006, 2º edição

Jescheck, H – H, *Tratado de Derecho Penal*, Bosch, Barcelona

Justo, A Santos, *Nótulas de História do Pensamento Jurídico*, Coimbra Editora, 2005

Lorente, José António, *Un detective llamado ADN*, Temas de Hoy, Madrid 2004

Maia Gonçalves, Manuel:
- *Código de Processo Penal*, Almedina, 10ª edição, 1999
- «Meios de prova», *Jornadas de Direito Processual Penal*, Edição do CEJ, Almedina, Coimbra 1997

Marques da Silva, Germano:
- *Direito Penal Português, I, II e III*, Editorial Verbo, 2001, 2005 e 1999
- *Curso de Processo Penal, I, II, III*, Editorial Verbo, 2000, 1999 e 2000

Marques Ferreira, «Meios de prova», *Jornadas de Direito Processual Penal*, Edição do CEJ, Almedina, Coimbra 1997

Martínez Roldán, Luís/Fernández Suarez, Jesus A., *Curso de Teoria del Derecho*, Ariel Derecho, 4ª edicion actualizada

Mata Mouros, Fátima:
- *Sob escuta*, Principia, 2003
- «Escutas telefónicas – o que não muda com a reforma», *Revista do CEJ, número 9 (especial)*, 1º Semestre de 2008

Matta, Paulo Saragoça, «A livre apreciação da prova e o dever de fundamentação da sentença», *Jornadas de Direito Processual Penal e Direitos Fundamentais*, Coordenação Científica de Maria Fernanda Palma, Almedina, 2004

Meireis, Manuel Augusto, «Homens de Confiança: será o caminho?», *II Congresso de Processo Penal*, Coordenação de Valente, Manuel Monteiro Guedes, Almedina 2006

Mendes, Paulo de Sousa, «As proibições de prova no processo penal», *Jornadas de Direito Processual Penal e Direitos Fundamentais*, Coordenação Científica de Maria Fernanda Palma, Almedina, 2004

Mir Puig, Santiago, *Derecho Penal, Parte General*, 7ª edição, Editorial Reppertor, Barcelona 2006

Muñoz Conde, Francisco/García Arán, Mercedes, *Derecho Penal, Parte General*, Sexta edición, revisada y puets al dia, Tirant lo blanch, Valência 2004

Palma, Maria Fernanda, «O Problema Penal do Processo Penal», *Jornadas de Direito Processual Penal e Direitos Fundamentais*, Coordenação Científica de Maria Fernanda Palma, Almedina, 2004

Pimenta, José da Costa, *Código de Processo Penal Anotado*, 2ª edição, Lisboa s/d

PINTO, Ana Luísa, «As buscas não domiciliárias no Direito Processual Penal Português», *Revista do Ministério Público*, Ano 28, nº 109

POPPER, Karl, *A Sociedade Aberta e seus Inimigos*, Edições 70, Limitada, Fevereiro de 2013, vol. II

RABINDRANATH, V. A. Capelo de Sousa, *O Direito Geral de Personalidade*, Coimbra Editora 1995

REALE, Miguel, *Lições Preliminares de Direito*, 27ª edição, São Paulo, Saraiva, 2003

RIBEIRO, Vinício Augusto Pereira, *Código de Processo Penal, Notas e Comentários*, Coimbra Editora 2008

RODRIGUES, Anabela Miranda:
- *A Determinação da Medida da Pena Privativa da Liberdade*, Coimbra Editora, 1995
- «O Inquérito no novo Código de Processo Penal», *Jornadas de Direito Processual Penal*, CEJ, Almedina, 1997
- Prefácio da obra *Lei e Crime, o agente infiltrado versus o agente provocador*, Almedina 2001, p. 206, da autoria de GONÇALVES, Fernando e outros

RODRIGUES, Cunha, *Jornadas de Direito Processual Penal*, Ed. do CEJ, Almedina 1997, p. 386

ROXIN, Claus:
- *Problemas Fundamentais de Direito Penal*, Colecção Vega Universidade, 3ª edição, 1998.

ROXIN, Claus, *Derecho Penal, Parte General*, Traducción de la 2ª edición alemana y notas por Diego-Manuel Luzón Pena, Civitas, 2008

SANTOS, Gil Moreira, *Noções de Processo Penal*, Editorial o Oiro do Dia, 1987

SIMAS SANTOS, Manuel/LEAL HENRIQUES, Manuel, *Código de Processo Penal Anotado*, II vol., Rei dos Livros, 2ª edição, 2000

SOUTO DE MOURA, José, «Inquérito e Instrução», *Jornadas de Direito Processual Penal*, Edição do CEJ, Almedina, 1997

SOUTO DE MOURA, José, *A reforma da justiça penal em Portugal*

TAIPA DE CARVALHO, Américo A., *Direito Penal, Parte Geral, I e II*, Publicações da Universidade Católica, Porto 2006

TEIXEIRA, Carlos Adérito, «As escutas telefónicas: a mudança de paradigma e os velhos e novos problemas», *Revista do CEJ, número 9 (especial)*, 1º Semestre de 2008

TENREIRO, Silva, *Revista da Ordem dos Advogados*, Ano 47

VALENTE, Manuel Monteiro Guedes, *Revistas e Buscas*, Almedina 2005, 2ª edição

VEIGA, Armando/RODRIGUES, Benjamim Silva, *Escutas telefónicas, rumo à monitorização dos fluxos informacionais e comunicacionais digitais*, Coimbra Editora 2007, 2ª edição revista e ampliada

VERDELHO, Pedro, «Técnica do Novo CPP: exames, perícias e prova digital», *Revista do CEJ, número 9 (especial)*, 1º Semestre de 2008
VIEIRA DE ANDRADE, José Carlos, *Os Direitos Fundamentais na Constituição Portuguesa de 1976*, Almedina, 3ª edição, p. 96.

O PRESENTE TRABALHO FOI CONCLUÍDO EM DEZEMBRO DE 2008
FOI INTEGRALMENTE REVISTO ATÉ AO DIA 30 DE OUTUBRO DE 2014

ÍNDICE

1. O DIREITO PENAL	11
1.1. O conceito material de Crime	11
1.2. O Estado de Direito Democrático	21
1.3. Os Direitos Fundamentais	25
2. O PROCESSO PENAL	31
2.1. O Direito Processual Penal e a sua relação dialéctica com o Direito Penal	31
2.2. Princípios fundamentais do processo penal	38
2.2.1. O princípio do juiz natural	40
2.2.2. O princípio da oficialidade	45
2.2.3. O Princípio da legalidade	46
2.2.4. O Princípio do acusatório	49
2.2.5. O princípio da contraditoriedade e audiência	55
2.2.6. O princípio da suficiência	60
2.2.7. O princípio da publicidade	63
3. O INQUÉRITO	67
3.1. Definição	67
3.2. Âmbito e finalidade do inquérito	68
3.3. Direcção do Inquérito	68
3.4. Actos próprios do Mº Pº e actos delegáveis nos órgãos de polícia criminal	70
3.5. Actos da exclusiva competência do Juiz de Instrução Criminal	71
3.6. A articulação dos actos do Mº Pº com os de competência do JIC	73
3.7. A defesa dos bens jurídicos e a garantia dos direitos individuais	76

4. A PROVA — 83
- 4.1. Conceito de prova — 83
- 4.2. Tipos de prova — 85
  - 4.2.1. Provas perfeitas e imperfeitas — 86
  - 4.2.2. Prova directa e prova indirecta. Indícios — 87
  - 4.2.3. Provas pessoais e reais — 89
- 4.3. Presunções — 89

5. PRINCÍPIOS RELATIVOS À PROVA — 91
- 5.1. Princípio da legalidade — 91
  - 5.1.1. As provas proibidas — 92
  - 5.1.2. Proibição de prova e proibição de valoração de prova — 105
  - 5.1.3. As provas derivadas das provas proibidas. A doutrina dos frutos da árvore envenenada — 108
    - 5.1.3.1. A Jurisprudência Espanhola — 108
    - 5.1.3.2. A Jurisprudência Portuguesa — 119
  - 5.1.4. A videovigilância — 120
- 5.2. O princípio da livre apreciação da prova — 124
- 5.3. O princípio da oralidade — 131
- 5.4. O princípio da imediação — 132
- 5.5. O princípio da concentração — 134
- 5.6. O princípio da investigação ou verdade material — 135
- 5.7. O princípio da presunção de inocência — 138
- 5.8. O princípio in dubio pro reo — 141
- 5.9. O princípio do contraditório — 142

6. OS MEIOS DE PROVA — 145
- 6.1. Definição — 145
- 6.2. Meios de prova tipificados — 146
- 6.3. A prova testemunhal — 147
- 6.4. As declarações do arguido — 151
- 6.5. Declarações do assistente e partes civis — 158
- 6.6. Prova por acareação — 158
- 6.7. Prova por reconhecimento — 159
- 6.8. Prova por reconstituição do facto — 162
- 6.9. Prova pericial — 164
- 6.10. Prova documental — 168
- 6.11. O agente encoberto — 171
- 6.12. As medidas cautelares quanto aos meios de prova — 175

7. OS MEIOS DE OBTENÇÃO DA PROVA		179
7.1.	Definição	179
7.2.	Pressupostos gerais dos meios de obtenção da prova	179
7.3.	Exames	181
	7.3.1. Definição	181
	7.3.2. Distinção entre exames e perícias	182
	7.3.3. Quando têm lugar os exames	182
	7.3.4. O arguido como sujeito do processo e como meio de prova	183
	7.3.5. Requisitos específicos dos exames	186
	7.3.6. Os exames de ADN	187
	7.3.7. Exames no âmbito dos crimes de tráfico de estupefaciente	195
	7.3.8. Exames para detecção de álcool nos condutores e peões	196
	7.3.9. Exames susceptíveis de ofender o pudor das pessoas	200
	7.3.10. A intervenção da autoridade judiciária	201
	7.3.11. A realização de exames em violação da lei	202
	7.3.12. A influência da doutrina e da jurisprudência na evolução legislativa	203
7.4.	Revistas	211
	7.4.1. Definição	211
	7.4.2. Requisitos específicos da revista	211
	7.4.3. A intervenção da autoridade judiciária	212
	7.4.4. A comunicação à autoridade judiciária das revistas não autorizadas	216
	7.4.5. Formalidades da revista	220
	7.4.6. Revistas com especificidades	221
	7.4.7. A influência da doutrina e da jurisprudência na evolução legislativa	222
7.5.	Buscas	226
	7.5.1. Noção	226
	7.5.2. Requisitos específicos da busca	226
	7.5.3. Formalidades da busca	228
	7.5.4. Buscas não domiciliárias	230
	7.5.4.1. A intervenção da autoridade judiciária nas buscas não domiciliárias	231
	7.5.4.2. O consentimento do visado	233
	7.5.4.3. Buscas em escritório de advogado ou consultório médico	235
	7.5.4.4. Buscas em estabelecimento oficial de saúde	236
	7.5.4.5. Buscas em órgãos de comunicação social	237
	7.5.4.6. Outras buscas com especificidades	237

7.5.5.	Buscas domiciliárias	238
7.5.5.1.	Conceito de domicílio	238
7.5.5.2.	Requisitos da busca domiciliária	241
7.5.5.3.	A intervenção da autoridade judiciária na busca domiciliária	242
7.5.5.4.	O conceito normativo noite	243
7.5.5.5.	Buscas ao domicílio pessoal ou profissional dos Magistrados Judiciais e do Ministério Público	245
7.5.5.6.	As Buscas on-line	245
7.5.5.7.	A influência da doutrina e da jurisprudência na evolução legislativa	246
7.6.	Apreensões	252
7.6.1.	Definição	252
7.6.2.	A perda de objectos a favor do Estado	254
7.6.3.	Os instrumentos e os produtos do crime	257
7.6.4.	Requisitos da apreensão	257
7.6.5.	Guarda e venda dos objectos	258
7.6.5.1.	O regime especial dos veículos apreendidos	259
7.6.6.	A intervenção da autoridade judiciária	260
7.6.7.	Modificação da medida	263
7.6.8.	A apreensão de correspondência	263
7.6.8.1.	A correspondência com o defensor	266
7.6.9.	Apreensões com especificidades	267
7.6.9.1.	A apreensão em escritório de advogado ou em consultório médico	267
7.6.9.2.	Apreensão em estabelecimento bancário	268
7.6.9.3.	Apreensão de objectos e documentos em poder de outras pessoas sujeitas a segredo	269
7.6.9.4	Apreensão de cartões de telemóvel	270
7.6.10.	Restituição dos objectos apreendidos	273
7.6.11.	A influência da doutrina e da jurisprudência na evolução legislativa	275
7.7.	Escutas Telefónicas	283
7.7.1.	Definição	283
7.7.2.	Direitos fundamentais violados pelas escutas telefónicas	285
7.7.3.	Pressupostos de admissibilidade das escutas	289
7.7.4.	Requisito material das escutas	290
7.7.5.	Quem pode ser alvo de escuta	291
7.7.6.	Tipos legais que admitem a possibilidade de efectuar escutas telefónicas	293

7.7.7.	A duração da medida	295
7.7.8.	O princípio da jurisdicionalidade ou da reserva judicial	295
7.7.9.	O controlo judicial da execução da medida	298
7.7.10.	Escutas telefónicas com restrições ou impedimentos	301
	7.7.10.1. As conversações com o defensor	301
	7.7.10.2. As conversações com pessoas que estão a coberto do regime do segredo	302
	7.7.10.3. As conversações de titulares de cargos políticos	304
	7.7.10.4. As conversações com familiares e afins	304
7.7.11.	Formalidades das escutas	305
7.7.12.	Destino dos suportes	306
7.7.13.	Os conhecimentos de investigação, os conhecimentos fortuitos e seu valor extra-processual. Os efeitos à distância das nulidades de prova	308
7.7.14.	A extensão do regime das escutas telefónicas	319
7.7.15.	A falta de pressupostos para a intervenção nas comunicações e a violação das formalidades: sua consequência	329
7.7.16.	A influência da doutrina e da jurisprudência na evolução legislativa	332

8. BIBLIOGRAFIA — 351